THE
EXPERIMENTAL
ECONOMICS
RESEARCH
IN CHINA

FACING THE MAJOR
PRACTICAL ISSUES

面向中国现实问题的实验经济学研究

罗 俊　陈叶烽　著

北京大学出版社

图书在版编目(CIP)数据

面向中国现实问题的实验经济学研究 / 罗俊,陈叶烽著. -- 北京：北京大学出版社,2024.12. -- ISBN 978-7-301-35999-0

Ⅰ.F120.2

中国国家版本馆CIP数据核字第2025J9779D号

书　　　名	面向中国现实问题的实验经济学研究
	MIANXIANG ZHONGGUO XIANSHI WENTI DE SHIYAN JINGJIXUE YANJIU
著作责任者	罗　俊　陈叶烽　著
策划编辑	王　晶
责任编辑	王　晶
标准书号	ISBN 978-7-301-35999-0
出版发行	北京大学出版社
地　　　址	北京市海淀区成府路205号　100871
网　　　址	http://www.pup.cn
微信公众号	北京大学经管书苑(pupembook)
电子邮箱	编辑部 em@pup.cn　总编室 zpup@pup.cn
电　　　话	邮购部 010-62752015　发行部 010-62750672　编辑部 010-62752926
印　刷　者	涿州市星河印刷有限公司
经　销　者	新华书店
	720毫米×1020毫米　16开本　22.5印张　376千字
	2024年12月第1版　2024年12月第1次印刷
定　　　价	80.00元

未经许可，不得以任何方式复制或抄袭本书之部分或全部内容。
版权所有，侵权必究
举报电话:010-62752024　电子邮箱:fd@pup.cn
图书如有印装质量问题，请与出版部联系，电话:010-62756370

推荐序
RECOMMENDATION

21世纪以来,哲学社会科学领域的一个重大发展趋势是在传统逻辑实证基础上开创性地引入了自然科学常用的经验实证研究方法,即通过各种可观察、可控制、可重复的实验手段来研究社会现象,从而创立了诸如"实验经济学""实验管理学""实验政治学""实验社会学"等一系列新兴交叉学科。

逻辑实证要求逻辑自洽,即一个理论的所有命题都不能与其基本假设相矛盾,因此它是科学理论成立的必要条件。但科学理论成立还需要满足充分条件,即它的基本假设能被经验观察证实。例如,牛顿经典力学被行星运行轨道证明,爱因斯坦相对论被红移现象证明。因此,卡尔·波普尔(Karl Popper)认为,一个理论只有能够通过观察和实验来加以验证或反驳时,才可能是科学的。

长期以来,通过实验手段证明理论假设的方法只通行于自然科学领域。其原因在于,自然科学研究的对象是自然客体,而自然客体对外部刺激(干预)的反应是完全被动的,即同一客体对同一刺激(干预)的反应是完全一致的;因此,在控制外部变化的条件下,自然客体所产生的反应是可辨识、可重复的。但是,社会科学研究的对象是人,而"人"是一个具有主观意识的客体,每个人对相同的外部干预可能会做出完全不同的反应(行为),不具有可辨识、可重复的属性。因此,在相当长的时期内,社会科学一直被认为是一个不可能通过实验方法进行研究的领域。

但过去一个多世纪以来,关于"人"的实验,包括实验方法、实验手段、实验技术和实验工具，一直在持续不断地探索和推进之中。特别是威廉·冯特（Wilhelm Wundt）于 1879 年创立了人类历史上第一个心理学实验室，以及 20 世纪五六十年代以后行为与实验经济学的崛起与发展，都极大推动了实验研究在社会科学领域的应用。虽然其客观性和严密性还不能和自然科学相媲美，但终究离这个最终目标已经越来越近，而且其科学性也逐步得到了更多人的认可。

2002 年，诺贝尔经济学奖颁给了丹尼尔·卡尼曼（Daniel Kahneman）和弗农·史密斯（Vernon Smith），以表彰他们在实验经济学领域做出的开创性贡献。在其后不到 20 年的时间内，又有四届诺贝尔经济学奖授予了运用实验方法研究经济学相关问题的学者们，他们分别是：2012 年获奖的埃尔文·罗斯（Alvin Roth），2013 年获奖的罗伯特·席勒（Robert Shiller），2017 年获奖的理查德·塞勒（Richard Thaler），以及 2019 年获奖的阿比吉特·班纳吉（Abhijit Banerjee）、埃丝特·迪弗洛（Esther Duflo）和迈克尔·克雷默（Michael Kremer）。

近二十年来，实验经济学在中国经济学界也得到了迅速传播。但在相当长时间内，国内学者所做的工作主要局限于三个方面：第一，引进和介绍实验经济学的理论和方法；第二，根据西方学者设置的议题开展一般理论的研究，比如对"理性经济人"假设的质疑和批判，对合作行为、信任行为和利他行为的研究；第三，运用中国样本对西方学者的研究成果进行检验或比较研究。在这一阶段（主要是 2015 年以前），国内开展的相关研究表现出"轻视实验设计，重视实验过程"的倾向。事实上，这正是研究内容局限所带来的必然结果。如果研究的目的是批判、鉴别和比较，恰恰需要在实验范式上与既有的研究保持一致。这样，就使传统的实验范式，如囚徒困境博弈实验、最后通牒博弈实验、独裁者博弈实验、信任博弈实验和公共品博弈实验成了这个阶段国内学者进行研究的主要工具，从而忽视了在实验设计方面的创新。

中国的实验经济学研究要取得更大的发展和突破，必须直面以上初创阶段的不足，在"议题设置"和"实验设计"两个方面进行持续不断的努力。就"议题设置"而言，我们必须冲破西方经济学研究的羁绊，大力开展面向中国本土问题的实验经济学研究。就"实验设计"而言，我们必须摆脱传统实验范式的束缚，着重提炼基于中国现实问题的实验情境。罗俊和陈叶烽的这部著作——《面向中国现实问题的实验经济学研究》，正是在这两个方面给我们提供了一个可以借鉴的模板。

在书中，他们不但对近10多年来国内学者开展的有关中国本土问题的实验经济学研究做了较为全面的综述和介绍，内容涉及"城乡融合与区域协调发展""教育公平与教育高质量发展""人口结构优化与人口高质量发展""中国传统文化（社会身份）与制度建设""劳动关系与企业、组织高质量发展""医疗服务与深化医疗改革""助推干预与公共政策设计"等涵盖我国微宏观领域的诸多议题，而且还结合自己的研究对相关的实验设计、实验过程、实验结果做了详细的阐述和介绍。

我相信，该书可以为有志于从事实验经济学研究的中国学者，包括在校的本科生和研究生提供一个有益的、能从中了解实验经济学应用研究的读本，从而拓展他们的研究视野和研究技巧。

我殷切地希望，实验经济学和实验经济学者能够扎根于中国大地，充实中国元素，为中华民族伟大复兴贡献一份力量。

叶航
2024年8月12日

前 言
PREFACE

面对改革进入攻坚期和深水区、各种深层次矛盾和问题不断呈现、各类风险和挑战不断增多的新形势，如何提高改革决策水平、推进国家治理体系和治理能力现代化，迫切需要哲学社会科学更好发挥作用。

——2016年习近平在哲学社会科学工作座谈会上的讲话

加快构建中国特色哲学社会科学，是新时代赋予哲学社会科学工作者的重要职责。作为哲学社会科学领域较为"硬核"的研究方法，以及能科学检验经济学理论和评估公共政策有效性的经济学研究前沿，实验经济学担负着更为关键的历史使命。

从21世纪初国内高校开始建立标准的经济学实验室、实验经济学相关教材和期刊文章陆续问世算起，实验经济学在国内的本土化历程已逾二十年。作为国内最早的一批实验经济学本土学者，我们有幸见证了实验经济学研究在国内的萌芽与发端、繁荣与发展。这段时期的标志性事件包括：2007年实验经济学领域公认的国际顶级会议经济科学协会（Economic Science Association，ESA）亚太会议在上海交通大学成功举办；2017年国家自然科学基金将行为经济与实验经济（G0302）单列编码；2019年由《经济研究》编辑部与国内相关高校共同发起的首届中国行为与实验经济学论坛成功举办并在此后每年持续举办；2022年底，教育部启动基础学科相关领域本科教育教学改革试点系列"101计划"工作，"行为与实验经济学"与其他9门课程一起被列为经济学核心课程。

这些事件都标志着国内实验经济学者正共同致力于中国经济学的构建，

他们对中国经济学理论和国内政策设计的影响将与日俱增。当前，我国经济发展已由高速增长阶段转向高质量发展阶段。我们习惯于从西方经济学理论框架出发来分析研究我国经济中的现实问题，这已不能充分满足新时代我国经济高质量发展的要求。因此，更好服务于国家发展战略，满足经济高质量发展时代要求，是新时代中国经济学创新发展面临的紧迫任务和历史使命。那么在服务国家发展战略、构建中国自主经济学知识体系这两个历史使命中，我们的实验经济学研究可以扮演什么样的角色呢？

为了回答这一问题，我们在本书中通过"什么是实验经济学？"和"实验经济学能做什么？"两个章节，介绍了实验经济学研究方法的特点、优势与应用的领域，我们还通过"实验经济学之于中国"这一章的内容，具体论述了实验经济学研究本土化的意义。

概括而言，我认为其一是，要利用实验经济学研究方法去解决一些以往用传统研究方法，比较难检验、比较难评价的中国现实问题。比如，我们在现实中很难真正判断劳动力市场中的歧视行为，但利用实验经济学方法，通过控制其他相关因素，投放不同特征的求职者简历就可以检验中国的劳动力市场是否存在针对第一学历的歧视；结合计量实证方法还可以分析生育政策的放开是否会对未婚或未孕女性的就业带来影响；采用助推或信息干预方式，还可以在实验中以较低成本探究应该配套什么样的政策来改善这些歧视及其带来的影响，以及采用相关政策进行改善的效果与收益如何。

其二是，在中国本土开展实验经济学研究时，确实会有些问题是以往实验经济学研究中没有遇到过的，或者是较少出现的，那么这些研究问题、研究特色就需要我们在中国实践中去寻找答案、总结规律、提炼理论。比如说，我们的高考招生录取改革涉及顺序志愿和平行志愿填报、是否服从专业调剂、大类招生和院校专业组招生等具有中国特色的高考招生志愿填报办法，自然也就无法完全参照以往有关择校选择的经典匹配理论与实验研究。这就需要我们重新按照中国特色的改革实践，设计新的择校录取匹配理论与机制，并在实验中去检验不同机制的作用效果，从而科学评价高考招生录取改革的成效。

正是基于这样的思考和外界对实验经济学本土化研究的期待，近年来我们走出校园，面向社区、医院、中小学、企业、乡村，在留守儿童、老人、农民、医生等群体中开展实验研究；利用实验经济学方法，在促进城乡融合发展、助推高质量教育发展、推进租购并举的住房制度、助力企业高质量发展、提升医疗服务供给质量、改善医疗市场效率等中国现实问题领域做了相应的尝试，这些具体研究实例都会在本书中得到展示。同时，我们也为读者梳理了到目前为止，实验经济学在中国本土的教育、人口、城乡区域、劳动力市场、医疗改革、传统文化与制度建设、公共政策助推等领域的相关应用研究。

因此，我们希望这本书能让更多的人了解、认识实验经济学在检验经济学理论和现实政策中的作用，进而推动实验经济学研究在国内的进一步繁荣、发展；让更多的政府决策者、企业家与实验经济学家合作，推动决策科学化、治理现代化；也让国内经济学者更多利用实验经济学方法，为中国自主经济学知识体系的构建提供支持；未来我们也会尝试结合其他行为科学方法，从心理、认知、神经等内在机制出发，探究不同政策的实施与调整对个人微观层面的影响，为我国进一步全面深化改革提供支持。

浙江省哲学社会科学 A 类重点研究基地"浙江财经大学经济行为与决策研究中心"对本书的出版给予了资助。本书的研究内容还得到了国家自然科学基金面上项目（72073117，72173116）的资助，是这两个课题的阶段性研究成果。感谢《经济研究》《管理世界》《经济理论与经济管理》《中央财经大学学报》《浙江社会科学》及 China Economic Review 等杂志允许我们在本书中使用已经发表的有关研究资料和实验数据。感谢我们的学生丁预立、潘意文、黄娟、刘莹、杨雯渊、罗干松、金菁、姚沁雪、王华春、黄佳琦、刘婧姗、石荣浩、戴瑞楠、张真等，我们在面向中国现实问题开展实验经济学研究的历程中，都是和他们一起做的工作。此外我们的长期合作者王鑫鑫、李佳慧、李丹阳等，也都对本书的主体内容有所贡献。

感谢国内实验经济学研究领域的学者们一直以来给予我们的支持和力量，这是一个有爱的团体，他们是周业安教授（中国人民大学）、李建标教授（山东大学）、秦向东教授（上海交通大学）、王湘红教授（中国人民大学）、杜宁华教授（上海财经大学）、董志强教授（华南师范大学）、王春超教授（华南师范大学）、孟涓涓教授（北京大学）、刘潇教授（清华大学）、陆方文教授（北京大学）、姚澜教授（上海财经大学）、李玲芳教授（复旦大学）、郑捷教授（山东大学）、宗计川教授（东北财经大学）、何浩然教授（北京师范大学）、张博宇教授（北京师范大学）、许彬教授（浙江工商大学）、杨晓兰教授（上海外国语大学）、魏立佳教授（武汉大学）、李智教授（厦门大学）、陈发动教授（浙江大学）、姜树广教授（山东大学）等（排名不分先后）。

还要感谢我们的导师叶航教授，是您引领我们始终秉持批判精神与跨学科视野，致力于通过科学实验探索人类经济行为与决策过程的奥秘，推动经济学基础理论和研究方法创新，服务中国式现代化和社会主义市场经济实践。您的人文情怀与科学精神，让我们走上了探究人性多样化的实验之路，从不停歇。

整整三十年前，我们的另一位导师汪丁丁教授，最早比较系统地向国内引荐了实验经济学的思想和方法，并论述了其对中国经济学理论与实践可能起到的作用[①]。而我们师徒几人也在大概十年前撰文阐述实验经济学从实验室走向真实世界这一研究路径，成为国内最早介绍实地实验研究的综述之一[②]。而今，本书的问世也恰是实验经济学研究引入国内后，我们对于其发展历程的第三个阶段的思考与总结。

最后，感谢我的家人对我的付出、理解与包容。感谢父母对我无私的爱，即便我也已为人父，在他们眼里，我始终还是他们长不大的孩子。感谢我的妻子郭晓寒，总是在我身边鼓励我、支持我、给予我爱，让我更加努力成为一位优秀、品德高尚的学者。感谢我的女儿罗知微，虽然平时陪伴她的时间不多，但只要回到家看到她，我就会充满力量。这本书献给你们，我爱你们！

罗俊
2024 年 7 月 28 日
于钱塘下沙江滨

[①] 汪丁丁教授的《实验经济学与中国经济学建设》一文发表于《经济学动态》，1994 年第 7 期。
[②] 罗俊、汪丁丁、叶航、陈叶烽：《走向真实世界的实验经济学——田野实验研究综述》，《经济学（季刊）》，2015 年第 3 期。

目　录

第一篇　绪　论

第一章　什么是实验经济学? …………………………………………… 4
　　一、经济学实验控制的微观经济系统 …………………………… 4
　　二、经济学实验的因果推断 ……………………………………… 7
　　参考文献 …………………………………………………………… 9

第二章　实验经济学能做什么? ………………………………………… 10
　　一、实验经济学的发展：从实验室到真实世界 ………………… 10
　　二、实验经济学的三大功能 ……………………………………… 14
　　参考文献 …………………………………………………………… 19

第三章　实验经济学之于中国 …………………………………………… 22
　　一、中国需要实验经济学 ………………………………………… 22
　　二、实验经济学需要中国 ………………………………………… 28
　　参考文献 …………………………………………………………… 30

第二篇　基于中国现实问题的实验经济学研究

第四章　如何开展面向中国现实问题的实验经济学研究 …………… 34
　　一、找到本土化问题 ……………………………………………… 34
　　二、中国情境的纳入 ……………………………………………… 36

三、与政府、机构合作 ……………………………………………… 39
四、试点与规模化推广 …………………………………………… 43
参考文献 …………………………………………………………… 47

第五章 面向中国现实问题的实验经济学研究主题 ………………… 51
一、城乡融合与区域协调发展 …………………………………… 51
二、教育公平与教育高质量发展 ………………………………… 56
三、人口结构优化与人口高质量发展 …………………………… 63
四、中国传统文化（社会身份）与制度建设 …………………… 69
五、劳动关系与企业、组织高质量发展 ………………………… 77
六、医疗服务与深化医疗改革 …………………………………… 86
七、助推干预与公共政策设计 …………………………………… 89
参考文献 …………………………………………………………… 97

第六章 随机控制实验与中国的"政策试点" ……………………… 104
一、随机控制实验在公共政策评估中的优势与步骤 ………… 105
二、随机控制实验在公共政策评估中的"规模化"问题 ……… 112
三、随机控制实验在公共政策评估中的应用与中国的"政策试点" …… 123
参考文献 ………………………………………………………… 128

第三篇 实验经济学在中国的应用实例

第七章 促进城乡融合发展的实验研究 ……………………………… 136
一、引言 …………………………………………………………… 137
二、实验设计 ……………………………………………………… 139
三、实验结果 ……………………………………………………… 141
四、结论与讨论 …………………………………………………… 156
参考文献 …………………………………………………………… 158

第八章	助推学生素质教育的实验研究 …………………………… 172
	一、引言 …………………………………………………… 173
	二、文献回顾 ……………………………………………… 176
	三、理论模型 ……………………………………………… 179
	四、实验设计 ……………………………………………… 184
	五、实验结果 ……………………………………………… 190
	六、结论与讨论 …………………………………………… 206
	参考文献 …………………………………………………… 208

第九章	租购身份与推进租购并举制度的实验研究 ……………… 216
	一、引言 …………………………………………………… 217
	二、文献回顾 ……………………………………………… 220
	三、实验设计和研究假设 ………………………………… 223
	四、实验结果 ……………………………………………… 227
	五、结论与讨论 …………………………………………… 245
	参考文献 …………………………………………………… 247

第十章	助力企业高质量发展的实验研究 ………………………… 254
	一、引言 …………………………………………………… 255
	二、文献回顾 ……………………………………………… 258
	三、实验设计 ……………………………………………… 261
	四、理论模型 ……………………………………………… 267
	五、数据分析 ……………………………………………… 270
	六、结论 …………………………………………………… 282
	参考文献 …………………………………………………… 283

第十一章	薪酬制度提升医疗服务质量的实验研究 ………………… 289
	一、引言 …………………………………………………… 290
	二、文献回顾 ……………………………………………… 291
	三、实验设计与研究假设 ………………………………… 294

四、实验结果 …………………………………………………… 303
　　五、结论与讨论 ………………………………………………… 313
　　参考文献 ………………………………………………………… 315

第十二章 | 医药分离制度改善医疗市场效率的实验研究 ……………… 318
　　一、引言 ………………………………………………………… 319
　　二、文献综述 …………………………………………………… 321
　　三、实验设计与实施 …………………………………………… 323
　　四、实验结果 …………………………………………………… 328
　　五、总结与政策建议 …………………………………………… 340
　　参考文献 ………………………………………………………… 341

结　　语 | 讲好中国故事，开展面向中国现实问题的实验经济学研究 …… 343
　　一、现状 ………………………………………………………… 343
　　二、前景 ………………………………………………………… 344
　　参考文献 ………………………………………………………… 345

第一篇
绪 论

1590年，伽利略（Galileo）在比萨斜塔上做的自由落体实验，撼动了亚里士多德（Aristotle）以降强调主观推理和逻辑演绎、只以定性和先验的讨论来认识世界的方式，并从此开启了物理学的实验科学之路。与自然科学一样，早期的经济理论在很大程度上也是经济学家通过观察与内省，再借助演绎假说的方法构建产生的。从亚当·斯密（Adam Smith）的以"看不见的手"为特征的自由市场理论，到阿尔弗雷德·马歇尔（Alfred Marshall）的局部均衡分析，无一不是如此。但自20世纪以后西方科学哲学的转向，进而波普尔在判定科学时的"证伪主义"标准被广泛接受后，经济学能否成为一门可被证伪的科学，已然成为衡量经济学理论是否与客观规律一致以及该学科能否进一步发展的关键。如此的学科发展要求在一定程度上催生出了经济学计量方法的使用，即从大量的自然数据中获得相关的经济结构信息，并通过统计检验和推断以求能够证伪理论。

然而，计量经济学本身在操作方法和数据获取上所存在的一些局限性，使得我们很难通过对自然数据进行计量分析就直接证伪或验证经济学理论或模型是否成立、何种情况下成立。如此一来，实验这一自然科学中常见的证伪方法在经济学的实证领域中逐渐兴起也就不足为奇了。实验者能通过实验过程中的人为调节和控制来排除其他无关因素的干扰，以使得经济学理论能够在不断地被检验或被证伪的过程中得到发展，经济学实验为经济学日益科学化的进程提供了方法上的坚实支撑。

自1962年实验经济学创始人弗农·史密斯发表第一篇规范的实验经济学论文以来，实验方法在经济学研究中的应用已经持续了半个世纪的历程，并已逐渐成为与理论模型及计量实证并列的三大经济学研究方法之一。此外，自2002年弗农·史密斯获得诺贝尔经济学奖以来，在短短不到20年的时间里，前后共有5届诺贝尔经济学奖颁给了8位行为与实验经济学家。例如，丹尼尔·卡尼曼（2002年度）、罗伯特·席勒（2013年度）和理查德·塞勒（2017年度）分别主要以前景理论、行为金融和心理账户等行为经济学领域开创性的理论获得诺贝尔经济学奖。他们运用实验数据解释了主流经济学理论无法解释的"异象"，并为构建行为经济学理论创造了坚实的基础，从而使得行为经济学和行为金融学成为近年来快速发展的经济学新分支。而弗农·史密斯（2002年度）、埃尔文·罗斯（2012年度）、阿比吉特·班纳吉（2019年度）、埃丝特·迪弗洛（2019年度）、迈克尔·克雷默（2019年度）则因运用实验方法分别在市场均衡、机制设计与减轻贫困问题上的突出贡献而获得诺贝尔经济学奖。其中，埃尔文·罗斯是利用经济学理论加实验方法进行市场设计的巨擘，他为经济学理论、实验和实践的完美结合提供了典范。而阿比吉特·班纳吉、埃丝特·迪弗洛、迈克尔·克雷默三位经济学家则进一步扮演了实验经济学家"水管工"（plumber）的角色，借助随机干预实验承担各种公共政策的落实、调试和维护运转的功能，为经济学实验方法直接参与社会经济活动并指导政策实践提供了绝佳案例。由此，实验经济学作为21世纪以来经济学最前沿和最热门的研究领域之一，已成为主流经济学的重要组成部分，可控的实验数据更是成为经济学家日益重视的数据类型。

经济学实验的重要功能是检验、修正经济学理论，实验证据对完善已有的经济学理论也具有重要价值，同时经济学实验是发展经验事实和评估经济政策的有效工具。作为一项经济学方法论的重大革新，经济学实验已经普遍应用于产业组织、博弈论、行为经济学、行为金融学、劳动经济学、发展经济学、健康经济学、公共经济学和许多其他的经济学领域。而且，实验方法的影响力并不局限于经济学本身，这一基本研究方法已经被管理学家、心理学家、法学家、社会学家、政治学家和其他社会科学家借鉴。

第一章
什么是实验经济学？

一、经济学实验控制的微观经济系统

实验经济学是利用具有可控性（controllability）和可复制性（replicability）的实验方法来揭示行为规律、检验经济学理论并探索政策和机制因果关系的一门经济学分支学科，其实验可以分为实验室实验和实地实验两大类型。实验室实验是指在可控的实验环境下，针对某一经济学理论或现象，通过控制某些条件，使得被试在模拟但更为简化的具有纯粹形式的市场或其他经济环境中进行决策，从而观察和分析实验数据，以检验、比较和完善已有的经济学理论，并为相应的政策决策提供依据的实验。而实地实验是指在真实的自然环境中，选择真实人群作为被试，运用实验的方法将被试分配到实验组和对照组，赋予实验组以外生的干预和冲击，观察两组被试行为决策的差异，以获取变量间因果关系从而检验经济学理论或政策效果的实验。以下我们分别从实验经济学的"一、二、三"来论述其具体内涵。

"一"是指经济学实验的一个本质是人为控制下的数据生成过程（Croson and Gächter, 2010）。实验的本质是通过可控的实验设计来生成数据，而不是依赖于自然发生的数据，这是实验数据和自然数据最核心的区别。那么这种人为控制下的数据与自然数据相比有何优势呢？"控制"意味着在实验中，大多数影响行为的因素是不变的，并且能够把其他可能干扰实验结果的因素排除在外，从而保证所生成的数据主要是由实验者所关注的自变量变化引起的。

"二"是指经济学实验具有一般实验的两大方法论特征，即可控性和随机性。这也是自然科学研究方法的典型特征，在一定程度上弥补了传统经济学方法的缺陷。可控性是指实验条件可以由研究人员人为设定，包括实验参数、实验情境等，进而可以研究某些重要变量对研究对象的影响。可控性意味着绝大多数可能影响参与者行为的变量保持恒定，唯一发生变化的是研究者设计的"处理变量"，从而能够准确揭示因果关系。但总有一些因素是我们人为没办法控制的，而这些因素同样可能影响到我们关心的结果变量，比如做实验时的天气、被试的个体特征等，此时，实验的随机性特征就非常重要了。随机性指被试是被随机地分到不同的实验局，从而使得生成的实验数据满足被试的分组与个体无关的条件，不存在选择偏差。如果可控性代表人为的直接控制，那么随机性就代表人为的间接控制。通过直接控制我们可以控制的因素以及间接控制我们没法直接控制的因素，我们可以使变量间保持独立，进而探究在其他变量不变的前提下，某一变量的变化对另一变量的影响，从而可以有效地识别因果关系，确保实验结论的可信性和说服力，这是自然数据做不到的。

"三"是指与其他学科的实验相比，经济学实验自身具有三个特征（陈叶烽等，2021）。第一，经济学实验的"材料"是真实的行为参与者，这是区别于自然科学实验（如物理实验、化学实验）的显著特征；第二，经济学实验的研究目的是验证经济学理论，从而探究人的经济决策行为的规律，这是区别于心理学实验或医学实验的显著特征；第三，经济学实验的基本方法是利用诱导价值（induced value）技术来构建微观经济系统，因此经济学实验可以通过构造和模拟现实经济环境来揭示真实世界中人的决策行为的一般规律。①

---

① 经济学实验还有一套自己的语言系统（Davis and Holt，1993），比如被试（subject）是指参加实验的参与人，实验局（treatment）是指给定不同处理条件的实验，实验场次（session）是指实验依次开展的场次，观测值（observation）是指一个被试做出来的可观测到的决策行为，独立观测值（independent observation）是指一个不受其他人影响的决策行为，共同知识（common knowledge）是指被试知道其他所有被试都知道的相同信息，它可以通过阅读实验说明来获得。

这里最重要的特征是利用诱导价值技术来构建微观经济系统。

诱导价值理论是2002年诺贝尔经济学奖得主、实验经济学创始人弗农·史密斯于1976年在《美国经济评论》发表的《实验经济学：诱导价值理论》（Experimental Economics：Induced Value Theory）一文中提出的一个重要的实验经济学概念。诱导价值理论的核心是指在实验环境中，通过设计一种激励机制，使实验参与者能够真实地按照自己的偏好进行决策，从而将参与者的内在价值观念诱导出来，以便研究人员观察和分析参与者在经济活动中的行为。通俗地来说，诱导价值理论的目的是让实验参与者在实验环境中"像在现实生活中一样做决定"。为了达到这个目标，研究者通过设计金钱的奖励机制，使被试明确了解自己的每一种选择以及这种选择所对应的实验报酬，从而在决策结果和实验报酬之间建立明确的一一对应关系，进而诱导被试做出真实的选择。也就是说，研究者用钱"诱导"实验参与者在实验中认真地做决策，就像他们在现实生活中做选择一样，从而让参与者在实验里展现出他们真正的经济决策倾向。

微观经济系统（microeconomic systems）是弗农·史密斯于1982年在《美国经济评论》发表的论文《作为实验科学的微观经济系统》（Microeconomic Systems as an Experimental Science）中提出的另一个实验经济学重要概念。通俗地说，微观经济系统就是运用实验的方法，在一个"缩小版的经济世界"中研究市场和交易的运行方式，通过观察这些小型经济系统的运作来了解整个经济系统的规律。具体而言，微观经济系统由市场参与者所处的经济环境和制度规则共同构成。经济环境包括被试最初的资源状态和环境呈现方式，而制度规则决定了被试在进行决策时所需遵循的规则。在这种微观经济系统中，我们能够观察被试在受控环境和规定制度下做出的行为反应，并通过在其他条件不变的情况下改变某些设置来探究某些因素变化对微观经济系统中个体决策行为和经济结果的影响，从而构成一个典型的经济学实验。在这样的微观经济系统中，我们可以检验相应的经济学理论，并评估不同政策机制的效果。

总的来说，实验经济学自弗农·史密斯于1962年在《政治经济学杂志》发表《竞争市场行为的实验研究》（An Experimental Study of Competitive Market

Behavior)一文标志创立以来，历经半个多世纪的发展，目前已经成为与理论建模、计量实证并列的经济学三大研究方法之一，成为主流经济学的重要组成部分。实验方法的核心在于研究受控条件下被试的行为决策，通过诱导价值技术来构建微观经济系统，在这种可控的实验数据生成过程中，我们可以分离和控制其他混淆因素的干扰，从而实现更干净的因果识别。特别是近年来，随着"基于研究设计的因果推断"通过"可信性革命"[①] 逐渐成为社会科学经验研究的核心范式，实验方法在社会科学经验方法论中的地位更加重要。接下来我们将进一步阐述实验在因果推断中的重要作用。

二、经济学实验的因果推断

因果推断问题是整个社会科学领域的核心问题之一。其基本思想是进行对照实验，即设置一个实验组和一个对照组，其中实验组对象接受一定的处理，而对照组对象不接受处理，其他条件完全相同。但困难往往在于我们无法找到完美符合"其他条件完全相同"的对照组。因为理论上"其他条件完全相同"的被试是没有接受处理的实验组，但这并不可能，此时我们说的对照组是"反事实"（counterfactual）的。

具体来说，我们关心施加某种处理是否会导致被试某一变量 Y_i（收入、健康状况等）发生变化，即 Y_i 的取值是否与被试接受处理有关。对于被试 i 来说，我们记 Y_{1i} 为接受处理的结果，Y_{0i} 为未接受处理的结果。理论上，该处理对被试 i 产生的效果为 $Y_{1i} - Y_{0i}$。不同被试的处理效果不尽相同，因此我们时常关注接受处理被试的"平均效果"，即"参与者平均处理效应"（average treatment effect on the treated，ATT），它表示处理对实验组被试的平均影响，即 $ATT = E(Y_{1i} | treatment_i = 1) - E(Y_{0i} | treatment_i = 1)$。不过，正如表1-1所示，$E(Y_{0i} | treatment_i = 1)$ 表示实验组的被试如果不接受处理的潜在可能结

[①] 可信性革命是指在经济学实证研究中从统计推断向因果推断的转变，后者指以关注研究设计为核心、以多种因果识别策略为主要方法的研究范式（Angrist and Pischke，2010）。

果,在现实中不可观测。

表1–1 反事实框架示意

组别	Y_{1i}	Y_{0i}
实验组（$treatment_i = 1$）	可以观测	反事实（潜在结果）
对照组（$treatment_i = 0$）	反事实（潜在结果）	可以观测

事实上,我们只能观测到实验组和对照组被试的平均差异,可表示为 $E(Y_{1i} | treatment_i = 1) - E(Y_{0i} | treatment_i = 0)$。为了从可观测的总体的平均因果效应逼近不可观测的参与者平均处理效应,我们将前者的形式稍加改动,有：

$$E(Y_{1i} | treatment_i = 1) - E(Y_{0i} | treatment_i = 0)$$
$$= E(Y_{1i} | treatment_i = 1) - E(Y_{0i} | treatment_i = 1) \quad \text{参与者平均处理效应}$$
$$+ E(Y_{0i} | treatment_i = 1) - E(Y_{0i} | treatment_i = 0) \quad \text{选择偏差}$$

根据上述公式,我们实际观察到的差异可以被拆分为两部分：一部分是基于反事实组的平均处理效应,另一部分是实验组与对照组被试本身就存在的差距,即"选择偏差"。而目前计量经济学领域的前沿方法,如双重差分（difference in differences, DID）、倾向匹配得分（propensity score matching, PSM）、断点回归等,都是通过寻找更好的对照组来降低选择偏差。不过,因为计量方法采用的是观察得到的自然数据,所以很难完全克服选择偏差的影响。实验数据则不同,因为从数据生成的角度看,实验设计本质上是一种人为干预的数据生成过程,我们可以通过随机化手段使被试的分组（treatment = 0/1）与个体无关,此时 $E(Y_{0i} | treatment_i = 1) = E(Y_{0i} | treatment_i = 0)$,不存在选择偏差（这在自然数据中几乎不可能做到）,此时实验组和对照组的期望差值就是干预的平均处理效应。因此,相比于自然数据,实验数据具有更有效的因果推断效果。正如洪永淼（2016）所指出的,实验经济学之所以产生和发展的一个重要原因是基于可控实验得到的数据能够很好地避免数据的内生性问题。总结而言,经济学实验通过可控性和随机性,有效解决了因果推断中的核心难题,尤其是混杂因素和选择偏差问题,因此被称为识别因果关系的"黄金准则"。

参考文献

陈叶烽等:《实验经济学讲义:方法与应用》,北京:北京大学出版社,2021年。

弗农·史密斯:《实验经济学论文集》,李建标等译,北京:首都经济贸易大学出版社,2008年。

洪永淼、方颖、陈海强等:《计量经济学与实验经济学的若干新近发展及展望》,《中国经济问题》,2016年第2期。

Angrist, J. D., & Pischke, J. S. (2010). The credibility revolution in empirical economics: How better research design is taking the con out of econometrics. *Journal of Economic Perspectives*, 24 (2), 3–30.

Croson, R., & Gächter, S. (2010). The science of experimental economics. *Journal of Economic Behavior & Organization*, 73 (1), 122–131.

Davis, D. D., & Holt, C. A. (1993). *Experimental economics*. Princeton: Princeton University Press.

Smith, V. L. (1962). An experimental study of competitive market behavior. *Journal of Political Economy*, 70, 111–137.

Smith, V. L. (1976). Experimental economics: Induced value theory. *American Economic Review*, 66 (2), 274–279.

Smith, V. L. (1982). Microeconomic systems as an experimental science. *American Economic Review*, 72 (5), 923–955.

第二章
实验经济学能做什么？

一、实验经济学的发展：从实验室到真实世界

在经济学研究中使用实验方法发端于 Chamberlin（1948）的课堂市场实验，后来由 Smith（1962）等发展的经济学实验研究方法于 20 世纪中叶逐渐兴起，并在进入 21 世纪后走向繁盛，现已成为一个重要的经济学研究领域[①]和数据来源。实验在为经济学理论发展提供科学化验证工具以外，还在努力从实验室走向真实世界，力图为经济学在实际问题中的应用提供直接检验和具体判断。

实验室实验的特点在于通过构造一个可操作的实验室内的微观经济环境，以控制其他必要的变量，从而实现对有关变量的定量测度。具体来说，实验室实验允许实验者在实验室内通过在控制其他条件不变的情况下，改变价格信息、预算约束、信息结构或被试的行动集合来分别衡量这些因素对于人们行为的影响。但是，正是由于经济学的实验室实验吸收并强调了自然科学实验中的"控

---

① 可以将顶尖杂志发表论文数量、学校院所接受程度、研究团体数量等硬性指标作为衡量标准，其中更具标志性意义的事件是 2002 年的诺贝尔经济学奖颁给了行为经济学与实验经济学的两位先驱——丹尼尔·卡尼曼与弗农·史密斯。

制"（比如确保化学实验室的无菌操作，是为了抑制病菌和有害微粒的自由流动而影响测试的结果），当控制应用于人类行为时，我们应该明白，人的行为不可能完全被控制，人的行为总是在被某些不可控的因素影响着。

具体来说，实验室实验获得数据的过程多在实验室中进行，缺乏丰富的社会情境作为背景，因而其结果不能简单地外推至真实世界。实验室实验的这一特征也被实验经济学家称为以外部有效性（external validity）为代价的最大化内部有效性（internal validity）[1]（List，2001）。实验室实验的外部有效性欠缺一直以来就为人所诟病，以研究人的社会偏好（social preference）的经济学实验为例，实验中人的行为除了受到物质激励的影响，还非常容易受到其他多种因素的影响，而这些因素在实验室环境下和真实世界中又往往不尽相同。这些因素至少包括以下五个方面：第一，道德伦理和社会规范的约束；第二，被试被他人注视的性质和程度（the nature and extent of scrutiny）；第三，实施决策时嵌入的情境；第四，样本选择的代表性问题；第五，博弈的初始禀赋（the stakes of game）（Levitt and List，2007）。这些因素的影响使得实验经济学家对于将实验室实验结论外推至真实世界产生了一定的疑问，并开始共同推动实验经济学朝另一方向发展，即实地实验。与实验室实验相比，实地实验突出的特点就是更贴近真实世界，正如 Carpenter et al.（2005）发出的感慨："实验经济学家不再保守，他们开始在实地招募被试而不是实验室；他们开始用实际物品而不是诱导价值；他们开始在实验说明中设定真实的情境而不是抽象的术语。"

需要注意的是，这里对于实验室实验的诘问并不意味着我们对实验室实验的否定[2]。实际上，实验室实验仍旧是帮助经济学家更科学地检验经济学理论、分析人的经济行为的重要工具，且实验室实验与实地实验在很多时候可以形成互补。实验经济学家们常在同一批被试中开展实地实验和实验室实验，以检验情境因素是否可以影响人的行为，以及具体的情境因素在什么程度上

---

[1] Campbell and Stanley（1963）给内部有效性下过非常简洁的定义："内部有效性即通过实验的合理控制来测度因变量和自变量的因果关系。"
[2] 我们也不认为实地实验可以取代其他实证研究方法，而只是提供了另一种有效的选择。正如 Falk and Heckman（2009）所说："实地数据、调查数据、实验室实验、实地实验以及标准的计量方法可以共同推动社会科学的研究。"

影响了人的行为。① 因此，我们可以认为，实地实验是对实验室实验的一般性结论在具体情境下的补充和检验。Harrison and List（2004）因此根据实验中相关情境因素引入的程度而将实地实验划分为不同的类型②，如此的划分也凸显了实验室实验与实地实验的共性和区别。

在表2-1中我们列举了在这种分类标准下的各种实地实验之间及其与实验室实验、自然实验③（natural experiments）、非实验数据相比较的差别。其中传统的实验室实验（conventional lab experiments）是指招募在校大学生作为被试集合，设定一些抽象的背景框架和一系列实验规则（主要通过实验说明体现）的实验；人为的实地实验（artefactual field experiments）除了招募非传统（在校大学生）的被试，其他均与传统的实验室实验类似；框架的实地实验（framed field experiments）除了在交易物品、实验任务以及被试能够代入实验的信息集方面有现实的情境，其他均与人为的实地实验类似；自然的实地实验（natural field experiments）中被试所承担的实验任务是在一个自然发生的环境中展开，并且被试并不知道自己正在参与实验（可以避免可能的"实验者效应"④），其他均与框架的实地实验一致。

表2-1 实验分类及相关比较

	被试类型	被试信息	激励	实验环境	被试知晓实验	研究者干预	外生改变
实验室实验	在校大学生	抽象信息	诱导价值	实验室	是	是	否

---

① 这部分的研究被称为外溢性（spillover）研究，有大量经典文献提供了实证结论（Gurven and Winking, 2008; Benz and Meier, 2008; Voors et al., 2012 等）。

② 虽然Card et al.（2011）按照理论在实地实验中的角色将实地实验划分为描述性研究、简单模型、多模型、参数估计研究四种类型，但考虑到影响力，我们还是遵照了Harrison and List（2004）早期的划分。

③ 自然实验是自然发生的扰动事件，研究者不能做出随机的设计和控制的操作，因此自然实验往往缺乏实验可控性且发生机会甚少。自然实验在很多特征上与自然的实地实验相似，如同样是对自然发生的事件进行考察，也具有一定的实验属性（如随机分配被试），但这类实验是由外生的政策干预所造成的，缺乏人为的实验控制（Harrison and List, 2004），因此在检验干预的效果时往往会存在潜在的内生性问题。

④ 实验心理学家常常通过欺骗被试的方式来克服实验者效应（如Milgram, 1963）。而经济学家考虑到早期研究的欺骗可能会影响后续实验的样本池（Hertwig and Ortmann, 2001），从而破坏长期的实验声誉，所以认为欺骗被试是实验经济学的大忌，几乎所有的实验经济学指南都一再强调不可故意欺骗被试。

(续表)

	被试类型	被试信息	激励	实验环境	被试知晓实验	研究者干预	外生改变
人为的实地实验	各类人群	抽象信息	诱导价值	实验室	是	是	否
框架的实地实验	各类人群	情境信息	真实激励	自然环境	是	是	否
自然的实地实验	各类人群	情境信息	真实激励	自然环境	否	是	否
自然实验	各类人群	情境信息	真实激励	自然环境	否	否	是
非实验数据	各类人群	情境信息	真实激励	自然环境	否	否	否

注：该表参考了 List and Rasul（2011）表 1 的内容。

经济学实地实验的有效应用可以避免人们对经济学理论普适性的质疑，并从经济学理论研究的一般性结论回归到了对社会现实问题的针对性解答，如实地实验在发展经济学领域的应用可以改变以往发展经济学只注重宏观理论分析的倾向，而将着眼点放在了一个个促进发展中国家或地区进步的具体项目上。经济学实地实验的有效应用还可避免人们对于"黑板经济学"的诘问，从以往经济学理论对于人的行为的抽象分析转向对带有现实情境信息的人的行为的研究，如实地实验在行为经济学领域的应用可以克服自然数据回归对行为模型设定的依赖以及实验室实验中对于被试行为检验的外部有效性的不足。

实地实验除以上所述对于理论的意义以外，其重要作用还在于对现实问题的直接解答，比如市场中是否有歧视发生、歧视的性质是什么、为什么人们会有慈善举动、什么机制可以更好地促进慈善捐助、怎样的教育改革制度是最有效的、什么样的公共政策能降低当地青少年犯罪率，等等。面对这些应用性课题，实地实验都展示了比其他实证方法更能直接有效地提供事物之间因果关系的特性，从而回答事情是否确实已然发生，以及它为什么会发生。

二、实验经济学的三大功能

2012 年诺贝尔经济学奖得主埃尔文·罗斯曾经高度概括了实验经济学的三大功能，即检验经济学理论、探索经验事实和评估公共政策（Roth，1995），他把这三个功能形象地比喻为"与理论经济学家对话"（speak to theorists）、"寻找经验事实"（search for facts）和"在君主耳边低语"（whisper in the ears of princes），下面我们依次从这三个方面展开论述。

1. 用实验来检验理论

实验经济学的第一大功能是检验经济学理论。Roth（1995）指出，"与理论经济学家对话"主要包括以下两类实验：用来检验已经得到充分阐释的理论的预测实验；用来观察尚未预测到的规律的实验。这两类实验试图对理论研究文献给出某种反馈，即它们是实验经济学家与理论经济学家之间对话的一部分。Croson and Gächter（2010）进一步提出实验可用于检验理论、完善理论、比较理论或提出新理论。他们认为，首先，在实证研究中根据观察数据检验理论预测常常是困难的，因为从现实世界中观察得到的数据可能无法满足理论的"严苛"假设，而实验为理论提供了做出预测的"最优解"（Plott，1982），受控的实验设置可以尽可能贴近理论的假设。如果实验结果证实了理论，那么我们可以进一步改变实验参数来检验模型的稳健性，或使用实验结果来估计模型的参数。当实验结果与理论预期不一致时，研究者需要评估多个备选方案，包括在模型中加入误差项、将理论限制在参数一致的范围、添加参数以刻画误差，或者更大幅度地修正理论。其次，实验还可以进行相关理论的对比验证，并确定理论的适用范围。针对同一问题，不同的理论可能会得到不同的预测。现实世界一般不会自然发生满足不同假设的情况，这就导致现实数据只能检验某个理论，而不能评估其他理论的合理性。但是在实验中，我们可以通过设计自然环境中未发生的情况来比较不同的理论。进一步地，在对不同理论的对比检验中，实验可以帮助我们界定理论何时能做出准确的预测。

将实验经济学用于检验经济学理论的一个著名例子是弗农·史密斯开创性地运用市场交易实验来检验市场均衡理论。市场均衡理论在整个经济学理论中占据着核心的位置。在斯密那里，它可以用著名的"看不见的手"的思想加以概括；马歇尔则将这一理论用数学模型和逻辑演绎出来；哈耶克进一步将这一思想升华概括为"哈耶克假说"，认为市场机制就是一个超级的信息加总者，能够实现资源的高效配置。新古典经济学致力于研究在瓦尔拉斯一般均衡结构下，完全竞争市场能达到最高的资源配置效率，此时消费者达到效用最大化，生产要素得到最有效利用。但是市场能够达到均衡依赖于以下几个严格的条件：产品是同质无差别的，市场中存在无数的消费者和厂商，消费者和厂商都是既定价格的接受者，信息是完全的，而且厂商可以自由进入或退出市场。显然这些假设都是可质疑的，比如在很多情形下人们都是有限理性的，又比如很多市场中只存在一些少数的厂商。因此，新古典经济学中的完全竞争市场只是一个参照系，是一个理想状态，因为其前提假设非常严格，现实中不可能得到满足。那么这些偏差是否会导致市场达不到均衡呢？或者市场均衡是否严格依赖于这些条件呢？在实验经济学发展之前，对市场均衡理论进行检验是非常困难的。而实验经济学的诞生和发展恰恰是与市场均衡理论的研究联系在一起的（陈叶烽等，2021）。

弗农·史密斯在1962年发表的《竞争市场行为的实验研究》一文被称为实验经济学的奠基之作，该文旨在运用可控的实验方法来验证完全竞争市场理论：市场能够通过价格机制实现供需平衡，并高效配置资源。在实验中，参与者被随机地安排扮演买家和卖家，并分别被外生赋予了各自的"价值"和"成本"，其中价值指买家愿意支付的最高价格，成本指卖家可以接受的最低价格。在这个实验中，弗农·史密斯开创性地引入了双重拍卖机制——买家出价，卖家报价，交易以双方达成一致的价格成交，成交价位于买家出价和卖家报价之间。实验通过多轮交易来观察市场价格和交易数量的动态变化。实验结果清晰地表明，市场价格和交易数量会逐步收敛至理论预测的均衡水平。即使参与者信息不完全，市场仍然能够通过价格信号实现供需的自动匹配。此外，实验显示市场总收益接近理论上的最大值，反映了市场在资源配置中的高效率。这一实验以实证方式验证了完全竞争市场理论，突出了价格机制在协调市场行为与分配稀缺资源中的关键作用。史密斯的实验为经济学带来了深远的影响。通过构建简化但高度可控的实验环境，他证明了实验经济学可以成为研究市场行为的科学方法，具有理论验证的重要价值。这一研究工作奠定了实验经济学的学科基础，极大地推动了市场设计理论的发展，并为解决现实经济问题提供了有力工具。

2. 用实验来探究经验事实

实验经济学的第二大功能是探究经验事实。实验经济学在探索和发现经济现象中起到了重要作用，因为与传统经济学对现实世界的直接观察相比，实验方法具有更高的安全性、针对性、可重复性和可控性，所以实验对现实的模拟及相应的结果可以为我们"寻找经验事实"提供重要启示。经济学实验可以帮助我们发现一些难以通过观察数据直接归纳出的经济规律，并且在传统理论未覆盖的领域寻找新的经验事实，为经济学理论的发展提供了新问题和新方向。

实验室相当于一个"风洞"①，在这个"风洞"中，我们通过模拟经济环境来观察经济主体的行为和经济现象的变化，从而可以探究经济规律和经济事实。在大多数情况下，实验室构造的模拟经济系统与实际的经济市场得到的数据对于统计推断并没有本质区别，实验允许机制外生变化，特别有利于进行不同机制的设计和检验对比。因为现实世界一般不会自然发生满足不同假设条件的情况，即使是政策试点，也只能从宏观层面上检验某一种制度方案的效果，但无法判断具体的影响要素，而且对于政策制定者来说，试点的成本十分高昂，且造成的结果具有不可逆性，所以实验方法正好能够提供经济可靠的"试验台"。实验专门为经济学家的理论和模型提供了具有极高匹配度的数据，且控制了各种不可观察因素的变化，还克服了自然经验数据难以重复的不足。弗农·史密斯开创了经济学的风洞实验方法，通过实验室实

---

① 风洞实验最早是指空气动力学研究和飞行器研制方面的一种模拟实验方法，其依据运动相对性和流动相似性原理来了解实际飞行器或其他物体的空气动力学特性，优点在于能控制实验条件、效率高且成本低。

对竞争市场均衡理论进行了检验。近年来，经济学中的"风洞实验"涉及的领域不断拓宽，已从最初的市场交易制度设计拓宽到了公共品提供机制、企业工资制定、儿童健康教育干预等社会生活的方方面面。

比如实验在卫生经济学的研究中已有大量的应用，实验研究可以被当作相关医改政策具体实施之前的"风洞"（Hennig-Schmidt et al., 2011），用来检验和评估某项政策的效果，从而最大化地减少政策试错可能带来的高昂代价。卫生经济学中著名的 RAND 健康保险实验（RAND Health Insurance Experiment）充分体现了实验方法在探索经验事实中的重要作用。RAND 健康保险实验旨在研究医疗费用分担比例对医疗服务使用和健康结果的因果影响（Manning et al., 1987）。实验将 2000 多个家庭随机分配到不同的健康保险计划中，这些计划涵盖从"免费医疗"到"高自付比例"等五种不同的设计，通过长达 3—5 年的观察，全面记录了参与者的医疗行为和健康状况。实验结果揭示了几个重要的经验事实：首先，医疗费用分担比例对医疗服务的使用具有显著影响，较高的自付比例显著减少了总体医疗服务的需求，而必要医疗服务（如急诊和住院）受到的影响较小，这表明医疗服务的价格弹性是非均匀的。其次，在健康结果方面，研究发现对于大多数健康指标，较高的自付比例并未显著降低健康水平；然而，对于低收入和高风险群体，较高的自付比例可能导致重要医疗服务的减少，从而对健康产生负面影响。这一实验的意义不仅在于提供了健康保险设计对医疗行为和健康结果影响的实证依据，还对政策设计和实践产生了深远影响，同时也开创了随机控制实验（randomized controlled trial，RCT）在卫生经济学中的应用先河，启发了大量关于医疗补贴、预防行为和健康教育等方面的后续研究，成为卫生经济学领域的经典案例和重要方法论范式。

3. 用实验来评估公共政策

实验经济学的第三个功能是评估公共政策。自经济学经验研究的"可信性革命"以来，因果推断方法被广泛用来评估公共政策带来的社会经济影响。根据潜在因果模型，进行因果推断的关键是构造出合适的"反事实"组，主流实证研究一般采用工具变量（instrumental variable）、双重差分、断点回归等一系列"准实验"方法，在满足一定假设的条件下，寻找最接近的反事实组替代。然而由于现实因素的复杂性，上述实证方法的假设往往很难满足，这大大限制了公共政策评估的可信性和研究范围。随机控制实验因其评估主体的多样性、实验设计的随机性、评估政策的广泛性和实时性、评估数据的创造性而独具优势（陈叶烽等，2023）。由于可以通过实验设计对被试群体实施充分的随机化和控制，随机控制实验能最大程度地避免内生性、自选择、遗漏变量等问题，不仅能够为政策决策提供精准的"归因式"反馈，还能够通过实验组之间的对比，帮助政策制定者识别政策发挥作用的内在机制或政策失效的潜在原因。

2019年诺贝尔经济学奖得主阿比吉特·班纳吉、埃丝特·迪弗洛和迈克尔·克雷默运用随机控制实验在公共政策评估领域做出了重大贡献。他们的政府合作者不仅包括美国等发达国家，更遍布亚洲、非洲和拉丁美洲等发展中国家，研究项目包括疟疾防治、疫苗接种、艾滋病预防、女性教育、失业人群再就业等。他们的行为实验研究为政府了解政策受众提供了全新的视角，使得政策的有效推广成为可能，同时由于实验方法能够干净地识别政策干预的效果，这些实验研究为政府排除了调查数据所无法识别的无效干预手段和福利损失政策。更重要的是，实验的设计依托真实的政策实施背景，其本身就考虑了政策受众人群的社会文化习惯、宗教习俗等地方性特质，在政策试点和评估的同时能够真正做到因地制宜地进行公共政策设计。他们的研究方法和研究范式为发展中国家提供了在制定和推行公共政策前进行政策研究与测试的思路，值得学界和政府共同学习。

目前，许多国家和地区已经在积极推动行为实验在公共政策制定与实践中的作用：英国和美国都成立了为政府服务的行为科学团队，将实验方法运用到公共政策制定中，以提高政府政策的服务水平。此外，世界银行、经济合作与发展组织等国际组织倡导在政策制定中考虑政策受众的心理和行为特点，从而推动政策工具实际效果的提升。近年来，国内的一些科研团队也开始与政府机关、社会机构深度合作，开展各方面的随机控制实验和公共政策评估。例如，由史耀疆教授创建的陕西师范大学教育实验经济研究所与当地卫健委、教育局深度合作，在陕西、宁夏和甘肃等西北省份开展了"婴幼儿早期发展""营养、健康与教育""农村现代信息技术应用""教学与教法""健康与人力资本"等六十多项研究,这些研究不仅转化为一系列政策评估的科研成果,也形成了一系列政策简报,为当地政府提供了许多发展农村卫生与教育的切实良策,成为国内农村卫生与教育政策在全国推广的经验依据。

参考文献

陈叶烽等:《实验经济学讲义:方法与应用》,北京:北京大学出版社,2021年。

陈叶烽、刘莹、杨雯渊:《公共政策评估与随机控制实验——基于"规模化"视角的经验启示与中国实践》,《管理世界》,2023年第3期。

Benz, M., & Meier, S. (2008). Do people behave in experiments as in the field? —Evidence from donations. *Experimental Economics*, 11, 268–281.

Campbell, D. T., & Stanley, J. C. (1963). *Experimental and quasi-experimental designs for research*. Chicago: Rand McNally.

Card, D., DellaVigna, S., & Malmendier, U. (2011). The role of theory in field experiments. *Journal of Economic Perspectives*, 25 (3), 39–62.

Carpenter, J. P., Harrison, G. W., & List, J. A. (2005). Field experiments in economics: An introduction. In *Field Experiments in Economics*, pp. 1–15. Leeds: Emerald Group Publishing Limited.

Chamberlin, E. H. (1948). An experimental imperfect market. *Journal of Political Economy*, 56 (2), 95–108.

Croson, R., & Gächter, S. (2010). The science of experimental economics. *Journal of Economic Behavior & Organization*, 73 (1), 122–131.

Falk, A., & Heckman, J. J. (2009). Lab experiments are a major source of knowledge in the social sciences. *Science*, 326 (5952), 535–538.

Gurven, M., & Winking, J. (2008). Collective action in action: Prosocial behavior in and out of the laboratory. *American Anthropologist*, 110 (2), 179–190.

Harrison, G. W., & List, J. A. (2004). Field experiments. *Journal of Economic Literature*, 42 (4), 1009 – 1055.

Hertwig, R., & Ortmann, A. (2001). Experimental practices in economics: A methodological challenge for psychologists?. *Behavioral and Brain Sciences*, 24 (3), 383 – 403.

Hennig-Schmidt, H., Selten, R., & Wiesen, D. (2011). How payment systems affect physicians' provision behaviour—An experimental investigation. *Journal of Health Economics*, 30 (4), 637 – 646.

Levitt, S. D., & List, J. A. (2007). What do laboratory experiments measuring social preferences reveal about the real world?. *Journal of Economic Perspectives*, 21 (2), 153 – 174.

List, J. A. (2001). Do explicit warnings eliminate the hypothetical bias in elicitation procedures? Evidence from field auctions for sportscards. *American Economic Review*, 91 (5), 1498 – 1507.

List, J. A., & Rasul, I. (2011). Field experiments in labor economics. In *Handbook of Labor Economics*, Vol. 4, pp. 103 – 228. Amsterdam: Elsevier.

Manning, W. G., Newhouse, J. P., Duan, N., Keeler, E. B., & Leibowitz, A. (1987). Health insurance and the demand for medical care: Evidence from a randomized experiment. *American Economic Review*, 77 (3), 251 – 277.

Milgram, S. (1963). Behavioral study of obedience. *The Journal of Abnormal and Social Psychology*, 67 (4), 371 – 378.

Plott, C. R. (1982). Industrial organization theory and experimental economics. *Journal of Economic Literature*, 20 (4), 1485 – 1527.

Roth, A. E. (1995). Introduction to experimental economics. In *The Handbook of Experimental Economics*. Princeton: Princeton University Press.

Smith, V. L. (1962). An experimental study of competitive market behavior. *Journal of Political Economy*, 70 (2), 111 – 137.

Smith, V. L. (1991). Rational choice: The contrast between economics and psychology. *Journal of Political Economy*, 99 (4), 877 – 897.

Voors, M., Turley, T., Kontoleon, A., Bulte, E., & List, J. A. (2012). Exploring whether behavior in context-free experiments is predictive of behavior in the field: Evidence from lab and field experiments in rural Sierra Leone. *Economics Letters*, 114(3), 308–311.

第三章
实验经济学之于中国

一、中国需要实验经济学

正是实验经济学方法在检验经济学理论和评估经济政策上的独有优势，让我们期待在新时代新征程中，实验经济学研究能为国家治理体系和治理能力现代化的推进提供科学的决策依据，能为进一步全面深化改革提供政策试点方案设计与评估，能为中国经济学自主知识体系的构建提供理论及其假设的验证。

1. 国家治理体系和治理能力现代化的需要

所谓"国家治理体系现代化"，就是通过系列的制度安排和宏观顶层设计，使国家的治理体系日趋系统完备、不断科学规范、愈加运行有效的过程。所谓"治理能力现代化"，就是将制度优势转化为治理效能的现代性能力不断获取并逐渐强化的过程。其中，国家治理体系现代化体现国家的制度设计能力，治理能力现代化体现贯彻治理体系的执行能力。

现代化治理体系的构建，是为了能进一步提升中国式现代化进程中社会治理的科学化和制度化水平，对于减少治理方式与治理路径的无效供给成本、最大程度地避免社会治理失误，具有极为重要的现实意义。从体制机制上，要建立健全社会风险研判机制、防控协同机制、防范化解机制。从而在社会风险的管控、化解、应对、处置方面进行有效衔接，构建中国式现代化进程中社会风险的全过程治理、全方位治理体系。

现代化治理体系构建的基本要求是能在社会治理与公共政策设计中进行精准施策，提高改革的针对性、有效性和科学性。具体而言，要根据人群在行为偏好、性格特征、行为习惯等方面的异质性，设计相应的政策方案。而利用实验经济学方法，能够让我们在可控环境下，通过价值诱导理论，探究个体在不同政策设计和激励机制下复杂、敏感、多样、微妙的人性与偏好，从而为现代化国家治理体系构建提供更为科学、精准的政策方案设计。

政策方案设计是随机控制实验技术性的集中体现，包括随机单位的确定与随机化的实施、实验组与控制组（实验局）的设计。随机控制实验实现了政策干预在实验组与控制组之间的随机分配，随机化使实验组和控制组在可观测和不可观测因素之间都保持了同质。具体而言，可以采用标准的两步随机控制实验方法，第一步随机是在政策受众中随机选择政策干预的样本，以保证政策设计效果的外部有效性；第二步随机是在评估样本中随机地分配政策干预，实现政策干预组与控制组的随机化，以保证政策设计效果的内部有效性。随机控制实验不仅仅是简单地将实验组和控制组区分为"有"社会治理干预与"无"社会治理干预，还可以在实验设计中根据不同治理内容或治理强度划分多个实验组。

实现治理能力现代化的前提是对社会治理方案进行科学评估。随着中国特色社会主义建设进入新时代，作为社会资源重要分配途径的公共政策的影响力逐渐增强。紧密围绕当前社会主要矛盾冲突的转化，有效衡量、测评政府治理绩效，促进更加充分、平衡的经济社会发展目标的实现，需要进一步强化公共治理创新，建立科学有效的社会治理效能评估机制。利用随机控制实验方法，通过科学化、制度化的治理效能评估，不仅能有效测评治理机制本身的质量和价值，还能及时、准确发现治理体系运行中的问题，进而为社会冲突风险治理改进和优化提供良好的基础。

在使用随机控制实验进行社会治理方案评估时，我们会在实验中囊括治理所及的各类群体对象，并在随机化的过程中使用诸如分层抽样、区块抽样等方法保证不同群体对象能够随机、有序地进入政策评估实验，既避免对评估对象的选择偏差，同时也能较好地代表政策所覆盖的各类目标群体，进而提高社会治理干预的可推广性。此外，在治理方案评估时不仅要关注所有评估对象的"平均处理效应"，还应该关注不同评估对象之间的异质性，受到中国式现代化进程影响较大的群体很可能是治理方案制定时所需关注的重点群体，通过治理方案评估推出适宜的公共政策，能够避免不同社会阶层之间、社会群体内部的矛盾激化，促进社会包容、和谐与可持续发展。

此外，治理能力现代化还应体现在社会治理方案实施的效益上。实际上，可能有多种政策工具可以产生政策效果，但治理能力现代化要求我们尽可能避免不同政策效果产生的重复作用甚至是挤出效应，也要求我们能基于相关因素的考虑选择最为有效的社会治理方案。因此，我们可以利用实验经济学方法在对社会治理方案进行检验和评估时，通过与实验设计的联动来达成政策的最优效果，比如在实验中检验多个政策机制的交互作用，并对政策实施效果进行成本—收益分析，从而能够评价不同社会治理方案的组合效果，计算并选择社会治理的最优方案设计。

总结而言，可以利用实验经济学方法对公共政策或项目干预是否实现了预期目标进行具有客观性、系统性和经验性的检验。其中，随机控制实验因其"可控性"和"随机性"在社会治理政策评估方面具有诸多优势。同时，随机控制实验能够为政策评估提供一种"归因式"的反馈，既可以识别社会治理干预效果，还可以识别影响社会治理干预效果的关键因素，进而从评估中吸取经验或暴露短板，为公共政策的修改、完善及经验总结提供清楚的逻辑链条，更好地帮助政府和公共部门进行政策学习，使政策方案形成"研究—制定—执行—评估—完善"的良性循环，在实践和评估反馈中不断提高社会治理与公共政策的科学性和准确性。

2. 进一步全面深化改革的需要

一段时间以来，我国发展环境的复杂性、严峻性、不确定性上升。面对错综复杂的环境，决策者在全新压力下做出正确选择的需要比以往任何时候都要强烈。但任何改革都是利益关系和行为模式的调整，旧体制通常表现出顽固的惯性，且体制、机制一旦发生转变，结果将不可逆转。决策者对于各种改革与政策转变不得不小心谨慎，力求能够在决策前进行完整、周密的验证。在我国经济社会发展进入关键阶段后，如何选择改革的总体方案和改革的优先顺序尤为重要，未经审慎考虑的决策不仅不能达到预期的效果，还有可能加剧原先就存在的弊端。最为不利的是，实施新方案失败会对今后进一步的改革造成巨大的负面影响。

这也为我国哲学社会科学研究人员在改革攻坚克难过程中有效发挥作用提出了挑战。2016年，习近平总书记在哲学社会科学工作座谈会上的讲话指出："面对改革进入攻坚期和深水区、各种深层次矛盾和问题不断呈现、各类风险和挑战不断增多的新形势，如何提高改革决策水平、推进国家治理体系和治理能力现代化，迫切需要哲学社会科学更好发挥作用。"要提高改革的决策水平和国家治理能力，关键是要加强政策设计与政策评估的科学性，提高政府精细化管理水平和驾驭经济的能力。实验经济学借鉴自然科学的研究方法，在可控实验条件下研究经济主体的决策行为，有助于使数据相对干净可控，从而进一步识别、推断因果关系；实验方法以较小社会成本探索政策涉及问题的解决方案，有助于减少政策改革的阻力，检验政策的实际效果；经济学实验可以针对改革中可能出现风险的各种情形设计实验环境，有的放矢地进行实验，以避免机制设计失误所造成的社会损失。

我国在改革开放中采用了"总体渐进"和"试点先行"的路径。经济学实验与这些措施在力求降低改革的风险和成本这一指导思想上是完全一致的。而且，与通过"试点"积累经验的做法相比，经济学实验事前所采用的样本随机选取方法更加科学规范，事中通过控制相关因素可以集中考察某一特定因素对经济现象的具体作用，事后也能更加低廉地完成政策的效果评估与分析工作。然而，面对体制改革的要求，如何运用经济学实验方法在改革的具体实践中形成中国特色，讲好中国故事，仍将是一项兼具挑战性和创新潜力的工作。

实验经济学的应用能否在我国获得成功，首先取决于政府和有关部门的重视。重视不仅仅表现在从财政上支持经济学实验,更应当表现在需要解决问题时要想到经济学实验方法。比如,实验经济学有助于解决市场供需匹配问题,提升市场运行效率。2012年诺贝尔经济学奖得主埃尔文·罗斯所开展的匹配机制和市场设计的理论与实验研究,为研究和改善市场功能提供了理论依据与方法支撑。根据该理论设计的匹配机制,长期困扰美国医学院的实习医生分配以及肾脏器官移植匹配等问题得以解决。很多美国公司如谷歌、优步等,已开始与行为经济学家、实验经济学家合作。经济学家根据稳定匹配理论与市场设计实践,结合相关公司的技术与数据,分析预测消费者行为,帮助制定精准营销策略。

当代实验经济学研究在诸多领域的应用中取得成功、受到越来越普遍关注的根本原因是,在现实生活的经济实践中,针对改革和市场的需求,经济学实验对经济政策的验证具有不可替代的优势(刘鹤,2008),因此,通过经济学实验方法在进一步全面深化改革过程中为解决我国特有的问题贡献实验经济学的智慧和力量,才是我们推动实验经济学在中国现实问题中的应用研究的根本目的。

3. 构建中国自主经济学知识体系的需要

当代中国正经历着我国历史上最为广泛而深刻的社会变革,也正在进行着人类历史上最为宏大而独特的实践创新。这些实践成果为经济学理论研究指明了正确的方向,提供了丰富的研究对象,也提出了许多独特的、可成为创新原点的问题。这有助于研究者跳出西方经济学理论框架的固有视野,从一个发展中大国高效能的经济改革实践与经济高质量发展中探索分析经济运行规律,提炼具有主体性、原创性、标识性的概念、观点、理论,形成扎根中国土壤、立足中国国情、解决中国问题的经济学话语体系。

习近平总书记指出:"我们要立足我国国情和我们的发展实践,深入研究世界经济和我国经济面临的新情况新问题,揭示新特点新规律,提炼和总结我国经济发展实践的规律性成果,把实践经验上升为系统化的经济学说。"党的十八大以来,我国经济建设取得重大成就,国家经济实力、科技实力、综合国力跃上新台阶,我国经济发展平衡性、协调性、可持续性明显增强,迈上更高质量、更有效率、更加公平、更可持续、更为安全的发展之路。

建构中国自主的经济学知识体系，要加强习近平经济思想的学理化研究、学术化阐释，梳理和总结标识性概念、范畴、表述，着力建构系统化、学理化的知识体系，加快推进中国特色社会主义政治经济学学科体系、学术体系、话语体系建设；要在习近平经济思想指导下，从习近平新时代中国特色社会主义经济建设面临的客观条件和实际问题出发，结合新实践、挖掘新材料、总结新经验、扩展新视野、作出新概括，提炼和总结我国经济发展实践的规律性成果，把实践经验上升为系统化的经济学说，不断丰富发展中国特色社会主义政治经济学。

建构系统化、学理化的知识体系，首先需要基于原有的经济学理论体系提出挑战和重构。当代西方主流经济学是一个逻辑演绎系统。该系统从一个最基本的逻辑前提出发，进而推衍出它的所有命题，这个逻辑前提就是所谓的"经济人"假设或"理性人"假设。而大量来自实验经济学研究的经验证据就对理性人假设的每一块基石都提出了严峻的挑战。这些挑战被称为传统经济学的"异象"，即人们的行为表现完全偏离了标准经济学模型的预测。这些研究无不表明，当代西方主流经济学正在面临全面的理论危机（叶航，2015）。对中国的经济学和经济学家来说，这既是一种挑战，也是一个机遇。我们应着眼于新古典经济学的理论困境，从理论假设、分析范式、技术工具等各个方面，对经济学理论体系可能包含的基本要素、基本内容以及这一理论体系的整体框架，包括它与西方经济学的关系及它的方法论特征做出全面的、系统的、前瞻性的知识体系重构。

把实践经验上升为系统化的经济学说，要以现实经济问题和实践活动为依据，开展理论体系的提炼和构建工作。在过去的40多年里，中国的改革开放取得了历史性巨大成功，赢得了世界的认可，积累了丰富的实践经验。然而，我们也不得不承认，基于我国经济改革发展实践所形成的各种经济学理论和学说还显得比较零散，并没有形成一套系统的、完整的、具有严密逻辑的中国理论和当代政治经济学，更没有提出完整的理论框架来解释中国经验，而是一直沿用西方的概念来解释中国的问题。回顾中国的诸多改革实践，不少是源于自下而上的实际经济参与者的行动，再经不断试验和"试错"，进而以直白和朴素的语言形成权威的改革文件,最后向全国推进。比如,家庭联产承包责任制、政府与市场关系、所有制理论、收入分配理论和对外开放理论等。这些改革实践或者说"社会实验"还需要我们以学术话语来叙述中国的经济发展故事,在未来更需要实验经济学研究以更加规范、更加科学的操作方法,将政策试点的结论归纳并提炼成为经济学理论体系,从而为高水平社会主义市场经济体制的建立服务。

二、实验经济学需要中国

随着中国经济在全球经济中的地位日益凸显,中国经济学界也能紧跟国际学术前沿的步伐,在模型构建与数据分析上越来越精深、细致;与此同时,实验经济学领域的研究正在兴起,而中国这片有着广袤田野及特有文化背景的土地完全可以为经济学实验提供丰富的社会"试验场",倚赖这一天然的优势,也许中国的经济学者可以在逼近高深的数理工具的同时,也能为经济学实验这一前沿研究方法贡献更多具有独创性且贴近现实世界的研究实例。

1. 实验经济学需要中国样本

中国情境下的经济学实验研究在我们看来有两条研究理路。第一条理路是基于不同文化背景下中国人行为模式与西方人行为模式的可能差异,采用中国的被试,按照经典的实验设计程序来运行实验,以检验中国文化背景下经典实验的结果是否会发生改变。因此,中国情境能为实验经济学研究提供未曾有的"跨文化"研究样本,也将使得实验经济学研究可以不再经受有关实验结论缺乏外部有效性的诘责。毕竟,在很长一段时间以来,实验经济学研究结论都仅仅来自那些"特殊"(WEIRD)的样本群体,即来自西方的(western)、受高等教育的(educated)、工业化的(industrialized)、富裕的(rich)、所谓民主的(democratic)社会的样本(Henrich et al.,2010)。

在这个理路下,比较经典的相关研究是 Henrich et al.(2001)在五大洲12个国家的15个经济和文化环境迥异的小规模社会,开展的跨文化行为博弈实验。而中国各区域间的经济、文化、习俗也有着明显的差异，若能参照以上模式以经济发展水平、教育普及率、民族、习俗等变量为异质性指标，在全国范围内遴选相应的样本点开展大规模的行为博弈实验，则不仅可以在理论上检验各变量对于人们行为表现的影响，也可在实践意义上以此为基础建立中国人处理利益冲突、进行利益分享时的行为特征数据库，为实验经济学研究提供系统的中国情境和中国传统文化下的典型样本。

目前已有的尝试可以举例如下：Chen and Tang（2009）在拉萨、厦门、新加坡三地开展的行为博弈实验，分离出了文化和宗教这两种因素对被试行为表现的影响；何浩然（2011）分别对贵州省的大学生和农村居民的个人及家庭跨期决策行为进行了模型识别和实验比较；Gong and Yang（2012）对云南摩梭人和彝族人风险偏好的实验研究，以及 Gong et al.（2015）在摩梭人和彝族人之间开展的利他偏好实验比较；Xia et al.（2023）利用实验研究方法比较了中国的佛教徒、基督教徒、伊斯兰教徒和非宗教信仰人群之间的利他、公平、信任、合作等亲社会行为（prosocial behavior）表现。

2. 实验经济学需要中国故事

第二条理路则更具创新意义，指的是基于中国本土问题与特色情境，围绕中国经济社会转型期涌现出的独有现象而展开的经济学实验。实验经济学研究大多围绕经典的经济学理论和现实问题展开，包括产业组织理论、拍卖理论、匹配理论、市场均衡理论、行为经济学理论、厂商理论、生产问题、消费问题、储蓄问题、投资问题、劳动与就业问题等。这些经典理论和问题的研究结论，对于广大发展中国家，尤其是对于已经进一步全面深化改革、探索中国特色社会主义市场经济体制的中国来说，总是显得苍白无力。

这一理路类似的实验研究已经在印度尼西亚、印度等发展中国家开展。如 Olken（2007）利用印度尼西亚全国"村村通公路"的政策实践，在印度尼西亚的农村开展了相关的实地实验，比较了是自上而下还是自下而上的监督方式更能抑制腐败的发生。Hoff and Pandey（2006）与 Hoff et al.（2011）基于印度长期历史背景下所形成的等级身份开展实验研究，在实验中发现等级身份影响了人们的相互信任。

而涉及当代中国转型期社会现象的经济学实验则有 Dulleck et al.（2020）利用礼物交换博弈（gift exchange game）对中国的户籍身份在劳动力市场的歧视情况进行了检验。Song et al.（2012）将中国人的"关系"概念引入了信任博弈实验，以讨论社会距离对于中国人的互惠、信任行为的影响。Cameron et al.（2013）通过开展一系列的行为实验比较计划生育政策前后出生的被试的实验数据，分离出了没有其他兄弟姐妹一起成长对于独生子女的性格、行为所造成的内在影响。Chen and Kesten（2019）通过实验方法检验了高考录取中不同匹配机制的效果，以解释当前中国在高考录取机制改革中取得的成果。邓红平和罗俊（2016）在实验中模拟了我国公租房匹配情景，比较了目前国内实际采用的公租房匹配机制与理论上具有稳定匹配性能的机制的效果。陈叶烽等（2020）在实验中设计了一个医疗服务情景，并考察了固定工资、按人头支付和按服务支付三种基本薪酬支付方式下的医疗服务供给行为。

当然，在中国还有很多值得实验经济学研究的重要议题，比如快速城市化过程中的城乡融合和区域协调发展问题、优化人口发展战略下建立什么样的生育支持政策体系问题、共同富裕中的收入分配和第三次分配的个人慈善捐赠问题、数字经济发展过程中的平台企业垄断问题、"卡脖子"背景下高新技术企业的科技创新问题、"双碳"目标下碳排放交易机制和低碳决策助推机制设计、重大突发公共卫生事件下的医疗资源配置的机制设计问题、健康中国战略下体育锻炼习惯养成问题等，都已经或正在引起实验经济学家的高度关注。

参考文献

陈叶烽、丁预立、潘意文等：《薪酬激励和医疗服务供给：一个真实努力实验》，《经济研究》，2020 年第 1 期。

邓红平、罗俊：《不完全信息下公共租赁住房匹配机制——基于偏好表达策略的实验研究》，《经济研究》，2016 年第 10 期。

何浩然：《个人和家庭跨期决策与被试异质性——基于随机效用理论的实验经济学分析》，《管理世界》，2011 年第 12 期。

刘鹤:《实验经济学》第一版前言,载于《实验经济学》(第1版),杜宁华著,上海:上海财经大学出版社,2008年。

叶航:《超越新古典——经济学的第四次革命与第四次综合》,《南方经济》,2015年第8期。

Cameron, L., Erkal, N., Gangadharan, L., & Meng, X. (2013). Little emperors: Behavioral impacts of China's One-Child Policy. *Science*, 339 (6122), 953–957.

Chen, K., & Tang, F. F. (2009). Cultural differences between Tibetans and ethnic Han Chinese in ultimatum bargaining experiments. *European Journal of Political Economy*, 25 (1), 78–84.

Chen, Y., & Kesten, O. (2019). Chinese college admissions and school choice reforms: An experimental study. *Games and Economic Behavior*, 115, 83–100.

Dulleck, U., Fooken, J., & He, Y. (2020). Hukou status and individual-level labor market discrimination: An experiment in China. *ILR Review*, 73 (3), 628–649.

Gong, B., & Yang, C. L. (2012). Gender differences in risk attitudes: Field experiments on the matrilineal Mosuo and the patriarchal Yi. *Journal of Economic Behavior & Organization*, 83 (1), 59–65.

Gong, B., Yan, H., & Yang, C. L. (2015). Gender differences in the dictator experiment: Evidence from the matrilineal Mosuo and the patriarchal Yi. *Experimental Economics*, 18, 302–313.

Henrich, J., Boyd, R., Bowles, S., Camerer, C., Fehr, E., Gintis, H., & McElreath, R. (2001). In search of homo economicus: Behavioral experiments in 15 small-scale societies. *American Economic Review*, 91 (2), 73–78.

Henrich, J., Heine, S. J., & Norenzayan, A. (2010). The weirdest people in the world?. *Behavioral and Brain Sciences*, 33 (2–3), 61–83.

Hoff, K., & Pandey, P. (2006). Discrimination, social identity, and durable inequalities. *American Economic Review*, 96 (2), 206–211.

Hoff, K., Kshetramade, M., & Fehr, E. (2011). Caste and punishment:

The legacy of caste culture in norm enforcement. *The Economic Journal*, 121 (556), F449 – F475.

Olken, B. A. (2007). Monitoring corruption: Evidence from a field experiment in Indonesia. *Journal of Political Economy*, 115 (2), 200 – 249.

Song, F., Cadsby, C. B., & Bi, Y. (2012). Trust, reciprocity, and guanxi in China: An experimental investigation. *Management and Organization Review*, 8 (2), 397 – 421.

Xia, W., Guo, X., Luo, J., Ye, H., Chen, Y., Chen, S., & Xia, W. (2023). Religious affiliations of Chinese people and prosocial behavior: Evidence from field experiments. *Review of Economic Design*, 27 (3), 473 – 504.

第二篇
基于中国现实问题的实验经济学研究

第四章
如何开展面向中国现实问题的实验经济学研究

一、找到本土化问题

当今世界正经历百年未有之大变局，我国发展的内外部条件发生深刻复杂变化，正以中国式现代化全面推进中华民族伟大复兴。而面向中国现实问题的实验经济学研究，正是需要对错综复杂的国内外经济形势、对我国经济发展中的新课题做出科学回答。习近平总书记指出："新时代改革开放和社会主义现代化建设的丰富实践是理论和政策研究的'富矿'。"理论源于实践，时代课题是理论创新的驱动力。推动面向中国现实问题的实验经济学发展，需要立足我国国情和发展实践，深入研究中国经济面临的新情况新问题，揭示新特点新规律，进而在深入思考和准确回答我国经济发展的理论和实践问题中推进符合中国实际、具有中国特色的理论创新。

开展面向中国现实问题的实验经济学研究，应更多聚焦国家重点关注的、民众急难愁盼的，比如教育、医疗、住房、环境、城乡融合等领域的相关问题。

近年来，我国在教育领域取得了长足发展，但城乡之间在办学水平和教学质量等方面仍然存在差距。为补齐农村教育的短板，促进城乡教育优质均衡发展，国家实施了一系列措施来改善农村学校办学条件、提高农村学生在各个阶段的入学率。但教育是一个复杂的系统工程，不同时期农村教育面临的主要问题有很大差异，导致农村教育相对薄弱的原因也很多。过去十多年间，陕西师范大学教育实验经济研究所史耀疆团队开展了大量关于中国农村中小学阶段教育的随机干预实验研究，重点关注了如下几个问题：寄宿制学校问题（Yue et al.，2014）、非义务教育阶段的学费问题（Liu et al.，2011；Yi et al.，2015；Li et al.，2017）、师资问题（Loyalka et al.，2019；Chang et al.，2019）等。到21世纪初，我国公立医院的药品销售收入仍然占总收入的40%以上。政府决定医院药房可以销售的药品种类及药品的批发价格和零售价格，但制药公司经常会通过给医生回扣来激励医生多开特定的药物。另外，我国医疗保险制度可以让病人报销部分比例的医疗费用。基于这一背景，Lu（2014）采用实验方法，来检验医生面对不同患者（有、无医疗保险）时开药的差异，从而可为规范我国医疗保险市场、避免医疗资源浪费提供政策建议。陈叶烽等（2020）基于当前我国医生的薪酬制度存在的诸多问题，比如，整体薪酬水平较低、薪酬差距不合理、过度强调经济激励而忽视医疗质量等，在实验中设计了不同的薪酬激励方式，考察激励方式（固定工资、按人头支付和按服务支付）的改变会对医疗服务供给产生何种影响，从而为薪酬激励政策的制定提供了参考。

开展面向中国现实问题的实验经济学研究，还应瞄准我国实践中与世界先进国家或理论预期相比有待改进的地方。邓红平和罗俊（2016）发现现实中运行的公租房匹配机制尚未解决公租房供需之间的缺口，未能达到预期效果，因而从理论上设计了较优的匹配机制，并在实验中将其匹配效果与现实中运行的公租房匹配机制进行比较。魏立佳等（2018）从欧盟、北美、中国等现行碳市场的管控政策中分别抽象出数量稳定、价格稳定和价量联动稳定三种机制，并运用理论建模和经济学实验方法发现，宏观经济周期和企业的非理性交易会对碳市场的波动产生推波助澜的作用。Chen and Kesten（2019）在实验室中检验了三种理论上的匹配机制的效果，以解释当前我国在高考录取机制改革中的成果。作者设计了相对简单和相对复杂的择校实验环境，并引入了学区保护与地理分布,从而对比了三种匹配机制的效率、稳定性和真实偏好表达。

开展面向中国现实问题的实验经济学研究,还应关注通过传统实证方法难以获取的数据或难以发现的我国经济社会实践中的问题。Afridi et al.(2015)通过一个激励任务的实验发现,仅仅是户籍身份信息的凸显或公开,就可能给农村户籍身份学生带来负面的激励作用,抑制其表现,从而可能拉大两种户籍身份人群之间的收入差距。中国劳动力市场中存在着各种类型的身份歧视,但这往往不能被经验数据观察到,而通过在实验中"虚构"不同类型的简历是最为直接的检验方法。李彬和白岩(2020)设计了一个简历投递的实地实验,研究了硕士学历毕业生是否因其不同的第一学历而受到招聘方歧视对待的问题。葛玉好等(2018)通过在招聘网站上发布虚拟配对简历的方式,研究了大学生就业过程中的性别歧视问题。He et al.(2023)通过实验方法控制了求职者其他相关信息,向真实在线招聘网站发送了作者虚构的独生子女或非独生子女的求职者简历,从而发现生育政策的改变可以减少独生子女和非独生子女在求职市场因为预期家庭责任而受到的劳动力市场歧视现象。为了探究患者主动赠送礼物是否会让医生通过提供更好的服务或减少不必要的抗生素处方来回报患者,Currie et al.(2013)在中国某城市的80所医院开展实地实验,招募学生充当患者,先后问诊同一名医生。研究构造了患者是否赠送礼物以及是否向医生推荐其他患者的条件,以此检验医生在四组设计下所开处方是否相同,即礼物交换是否存在外部性,且外部性是否取决于社会距离。

二、中国情境的纳入

党的十八大以来,习近平总书记多次论述文化自信。他指出:"文化自信,是更基础、更广泛、更深厚的自信。""坚定中国特色社会主义道路自信、理论自信、制度自信,说到底是要坚定文化自信。"中华优秀传统文化包含着历久弥新的文化理想和文化价值,富有旺盛的生命力和创造力,是中华民族的根与魂,是文化自信的深厚历史底蕴,为构建中国特色哲学社会科学提供了强大支撑。

经济学的研究对象是人类经济活动的本质与规律。相对于自然科学而言,经济学作为一门实证科学的特征是预测经济未来还是解释经济现实,在经济学内部也引发了旷日持久的争论①。而影响经济学准确预测未来的重要因素之一,就在于经济活动中作为经济学分析对象的个体都是具有特定历史文化背景和社会关系的人。也就是说,在不同的外部情境、历史文化和社会关系下,经济学理论和实践活动是具有其复杂性的。

尤其是对于经济学实验来说,其本质就是针对所要研究的问题构造一个可控条件下可观测的微观经济系统,经济学实验所观察的就是人在微观经济系统中的经济实践活动,微观经济系统由人所处的经济环境和市场机制共同构成(杜宁华,2023)。在实验经济学方法问世后,很长一段时间以来人们对于利用实验室实验方法来反映现实生活中的个体行为决策与互动交往的可靠性,即实验结论的外部有效性有所怀疑。这些怀疑主要包括实验被试是否具有一般性、抽象的实验环境能否模拟真实情境、实验员是否会影响到被试的行为(Levitt and List,2007)等。为消除这些疑虑,实验经济学家将"真空"条件下的实验室实验扩展到具备现实情境的实地实验(Harrison and List,2004)。

已有的实地实验研究发现,随着文化、场景、社会关系等情境变量在实验中的引入或改变,人们的行为表现会相应有所变化,且变化方向往往并不确定。Cronk(2007)在东非开展的实地实验考察了文化背景这一情境变量对信任行为的影响。实验结果显示,在嵌入了当地文化背景的实验中,被试表现出更低的投资水平和更低的期望返还率。人们在日常生活中还会根据当下的社会规范、自己的社会身份、做出的社会承诺等社会性因素来做出符合社

---

① 引起这场争论的导火索是美国著名经济学家米尔顿·弗里德曼(Milton Friedman)在1953年发表的论文《实证经济学方法论》(The Methodology of Positive Economics)。在此文中,弗里德曼提出了经济原理的科学标准是能否预测未来、经济学假设无须现实检验等观点。争论的另一派代表是新古典综合学派的创立者——保罗·萨缪尔森(Paul Samuelson),他并没有发表专门论述经济学方法论的论文,他的观点散落在其主要著作中,他认为科学只提供描述,最多是在描述的基础上进行解释,而不能提供任何精准的预测。

会要求的行为决策。因此，在嵌入了社会性情境的实地实验中，常常能发现这些社会性因素对人们行为表现的作用。如 Cassar et al. (2014) 在实地实验中考察了社会规范对亲社会行为的促进作用。实验中的社会规范体现为群体中有正式职务或受当地人拥戴的领袖的行为决策。实验结果显示，在有社会规范的情境中，被试参与捐款的比例和平均捐款数额要比另一情境中的显著更高。

面向中国现实问题的实验经济学研究，当然也需要纳入中国传统文化情境和中国人特有的行动逻辑。"面子"是中国人特有的一种悠久的文化心理现象，"丢面子""给面子""要面子""留面子"等具有中国特色的象征性词汇也在中国人的生活和人际交往过程中扮演着重要角色。Eriksson et al. (2017) 在中国开展的实验研究发现，人们愿意牺牲实验收益来选择不让自己或同组其他人在真实努力任务中过低的排名被公开，即愿意用金钱挽回自己或他人可能丢失的"面子"。

儒家思想文化影响中国人已有两千余年，其主体精神对中国人的影响极为深刻，学者们长期以来一直假设儒家价值观会影响社会规范，影响个人决策，并可能有助于经济增长。Liu et al. (2014) 在实验中通过让学生被试在儒家经典文本中识别错误字符，来启动（prime）[①] 学生被试的儒家价值观，并在后续测度被试的风险偏好、损失厌恶、时间偏好与信任行为等，从而检验儒家价值观对个体经济决策的影响。

中国共产党既是中国先进文化的积极引领者和践行者，又是中华优秀传统文化的忠实传承者和弘扬者。相似地，为了检验中国共产党的党派文化对道德行为的影响，He and Jiang（2020）在实验中通过设置与共产党相关的问题，如入党时间、身边有多少党员等来启动被试的党派文化，并在后续让被试进行一个腐败博弈决策。实验结果表明，在接受共产党党派文化启动的实验组中，被试的贿赂行为明显少于没有接受共产党党派文化启动的控制组，这说明共产党党派文化可以有效抑制腐败。

[①] 启动是流行于认知心理学领域的一项研究技术，实验者通过引入某种刺激（包括图像、音频、文本如调查问卷和文章）来激活被试社会结构中的某些认知，即被试日常生活中的某些经历、感受。

三、与政府、机构合作

在全面建设社会主义现代化国家新征程中,哲学社会科学工作者要坚持以习近平新时代中国特色社会主义思想为指导,坚持问题导向,紧紧围绕深化改革、推进国家治理现代化中的理论问题、实践问题深入调查研究,提出有针对性、有价值的创新思想、创新方案,更好地运用党的创新理论成果,着眼重大理论和实践问题,把握经济社会发展规律,逐步完善根植中国大地、贴近中国实际、具有中国特色的政策研究规范和理论话语体系。

实验经济学逐渐贴近真实世界的发展过程,也是与政府、机构合作共同发现问题、解决问题的过程。埃尔文·罗斯在1995年开始为"全美住院医师匹配项目"设计匹配机制,这是一家每年负责为美国医学院校毕业的成千上万名新医生提供匹配工作的中介机构。该项目标志着罗斯首次进入真正的市场设计实践领域。为了开展理论和实验设计,罗斯曾研究过医疗劳动力市场对新医生的需求状况。他了解到,20世纪40年代,由于医科学生匮乏,各大医院为争夺这些毕业生,往往不得不提前为这些学生提供住院医生实习机会。几年之后,这一明显失效的医疗劳动力市场系统才得到校正,当时各医科大学同意在某个特定的日期后公布有关其学生的信息。不过此后,新的问题又出现了。那些位于其首选医院候选申请人名单上的医科学生在接受第二选择医院的录取通知时总是犹豫不决,并且尽可能地拖延时间。因此,在双向选择期结束前,候选申请人名单一直保持不变,最后的选择决定也往往是匆忙草率做出的。在此背景下,新医生和医院之间实行的双向匹配过程也变得混乱不堪,这让这些医科大学毕业生及其潜在的雇主医院颇为不满。为了更好地协调医科大学毕业生和医院之间的双向选择过程,罗斯开发了一个沿用至今的数学程序(或算法)来匹配新医生和医院。截至2014年,已有30多家劳动力市场中介机构采纳了该算法。

21世纪初,美国各大医院已开始开展少量的活肾源交换活动。这种交换活动通常涉及两对器官捐献者—器官接受者。在这种交换活动中,两对早期不相容的器官捐献者—器官接受者中任何一对的器官接受者可与另一对的器官捐献者匹配，从而使每个器官接受者均可从另一对器官捐献者—器官接受者中的器官捐献者那里获得肾源。不过，肾源仍然大量缺乏。2002年，美国有55 000多名患者需要已故器官捐献者捐献的肾源，大约3 400名患者在等待肾移植的过程中死去，另外900名患者因为病入膏肓而无法实施肾移植手术。2004年，在哈佛大学任教的罗斯与乌特库·昂弗（Utku Ünver）及泰方·索恩梅兹（Tayfun Sönmez）共同发表了一篇论文（Roth et al.，2004）。他们认为，如果有"一家设计合理的中介机构"可以从早期不相容的器官捐献者—器官接受者配对数据库中提取相关数据，器官移植的数量就可能显著增加。

随后，他们与新英格兰器官银行（The New England Organ Bank）医学部合作共同推出了"新英格兰肾源交换计划"，该地区14家肾移植中心参与了该计划。一般认为，在总的患者人群中，易于匹配的患者多于难以匹配的患者。但是，当真正开始研究参与肾源交换项目的患者时，他们发现易于匹配的配对数量比预期的要少，并且难以匹配的配对数量远远超过预期。罗斯说，肾移植越来越多地通过我们称之为"非同时链"（non-simultaneous chains）的方式进行组织。在"非同时链"中，随着时间的推移，可能有一个很长的器官移植链，该移植链由一名愿意捐献肾源的利他主义捐献者发起，但这位器官捐献者并不针对某位特定的器官接受者。当这名肾源捐献者将肾捐献给一名患者时，"非同时链"就得以启动。然后，第一位器官移植接受者的自愿捐献者再将肾捐献给另外一个不相容配对中的患者，如此反复，直至该链闭合，有时由最后一名器官捐献者将肾捐献给申请名单中的患者。该"非同时链"最多参与的人员数量达到60人，使器官捐献计划可以涉及比此前交换项目数量明显更多的人群。除了开展肾源交换项目的工作，罗斯还利用改进后的"延迟接受算法"（deferred-acceptance algorithm），帮助纽约市和波士顿市的多家公立学校重新设计了其择校制度并在实验中对机制的有效性进行了检验。

2019年诺贝尔经济学奖获得者阿比吉特·班纳吉、埃丝特·迪弗洛和另一位教授塞德希尔·穆来纳森（Sendhil Mullainathan）在2003年创立了阿卜杜勒·拉蒂夫·贾米尔贫困行动实验室（J-PAL），致力于用随机控制实验

（RCTs）的方法运行和评估各类扶贫项目，并为政策制定提供科学证据。例如利用随机控制实验对一种叫作"有条件现金转让"（conditional cash transfer，CCT）的新型福利政策进行评估。简单说来，CCT 在发放救济金给穷人的同时，还规定了受助人必须满足医疗和教育上的一些条件。比如，受助人必须保证自己的孩子不辍学、孕妇去孕检、婴儿打疫苗……一旦受助人没有满足这些条件，CCT 救济金就会被撤销。这些条件有效防止了救济金被滥用于烟酒赌博，还能帮助贫困父母的下一代健康成长，尽快脱离贫困。CCT 政策在世界范围内的流行常常被看作是随机控制实验在公共政策实施中的全面胜利。在印度尼西亚，2007 年开始的 CCT 是全国第一个大规模利用随机控制实验进行评估的项目。以 2007 年为起点，印尼政府的另外好几个政策也进行了随机控制实验评估：贫困学生的奖学金项目、贫困家庭的廉价大米项目、电子社保卡项目……所有这些随机控制实验，都是印尼政府、J-PAL 以及世界银行印尼分行三方合作的成果。

国内学术界也在积极和政府、机构互动，扎根广大田野，开展面向中国现实问题的实验经济学研究。2013 年开始，北京大学陈玉宇教授团队与中国疾病预防控制中心合作，在重庆与宁波两地共选取 1 872 例 60—75 岁"慢阻肺"患者，通过随机分组接种疫苗的随机实地实验方法，经过近 3 年的跟踪调查以及计量分析，得出了接种疫苗在样本人群中的成本收益比：花 1 元钱接种疫苗，能为老百姓省下十几元钱的医药费。这一数据放置于数以亿计的人口中，将节省巨大的医药费用（宗庆庆等，2020）。这一实验研究也是经济学界为政府制定政策提供科学依据的一个很好的案例。

在中国，能繁母猪的小规模散养方式增大了其患猪瘟的可能性，从而造成母猪死亡率较高。这对于贫困地区的农民来说是很大的风险。在猪瘟流行期间，国务院出台政策鼓励农户养母猪，主要方法就是向农户提供有政府补贴的保险，农户只需支付其中的一小部分。但是农户仍然面临一些风险，因此投保意愿不高。那么，通过鼓励政策来提高参保率会有怎样的效果？Cai et al.（2015）用随机实地实验给出了一个答案。他们将贵州省毕节市金沙县的 480 多个村庄分为三个组：对照组、低激励组和高激励组。他们通过为乡村畜牧工作人员（这些人有责任鼓励农户投保）随机地提供不同的业绩激励方案，来操控农户的投保率。这样，"投保率"就成了一个外生变量。经过长达两年多的观察，他们发现获取正规的小微保险能够影响农民的生产效率和经济发展。结果表明，鼓励更多农户投保，能够显著地提升农户养殖母猪的数量，且不会减少其他牲口的养殖数量。此外，这种正向的激励效应在此后几年都依然存在。这一实验结果，对于地方政府鼓励出台激励农户投保的政策，起到了极大的推动作用。

在强国建设、民族复兴的新征程上，党和国家事业各项工作专业化、专门化、精细化程度越来越高，对公务员的专业能力、专业素养提出了更高要求。习近平总书记在党的二十大报告中强调，"全面建设社会主义现代化国家，必须有一支政治过硬、适应新时代要求、具备领导现代化建设能力的干部队伍"。De Janvry et al. （2023）在中国地方公务人员（"三支一扶"项目的参与者）中进行了一个大规模的随机实验，研究者通过分析不同的试点评价机制，分析了逢迎行为的存在和影响。研究发现逢迎行为是普遍存在的：当下属知道谁是其考核领导的时候，他们会花更多的精力去影响该领导的评价，进而导致考核领导给出了比非考核领导更高的工作绩效评分。更为重要的是，当下属不确定谁是考核领导时，他们则会更加努力地工作，最终导致各方对其工作的表现评价都更高。研究结论不仅为各类组织机构如何设计管理绩效评价体系提供了重要的决策依据，也凸显了中国党政双重领导所具有的制度优势。由于党政双重领导的存在，基层公务员会把更多精力投入到对组织整体有利的方面，而非单独去逢迎某一领导的偏好。

改革开放以来，我国儿童政策在保护、教育和福利领域均取得了重大进展。尽管我国儿童发展已取得长足进步，但乡村儿童发展领域依然面临挑战。当前，乡村儿童发展领域仍然面临着乡村儿童发展人才队伍专业化滞后、乡村儿童福利服务水平存在结构性短板、乡村儿童安全保护和心理健康需求更加迫切等突出问题。为了更好地促进农村地区儿童的发展，2017年12月，湖畔魔豆公益基金会联合国家卫生健康委干部培训中心、陕西师范大学教育实验经济研究所、当地政府等重要合作伙伴共同推出了"养育未来"项目县域模式，为0—3岁婴幼儿家庭提供养育指导与服务。"养育未来"项目历经10余年探索，从家访服务模式到中心服务模式，再到整县覆盖模式，始终秉持着科学而有效的严谨态度，利用随机干预实验方法进行了项目干预方案的设计和影响效果的评估，为婴幼儿照护服务在农村地区的落地提供了经过科学验证有效且具有成本效益的方案，为我国儿童早期发展贡献力量。项目实施至2020年，在国家卫生健康委干部培训中心、陕西师范大学教育实验经济研究所及各方合作伙伴的支持下，已有逾2.8万人从项目中受益，其中包括9 565名儿童和18 452名父母。

此外，"养育未来"项目以与县域合作的模式推行，也是为了在县域里面去内生这些力量，让项目在阶段性完成撤出后可以继续发展下去。这个项目的另一个作用在于摸索方法，通过"养育未来"项目的摸索，得以知晓要想在全国推广，应如何从当地选人以及在当地育人和用人。此外，用当地培养出的人最终解决当地问题，让这个方法可持续进行下去，也是这个项目的重要目标。

四、试点与规模化推广

党的十八大以来，习近平总书记就改革试点工作发表了一系列重要讲话，深刻阐释了试点对于改革全局的重要作用，他指出："要牢固树立改革全局观，顶层设计要立足全局，基层探索要观照全局，大胆探索，积极作为，发挥好试点对全局性改革的示范、突破、带动作用。"全面深化改革作为一项复杂的系统工程，必须坚持科学的方法论，而改革试点，就是改革的"试验田"。

改革开放以来，为了实现经济的快速发展，我国的经济政策往往先进行局部试点探索，待取得经验和达成共识后，再把试点的做法推广，这是我国经济体制改革的特殊方式。这种由点到面、由个别到一般、由特殊到普遍的改革推进方式已成为我国渐进式改革模式中"摸着石头过河"的成功经验，成为探索中国特色社会主义道路必须遵循的重要理论和必须坚持的改革方法论。比如1984年，青岛等14个城市成为我国首批沿海开放城市，当时的许多开放政策不但使这些城市受益，也最终惠及全国，实验性的政策最终上升为全国性政策。

先试点再规模化推广是我国探索出的具有中国特色的政策创新与扩散的宝贵经验，即"由政策局部试点到全面推广"，政府在正式出台全国性政策之前往往会颁布实验性条例、开展实验试点、设立实验区。有学者认为，中国各地方政府所开展的卓有成效的政策创新以及"以点带面"的创新扩散，是促进中国经济成功的重要原因（Heilmann，2008）。

"试点—推广"已成为中国渐进式改革过程中最具有代表性的一种范式：在某项政策正式制定实施前，由若干单位（地区或部门）"先行先试"，根据试点结果（典型经验）进一步确定政策内容，再推广实行。先试点后推广的改革模式不仅遵循了生产力与生产关系演进的一般规律，也兼顾了不同发展阶段、不同地区和各行业的差异，有助于降低改革风险，减少改革震动，腾挪出纠错的时间和空间。先试点后推广的方式，为修正错误并将成功经验上升为理论，提供了充分的回旋余地和孕育条件。

学者们当然也关心政策实验（改革试点）在大规模推广后的效果。Wang and Yang（2021）收集了1980—2020年中国政策实验的综合数据（19 812份政府文件），构建了由98个中央部委发起的633项政策实验的数据库，对于每项政策实验，都记录了其在当地的实施情况，并追踪其在全国的推广情况。

与政策试点的推广效果如何类似，随着随机控制实验在国外公共政策评估中的广泛运用，针对其外部有效性的争议也逐渐出现，这尤其体现在2019年诺贝尔经济学奖揭晓之后：当变更政策干预地区或环境时，从最初随机控制实验中所得出的结论是否还能作为政策依据同样适用？小范围随机控制实验大多基于特定的局部地区或者特定群体开展（Deaton，2010），而一项最终成功推行的公共政策，通常涵盖广泛的受众群体与地域范围。

一所省级示范学校如何在异地开出同等教育质量的分校，一家雄心勃勃的小公司如何扩张为大企业，一项在实验地区表现良好的政策如何在更多地区推广……这些都是创业者和政策制定者关心的问题，它们可以归结为一句话：如何让好的想法变得伟大，让伟大的想法变得规模化。新生事物刚开始都很微小，如何才能成长为庞然大物，这就涉及"规模化的科学"。

著名实验经济学家约翰·李斯特（John List）教授在2008年参与了一个

在芝加哥贫困社区开办早教中心的实地实验项目,这个实验的目的是推动当地的教育公平——让贫困社区的孩子也能享受与富裕社区孩子同等质量的教育。2010年后,他们开展了实地实验,在项目中采取了一些干预手段,最终结果表明这些干预手段卓有成效——那些入学时候起点非常低的孩子在经过一段时间的学习之后,取得了长足进步。当李斯特教授试图说服美国政府官员大规模推广该项目的时候,却被对方质疑有三点缺陷:①在小规模尺度上表现卓越的项目,通常在大规模尺度上难以复制;②没有放之四海而皆准的政策项目;③所有专家都说干预政策将发挥作用,但最终结果却往往与预期不符。

面对来自政府官员的质疑,李斯特教授开始认真思考"规模化"的问题(List,2022)。经过长久的思考和实践,李斯特教授认为好的想法难以大规模推广有其深层原因。他做了这样一个类比,放大规模好比提高电压等级,我们虽然可以借此覆盖更多新地点和新受众,但在小规模尺度下发生的事情和把规模放大后是不一样的,在很多情况下会出现"压降"。换言之,最初在实验室尺度上看起来不错的研究,当规模放大后就可能不尽如人意。

关于"放之四海而皆准的政策项目"的质疑,李斯特教授认为可以通过检验五个关键指标来判断一个想法是否具备规模放大的潜质。第一,是否为偶然现象。如果项目本身缺乏足够的"电压",那么就难以推广。举例来说,对于某个在A地大获成功的项目,在推广之前可以在更多地方进行试验,以确定这是偶然现象还是有真正的优势。第二,是否了解目标受众。在很多情况下,我们可能过高地估计了自己的想法和创意能够触及的人群规模。第三,成功取决于"厨师"(专业人才),还是"配料"(想法本身的组成部分)。举例来说,一家餐厅可能一开始非常成功,于是老板想开50家分店,但是老板首先需要弄清楚的是这家餐厅成功的原因,即到底是因为厨师还是因为食材。如果是依赖一位独一无二的大厨而获得成功,那么这样的成功是难以复制的;如果餐厅成功是因为食材且食材能够大规模采购,那么这样的成功就有望放大。第四,想法或创意是否有溢出效应。要衡量你的想法或创意有什么样的溢出效应,然后考虑在放大之后是否有比较好的规模效应。如果项目经放大之后有比较好的规模效应,那么它在放大之后会形成更高的"电压"。第五,是否在供给端有优势。简单来说，随着规模不断增长，想法和创意是否在供给端或者成本端有优势。

近年来，不少组织热衷于用 A/B 测试①来指导贫困问题、歧视问题、气候变化问题的解决，但却没有取得什么实质性进展。李斯特教授认为，企图用有效性检测的方法来推动世界发生巨变可能得出错误答案。什么意思呢？以 A/B 测试为例，我们通常将 A/B 测试中的选项 A 设为对照组，选项 B 设为处理组，在对处理组施加干预后，观察处理组与对照组的表现有什么不同。这是一种常见的有效性检测实验，它有对照组和处理组，目的是检验干预手段是否使得处理组发生变化。但这种实验室尺度的干预和规模放大之后的干预不同，它更多是在小规模尺度上考察干预的有效性。

李斯特教授表示，如果在小规模尺度上证明有效的方法，在放大规模后有效性却发挥不出来，那么说明这种方法不一定有用。如果我们想知道到底哪些好的想法和创意能够放大，想要解决大规模尺度下的实际问题，就需要把选项 C 加入 A/B 测试，而选项 C 就是把一些关键的大规模特征纳入考量。李斯特教授还是以自己参与过的芝加哥早教中心项目为例，他们当时想大面积推广这个项目，计划招募更多的老师——不是招募 30 名优秀老师，而是招募 30 000 名老师。可想而知，这个招募任务是非常有难度的。他们当时进行过 A/B 测试，现在看来，李斯特教授认为有必要补充 C 选项，就是把相对没有那么优秀的老师设为 C 组。因为在规模放大之后难免会有一些不是那么优秀的老师加入其中，通过设置 C 选项可以把一些规模放大之后的关键特征纳入考察，然后对比三组样本的表现差异。②

将随机控制实验用于大规模政策评估时可能面临的规模扩大后政策干预效果不显著或下降的"规模化"问题，同时也是影响其实验结论外部效度的可推广性问题，为此，本书在第六章中把提高随机控制实验外部有效性与中国公共政策评估实践结合在一起，基于"规模化"的独特视角，总结并提炼

---

① A/B 测试是一种产品优化的方法，即为同一个优化目标制定两个方案（比如两个页面），让一部分用户使用 A 方案，同时另一部分用户使用 B 方案，统计并对比不同方案的点击量、转化率、留存率等指标，以判断不同方案的优劣并进行决策。

② 引自北京大学光华管理学院孟涓涓教授对李斯特教授的专访"你的好想法能否规模化，先看看这 5 大指标"，http://www.cms.pku.edu.cn/yjcg/365292.htm，访问日期：2024 年 9 月 7 日。

出将随机控制实验用于大规模政策评估时可能威胁其评估效力的四个潜在影响因素，并从政府主导下的评估主体多元化、提高评估对象代表性、提高评估情境代表性、提高评估的成本效益四个方面探讨了我国未来使用随机控制实验进行政策评估过程中面对"规模化"问题的可行解决路径。

概况而言，从评估主体来看，我国从中央到地方的各级政府在公共政策决策中发挥着主导作用，这种国情使得政府可以成为广大学者的理想合作伙伴并作为评估主体参与到政策评估实践当中，同时也可发挥政府智库、科研院所或第三方评估机构的作用，使评估主体呈现政府主导下的多元化发展态势。从评估对象来看，需要尽可能地选择政策目标所及的各类代表性群体，提高政策评估的准确性与有效性。从评估情境来看，要在全国范围内总结并归纳得出政策适用的一般化结论，但是具体到地方推开时，需充分考虑我国不同地区的差异与共性，因地制宜、因情况而异，不必苛求推广"一刀切"的统一政策。从评估的成本效益角度来看，随机控制实验干预可作为政策大规模推广的"风洞"测试，降低政策试错的风险与成本，同时使用随机控制实验方法进行的助推政策干预效果评估能够以较低的成本增进社会福祉。基于此，不难预见，在"规模化"过程中，随机控制实验有着提高外部效度的充分可能，在提高政策评估能力方面存在着广阔的提升空间。

参考文献

陈叶烽、丁预立、潘意文等：《薪酬激励和医疗服务供给：一个真实努力实验》，《经济研究》，2020年第1期。

邓红平、罗俊：《不完全信息下公共租赁住房匹配机制——基于偏好表达策略的实验研究》，《经济研究》，2016年第10期。

杜宁华：《实验经济学：方法与实例》（第2版），上海：上海财经大学出版社，2023年。

葛玉好、邓佳盟、张帅：《大学生就业存在性别歧视吗？——基于虚拟配对简历的方法》，《经济学（季刊）》，2018年第4期。

李彬、白岩：《学历的信号机制：来自简历投递实验的证据》，《经济研究》,2020 年第 10 期。

魏立佳、彭妍、刘潇:《碳市场的稳定机制:一项实验经济学研究》,《中国工业经济》,2018 年第 4 期。

宗庆庆、张熠、陈玉宇:《老年健康与照料需求:理论和来自随机实验的证据》,《经济研究》,2020 年第 2 期。

Afridi, F., Li, S. X., & Ren, Y. (2015). Social identity and inequality: The impact of China's hukou system. *Journal of Public Economics*, 123, 17–29.

Cai, H., Chen, Y., Fang, H., & Zhou, L. A. (2015). The effect of microinsurance on economic activities: Evidence from a randomized field experiment. *Review of Economics and Statistics*, 97 (2), 287–300.

Cassar, A., d'Adda, G., & Grosjean, P. (2014). Institutional quality, culture, and norms of cooperation: Evidence from behavioral field experiments. *Journal of Law and Economics*, 57 (3), 821–863.

Chang, F., Jiang, Y., Loyalka, P., et al. (2019). Parental migration, educational achievement, and mental health of junior high school students in rural China. *China Economic Review*, 54, 337–349.

Chen, Y., & Kesten, O. (2019). Chinese college admissions and school choice reforms: An experimental study. *Games and Economic Behavior*, 115, 83–100.

Cronk, L. (2007). The influence of cultural framing on play in the trust game: A Maasai example. *Evolution and Human Behavior*, 28 (5), 352–358.

Currie, J., Lin, W., & Meng, J. (2013). Social networks and externalities from gift exchange: Evidence from a field experiment. *Journal of Public Economics*, 107, 19–30.

Deaton, A. (2010). Instruments, randomization, and learning about development. *Journal of Economic Literature*, 48 (2), 424–455.

De Janvry, A., He, G., Sadoulet, E., et al. (2023). Subjective performance evaluation, influence activities, and bureaucratic work behavior: Evidence from China. *American Economic Review*, 113 (3), 766–799.

Eriksson, T., Mao, L., & Villeval, M. C. (2017). Saving face and group identity. *Experimental Economics*, 20, 622–647.

Harrison, G. W., & List, J. A. (2004). Field experiments. *Journal of Economic Literature*, 42(4), 1009–1055.

He, H., & Jiang, S. (2020). Partisan culture, identity and corruption: An experiment based on the Chinese Communist Party. *China Economic Review*, 60, 101402.

He, H., Li, S. X., & Han, Y. (2023). Labor market discrimination against family responsibilities: A correspondence study with policy change in China. *Journal of Labor Economics*, 41(2), 361–387.

Heilmann, S. (2008). From local experiments to national policy: The origins of China's distinctive policy process. *The China Journal*, 59, 1–30.

Levitt, S. D., & List, J. A. (2007). What do laboratory experiments measuring social preferences reveal about the real world?. *Journal of Economic Perspectives*, 21(2), 153–174.

Li, F., Song, Y., Yi, H., et al. (2017). The impact of conditional cash transfers on the matriculation of junior high school students into rural China's high schools. *Journal of Development Effectiveness*, 9(1), 41–60.

List, J. A. (2022). *The voltage effect: How to make good ideas great and great ideas scale*. New York: Currency.

Liu, C., Zhang, L., Luo, R., et al. (2011). Early commitment on financial aid and college decision making of poor students: Evidence from a randomized evaluation in rural China. *Economics of Education Review*, 30(4), 627–640.

Liu, E. M., Meng, J., & Wang, J. T. Y. (2014). Confucianism and preferences. *Journal of Economic Behavior & Organization*, 104, 106–122.

Loyalka, P., Sylvia, S., Liu, C., et al. (2019). Pay by design: Teacher performance pay design and the distribution of student achievement. *Journal of Labor Economics*, 37(3), 621–662.

Lu, F. (2014). Insurance coverage and agency problems in doctor prescriptions: Evidence from a field experiment in China. *Journal of Development Economics*, 106, 156–167.

Roth, A. E., Sönmez, T., & Ünver, M. U. (2004). Kidney exchange. *Quarterly Journal of Economics*, 119 (2), 457–488.

Wang, S., & Yang, D. Y. (2021). Policy experimentation in China: The political economy of policy learning (No. w29402). National Bureau of Economic Research.

Yi, H., Zhang, L., Yao, Y., et al. (2015). Exploring the dropout rates and causes of dropout in upper-secondary technical and vocational education and training (TVET) schools in China. *International Journal of Educational Development*, 42, 115–123.

Yue, A., Shi, Y., Chang, F., et al. (2014). Dormitory management and boarding students in China's rural primary schools. *China Agricultural Economic Review*, 6 (3), 523–550.

第五章
面向中国现实问题的实验经济学研究主题

一、城乡融合与区域协调发展

党的十八大以来，以习近平同志为核心的党中央顺应我国进入"工业反哺农业、城市支持农村"发展阶段的客观趋势，采取一系列举措推动以工促农、以城带乡，促进城乡融合发展。党的十九大报告提出实施乡村振兴战略，要求建立健全城乡融合发展体制机制和政策体系，为加快推进农业农村现代化注入新动能。党的二十大报告强调，坚持城乡融合发展，畅通城乡要素流动。新时代新征程，继续做好城乡融合发展这篇大文章，要协同整体推进城乡均衡、协调和可持续发展。这既是畅通国内大循环、释放内需潜力的需要，又是提高农业劳动生产率、加快建设农业强国的需要，还是提高发展平衡性协调性包容性、促进全体人民共同富裕的需要。应打破户籍藩篱，推进户籍制度改革，真正打破城乡界限、身份差别，实现农业转移人口在城乡之间自由流动。

新型城镇化是中国式现代化的必然选择。在我国城镇化发展进程中，新市民成为一个新的群体。目前，我国约有3亿农村人口通过就业、就学等方式转入城镇，成为新市民。促进有能力在城镇稳定就业生活的常住人口有序实现市民化，促进人的全面发展和社会公平正义，是新型城镇化的首要任务。新市民的社会融合是指新市民在就业、居住、价值观等方面不断融入市民社会，并最终向城市居民转化的过程。庞大的农业转移人口怎样平稳有序地进行角色转化，认同新市民的社会身份，实现与本地市民之间的社会融合，不仅影响一个地区的社会稳定发展，也是新型城镇化建设以及城乡融合发展的重要问题。

在研究城乡融合问题时，与以往从宏观层面出发、侧重经济发展指标的实证研究有所不同，行为与实验经济学家希望从微观心理与认知角度，来探究城乡居民社会身份的不同，是否会给城乡居民带来不一样的感受，从而影响他们的行为表现。Afridi et al. (2015) 招募了北京市本地户籍小学生和在京的外地农村户籍小学生作为实验被试完成一个有激励的任务，并在激励任务前通过有关不同户籍人群是否受到不同对待的问卷调查和实验员公开通报被试户籍身份的方式，来"启动"学生们对于户籍身份不同会受到不公平待遇的感受，以此唤起被试在日常生活中对于户籍身份的认知，并探究这一认知对被试之后的行为表现是否会产生一定的影响。实验结果显示，户籍身份的凸显和公开激发了被试对于各自户籍身份的心理认知，进而降低了外地农村学生在激励任务中的表现，提高了本地城市学生在激励任务中的表现，这一结论表明户籍制度可能会固化人们对于不同户籍身份人群的认知，从而进一步拉大未来两种户籍身份群体之间的收入差距。

城乡融合发展的实质是"人"的融合发展，关涉的是不同身份人群之间的融合问题，而新市民与本地市民之间的社会融合情况，在实验经济学研究中可以通过能表征个体相互之间的互惠、公平、合作、信任等亲社会行为的行为博弈实验来体现。如 Dulleck et al. (2020) 考察了实验被试在博弈中面对城乡两类户籍身份人群时，所表现出来的互惠合作行为是否会有所不同。他们在南京的"保姆"市场开展了实地实验，招募了近300名本地城镇户籍与外地农村户籍的"保姆"作为被试，采用被试间设计（between-subjects design）安排两种户籍身份的被试随机扮演礼物交换博弈中的雇主和雇员（即 2×2 的设计）。实验结果显示，在户籍身份是外生的情况下，本地城镇户籍与外地农村户籍被试在个体行为特征与实际工作表现（努力程度）上均无显著差异，但人们依然会有针对农村户籍被试的更不合作的行为存在，雇主面对农村户籍雇员时，相比较面对城镇户籍雇员会提供更低的劳动报酬。

城乡两类人群是否存在群体间排斥或群体内偏好的现象，是城乡融合发展过程中不容忽视的问题。实验经济学家可以通过检验城乡户籍身份人群在面对与自己相同或不同身份的对手时，他们的博弈行为是否存在差异来考察相关差异。Luo et al.（2019）在实验中招募了农村户籍与城镇户籍的小学生开展最后通牒博弈（ultimatum game）。实验员在博弈前对被试有关不同户籍人群日常交往和待遇情况进行问卷调查，并在博弈决策时公开"凸显"（salient）被试及其博弈对手的户籍身份信息，以此"启动"被试对于两种户籍身份人群日常交往的真实感受，从而考察不同户籍身份人群在公平分配决策时是否存在组外排斥或组内偏好的情况。实验结果显示，农村户籍的"响应者"被试在面对城镇户籍的"提议者"被试时，相比较面对同样农村户籍的"提议者"，会期待对方有更多的提议额分配，这意味着不同户籍身份在日常受到的不平等对待已经内化到他们对彼此的认知和行为表现当中。基于相似的实验设计，Luo and Wang（2020）在信任博弈（trust game）实验中，通过在博弈决策前"启动"被试有关不同户籍身份在日常交往中所受到不同对待的感受，考察了本地户籍和外地户籍被试在分别面对与自己相同或不同户籍身份的博弈对象时，其信任与可信任行为[①]是否存在差异。实验结果表明，被试对于户籍身份的认知影响了他们在相互交往过程中的信任决策。在信任博弈中，被试会返还更多数额给予和自己户籍身份相同的博弈方。罗俊和王鑫鑫（2022）同样运用实地实验方法，以本地户籍与外地户籍小学生为实验对象，通过"启动"技术将户籍身份外生地引入最后通牒博弈，考察户籍身份的引入是否会影响小学生之间的公平分配。实验结果显示，户籍身份的概念及其表征的不平等在人们的少年时代就已经植入，进而影响了他们在社会融合过

[①] 信任与可信任行为指被试所表现出来的信任他人与值得被信任的行为。

程中固有的公平分配观念。

改革开放以来,随着我国城镇化的发展,城乡二元经济体制壁垒逐渐被打破,农村剩余劳动力源源不断地向城市流动。国家统计局数据显示,2022年农村外出务工人员已经达到1.72亿人。这个群体的子女,一部分跟随父母进城,成为流动儿童;另一部分留在了农村老家,由(外)祖父母养育,成为留守儿童。2020年教育部的统计数据显示,仅全国义务教育阶段进城务工人员随迁子女(流动儿童)就达1 429.74万人、农村留守儿童有1 289.67万人。因为流动儿童和留守儿童是伴随中国城镇化快速发展过程出现的较为特殊的两个群体,所以他们真正受到学界关注的时间较晚。虽然我们很容易观察和预见这两个群体因为外部社会环境或内部家庭结构发生改变而可能导致的问题(Hu et al., 2014),但仍没有太多实证研究证据表明,这两个群体与其他群体之间在行为表现上存在差异。近几年才开始陆续有实验经济学研究对中国流动儿童与留守儿童的行为偏好进行了实证分析。确定父母进城务工的移民身份对童年时期偏好形成的影响,对于及时设计针对处于弱势环境儿童的政策干预、促进城乡融合发展具有重要意义。

董志强和赵俊(2019)在中部地区两所农村小学开展实地实验,研究儿童"留守"(缺乏父母陪伴)如何影响其竞争偏好。结果表明,留守儿童比非留守儿童更加规避参与竞争,两者竞争偏好的差异并非儿童在实验任务中的能力、表现及个体人口学差异所致,而是由于"留守"状态,即缺乏父母陪伴是导致儿童更加规避参与竞争的原因。为防止城乡发展不平衡的加剧,应当对留守儿童的能力发展给予关注,合作偏好作为非认知能力的重要组成部分更加不容忽视。Zhou et al.(2022)在农村留守儿童和非留守儿童中开展了有关合作偏好的行为实验。实验由3个一次性匿名公共品博弈组成,包括无惩罚的公共品博弈、有外生惩罚的公共品博弈、有内生惩罚(组内投票)的公共品博弈。实验结果表明,农村儿童的合作水平随着年龄的增长而提高,但留守儿童的增长趋势不如非留守儿童明显;父亲单独外出务工会导致农村儿童合作水平显著下降;惩罚能促进农村儿童的合作水平,且外生惩罚机制可以减缓父亲外出务工对农村儿童合作水平带来的负面影响。Cadsby et al.(2020)基于利他偏好的角度,通过实地实验比较分析了"农村父母双方迁移的留守儿童""农村父母一方迁移的留守儿童""农村非留守儿童""城市儿童"四种类型儿童利他偏好的表现，以及农村/城市身份和父母迁移对儿童利他偏好的影响。实验选取了贵州凯棠镇280名三年级和五年级小学生作为农村儿童样本，以及贵州凯里市相似规模小学的190名三年级和五年级小学生作为城市儿童样本。研究结果表明，农村留守状态对儿童利他偏好的形成产生了一定程度的影响。Luo and Wang（2023）招募了1 080名四到六年级的农村留守儿童、农村非留守儿童、城市本地户籍儿童、城市流动儿童开展多种类型的行为博弈和个体决策实验，以比较这四类儿童在互惠、利他、信任、合作、时间偏好、风险偏好、竞争偏好等方面的行为表现，并纳入了流动儿童从农村迁移到城市的时间、迁移距离（本市内劳动力迁移、省内劳动力迁移、省外劳动力迁移）、留守儿童的父母陪伴时间及见面频率等因素进行分析，从而考察了城镇化进程中留守和流动状态对农村进城务工人员子女行为决策及偏好的影响。实验结果显示，留守和流动状态都会在一定程度上减弱农民工子女的亲社会行为及跨期决策的长期偏好；随着流动儿童迁移到城市的时间越长，行为决策方面的负面效应也会减弱甚至消失。Hao et al.(2016)在实验中比较了外地农民工子女与农村留守儿童在不确定性偏好方面是否存在差异。实验被试需要在固定收益和有一定概率的风险收益之间进行决策。此外，实验还考察了不确定性策略下的风险态度，被试可以选择获得固定收益还是进入有竞争性的风险决策中，因此被试必须考虑有多少人也会进入竞争环境从而来分析他们成功的机会。研究结果显示，与留守儿童相比，当流动儿童预期有更多其他人参与竞争时，他们更有可能参与竞争。然而，在无不确定性的策略环境下，留守儿童与流动儿童的风险和模糊偏好却没有显著差异，这表明流动人口可能更多地是由于个人预期到在不确定竞争环境中有取得成功的机会，而更坚定地进行竞争决策。

以上结论表明，留守和流动状态都会在一定程度上影响儿童的心理及行为偏好，但流动到异地带来的负面影响是可逆的。这意味着，在农村为留守儿童建立社会、学校、家庭联动的养育机制，并在城市为农民工子女与本地居民建立公共服务权利均等化的教育保障体系具有重要的现实意义。

二、教育公平与教育高质量发展

教育兴则国家兴，教育强则国家强。习近平总书记指出，建设教育强国，是全面建成社会主义现代化强国的战略先导，是实现高水平科技自立自强的重要支撑，是促进全体人民共同富裕的有效途径，是以中国式现代化全面推进中华民族伟大复兴的基础工程。党的十八大以来，党中央坚持把教育作为国之大计、党之大计，作出加快教育现代化、建设教育强国的重大决策，推动新时代教育事业取得历史性成就、发生格局性变化。我国已建成世界上规模最大的教育体系，教育现代化发展总体水平跨入世界中上国家行列。

党的二十大报告强调，要"加快义务教育优质均衡发展和城乡一体化，优化区域教育资源配置"。这意味着要把促进教育公平融入深化教育领域综合改革的各方面各环节，缩小教育的城乡、区域、校际、群体差距，努力让每个孩子都能享有公平而有质量的教育，更好满足群众对"上好学"的需要。"十三五"期间，我国着力提升农村学校和薄弱学校办学水平，全面提高义务教育质量，促进教育公平，义务教育均衡发展巩固提高，取得了显著成效。截至2019年底，全国有2 767个县通过了义务教育基本均衡发展督导评估认定，占比达95.32%，提前一年实现了全国95%的县达到基本均衡验收的目标，23个省份整体实现县域义务教育发展基本均衡。

然而，当前我国教育发展仍然存在不平衡不充分问题，也存在不适应不匹配问题，表现在城乡之间、地区之间、人群之间受教育机会和教育质量的差距，以及人力资本供求之间的错配等现象仍然十分明显，影响了我国推动共同富裕的进程。以2020年小学的生均教育经费为例，各省份之间高低之差最大的为近5倍，全国城乡比为1.22∶1。这种显性差异同样反映在师资水平、教育环境等隐性指标上，后者差距可能更大。由于公共教育资源配置的不平衡和不公平，在高等教育普及化的背景下，城乡之间接受高等教育机会的不均等程度不降反升。因此，亟待通过深化改革推动教育高质量发展，以高质量教育赋能共同富裕。

我国提高贫困地区教育质量的路径主要是在教育供给端改善教学条件和提升教师质量。但仅在教育供给端加大投入可能不足以有效改善贫困学生的学习质量。一方面，近年来"读书无用论"在农村地区广为流传，尽管学界通常认为教育回报率很高，但很多贫困家庭对小孩的教育投入往往没有达到最优水平。另一方面，贫困家庭针对入学和学习方面的消极态度是贫困家庭学生学习成绩差的一个重要影响因素。

为学生提供根据学习目标而设定的短期经济激励是解决贫困学生学习动力不足的一种方式。何青等（2022）通过设计一个针对小学生的现金激励的随机控制实验，研究了经济激励对贫困地区学生学业表现的影响效果及影响机制。实验在四川省某典型少数民族自治县开展。该县曾为国家级贫困县。实验对象为小学四年级和五年级学生。实验方案包括3个现金奖励项目：学习优秀奖对班级内期末成绩排名前12%的学生奖励150—300元；学习进步奖对期末总成绩进步幅度排名前10%的学生奖励150元；作业优秀奖对平时作业完成得优秀比例排名前20%的学生奖励50元。研究发现，激励方案显著提升了学生学习成绩。虽然效果在实验的第一个学期不显著，但在实验的第二、第三个学期显著且持续稳定。机制分析发现，经济激励增加了家长对孩子教育的关注程度、时间和资金投入，也促进了学生提升学习积极性和增加学习时间。上述结果表明，通过对学习过程和学习结果施加适当的经济激励可以有效激发贫困地区学生的学习动力，进而提高贫困地区的教育质量。

进入"十四五"时期，我国正在开启现代化教育强国建设新征程。新的起点上，如何不断满足人民群众对公平优质教育的需求，为贫困落后地区提供更加优质的教育资源和服务、增强贫困落后地区教育发展的内生动力，是教育高质量发展进程中需要解决的重要问题。Mo et al.（2020）在青海省的贫困地区开展了一个随机控制实验，以评估计算机辅助英语学习对于学生学业成绩的影响。实验项目是在2013—2014学年实施的，实验被试包括120所农村小学中的5 574名正在开始学习英语课程的四年级小学生。学校整体被随机分为三个组别，即由政府机构实施计算机辅助学习项目、由非政府组织（NGO）实施相同的计算机辅助学习项目以及无项目实施的控制组。实验结果显示，与控制组相比较，由政府实施计算机辅助学习并不能显著提升学生的学习成绩，而由 NGO 实施同一项目却能显著提升学生的英语学习成绩。研究还发现，由政府实施项目之所以未能达到预期目标，是因为政府在执行这一项目时并没有对项目实施过程进行太多有效、直接的监督，学校因此会过多地用计算机辅助学习来替代常规教学。而这些项目实施过程中的差异就是导致政府执行项目效果不佳的原因。

营养是衡量农村儿童贫困与否的重要指标。与营养相关的早期发育可能会导致不可逆的生理问题，这就关联到儿童成长、阻断贫困代际传递的可能性问题。为此，营养公平应纳入教育公平。从 2011 年开始，全国农村九年义务教育学校开始实施营养餐项目，截止到 2020 年，中央财政累计投入达 1 472 亿元，全国 29 个省份 1 762 个县实施了营养改善计划，惠及约 4 000 万农村学生。受益学生的体质健康合格率从 2012 年的 70.3% 提高至 2021 年的 86.7%，农村学生的健康状况有了根本性改观。因此一个令人关切的问题是，通过校园餐进行的营养干预到底能不能对我国贫困地区寄宿生的人力资本发展起到显著的促进作用？具体说来，营养干预能否显著促进儿童生长发育、增强儿童体质？能否显著提高学生的学习成绩？不同的补贴力度是否会收到显著不同的效果？营养干预对不同学生——男生和女生、不同年龄段的学生、不同家庭条件的学生——所产生的效果是否具有显著差异？

为了考察通过校园餐对贫困地区学龄儿童进行营养干预的效果，探索营养干预的操作机制，2007 年，中国发展研究基金会（China Development Research Foundation，CDRF）启动了贫困地区寄宿制小学学生营养改善计划。该项目在南方和北方各选择了一个实验县，分别是广西壮族自治区的都安瑶族自治县和河北省的崇礼县（现崇礼区），两个县都是国家扶贫开发工作重点县。中国发展研究基金会在广西都安瑶族自治县和河北崇礼县分别选取了 3 所和 10 所寄宿制小学进行实验。每个县进入项目的小学都是从经济条件十分接近的乡中选取的，以保证学校之间的可比性。这些学校被分为处理组和对照组，其中处理组又分为高补贴组和低补贴组。齐良书和赵俊超（2012）基于对照实验项目，利用中国发展研究基金会 2007—2009 年贫困地区寄宿制小学学生营养改善计划的数据，采用双重差分方法来评估通过校园餐进行的营养干预对小学寄宿生人力资本发展的影响。

结果表明，校园餐的营养干预能显著改善寄宿生的体质和体能，提高他们的学习成绩，对体形指标（身高和体重）也有正向影响。此外，随着补贴力度的提升，营养干预的效果也有所提升；营养干预的效果存在一定的性别差异，对女生的部分体质和体能指标有着更强的正向影响；营养干预的效果还存在一定的年龄差异；没有发现营养干预的效果在不同家庭背景的学生之间存在任何显著差异。这些结果意味着，营养干预的对象应覆盖贫困地区的全体中小学寄宿生，而不应只瞄准其中的一部分学生。

新时代教育公平改革实践取得重大成果。围绕教育机会、条件、质量和保障公平，党中央出台落实了一系列重大举措，着力解决人民群众急难愁盼的教育问题。入学机会更加公平，高校招生向中西部和农村地区倾斜，面向贫困地区定向招生专项累计录取学生20余万人。区域教育协调发展的体制机制更加完善，中西部高等教育振兴发展深入推进，119所部属和东部高水平大学参加支援103所中西部高校，实现西部12个省（区、市）和新疆生产建设兵团全覆盖。在国家向中西部地区加大教育投入、完善区域教育协调发展体制机制的同时，还可以从更加微观的经济学视角出发，通过经济而有效的手段在一定程度上缩小中西部和农村地区的弱势考生与其他地区优势考生之间的信息鸿沟，从而促进教育公平和区域协调发展。

丁延庆等（2021）与宁夏回族自治区教育主管部门合作，开展了有关高考生信息干预的大规模随机实验。他们于2016年5月底面向宁夏回族自治区经过分层随机抽样抽取的17所公办高中高三毕业生发放了《宁夏普通高中毕业生调查》问卷，同时收集考生个人及家庭相关背景信息。研究将参与问卷调研的学生样本称为实验组，其余未接受问卷调查的学生统一归入对照组，并在学校层面和学生层面做了平衡性检验。问卷从个人情况、志愿选择意愿等诸多方面对即将参加高考的学生进行了全面调查。问卷开始部分调查了高三学生对各专业大类的选择意愿，并通过让学生预估各专业大类本科毕业生起薪（年薪）水平来测量其对各专业大类经济回报的认知情况；问卷后续部分提供了不同类型学校、不同专业大类的毕业生起薪数据作为实验中重要的信息干预内容，从而考察了高考中中西部家庭背景学生的专业选择意愿、行为及结果。研究发现，家庭社会经济背景弱势考生在专业选择和录取过程中处于相对弱势地位，而这与其缺乏专业就业前景及预期收益相关信息有关；以本科专业对应起薪为主要内容的信息干预导致超过20%的考生改变其专业选择意愿，改变了农村户籍考生的专业志愿选择行为，提高了其优先选择经济回报较高专业的概率，并使得考生拥有了更高的概率被经济回报较高专业录取。

考试招生制度是国家基本教育制度。党的十八大以来，教育部积极推进高考招生制度改革，各地结合实际制订改革实施方案并有序组织实施，形成了分类考试、综合评价、多元录取的考试招生模式，促进公平、科学选才、监督有力的体制机制更加健全，中国特色现代教育考试招生制度更加完善。当前，许多省份高考录取机制已经由之前的梯度志愿投档改为平行志愿投档。鉴于此，Chen and Kesten（2019）利用实验室实验方法检验了梯度志愿投档机制、平行志愿投档机制与理论上的延迟接受（deferred acceptance）[①] 机制的运行效果，以解释当前中国在高考录取机制改革方面的成果。作者在实验室环境中模拟了高考志愿填报和录取过程，设计了梯度志愿、平行志愿与延迟接受三种高校和考生之间的匹配机制，以及两个匹配竞争环境，即四校环境和六校环境来对比相对简单的择校和相对复杂的择校。他们还在实验中引入了学区保护和地理分布，即每一个学生都有一所学校将其设置为第一顺序。作者在两种环境下对比了三种匹配机制下的效率、稳定性和真实偏好表达率。实验发现，考生最有可能在延迟接受机制下真实地填报他们对学校的偏好，其次是平行志愿，最后是梯度志愿。虽然稳定性比较也遵循相同的顺序，但三种匹配机制的效率比较却因环境而异。在所有三种性能指标中，延迟接受机制都是最好的，梯度志愿机制最差，平行志愿居中。

党的十八大以来，教育系统全面贯彻党的教育方针，落实立德树人根本任务，坚持五育并举，促进学生全面发展，以教育质量的稳步提升助力人人

---

① 延迟接受也被称为盖尔-沙普利（Gale-Shapley）稳定匹配算法，它是美国数学家戴维·盖尔（David Gale）和罗伊德·沙普利（Lloyd Shapley）在1962年提出的一种寻找稳定婚姻的策略。这种匹配方式的特点在于：不管需要匹配的总人数有多少、不管他们各自的偏好如何，只要男女人数相等，并且男女双方每个人都能在心中给对方打分，那么应用这种策略后总能得到一个稳定的婚姻搭配。

出彩、人人成才。例如基础教育大班额问题有效破解。2021年义务教育大班额基本消除，十年来，小学大班额比例从14.0%降至0.7%；初中大班额比例从28.3%降至0.7%；普通高中大班额比例大幅下降，从47.8%降至4.8%，下降了43个百分点，助推教育教学质量提升，促进学生身心健康发展。在教育大班额问题被有效破解、教育教学质量提升过程中，班级内部的课堂互动与社会交往效果对学生学业成就的作用及其影响机理值得关注，但很少有直接证据表明学生相互间的课堂互动情况对学生学习成绩的影响。Lu and Anderson（2015）利用一所国内中学随机座位分配的机会，开展了随机控制实验来评估相邻学生的性别如何影响学生的学业成绩。他们首先将每个教室里的学生分别按性别从矮到高进行分类，然后生成一个随机序列，学生被随机排列并分配到每排的座位上。实验结果表明，虽然有一位女同桌对男生和女生的学业成绩都有好处，但座位周围有更多的女"邻居"对女生的学业成绩有显著的积极影响，但对男生有潜在的负面影响。该文的意义在于检验了同群效应（peer effect）对学生成绩的影响，从而为设计合适规模的班级数量、安排更好的班级座位结构、促进教学质量提升与学生身心健康都有很好的参考价值。王春超和钟锦鹏（2018）通过开展小学生班级内随机排座实验，考察在随机形成的小组内学生干部同群效应对周边学生非认知能力的影响。研究发现：第一，组内前后桌学生干部数量的增加对学生的开放度和神经质产生了显著的正向影响；第二，组内学生干部的同群效应对于不同性别学生的影响存在显著差异，女性群体更受益于同群效应；第三，学生间的交互作用很好地解释了同群效应的组间异质性。分析揭示，合理利用学生之间的同群效应并增强学生群体间的交流互动，对于培养和提升学生的非认知能力是行之有效的重要手段。

为全面贯彻习近平总书记关于教育的重要论述和全国教育大会精神，深入落实《中国教育现代化2035》和《中共中央 国务院关于全面深化新时代教师队伍建设改革的意见》，教育部等六部门于2020年发布《关于加强新时代乡村教师队伍建设的意见》（以下简称《意见》）。《意见》指出："完善绩效工资政策，在核定绩效工资时，对乡村小规模学校、寄宿制学校、民族地区、艰苦边远地区学校给予适当倾斜；支持各地因地制宜调整绩效工资结构，合理确定奖励性绩效工资占比。"

目前,中西部贫困地区学校教师薪酬方案尚不能有效激励教师提升教学效率。为此,Loyalka et al.(2019)在中国西部地区开展了一个随机控制实验来检验不同薪酬激励方案的实施效果,以期找到一种既有显著激励作用又容易理解的激励方案。他们首先将216所学校随机分为一个对照组(52所学校,2 254名学生)和三个激励设计组:一个"等级"激励组(54所学校,2 233名学生),一个"收益"激励组(56所学校,2 455名学生)和一个"按百分位"激励组(54所学校,2 130名学生),并将这三个激励设计组中的学校按激励大小分组:高奖励组(78所学校,3 465名学生)和低奖励组(86所学校,3 353名学生)。"等级"激励组的设计是,教师按照期末班级平均成绩排名获得相应奖金;"收益"激励组的设计是,教师奖金根据每个学生该学年成绩相对于年初的变化决定;"按百分位"激励组是指,所有学生根据他们在上一学年末进行的摸底考试中的成绩被分为多个对照组,并在每个对照组中对学生进行排名,然后根据他们在期末考试中的分数分配一个百分点的分数,相当于对照组中分数低于该学生的学生比例,教师的绩效指标就由其班级中所有学生的平均百分位排名决定。研究结论表明,按百分位设定教师绩效的激励措施使学生的成绩提高了大约0.15个标准差,成绩的提高反映在教学强度的显著增加,教师授课会覆盖更多的内容,涉及更高级的课程,学生更有可能正确回答难题。而"等级"和"收益"激励方案会导致教师更多关注那些他们认为付出同样的教学努力可以带来考试成绩提升更多的学生。此外,将教师潜在绩效奖励的幅度加倍对学生的成绩不会有显著的影响。

教育数字化是教育高质量发展的应有之义和必由之路。党的二十大报告提出"推进教育数字化,建设全民终身学习的学习型社会、学习型大国。"2013年,从5门慕课(MOOC)、上百名注册用户起步,中国慕课迄今已走过十余年。这一时期,中国高等教育数字化转型成效初显:夯实教育数字化转型基座,启动教育数字化战略行动,建设上线全球最大的国家高等教育智慧教育平台。截至2022年11月,上线慕课数量超过6.19万门,注册用户达4.02亿名,学习人数达9.79亿人次,在校生获得慕课学分认定3.52亿人次,中国慕课数量和学习人数均居世界第一。①

当然，我们也要看到，教育数字化鸿沟依然存在，有些教师的数字化胜任力有待提高，基于数字化的大学治理仍处于较低水平。这些问题在一定程度上阻碍了教育数字化的快速发展。基于此，Gong et al.（2021）在中国慕课中选择了 2015 年春季开设的两门课程，即"文化宝藏与中国文化""数据结构与算法"进行实地实验，并基于行为经济学中的损失厌恶（loss aversion）理论，设计实验组以激励 760 名学员在课程中完成为期 4 周的家庭作业。他们在每轮实验中都将被试随机分配到 6 个实验组或对照组。在其中 3 个实验组中，学员被试每完成一项超过预先规定分数阈值的作业，将分别获得 1 元、10 元和 100 元的奖励；在另外 3 个实验组中，每位学员会收到 100 元的初始禀赋，若学员未达到预先规定的有关作业的分数阈值，将会分别损失 1 元、10 元和 100 元。研究结论表明，金钱奖励可以提高学员在线课程的参与率和表现；奖励取消后，金钱激励的影响依然存在；金钱损失对于学员参与率和作业表现的作用比金钱激励更大；女性被试和来自偏远地区的被试对金钱的激励更为敏感。

三、人口结构优化与人口高质量发展

党的二十大报告总结了中国式现代化的五个特征，首要特征是"人口规模巨大的现代化"。习近平总书记在二十届中央财经委员会第一次会议上明确提出，"要着眼强国建设、民族复兴的战略安排，完善新时代人口发展战略""加快塑造素质优良、总量充裕、结构优化、分布合理的现代化人力资源，以人口高质量发展支撑中国式现代化"。这明确了新形势下人口发展的方向、定位和目标，为全面加强人口领域工作，使其更好服务经济社会高质量发展，助力实现中国式现代化和中华民族伟大复兴，提供了重要指引。

---

① 数据来自教育部，可见中国教育在线：https：//news.eol.cn/meeting/202212/t20221201_2258967.shtml，访问日期：2024 年 9 月 7 日。

构建老年友好型社会是实现中国式现代化的应有之义。国家统计局数据显示，2022年末，我国60岁及以上人口已达28 004万人，占总人口的19.8%。与2021年相比，老年人口增加1 268万人，比重上升0.9个百分点。中国人口结构在迅速老龄化，同时伴随着严重的高龄化趋势。高龄人群是失能失智的高发人群。根据联合国的预测，中国80岁以上高龄老人将从2010年的2 000万增长至2050年的1亿，由此将带来庞大的照料需求。曾毅等（2012）的研究表明，我国21世纪上半叶生活自理能力差的残障老人增速明显高于整体老年人口，残障老人家庭照料成本总额占GDP的百分比增速很快。在影响照料需求的所有因素中，老年人的健康状况毫无疑问是最关键的因素之一。健康与养老二者关系究竟如何？健康以及相关的健康干预政策如何影响老年照料需求？健康和健康政策对家庭非正式照料和社会正式照料各有什么影响？上述问题无疑具有重大理论价值和现实意义。

然而，科学地回答这些问题绝非易事。由于健康和照料之间存在显著的双向因果关系，因此很难找到恰当且有力的识别策略。宗庆庆等（2020）采用了随机控制实验方法，通过一项大样本的针对慢性阻塞性肺疾病（简称"慢阻肺"）患者的干预实验，随机选择实验对象并注射疫苗（流感疫苗或/和肺炎疫苗），外生影响老年人健康状况，然后观察相对于控制组，实验组家庭中老年照料需求的反应。采用双重差分估计的结果表明：①在慢阻肺干预实验后，实验组老年人身体健康显著改善，照料需求大幅度减少，健康改善使老年照料利用概率降低了35.5%；②实验组照料需求的减少主要发生在社会照料需求方面，健康改善使社会照料利用概率降低了67.8%，而家庭照料方面基本保持不变；③异质性检验表明，潜在家庭照料资源越少的家庭，社会照料需求的下降越明显。从理论的角度看，上述实验结果支持家庭在老年人照料模式选择中存在"啄序偏好"：家庭首先动用所有内部照料资源，然后使用社会照料，从而导致社会照料对健康的敏感度更高。该文的政策含义是，事前的预防性健康干预政策能够显著减轻家庭在照料特别是社会照料方面的负担。对于内部非正式照料资源较少的家庭，预防性健康干预政策的减负效果尤为显著。

自20世纪70年代我国实施计划生育政策以来，独生子女家庭大量出现，社会也越来越关注独生子女问题。通过日常的观察，人们发现独生子女比非独生子女往往表现出更多的以自我为中心的行为和更少的合作行为，且不擅长与同龄人交往。此外，独生子女与非独生子女在其他个体性格特征上（自控能力、情绪化、性格开朗程度、风险意识等）的差异，也有很多相关的讨论。但是，以往的这些讨论与研究大多以经验观察和问卷调查为基础，所能得到的关于独生子女与非独生子女两个群体之间是否存在差别的结论，多为研究者或被调查者的主观判断，且不能回答导致这一可能差别的具体原因，而要对是什么因素导致了现有结果这一问题进行科学解答，需要能对变量之间因果关系做出定量检验的研究方法。

实验经济学的研究思路是通过实验被试的招募、实验过程的设计、实验数据的处理，在控制其他相关变量的条件下，来研究某一变量对个体行为决策的影响。此外，实验中被试的行为决策将直接与其最后所获得的实验收入相关，这一设计也更能诱导出个体的真实偏好。Cameron et al.（2013）发表于《科学》杂志的论文，试图通过实地实验检验独生子女政策对个体行为偏好造成的影响。该研究以1979年（我国计划生育国策开始实施）为节点，分别招募1975年、1978年、1980年和1983年四个年份出生的被试，通过独裁者博弈（dictator game）、信任博弈、公共品博弈、风险博弈、竞争博弈等经典的行为博弈实验，对被试的利他行为、信任和可信任行为、合作行为、风险意识和竞争性等行为偏好进行了观察，进而得到计划生育政策实施前后出生的被试在行为偏好上的差异。研究结果表明，相对于多子女家庭，在独生子女家庭成长的个体更为自利、更不愿意相信别人、更难以合作，而且更加厌恶风险和厌恶竞争。这一研究不仅科学回答了独生子女与非独生子女是否存在内在差异的问题，还为如何利用实验方法剔除其他相关变量的作用、研究以往国家重大社会政策（如市场化改革、高校扩招等）是否对利益相关人的行为偏好造成影响，提供了可资借鉴的有益思路。

人口发展关乎家庭结构的稳定和社会的长远发展，生育率直接影响着人口基数和结构、劳动力供给和诸多行业的发展。出生人口减少会带来劳动力萎缩、人口老龄化、经济增长减速等一系列重大而深远的问题。当前，人口生育率与增长率下降已成为全球性现象。近年来，我国人口发展也呈现出人口数量增速放缓、人口老龄化加速、出生人口下滑的趋势。近十年来，我国已对生育政策进行多次完善和优化，尤其是2021年实施三孩生育政策。

新的生育政策给职业女性权益保障带来新的挑战。由于女性在生育养育过程中承担着比男性更多的责任，女性生育意愿下降，职业女性尤为明显。全面两孩或三孩政策意味着女性拥有多次孕产假及多份生育保障权，也意味着企业有可能要给每一位女员工提供多份带薪产假和福利保障，这无疑是巨大的成本压力。因此，很多人不免担心，出于成本的考虑，企业可能会降低招聘女性员工的意愿，优先选择男性员工，导致女性就业歧视问题更加严重。He et al. (2023a) 利用2014—2015年所实施的单独两孩政策限制生育群体的异质性和2016年的全面两孩生育政策变化，在大型互联网招聘平台对雇主开展了两轮通讯审计实地实验，识别了育龄女性的预期家庭责任与其在劳动力市场中可能面临的歧视之间的因果关系。作者向每个目标招聘广告投递了年龄处于22—29岁的求职者8 848份虚构简历，并通过2×2的实验设计将求职者分为预期生育和家庭责任互不相同的四种求职者类型：女性独生子女、男性独生子女、女性非独生子女和男性非独生子女。基于所获数据，作者分别应用横截面双重差分、跨期双重差分和三重差分的方法对实验数据进行分析，所得结果显示育儿相关的预期家庭责任会导致女性求职者在招聘市场上收到面试反馈通知的概率降低，表明其受到了基于此因素的雇主歧视，而男性却没有受到此类歧视。此外，研究还发现研究样本中年龄偏大的女性求职者所受到的歧视更加严重，表明女性所受到的因预期家庭责任所导致的歧视会随着她们的年龄靠近或超过主要生育年龄而不断恶化。这一现象反映出雇主担心全面二孩政策可能导致育龄女性，尤其是年龄偏大的育龄女性，快速释放在此之前"被抑制"的生育需求，而由此不愿雇用女性员工的可能心态。

该研究为研判我国未来生育放开和生育鼓励政策的可能影响及其对策，提供了重要参考。在缺乏配套措施对育龄妇女劳动就业机会提供保护的情况下，进一步放开或鼓励生育也许会加剧劳动力市场对育龄女性的歧视。因此，保障女性合法就业权益是实施三孩政策的关键环节，需要国家、企业、家庭三方的共同支持，在充分保障女性合法就业权益的前提下，创造出鼓励生育的支持环境。

改革开放以来，社会转型提高了中国女性在政治、经济和社会事务中的参与程度（杨善华和沈崇麟，2000），但农村妇女在家庭决策中仍处于弱势地位，尤其是在贫困地区。由于农村乡土文化盛行，父权制仍极大制约着妇女地位的提升（Fox and Murry，2000）。

妇女在家庭中权利的提升对于贫困人口脱贫具有积极影响。阿马蒂亚·森（2013）认为，贫困的真正成因是权利与机会的缺失。贫困者权利的缺失对其陷入贫困具有直接影响和决定作用，因此改善贫困家庭的权利是精准脱贫的关键（虞崇胜等，2016），需发挥贫困人口的主体性作用以实现内源式发展（汪三贵等，2017）。在以家庭为生计单位的背景下，家庭内部的权力结构内在地影响了家庭的基本决策及其表现，因而女性赋权对于减贫也有着重要的意义。

虽然已有研究也关注了农村妇女家庭决策权的制约因素，但缺少实证层面关于中国农村家庭决策决定因素的研究。Carlsson et al.（2012）利用实验方法研究了中国农村家庭决策与个体偏好。实验中农村家庭夫妻首先需要各自在一系列时间偏好任务中做出个人选择，之后由夫妻双方商量讨论在相似的时间偏好任务中做出共同选择。作者通过构建的模型与实验中测量的个体偏好和共同选择来解释农村家庭决策。研究结论表明，在绝大多数中国农村家庭中，男性的个人偏好对家庭决策的影响较大；在高收入且妻子比丈夫年长的家庭中，女性的个人偏好对家庭决策的影响较大；如果家庭中妻子负责家庭的收入分配，则女性的个人偏好对家庭共同决策的影响较大。

劳动力市场性别差异和性别不平等是许多国家和地区在经济社会发展中面临的问题，差异体现在劳动参与、就业分布和工资水平等多个方面。性别差异的成因既包括人力资本的差异、劳动力市场因素、歧视、社会性别规范和性别分工等，也包括制度的影响和相应社会政策或政府干预的缺失（王永洁，2019）。伴随着中国经济由高速增长阶段转向中高速增长和高质量发展阶段，缩小性别差异、建立更加公平有效的劳动力市场，对于提高女性的收入、就业质量和劳动参与率将有更为深远的意义。

Booth et al.（2019）利用实验经济学方法研究社会制度对竞争性行为性别

差异的影响。首先，为识别出社会制度环境的影响，作者采用不同出生年份来区分个体关键成长期是处在计划经济体制环境下还是处在市场经济体制环境下。作者认为在计划经济体制以及马克思主义意识形态影响下，传统儒家思想受到冲击，女性地位被人为地提高，因此在这一社会背景下的女性竞争意识会更强，不同性别在竞争性行为上呈现的差异会缩小。其次，为了消除时间趋势的一般性影响，作者选择台北作为北京的对照组进行跨地区的比较。两地文化上均受到传统儒家文化的影响，所不同的是台北未经历社会制度的变革。基于对两地、三个不同出生年份男女竞争性行为的实验数据，文章发现成长在计划经济体制下的女性甚至比男性更愿意竞争，同时比成长在市场经济环境下的女性更愿意竞争；无论是哪个出生年代的北京女性都比同年龄段的台北女性更愿意竞争；台北则没有北京数据所呈现的趋势。研究表明，在一个人成长的关键阶段，其所处的社会制度环境会对其行为偏好产生显著影响。男女之间的竞争意识差异不仅仅是先天形成的，同时也受后天制度和文化环境的深刻影响。这一发现也可以帮助我们理解中国女性劳动参与率相对于其他国家和地区长期居高而近些年不断下降的原因。

习近平总书记在党的二十大报告中指出："以铸牢中华民族共同体意识为主线，坚定不移走中国特色解决民族问题的正确道路，坚持和完善民族区域自治制度，加强和改进党的民族工作，全面推进民族团结进步事业。"中华民族共同体意识是增进民族认同感、促进民族团结、巩固国家统一、实现伟大复兴的强大的精神力量。

在以群体为单位且存在一定竞争的社会活动中，容易出现因身份归属不同而导致的歧视并降低合作水平，从而使社会总体福利降低，如对中国这种多民族国家来说，不同民族天然形成的群体认同会在多民族杂居地区带来许多问题。Morton et al. (2022) 从人的双系统思维角度出发，认为人无意识的本能思维促进了亲社会的合作行为，而权衡利弊的分析性思维会产生歧视行为。实验在宁夏回族自治区开展，实验被试为当地回族人和汉族人。

他们在实验室中进行类似独裁者博弈的实验。被试分为决策者与接受者，决策者身份都为回族，接受者身份为汉族或回族的大学贫困生。三个决策者与一个接受者为一组，每轮开始决策者收到 20 元，按简单多数原则决定每个决策者是否捐赠 T∈{3，5，7} 元给接受者，后者只能被动接受。决策者知道接受者的民族情况，投赞成票视为亲社会行为。实验按照决策者是否受过分析性思维训练和接受者是汉族或回族四种情况随机配对为四组。对比决策者受训组和未受训组的亲社会水平表明，分析性思维会减少被试的亲社会行为；分析性思维对亲社会水平的减少作用只在双方分属不同群体时显著。最后，实验结果表明了只有在双方身份不同时亲社会行为的成本才会显著影响合作水平。实验得出的结论将有利于解决歧视带来的社会福利损失，为缓解少数民族地区汉族与少数民族矛盾，促进民族团结带来了一定的启发。

在中国，数量众多的民族造成的身份差异使得不同民族群体之间的合作存在一定困难，研究什么样的机制能加强民族团结对于实现中华民族伟大复兴具有重要的现实意义。Morton et al.（2020）选取了中国的汉族和藏族作为民族身份差异的实验对象，同时在表征合作行为的博弈中加入多重身份和他涉偏好（other-regarding preference），并观察重复博弈和交流对减少身份在选举中的影响以及促进合作的作用。实验结果表明：博弈过程中的重复决策和交流有助于群体克服因不同民族身份而产生的分歧，从而促进群体协调合作。

除了老年人口、性别歧视与民族认同等议题，中国情境下的实验经济学研究在人口领域的应用还涉及宗教人群。Xia et al.（2023）招募了中国的佛教徒、基督教徒、穆斯林和非宗教人士四类群体开展了线上实地实验。研究者通过各种类型的行为博弈实验测度了这四类群体的利他、公平、合作、信任等亲社会行为，并利用问卷调查测度了他们对于各自宗教的虔诚度（外显、内隐、综合），从而研究了不同宗教属性与亲社会行为关联的机制。Xia et al.（2021）还在中国不同宗教人群中开展了组间的行为博弈实验，从而检验了中国不同宗教人口在彼此进行社会互动时所表现出来的亲社会行为。

四、中国传统文化（社会身份）与制度建设

中国人的一切理论与实践活动都是在中国的具体实际和文化土壤中开展

的，而中国的具体实际和文化土壤，很重要的方面就是中华传统文化。习近平总书记指出："要加强对中华优秀传统文化的挖掘和阐发，使中华民族最基本的文化基因与当代文化相适应、与现代社会相协调，把跨越时空、超越国界、富有永恒魅力、具有当代价值的文化精神弘扬起来。"中华优秀传统文化中有着丰富的典章制度，涉及社会规范、文化制度、社会身份、行为方式等方面，蕴含着许多具有重要借鉴意义的优秀传统制度文化，今天仍然具有调治人心、惩恶扬善等价值。科学把握中华优秀传统制度文化的特质，从中汲取制度建设、道德建设的丰富养分，有助于坚持和完善中国特色社会主义制度、推进国家治理体系和治理能力现代化。

儒家文化价值观在东亚普遍存在，学者们长期以来一直认为儒家价值观会影响社会规范、个人决策，并可能有助于经济增长。特别是，儒家对人力资本积累、毅力和未来导向的强调可以成为经济增长的关键组成部分。但是以往文献大多是民族志研究，缺少儒家文化价值观与经济绩效之间因果关系的实证依据。Liu et al. (2014) 在实验中通过"启动"方法和价值诱导引出被试的风险偏好、时间偏好以及信任和可信任行为。他们从台湾大学和北京大学的学生库中招募了380名被试。每所学校的一半被试被随机分配到儒家文本实验组和中性文本对照组。实验组是从《论语》《孟子》等儒家经典中挑选了六篇文本，并在每条引文中插入了一个不正确的字符，被试被要求识别错误的字符，并用更正字符在答题纸上重写整个句子。对照组选取与儒家无关的句子并执行相同的任务。接下来通过彩票选择任务引出风险厌恶、损失厌恶和时间偏好，通过信任博弈任务引出人际信任和可信度。研究结果表明，当被试接触到儒家经典时，他们变得更加喜欢冒险、更多地做出长远决策和更值得信赖。与对照组相比，接受儒家思想的中国大陆被试更加热爱冒险，更少厌恶损失，这些行为不符合儒家价值观；接受过儒家思想教育的中国台湾被试表现出更多的长期考虑。作者通过要求被试对四种不同的信仰体系进行排名，以此来研究被试对儒家价值观的认同在行为博弈表现上的作用机制。研究结论意味着，儒家价值观对中国治理的影响存在系统性低估。该文发现中国台湾被试比中国大陆被试更信任他人和偏好长期决策，也具有更低的损失厌恶和风险厌恶，儒家价值观在中国社会的这种"黏性"表明了为什么它们能作为中国的核心文化特征持续存在，同时也表明儒家思想对中国社会与政府的社会经济和政治功能有着低调而深远的影响。

有关文化对个人经济行为的文献大多关注国与国之间的文化差异带来的影响，而忽略了国家内不同地区的文化差异也可能导致经济行为的改变；或者只考虑表面上是否存在文化差异，而不解释导致这种经济行为差异的内在文化特征。Chen and Tang（2009）利用实验方法在探究文化对人的经济行为的影响时避免了以上两点。实验采用的是经典的最后通牒博弈，实验被试分为三组，厦门的汉族人、西藏的藏族人和新加坡的汉族人。厦门汉族被试和藏族被试的对比旨在研究文化对个人经济行为的影响，但因为厦门与西藏的经济发展水平差距大，所以补充了一组来自经济比厦门更发达的新加坡的汉族被试以排除干扰因素。实验结果表明，被试所在地经济发展程度对个人的经济行为无显著影响，而经济行为差异主要就来自两地的文化差异。总的来说，文化会对人的经济行为有重要影响。中国是一个多民族国家，理解不同民族自身文化可能带来的经济层面的差异，有助于推进各民族的和谐相处。

"面子"是中国人特有的一种传统文化心理现象，"丢面子""给面子""要面子"等具有中国特色的词汇也在中国人的人际交往过程中扮演着重要的角色。美国传教士明恩溥（1998）在其轰动一时的《中国人的特性》一书中表述"面子"具有一种神奇的力量。人类学家、社会学家也都对"面子"的定义、特征、作用机制做了相应的阐释（Hu，1944；金耀基，2006；翟学伟，2006）。

人们往往愿意牺牲金钱资源挽回自己或群体的面子，Eriksson et al.（2017）通过实验方法研究了人们是否愿意花费金钱来避免个人或团队的表现低于他人或其他团队的情况被公开。实验分为同质处理组（每个人有相同标签）、异质处理组（被试有不同标签）、无身份处理组和无反馈处理组。每个被试进行10分钟的真实努力任务，所得分数会被排名，并获得固定工资。如果一组有超过2名被试愿意牺牲部分工资，则最后一名不会被曝光，反之则曝光。最低程度的身份处理组（基准组）：只有3人组成一个小组的被试内实验（within-subjects design），被试需要在4种实验条件下完成真实努力任务，其中第一种实验条件是每名被试仅知晓自己在实验任务中的得分；第二种实验条件是每名被试知晓自己的实验任务得分和排名;第三种实验条件是每名被试知晓自己的实验任务得分和排名以及每组得分排在最后一位(第3名)的被试将被曝光,如果组内至少有两名被试愿意从自己账户中拿出10个代币,则可以让排在最后一位的被试免于曝光;第四种实验条件是被试知晓所有被试的分数及其排名。同质/异质标签处理是指:在基准组的前提下成员一致或不一致的群体隶属关系,探讨保住他人面子的意愿是否受到成员之间社交距离的影响。无身份处理是指:在基准组的基础上改为让被试随机组成一组进行排名和曝光,探讨衡量为挽回面子而牺牲的决定是否取决于社会距离和声誉。无反馈处理是指:在基准组的基础上改为没有公众暴露的风险,以控制学习效应。实验结果表明,公开所引致的负面情绪给个人带来的道德成本高于避免暴露所产生的金钱成本,大多数人愿意牺牲资源保护他人面子。以上结论对于认识在中国情境下维护人们面子的重要性,以及企业、组织如何避免设计可能有损个人在组织或社会中形象的评价机制或反馈模式,具有一定的启示意义。

以往研究表明,当个体能够参与决策时,会体现出较高的合作意愿,即"民主溢价"。同时,也有文献指出正式制度在不同的社会价值规范下可能会产生不同的结果。在中国,权威家长主义渗透企业、家庭与教育,个体的自我表达价值观较低。此时传统的权威价值观是否会与民主参与决策产生冲突,即中国的文化规范会对政策制定产生什么影响,是Vollan et al.(2017)想要研究的核心问题。实验采取一次性公共品博弈框架,分别设计了无惩罚制度的经典公共品博弈组:3人一组,初始禀赋为10,在边际回报率为0.5的条件下自愿进行公共品投资;自动惩罚制度的公共品博弈组:与经典公共品博弈组不同之处在于,若被试贡献额小于10,将会被自动扣除其收益中公共品总贡献额的2点;有投票惩罚机制的公共品博弈组:在惩罚制度的基础上增加投票机制,只有小组中两人及以上赞成惩罚才能实行惩罚,该组中不会告知被试真实的投票分布情况,而是告诉他们无人选择惩罚、有一人选择惩罚还是有两人选择惩罚的信息。实验结论表明,中国被试在公共品博弈中的合作水平最高;同时,接受权威主义的个体在权威环境下会维持更高的合作水平,即政治制度的有效性取决于它与个人价值观和社会规范的一致性。因此要考虑国家层面的制度改革，还需要注意改变潜在的社会价值观念。

在中国，大部分的门诊访问都发生在医院而非诊所，并且礼物赠予是中国文化中非常重要的一环，而中国存在广泛的抗生素滥用，一个重要原因是医院和医生将从给病人开的抗生素药物中获得金钱回扣。患者主动赠送礼物会促进医生的利他行为，通过提供更好的服务或减少昂贵和不必要的抗生素处方来回报患者。

礼物交换在社会交往中往往被认为发挥着重要的作用。一个经典的例子是，在劳动力市场中，雇主给予雇员高于市场的工资以换取雇员更专注地工作。再比如，有文献表明，美国的制药公司每年以各种形式向医生们赠送礼物的总花销约190亿美元。但是，已有的研究主要讨论礼物交换对交换双方的作用，而Currie et al.（2013）则研究了礼物交换是否会对交换双方之外的人产生外部性，以及这种外部性是否取决于社会网络。这篇文章的数据来自在中国某城市的80所医院开展的实地实验，这也是首篇通过实地实验论证了礼物交换外部性存在的文献。文章还发现，这种外部性有正有负，取决于社会距离。具体而言，当礼物接收者认为礼物赠予者与第三方没有关系时，在约束条件下，礼物接收者为礼物赠予者多付出的时间将会通过从第三方身上少付出的时间而补偿回来，但是如果礼物赠予者和第三方是朋友之类的关系，则对送礼者的互惠也会延伸到第三方身上，从而产生正外部性。

该实地实验于2012年5月到8月在中国的某个大城市开展，使用经过培训的学生充当患者，两位模拟病人将先后问诊同一名医生，标准化患者将会做相似的病情陈述，并且模拟患者的症状不足以开出抗生素药物，患者也会表示他们不到必要的时候不想使用抗生素药物。作者构造了患者A是否赠送礼物以及A是否向医生介绍B是其朋友的2×2设计的条件。赠予礼物为价值1.4元的小书签，相对于医生的收入而言，这是一个微不足道的礼物。如果礼物被拒绝，A将会尝试第二次，若再次被拒绝则将收起礼物。因此共存在四种情况：①A不赠送礼物并且不介绍B是朋友的"No-Friend-Control"组；②A赠送礼物但不介绍B是朋友的"No-Friend-Gift"组；③A不赠送礼物但介绍B是朋友的"Friend-Control"组；④A赠送礼物并且介绍B是朋友的"Friend-Gift"组。作者招募了32名大学生作为模拟患者，共分为4组，每组包括相同性别的8名学生，每组学生访问20家医院，在每家医院，每个小组拜访2名医生。

研究结论表明，礼物赠予在经济学中常被认为是在重复囚徒博弈中的一种合作均衡，或者说如果在一段关系开始时，双方交换需要各自付出一定代价的礼物，那么也就意味着增加了建立一段新关系的成本，并因此能够更有效地防止背叛。这两种模型都假设了标准偏好和重复互动。但医生—患者互动只是一次性的单回合互动，作者在文中讨论了已有的单回合礼物交换模型能否解释该文的外部性结论。对于负外部性比较好解释，如果存在资源的约束，那么在A身上倾斜的资源显然将会从B身上补偿回来，但正外部性却比较难理解，作者讨论了几种可能的机制，总的来说这些机制的关键点都是礼物的接收者能够从A的介绍中对其与B的社会距离、偏好和类型做出一定的推断。值得注意的是，该文所赠予的礼物价值相对于降低的药物开支而言不值一提，这说明礼物的经济价值可能并不重要，一个小小的礼物就足以缩短赠予者和接收者之间的社会距离。作者在文章的最后还提到，一般认为随着经济的扩张，以双边关系为基础的交换关系将会逐步让位于非个体的、更加平等的以市场为基础的交换关系，但是其研究表明来自私人交换关系的正外部性与成熟的市场化关系共存，并且私人关系的好处会溢出到双边关系之外的处于同一社会网络中的第三者。

党员参与腐败的内在影响因素可能来自党派文化，其可以直接影响其接受者的道德标准，也可能来自内化于规范和习惯的党派身份。He and Jiang (2020) 以中国共产党党员为研究对象开展了一个实验室实验，以调查并区分党派文化和党派身份对腐败行为的影响。作者用"党派文化"一词来表示党派意识形态概念本身，以区别于"党派身份"，后者指的是一个政党内部的成员关系。

实验中的关键设计是党派文化的"启动"。实验员在实验前设置问卷，实验组的问卷都是与中国共产党相关的问题，如入党时间、身边有多少党员等；控制组的问卷是无关问题。实验是一个经典的贿赂博弈。在第一阶段，官员可以选择不受贿，或选择向随机配对的公民索取贿赂。在第二阶段，如果官员不要求贿赂，游戏就会结束，在这种情况下，两个玩家都能获得50个实验点的收益;如果官员要求行贿,公民需要选择支付或拒绝支付该金额,拒绝支付有 50 个实验点收益,接受则花费 50 个实验点行贿成本。实验结束后作者还设计了一个汉字拼写游戏,来检验党派文化是否被激活,其中的文字可以拼成一些与"中国共产党"相关的词语。

实验结果表明,在接受中国共产党文化"启动"条件的实验组中,被试的贿赂要求明显低于未接受中国共产党文化的控制组,这说明中国共产党文化可以有效抑制腐败行为。

性别差异导致社会偏好的不同是一个经典话题。习惯上认为男性更注重个人利益,女性则具有更强的亲社会偏好。然而一些相关研究表明,在男女分工有别于传统父系社会的群体中这一认知并不准确,具体的社会偏好差异或许与社会传统和经济文化因素决定的分工有关,而非性别决定。在中国西南地区山区生活的摩梭人和彝族人符合这一特征,前者为母系社会,后者则是男性和女性非典型分工的父系社会,都有别于传统父系社会,同时两者的其他社会环境由于地理位置接近而比较相似,是理想的实验对象。Gong et al. (2015) 采用的实验方式是类似独裁者博弈的双盲实验,主要改动为每组中扮演独裁者的被试数量增加到 7 人。具体的实验流程为,扮演独裁者的被试首先获得 5 元的报酬,然后得到包含有 10 元人民币的信封,并决定在信封中留下一定数量的钱放入信箱作为对接收者的转移。为排除干扰因素,每组扮演独裁者的被试均为同一性别。实验在摩梭人中进行了 14 轮,在彝族人中进行了 8 轮,参与实验的被试男女数量相等。实验结果表明,文化传统和制度为母系社会的摩梭人表现出与传统认知相反的社会偏好差异,而男女分工均等的彝族人则并未表现出明显的社会偏好差异,也与传统认知不同。因此,可以认为是文化传统与经济制度因素决定的不同性别的分工类型产生了这种社会偏好差异。

此外,为了研究不同性别的风险偏好差异是否来自不同文化传统与经济制度的社会,Gong and Yang (2012) 在摩梭人和彝族人之间还开展了风险偏好实验。实验中被试要参加两个风险决策。一个风险任务是,被试获得初始禀赋后决定投入多少货币购买以 50% 概率获得 3 倍收益、50% 概率得到零收益的彩票。另一个风险任务是,被试需要依次抽 4 张牌,每抽到 1 张方块牌则获得2元;或选择与实验员比较抽到的方块牌数量,被试抽到的方块牌数量更多则每张方块牌得到6元,平局仍为每张牌获得2元,抽到的数量更少则无收益。实验结果表明,社会中的经济和文化因素确实是导致个体风险偏好性别差异的关键性因素。

现有的研究指出各国内部和各国之间的经济偏好存在较大差异,并且被认为是与经济发展有因果关系的。而合作偏好与其他经济偏好类似,不同文化和社会对合作的偏好也各不相同。然而,合作偏好的文化和历史起源大部分仍未被探索。因此 Zhou et al.(2023)希望通过考察我国历史农业活动的区域差异与现代人的合作偏好差异之间的联系来探索合作偏好的文化和历史起源。作者选择传统湿地水稻种植背景作为分组依据,以检验湿地水稻种植的历史背景是否会产生合作行为,以及惩罚在其中的作用。这是因为传统湿地水稻种植对合作的需求高,且满足了用惩罚维持合作的先决条件。实验选用稻田占总耕地的百分比来区分是否为水稻地级市。如果一个地级市有超过50%的耕地用于种植水稻,则归为水稻城市,否则归为非水稻城市。基于此实验最终选择在浙江、湖南、河北和山东的地级市进行。

实验的研究对象均为公立大学汉族大一新生,具有当地户口,且其父亲同样具有当地户口,以排除被试教育背景、语言、文化和政治制度对实验结果的影响。实验通过无惩罚和有惩罚的公共品博弈来衡量被试的合作水平。同时通过三联任务[①]、个人主义和集体主义问卷、最后通牒博弈、独裁者博弈、无激励多重价格选择任务和协调博弈,来测试被试的思维方式、社会风格、社会偏好、风险态度和信念,并在后续的分析中排除其影响。非参数检验结果表明,湿地水稻种植地区的公共品博弈中贡献水平比其他地区更高,且这一结果与湿地水稻种植地区的实验被试对搭便车者的惩罚相对其他地区更高有关。同时回归分析进一步验证稻田比例与合作行为和惩罚行为具有相关性,且在进一步控制了经济发展、地理气候、思想文化等因素后,结果仍

---

① 三联任务(triad task)是指由 Talhelm et al.(2014)最早设计,用来引出被试思维方式、社交方式、社会偏好、风险态度和信念的任务,可参见 Talhelm, T., Zhang, X., Oishi, S., et al. (2014). Large-scale psychological differences within China explained by rice versus wheat agriculture. *Science*, 344 (6184), 603–608。

然是稳健的。此外实验通过对同属于水稻城市（或非水稻城市）的两个城市进行比较，并未发现显著差异，从而排除不可观察的文化和地理气候差异可能带来的结果偏差。最后以土壤适宜性为工具变量进行回归，验证了实验结果不存在显著的内生性问题。此外文章还提供了维基百科和中国家庭追踪调查数据（China Family Panel Studies，CFPS）的实地实验证据来佐证实验结论的外部有效性。

五、劳动关系与企业、组织高质量发展

从新时代建设社会主义和谐社会的角度看，劳动者对美好生活的向往日益强烈，构建和谐劳动关系、促进社会和谐稳定面临新形势新挑战，只有切实解决好广大劳动者最关心、最直接、最现实的利益问题，才能不断满足劳动者对工资收入、社会保障、工作条件、劳动保护、精神文化、民主法治、公平公正等方面的期待，以和谐的劳动关系高质量夯实社会和谐之基。新时代赋予新使命，新征程呼唤新作为。我们要充分认识新时代对构建中国特色和谐劳动关系提出的新要求新任务，准确把握新形势下劳动关系发展变化的新特点新趋势，有效预防和化解劳动关系矛盾，在探索习近平新时代中国特色和谐劳动关系理论与实践创新上取得新成果。

Cai and Wang（2022）通过一项在中国汽车制造厂的随机控制实验，测算了工人对经理进行评估能否对工人和企业的生产率造成影响。在处理组中，工人每月都对自己的管理者进行评分。研究结果发现，提供反馈可以显著降低员工离职率，提高团队层面的生产力。此外，员工的幸福感和积极情绪水平更高，这些结果是由管理者行为的变化以及管理者和员工之间总体上更好的关系所驱动的。

企业生产效率在发达国家和发展中国家的企业之间存在非常明显的不同。部分文献指出，企业内部的管理实践可能是解释生产率差异的关键因素。这样的观点可能反映了不同公司处理经理和公司之间基本代理问题的不同方式。理论表明，对管理者的财务激励可能是解决企业和管理者的风险问题的关键。

然而，关于经济激励的随机控制研究表明，在不改变管理者财务激励的情况下，包括为管理者提供培训、反馈或咨询的干预措施，可能会进一步提升管理者的财务激励效力。反馈是解决这些问题的一种潜在的具有成本效益的方法。制造企业通常有团队层面的生产力指标，例如团队是否达到了生产目标和产出质量。然而，工人可能掌握了有关管理者水平或努力程度的信息，这对公司来说很难直接观察到。例如，一个团队可能表现出色，因为尽管有一个糟糕的经理，但员工恰好是高能力的员工。因此，员工对管理者的反馈对于衡量和提高管理绩效非常重要。

作者选择了中国一家汽车制造公司的三个工厂作为实验目标，其中包括76个生产团队和1 251名工人。主要的干预措施是随机引入员工对其经理在团队层面表现的月度评估。在一半的样本员工（处理组）中，员工对他们的经理进行了组织性、适应性、公平性、对建议的开放性和同理心的打分评估，其中5分代表在该项表现最好，1分则表现最差。在处理组中，员工评估得分占经理月度绩效得分的20%，而硬性经济绩效指标占80%。每个月都会在团队公告栏上发布员工评估的总分以及其他绩效指标。作者共收集了8个月（2016年9月—2017年4月）的员工评分数据。管理者可能出于多种原因而关心员工的评价。首先，员工评分直接影响经理的收入，考虑到每月奖金约为经理一个月总薪酬的20%，这意味着干预措施最大会改变他们每月工资的4%。其次，绩效得分也会影响经理的年度奖金和加薪。最后，绩效分数也决定着生产线经理能否得到职位晋升。而在控制组中，原有的员工—管理者关系保留，员工不会对团队经理进行评估，团队经理的月度绩效得分也仅根据标准的经济产出绩效指标确定。

除了上述随机实验中获取的实验数据，作者还搜集了企业经营过程中真实发生的数据。例如企业的绩效指标，生产线工人个人绩效指标的月度数据，包括生产、安全、质量、态度、出勤率和日常工作等各个组成部分，以及团队层面的月度关键绩效指标（KPI）数据，包括生产、管理、设备、质量和安全，范围从0到100，团队级KPI也是评估经理绩效的方式，并与他们的奖金直接相关。

结果表明，让员工参与评估他们的管理者可以减少50%以上的员工流失。

尽管干预不会影响个人生产力,但团队层面的生产力确实会显著提高。此外,文章还发现,在有机会评估经理的团队中,员工的幸福感更高,积极情绪的衡量指标也显著提高。通过研究驱动观察结果的因素,作者发现了上述结果的产生机制:管理者行为的变化及其与员工的关系。具体来说,处理组员工报告说,他们的团队经理更多地鼓励他们,更少地批评他们,并对员工的感受给予更多的同理心。此外,处理组管理者在工作之外与员工有更多的社交互动。

主观绩效评估(subjective performance evaluation)被企业和政府广泛用于提供工作激励。然而,相对于为实现组织本身的目标而工作,员工可能会投入过多的精力去讨好他们的领导。De Janvry et al. (2023) 在中国地方公务人员("三支一扶"项目的参与者)中进行了一个大规模的随机实验,以研究逢迎行为(influence activities)的存在和影响。逢迎行为是指在广泛提及的直接行贿或输送其他私人利益等方式之外,下属为了提高自己在主观绩效评估考核中的评分,将更多时间和精力用于影响负责考核的上级领导的主观评价。这种行为可能背离了组织(委托人)的目标但行为本身是有一定实际意义的,比如下属更积极主动地完成考核领导所安排的工作,或者更加积极主动地参与考核领导所倡议或启动的项目,并在考核领导更加看重的能力或态度维度上加以提升和改进等。但有时这种行为可能毫无意义,比如下属分配大量精力去溜须拍马、"投其所好"、为考核领导处理很多工作以外的其他事务等。

尽管有不少文献从理论上探讨了逢迎行为的前因和后果,但相关方面的经验证据非常缺乏。这主要是因为这种行为本身不容易被观察到,且即使被观察到也很难被界定为逢迎行为(例如,下属可能仅仅想表现出待人热情真诚的一面,而不是为了提高自己的考核成绩)。因此,界定逢迎行为并研究其后果在实证上非常困难。作者通过随机控制实验方法分析不同的试点评价机制,研究了逢迎行为的存在和影响。实验的制度背景是"三支一扶"——这是人力资源和社会保障部于2006年为地方政府推出的人力资本建设计划。通过这个项目,大学毕业生被聘用为农村和乡镇的临时公务员(college graduate civil servants,CGCSs)。他们承担四种类型的职位:侧重于扶贫的乡镇政府办事员、侧重于农业支持的乡镇政府办事员、乡镇小学的教师,以及乡镇诊所的工作人员。在党政双重领导的治理结构下,基层机构的两位领导都有可能是雇员的监督人和评价人。根据目前"三支一扶"的评估计划,当省人力资源部门首次将一名公务员分配到一个乡镇时,她被明确告知,人力资源部门已经指定两位领导中的一位作为"评估者",负责在年底对她的工作表现进行评估。然而,公务员是为整个组织工作,而不是为特定的评估者工作,这意味着她要对两位领导分配的工作任务做出回应,尽管其中只有一位对她的评估结果有影响。

作者分析了两种不同的考核机制。第一种为"事前已知"考核安排:下属从开始工作时就知道谁是其工作绩效的考核领导。第二种为"事后抽签"考核安排:下属开始工作时并不知道谁是其工作绩效的考核领导,考核领导是在年终时进行抽签决定的。相对第一种安排,"事后抽签"引入了考核领导的不确定性。两种不同考核机制的分配在工作单位维度是随机的(每个单位选取相同的考核机制),并且评估者身份也是随机确定的。除了进入"三支一扶"项目且被分配到第一种考核安排的参与者,其他人(包括评估者自己以及参与者的同事)并不知道评估者具体是谁。研究发现逢迎行为是普遍存在的:当下属知道谁是其考核领导的时候,他们会花更多的精力去影响该领导的评价,进而导致考核领导给出了比非考核领导更高的工作绩效评分。更为重要的是,当下属不确定谁是其考核领导时,他们则会更加努力地工作,最终导致各方对其工作的表现评价都更高。

具体而言,在"事前已知"考核机制下,事前被确定为负责考核的上级领导相比另一位上级领导对相应下属给出了明显更为正面的评价。同时,下属的确会将更多时间和精力用于负责考核的上级领导所交派的工作,倾向于认为负责考核的上级领导交派的工作任务更重要,在负责考核的上级领导更为看重的能力和(或)态度方面的进步更明显。在"事后抽签"组中,两位上级领导对相应下属的评价没有明显不同。这说明下属一旦不知道考核领导具体是谁,逢迎行为会明显减少。更为重要的是,"事后抽签"组的下属会选择更加努力工作、将更多时间和精力用于组织(包括两位上级领导)都看重的能力和(或)态度方面,由此对应其在一系列工作绩效评估指标上都有更好的表现(包括两位领导的评价、同事的评价、绩效工资、加班等)。

研究结论不仅为各类组织机构如何设计管理绩效评价体系提供了重要的决策依据，也凸显了中国党政双重领导所具有的制度优势。由于党政双重领导的存在，基层公务员会把更多精力投入对组织整体有利的方面，而非逢迎单一领导偏好。此外，为了充分发挥党政双重领导的平衡牵制的作用，可进一步在基层考核中引进随机机制，这对于提升整个体制的运转效率、实现组织目标具有重要意义。

淘宝等线上购物平台在过去 20 多年里增长速度惊人。买家们在享受网络购物给他们带来的多样性和便捷性等好处的同时，也时刻担心着是不是会掉入"购物陷阱"。只有有效的买家评价反馈和真实的商家信誉才能促进陌生的买卖双方间建立起信任，从而使潜在的线上购物交易成为现实。然而，评价反馈往往是耗时的，除非买家认为他能从其反馈行为对后来购物者的帮助中获益，即所谓的享受"亲社会行为"，不然，往往很少有人会提供购物评价这种公共物品。因此，声誉对于线上市场培养信任非常重要，但建立声誉所需的反馈是一种公共物品，除非买家获得奖励，否则就会供给不足。Li et al. (2020) 使用来自淘宝在线市场的数据检验其在实验中所设计的反馈奖励 (rebate-for-feedback，RFF) 机制对线上购物行为的效果。

作者所使用的数据包括淘宝上 2012 年 9 月—2013 年 2 月从 12 857 名随机选择的卖家处购买物品的 6 992 131 次交易。在四个选定类别（手机、存储卡、化妆品和牛仔裤）中，每笔交易的数据包含交易 ID、商品 ID、评分信息等。评分信息包括正面、中性或负面以及长度（汉字数）、时间信息和是否为第一次或第二次评级。这些交易包括有 RFF 机制的交易与没有 RFF 机制的交易。针对具有 RFF 功能的交易，有关于买方是否收到了现金或优惠券回扣的数据。研究通过实证分析提供了令人信服的经验证据，证明信号在在线市场中的作用，高质量卖家用 RFF 机制发送信号，而买家对这些信号做出理性响应，有助于解决在线市场中信息不对称的经典问题。淘宝的 RFF 机制表明市场可以通过允许卖家用奖励建立声誉并表明其高质量来受益，有 RFF 的商品销售额提高了将近 30%，并且由更高质量的卖家销售。

领导力是保持组织成长和可持续发展的重要驱动力。Anderson and Lu (2017) 通过实验方法回答了领导能力究竟是与生俱来的还是可以通过后天培养的这个问题。该实验在江苏省某城市的一所郊区中学开展。实验的对象是该中学初一年级的七个班级。作者首先让各班的班主任为每个班级的主要班干部职务分别挑选两个候选人:第一候选和第二候选,其中包括班长、副班长、劳动委员、文艺委员以及语文、英语和数学课代表等七个职务。一个学期以后,作者分析了班干部同非班干部(包括不是通过班主任任命的候选人及非候选人)在各方面发展的差异,主要的发现如下。

首先,担任班干部的第一候选的学习成绩有提高,但担任班干部的第二候选的成绩却没有多大变化。与此同时,第一候选认为担任班干部减少了他们可用来学习的时间,而第二候选则不认为有这种影响。因此,对第一候选来说,尽管处理班级事务同学习时间有冲突,但学习成绩最终还是提高了。究其原因,作者认为第一候选担任班干部后花在学习上的时间可能比以前更多了。其次,作者研究了担任班干部对学生在自信心和抱负等方面的影响。他们发现,第一候选担任班干部后变得谦虚了,但是第二候选担任班干部后谦虚程度没有显著变化。而且担任班干部的学生比非班干部学生更愿意在未来接受更多的教育(0.2到0.3年)。再次,作者研究了担任班干部对成功方面的认知影响,发现担任班干部后的第一和第二候选都更倾向于把自我努力列为成功的最重要因素。这个结果表明担任班干部对学生的认知有积极的影响。具体地说,担任班干部增强了学生的主动性。最后,作者考察了担任班干部对学生在社交圈和同学中受欢迎程度的影响。他们发现,被任命为班干部的第一候选在同学中更受欢迎了。因此,他们的研究表明,担任班干部的确有利于激发第一候选(综合素质高且实至名归的候选人)的学习动力,提高他们的学习成绩,改变他们对成功的认知,并增加他们在同学中的受欢迎程度。但是,这些正面的效应对第二候选(不是实至名归的)却不太显著甚至有负面的效果。

移动通信的发展使远程办公成为可能,并推动了弹性工作制的广泛应用。弹性工作制作为一种重要的非货币工作特征,常被认为是影响员工选择工作的重要因素之一。那么,员工在多大程度上看重弹性工作制呢?对这一问题的解答实则对劳动经济学中重要的补偿性工资差异理论进行了检验。He et al. (2021)在中国的一个大型在线招聘平台对求职者开展实地实验。实验设计结合显示性和陈述性偏好测度方法的优势,在现实求职场景中外生改变弹性工作和工资特征条件,得以在真实的求职过程中获得高质量的显示性行为偏好数据,从而较为精确地估计了求职者对弹性工作的偏好,同时有效地提高了估计结果的内部和外部有效性。

研究结果表明,相比于无弹性条件的实验局,求职者在具有弹性条件的实验局中的工作申请率提高了62%—92%,其中同时具有时间和地点弹性实验局的申请率提高幅度最大。平均而言,求职者愿意接受月薪降低5 000—10 000元人民币的代价来获得弹性工作条件。按婚姻状况和性别分人群的进一步分析表明,已婚男性和女性对多种类型的弹性工作条件均存在显著偏好,但未婚男性和女性则不然。基于实验结果,该研究进一步发展了理论模型,以解释所获得结果与求职者偏好之间的关系。

现有的工作搜寻理论对求职者与雇主的匹配行为存在两种主要假定:一是随机搜索模型(random search model)将求职者与雇主的相遇看作外生随机过程,工资等职位信息对匹配过程没有影响;二是指向性搜索模型(direct search model)假设雇主可以事先公开部分职位信息以引导求职者的搜索行为。两类模型几乎对立的假设往往导致对劳动力市场不同的预测结果。He et al.(2023b)与一家IT初创企业合作,在中国某大型在线招聘平台开展实地实验,对工作搜寻理论进行了检验。实验通过在真实求职场景中外生改变工资特征条件,较为精确地估计了工资水平对求职者申请率的因果影响,同时有效地提高了估计结果的内部和外部有效性。作者向所有求职者随机发放了三个工资水平的真实招聘广告,工资的不同会在发送给受试者的工作广告电子邮件和应用程序信息中呈现。作者将根据匹配算法通过电子邮件推送和信息推送把工作邀请发送给潜在合适的求职者。同时,作者还收集了申请数据及问卷调查数据,以此衡量求职者对工作的兴趣。

研究发现,申请率对工资的弹性约为0.62—1.09,即使考虑到剔除保留工资的影响,申请率对工资的弹性仍为0.31—0.66,这意味着较高的工资水平可以有效提高求职者的申请率。此外,异质性分析进一步表明,保留工资较高的求职者对高工资的反应更加显著。研究结果表明,工资信息在匹配过程中具有市场信号的功能,这为指向性搜索模型提供了有力的经验证据。

薪酬是吸引人才、激励人才、留住人才的重要手段，也是社会组织人才队伍建设的重要保障。改革开放以来，随着社会主义市场经济体制的建立和完善，我国大多数社会组织根据相关法律法规，建立了以岗位为基础的薪酬管理制度。社会组织从业人员"五险一金"制度不断推广，各类补充保险也在积极探索中。但从总体上看，与社会组织从业人员相适应的薪酬管理体系尚未形成。一些社会组织的薪酬管理存在分配不公平、发放不规范等问题。薪酬问题已成为近年来社会组织从业人员反映最集中最突出的问题，包括企业组织中临时工的薪酬待遇普遍低于正式员工，但目前却少有证据表明二者的工资模式有何具体区别。Chi et al. (2019) 通过实验方法，实证对比了这两种工资模式带来的工作表现异同，从而考察临时工与正式工薪酬待遇的差别所带来的影响。

实验中代理人（被雇用者）的工作努力程度是可以被清晰观察到的。代理人会被随机分在三种工资制下工作。三种工资制的实验具体形式为，以滑块实验模拟代理人的工作过程，成功滑动一次滑块会产生一定收益，模拟计件工资制下，代理人按照滑块成功次数获得收益，委托人从代理人的收益中分走一部分；模拟固定工资制下，委托人预付代理人工资，代理人滑块所得收益归属委托人；固定工资加奖金则是在固定工资模式上再根据代理人表现由委托人决定是否给予其奖金。每场实验共 12 个被试，6 个扮演委托人，6 个扮演代理人，进行 20 轮。委托人与代理人一一配对，配对方式有两种，一种是每轮随机配对，另一种是 20 轮中始终保持两者相互配对。

实验研究所得出的结论是，在短期的雇佣关系即在临时工雇佣关系中，计件工资模式对工人的努力程度能够起到有效激励；但在长期且稳定的雇佣关系即在正式工雇佣关系中，采用固定工资加奖金的模式对员工的激励效果与固定工资模式下相差不大。

如何激励组织员工更努力地工作是经济学和管理学中一个经常被讨论的话题。目前，社会组织从业人员薪酬水平总体偏低，缺乏激励，吸引力不足，正常的薪酬增长机制有待建立，职业上升空间亟待拓宽。在实际工作环境中，"礼尚往来"已经成为一种潜在的社会规则。我们常常能看到雇主使用不同种类的礼物作为奖励以提升雇员的工作积极性。而自 Akerlof and Yellen (1990)

等一系列开创性的研究以来,大量的行为和实验经济学研究也发现了在工作中"礼物交换"的重要性。当雇员被雇主支付了高于市场的工资水平——来自雇主的"礼物"时,雇员会倾向于更努力地工作以回报雇主。已有研究表明,礼物在激励雇员互惠行为方面的有效性将到礼物金额大小的影响。虽然大多数情形下雇员的工作表现随着礼物金额的增加而提升,但是在特定条件下这一效应可能并非如此。那么,在同等金额的条件下,雇员的工作表现是否会受到不同礼物形式的影响呢?礼物的金额和不同形式的选择之间是否会发生交互影响呢?例如,虽然同等金额的现金、红包和购物卡等礼物在金钱价值上是相同的,但是带给人们情感和认知上的差异可能会引发不同的激励效果。

Cao et al. (2020) 探索了礼物激励的金额和形式对雇员工作行为的影响。通过两场实地实验,他们研究发现:一份形式上更加贴心的金钱礼物,比如红包,能显著影响雇员的工作表现。在实验1中,他们邀请了本科生来参加一份兼职助研工作。在工作结束之后,学生不仅能收到一份已知的固定金额报酬,还有可能收到一份意外的奖金奖励。学生被随机分配到按照礼物金额大小(高 vs. 低)和礼物形式(现金 vs. 红包)区分的 2×2 的实验组以及一个不包含任何礼物的控制组里。收到礼物后,学生们会突然收到一个新的工作任务,即突然被通知"加班"。他们可以决定自己是否愿意参加额外的工作。如果不愿意,可以直接离开;如果选择参加,将按照实际的工作量获得酬劳(piece rate)。实验结果显示,在收到相同类型的礼物时,学生们的工作效率和工作质量会随着礼物金额的增加先变好后变差,即呈倒 U 形;而在相同金额的情况下,收到红包的学生的工作表现要显著优于收到现金的学生,并且二者之间的差距随着礼物金额的增加而增大。

为什么雇员的工作表现会随着激励金额的增加呈倒 U 形变化?这一问题可以通过参考依赖(reference dependence)理论解释。雇员在前期获得了固定支付外加一个慷慨的金钱礼物,这一收入成为他们后续决策的参考点(reference point)。经过比较,加班的工资要远低于前面的参考点工资,并且礼物的金额越大,这两种工资之间的金额差距就越大。根据损失厌恶理论,前期奖励给雇员的礼物金额越高,雇员越不愿意留下来加班。而相比于现金激励,红包蕴含的亲社会性规范弱化了雇员对金钱利益的计较，使他们更加关注礼物本身寄托的感激心意，从而增加了雇员的互惠行为。

为了进一步验证参考依赖理论的作用，并检验红包作用效应的稳健性，在实验2中，作者在其他条件不变的情况下将学生们在额外工作中的工资提高，直到超过前期的平均参考点水平，以降低参考依赖带来的影响。结果显示，学生的工作表现不再随礼物金额的增加出现倒U形变化，并且红包的作用效应同实验1保持一致，仍然显著强于同样金额的现金。实验2的结果验证了参考依赖理论的推测，进一步证明了红包这类亲社会礼物在引发互惠行为和激励工作效率上的有效性。

该研究通过经济学实验和理论相结合的方法探究了一个在过去研究中甚少涉及的重要问题，即礼物形式的选择和金额大小之间存在的交互效应。文章对现实世界的启示在于，当雇主在进行工作激励机制的设计时，既需要考虑到金钱金额的大小，同时还应当考虑到激励呈现的形式。有时候通过一个简单的形式上的贴心处理，就能成功地激励雇员提高工作效率和工作质量。正如劳动力市场中的一个经验法则所总结的那样："如何支付雇员报酬"比"支付雇员多少报酬"更加重要。

六、医疗服务与深化医疗改革

党的十八大以来，以习近平同志为核心的党中央把保障人民健康放在优先发展的战略位置，将深化医疗改革纳入全面深化改革统筹推进，推动"以治病为中心"转变为"以人民健康为中心"，围绕解决"看病难""看病贵"两个重点难点问题，推出一系列重要改革举措，深化医疗改革取得显著阶段性成效。

当前，我国进入高质量发展阶段，党的二十大对持续深化医疗改革作出全面部署。公立医院是医疗服务的主体力量，要加快从高速增长转向高质量发展。高质量发展首先体现在更高质量的医疗服务上。《柳叶刀》发布的全球195个国家和地区在1990—2016年医疗可及性和质量的变迁情况显示，2016

年中国的"医疗可及性和质量"得分排名全球第48，从1990年至2016年，分值显著增加了35.5。虽然进步明显，但是同部分发达国家相比，还有不少提升的空间。

抗生素的使用为人类战胜感染性疾病开辟了一条捷径，但问题也随之而来，那就是抗生素的耐药性。抗生素作为一种独特的药物，使用得越多，作用越差，因为细菌能够很快适应抗生素环境，产生耐药性。目前，抗生素耐药性已经在全球展现出了巨大的破坏力。在欧洲和美国，每年约有5万人死于耐药性感染；而在中低收入国家，每年有超过21万新生儿由于抗生素耐药性造成的血液感染而死亡。许多国家已经认识到抗生素耐药性问题的严重性，并出台了针对抗生素使用的规定和限制。中国也早在2004年就颁布了相关政策文件，2016年出台了《遏制细菌耐药国家行动计划（2016—2020年）》。

Currie et al.（2014）研究了中国的抗生素滥用问题，聚焦中国公立医院医生为什么会滥用抗生素，两个竞争性假设是医生开处方的经济动机或是患者的需求。该文通过实验方法开展审计研究（audit study）来尝试分离这两种动机。作者在2011年10月到2012年6月间做了两个实验。第一个实验在某城市随机选择了80个医院，每个医院选择一个医生进行实地实验。之后训练20个学生，分为5组，每组4人，一组人在同一个医生处就诊。这一组4人按照实验设计的4种方案伪装成得了轻微感冒，与医生沟通。A方案是只说自己有轻微感冒；B方案是进一步要求抗生素；C方案是向医生表明要不要用抗生素由医生决定，但假如用药会去医院外面拿药；D方案是B＋C。第二个实验是实验一的改进，主要是添加一种方案，就是给医生送小礼物（一支几元钱的笔）；除了基准方案，其他的方案也稍有改进，之前主动要求抗生素的方案改为"我从互联网上了解到抗生素滥用现象严重，假如可以，我不想要抗生素"，而去外面拿药的方案改为"我姐夫开药店，我去我姐夫那拿药"。实验搜集了医生所开处方信息（是否开抗生素、处方金额、药品种数、是否开二级抗生素）与医生的服务信息（是否仔细问诊、量体温与否、是否使用听诊器、是否询问痰的情况、是否给出有益的建议、在收到感谢后是否礼貌回应）。

实验结果表明，减少开处方的经济激励可能是在中国减少抗生素滥用的最有效方法。鉴于政府在实施此类政策时面临的困难,文章的结果显示其他方法也可能减少抗生素滥用,比如患者向医生展示其掌握关于抗生素的知识可以显著降低抗生素处方率,患者通过赠送象征性的礼物与医生建立关系也可以适度减少药物支出。

由于自20世纪80年代以来,公立医院开始对自己的资产负债表负责,它们越来越依赖于高价药品的过量处方和先进技术的使用所带来的利润,这使得医疗支出和病人的经济负担不断增加。到21世纪初,药品销售收入占公立医院总收入的40%以上。随着社会医疗保险覆盖面的不断扩大,2002—2008年,公立医院的总收入增长了两倍多。

为实现公立医院管理服务向公益性转变,提高服务效率和质量,我国政府将公立医院列为卫生体制改革的五大重点领域之一。自2009年以来,政府出台政策,增加医院预算分配,调整药品和医疗服务价格,改革支付方式,加强规划和治理,重建转诊制度,提高私营部门的作用。政府将公立医院资金体系改革作为调整医院服务供给、引导医疗资源配置的重要杠杆。比如在北京,政府决定医院药房可以销售的药品种类,同时决定医院药房药品的批发价格和零售价格。然而,制药公司仍然会通过给医生"回扣"的方式,来激励医生多开某些特定的药物。

为了检验这一现象的存在,Lu(2014)采用审计实验方法,通过让实验员"扮演"病人来考察公立医院医生在面对不同条件病人时所开处方药的选择。实验采用了2×2的干预设计,有以下两个维度:①患者自己描述为有医疗保险("投保")或没有医疗保险("未投保");②在开处方之前,医生被告知患者有意从医生所在的医院购买药品,这样医生就有"动机"大量开药,或医生被告知患者有意从其他地方购买药品("没有动机")。实验结果表明,当医生期望从患者的药物支出中获得一定比例时,他们给有医疗保险的患者开出的处方会比给没有医疗保险的患者开出的处方贵43%。这些差异在很大程度上可以解释为医生出于自身利益而给有医疗保险的患者开出了不必要或过于昂贵的药物,而不会为患者考虑药物疗效和支付能力之间的权衡。

根据国际糖尿病联盟(International Diabetes Federation,IDF)的数据,截止到2019年,在20—79岁的人群中,全世界共有约4.63亿糖尿病患者。中国糖尿病患者数排名世界第一，总人数约为1.164亿，成年人糖尿病的发病率约为10%，也就是说，每10人中，就有1人是糖尿病患者。但是这些糖尿病患者中绝大多数人都没有做疾病自我筛查的意识，这就使得大量糖尿病患者错过了最佳的治疗时间。Li et al. (2021) 在实验中研究了人们是否会因为信息回避而拒绝去做疾病筛查。

实验设计分为价格实验和疾病实验。在价格实验中，作者改变了糖尿病检测的价格。当被试来参加实验时，人口普查人员首先对其进行调查。被试在完成调查后被随机分为三组：免费组（T0）、10元组（T10）和30元组（T30）。每名被试从人口普查人员提供的三个密封信封中选择一个，信封里的代金券上写着他们接受糖尿病检测所需的费用。在该研究联系的医院里进行糖尿病检测的实际价格为30元，三组实验被试会在收到人口普查人员提供的信封后，知晓自己所需花费的检测价格，然后研究人员问被试是否愿意做糖尿病检查。疾病实验就是被试在做完糖尿病检测之后，再询问他们是否需要免费继续做癌症筛查。

实验数据显示，随着检测价格的上涨，低风险人群和高风险人群都会选择不做检查。与T0和T10组相比，T30组中患者风险偏好程度与他们接受糖尿病检查的关系呈现了更凹的形状。在实验被试对患癌的主观概率和接受癌症检测之间也存在非单调模式，但没有证据表明免费糖尿病检测与被试对患病的主观概率之间存在非单调模式。与在糖尿病治疗中相比，在癌症治疗中那些认为疾病不太可控的患者，其对疾病检查的接受率随主观风险偏好程度增加而降低的趋势更弱，且两者之间的非单调关系更加明显。

七、助推干预与公共政策设计

近年来，行为经济学的兴起为公共政策设计提供了新的思路。行为经济学综合了心理学和其他社会科学的理论，对人的经济行为进行了更为符合现实情况的分析，可以帮助制定出更切合实际的公共政策。行为经济学家普遍认为，与新古典经济学恪守的理性自利人假设有所不同，真实世界中的个体在决策时并非总是基于精确的计算而做出对自己最为有利的选择。相反，由于惰性、偏见、无知、情感、环境因素等，人们的选择常常并非基于理性思考，在那些缺乏经验和知识的领域尤其如此。不过，个体的非理性决策也可以受到影响和控制，运用非强制性的助推手段能在一定程度上影响人们的决策。

"助推"（nudge）一词来自芝加哥大学行为经济学家理查德·塞勒教授和哈佛大学法学家卡斯·桑斯坦（Cass Sunstein）教授在2008年出版的著作《助推》，含义为轻微但有针对性的政策可以发挥更好的作用。助推不限制人们选择的机会，也不显著地改变经济诱因，而是通过心理和社会机制，构建个体选择的"环境"，来优化选择和改善福利。这本书中详细阐述了这一理论，指出政府可以使用更隐性的策略来引导公众达成特定选择，政策制定者可以在选择体系设计方面进行优化以制定出更有效的公共政策。通过情境打造和物质安排，政策设计者可以促使对象做出设计者所希望产生的行为或决定，整个过程就像是"用胳膊肘轻推一下"。

助推不同于"自由放任"和"一刀切"政策，是一种目标主体有自由选择机会的温和家长主义。塞勒和桑斯坦把"助推"理论的哲学基础定义为"自由主义式的家长制"。在他们看来，"助推"在刺激行为选择、改善个体福利上具有家长式作风，但其毕竟让目标主体有自由选择的机会。举例来说，助推正如GPS（全球定位系统）一样，将人们引导到某个方向，但人们可以自由选择他们自己的路线。这可能在激励上有利于提高人们对政策的接受程度和有利于人们形成有效的行为习惯。近年来，发达国家政府部门和国际组织开始重视助推，并将其应用于公共政策领域。英国前首相卡梅伦于2010年成立"行为洞见团队"（Behavioural Insights Team，BIT），澳大利亚、加拿大、法国、新加坡也建立了类似的政府机构。世界经济论坛于2014年新成立了全球议程理事会（Global Agenda Councils）行为分会，旨在国际事务和政策中推广成功的助推方法和经验。美国2014年成立了社会与行为科学小组，美国前总统奥巴马在2015年颁布行政令，要求该组织和政府各部门协调合作，在政府公共政策中应用助推思路。世界银行2015年发布的《世界发展报告》展示了行为科学在发展经济学中的研究成果和成功的助推实例。

自 2017 年 3 月国务院颁布《生活垃圾分类制度实施方案》以来，生活垃圾的源头分类已成为我国各大城市正在全力推进的重大环境政策。在具体的推广上，各地方政府主要采取了社区宣传教育与经济奖励诱导这两类行为干预模式（徐林等，2017）。那么，这一备受社会各界重视的环保政策是否会对居民的其他环境行为产生溢出效应呢？若存在溢出，不同推广策略下该效应将呈现怎样的差异？溢出效应又为何能够发生？尽管垃圾分类与回收是环境保护的重点研究对象，但对于该领域政策溢出的因果关系考察却非常缺乏。徐林和凌卯亮（2019）检验了宣传与奖励这两类垃圾分类干预策略对若干环保行为的影响，从而揭示出可能存在于其中的溢出效应及发生路径。

他们在杭州市三个市区开展了实地实验，分别由志愿者每月进行上门环保宣传或提供奖励。研究发现，两类策略都可以改善居民垃圾分类行为且不存在显著差异，但宣传教育更易推动居民参与其他环保行为，居民不断提高的环境关心度是阐述效果正溢出的一个机制，而外在的奖励可能挤出环保认同感，难以引发正溢出甚至可能导致负溢出。这对相关社区乃至城市的环保建设有着极大的指导意义，也与公共品提供中的行为实验结果基本保持一致，社会责任感和公共利益本身会对公民的个人行为产生道德性激励，直接的经济物质激励则可能导致一些环保行为的挤出。

随着经济日益发展，我国小汽车保有数量与日俱增，同时车祸造成的人员损失和经济损失也越来越大，良好的信息干预机制也许可以有效地减少这些损失。Chen et al.（2017）通过短信的形式设计了随机控制实验，从而对处于不同社会地位的司机进行了行为干预，以此探究低成本的"信息干预"方式是否可以降低事故发生的概率。研究基于青岛市的大样本随机实验展开，聚焦于 2013 年前三个季度曾经有违章的司机，向他们发送多种规劝形式的手机短信来试图降低违章概率。作者首先通过交通部门的数据筛选出符合条件的司机，将这些样本司机分为五个处理组（分别是自我干预、品牌内比较干预、高地位干预、中等地位干预、低地位干预)①,对五个处理组分别发送不同的短信,短信的内容体现出不同的干预,从而对比研究干预前后以及不同干预之间对于司机行为的影响。

实验结果发现,那些违章数量高于同品牌其他驾驶员的司机在被告知后的违章数量降低了6%左右。在被告知高档车的良好驾驶记录之后,男性司机的违规行为减少了7%;对于驾驶经济型车辆的男性司机来说,降幅更是能高达15%。文章结论对于交通部门使用何种类型的信息规劝来降低交通事故和违章数量提供了很好的启发。交通部门通过给不同社会地位的司机发送不同的提醒短信,就将有助于降低他们在未来一段时间内车祸事故的发生概率,从而保护了人民健康和财产安全。

已有研究也显示惩罚会有效减少违法行为(Becker, 1968; Stigler, 1970),但在现实情况下,如果人们并不知道被抓的概率,那么惩罚的威慑作用就很难有效阻止交通违法行为。同时,有大量文献研究了警察执法的威慑作用,现有的研究调查了警察人数的变化对违法行为的影响,但不能将预防功能和惩罚功能分开。

Lu et al. (2016) 尝试通过随机控制实验方法,来研究什么样的惩罚提示信息可以有效减少违法行为的发生。他们以青岛警方的名义向司机发送手机短信,并将车主随机分为五组。控制组:司机没有收到任何手机短信;倡导组:司机们收到一条手机短信,上面写着"青岛警方提醒你们为了自己和他人而安全驾驶";警告组:司机收到一条手机短信:"青岛警方提醒你,90%以上的主要十字路口都部署了交通监控设备,闯红灯等交通违规行为将被记录下来。请为您和他人的利益而安全驾驶";处罚组:司机会收到两条短信,其中一条与警告组的相同,另一条是"青岛警方提醒你们,根据《中华人民共和国道路交通安全法》,闯红灯的处罚是200元3分,请为您和他人的利益

---

① 自我干预是指从自身和他人安全出发的信息干预,品牌内比较干预是指告知同一品牌车每年的平均交通违章数,以及与自己的违章数相比较而言更高或更低的信息干预;高地位干预是指告知同一品牌车每年的平均交通违章数,以及与高端品牌车辆每年的平均交通违章数相比较而言更高或更低的信息干预;中等地位干预是指告知同一品牌车每年的平均交通违章数,以及与中端品牌车辆每年的平均交通违章数相比较而言更高或更低的信息干预;低地位干预是指告知同一品牌车每年的平均交通违章数,以及与经济型品牌车辆每年的平均交通违章数相比较而言更高或更低的信息干预。

而安全驾驶";罚单信息组:司机会收到关于他们最近交通罚单的短信,其中包含两个部分,第一部分与倡导组收到的信息相同,第二部分是"亲爱的车主:您的车辆登记号码(车主的登记号码)在2月和3月收到了(一个号码)交通罚单如下"。实验结果显示,在随后的一个月里,收到有关交通罚单信息的司机的违规行为比控制组的司机少了14%。这表明,至少在短期内,短信提醒内容可以成为减少交通违规行为的一种低成本的有效干预措施。

2010—2018年,我国P2P(peer to peer,即点对点)网贷获得了迅猛发展。P2P网贷平台具有出借人投资门槛低、收益率高,借款人易于获得放款等优势。但与此同时,由于P2P网贷平台上项目众多、履约的监管难度大,借款人"卷款跑路"、出借人投资难以追回的情况屡见不鲜,部分P2P网贷平台被迫倒闭。Du et al. (2020) 聚焦于金融热点"小微信贷"问题。随着小微信贷的日益发展,考虑心理约束机制,将行为合约设计运用于P2P网贷,对小额信贷还款率的提升具有重要指导意义。为此,该研究在一个P2P学生贷的平台进行了自然实地实验。

他们将该平台在2016年某月获得放款的所有借款人随机分成三组,分别向这三组借款人发送不同的催款信息。第一组借款人得到中性的还款日期提醒;第二组借款人收到的信息在中性提醒信息的基础上强调出借人对按时按量还款的正向期待;而第三组借款人收到的信息在中性提醒信息的基础上强调了一旦借款人违约将会承担的负面后果。研究结果表明,与中性提醒信息相比,"正向期待"信息对还款促进作用显著,而且持续长久。"负面后果"信息只在短期内对还款有促进作用,其长期效果不明显。

伴随着大数据、机器学习等技术的广泛应用,金融科技行业迎来了重要的发展机遇期。与此同时,国内征信行业也在快速发展。1998年以后,中国的金融系统蓬勃发展,消费者信贷业务也逐渐兴起。2005年以后,中国监管部门要求金融机构向征信中心报告还款及违约信息,并且持牌金融机构可以获得这些信息。2013年以后,金融科技快速发展,大数据征信技术在个人借贷中的应用弥补了官方征信覆盖面不足的问题。个人征信业务的发展如何影响借款者的借款行为和随后的违约风险也受到了学术界、业界及监管部门的关注,成为重要的研究课题。

Liao et al. (2023) 使用网络借贷平台数据，对征信提醒如何影响个人借款者的借款行为进行了实验研究。该平台匹配小额线上贷款的需求方和机构放款人。放款人方面，既有需要向征信中心提交借贷记录的持牌金融机构，也有实验时不需要（同时也不具有途径）提交记录的机构。平台上的借款方中男性居多，通常收入稳定（平均月薪 4 000 元），具有比较高的信用评分（支付宝芝麻分平均 602）。平台对借款者有较严格的筛选，拒绝率可达 90%，但即使在这种情况下，仍有 10% 的新用户会违约。平台会通过取消违约用户未来在平台借款的资格来激励用户正常还款。老用户一般会在平台每年借款 3—4 次，平均每次借款 4 500 元。

在该平台申请贷款时，用户需要披露自己的年龄、性别和身份信息，同时还会被要求披露自己的收入、教育情况、是否持有信用卡以及是否有房产。这些信息虽然难以验证，但也和支付宝芝麻分、平台内部评分一样，是贷款申请审核的重要依据。平台内部会将个人的支付宝芝麻分、大数据信息和借款者还款历史纳入模型形成内部评分，内部评分不会向其他平台共享。由于新用户违约更加严重，且不会对某些特定放款人的披露政策过于敏感，文章聚焦于新用户进行两个实验。

实验一中作者随机抽选了 1 464 个刚刚申请到贷款的借款人，并随机分为两组。第一组有 332 人，他们在收到贷款时会收到如下的短信内容："你的贷款还款情况和违约信息会同时上征信"，而另一组的 1 132 人不会收到这一信贷提醒。实验二中作者对相同放款方在同一周内的贷款申请进行了实验。其中包含 2 631 个已经通过平台审核但尚未绑卡接受贷款的借款人。相似地，其中随机抽取的 1 189 个用户收到了提醒短信，另外的 1 442 个用户未收到提醒短信。实验结果发现，在第一个实验中，收到短信组的违约概率为 5.1%，而未收到短信组的为 11.4%；在第二个实验中，收到短信组的违约概率（申请到贷款的被试）为 7.7%，而未收到短信组的违约概率为 11.6%。在第二个实验中，收到提醒短信和未收到提醒短信的两个实验组被试的贷款率分别为 76.1% 和 74.1%，并没有显著的差异。使用逻辑回归控制其他特征变量可以得到相似的结果，其中进行信贷警告可以降低 7%—7.5% 的违约率（实验一）和 3.7%—4.3% 的违约率（实验二）。当使用马氏距离进行样本匹配来缓解潜在的遗漏变量问题后，结论保持稳健。

在考察短信提醒是否影响借款人绑卡取现的研究中，文章考虑了两种潜在的理论解释。第一种是信贷披露会降低信息寻租[①]。当社会缺乏广泛覆盖的征信体系时，用户可能会因为征信渠道问题而面临较大的信息不对称。换句话说，一个高质量的用户可能会因为无法向放款方展示自己的"高"质量，而不得不面临较高的借款利率。这种机制之下，如果征信途径拓宽，即借款人的具体信息会更容易被平台了解，用户有可能会选择接受贷款来降低信息租（information rent），也就是在短信提醒组中用户的贷款接受率会更高。另一种解释是信贷警告本身具有惩罚效果，会让那些自身条件不好的用户为了防止影响官方征信选择退出。这种情况下，在短信提醒组中被试的贷款接受率会更低。

尽管信息寻租在学术上具有严格的定义，但实证中却难以衡量。文章巧妙地运用了两个评分系统，即支付宝芝麻分（半公开信息）和平台内部评分（私有信息），对这一机制进行了进一步阐述。文章首先发现，当平台掌握用户更多大数据信息时，高质量用户确实会承担更高的信息租。此外，文章将新老用户的违约概率回归到支付宝芝麻分和平台内部评分后，可以发现平台内部评分可以显著地预测新老用户的违约概率，而支付宝芝麻分只对新用户有预测作用。这说明平台在老用户上具有独特的信息优势，而对新用户则更多地依靠半公开信息进行甄选。以上结果证明掌握私有信息的平台确实可能会掌握信息定价优势。那么按照信息寻租的假设，如果征信提醒降低了用户的信息租，使得用户更愿意参与信贷，那么对于那些信息租比较高的用户，这种作用应该会更加显著。

总之，文章借助互联网借贷平台的实验，考察了征信提醒对于借款人行为的影响。文章发现，征信提醒可以显著降低用户的违约概率，提升用户的贷款接受率。这一结果主要源于纳入正规征信体系会降低信息寻租，征信提醒对于贷款接受率的提升作用在高信息租用户组更加显著。这一发现表明，征信提醒可以提高贷款接受率，同时不会挤出用户，损害平台利润。文章的

---

① 信息寻租是指信息拥有者利用自己所掌握的信息而获取收益的行为。

启示意义在于：在借贷科技快速发展的今天，征信体系作为金融基础设施的一部分，和金融科技应用之间有良好的互补作用。

人口老龄化已成为今后一段时期我国的基本国情。第七次全国人口普查显示，我国60岁及以上人口为2.64亿，占总人口的18.7%，比2010年提高了5.4个百分点；65岁及以上人口为1.9亿，占比13.5%，比2010年提高了4.63个百分点。人口老龄化程度进一步加深，势必加重养老保险负担，给经济社会可持续发展带来新挑战。党的二十大报告提出，发展多层次、多支柱养老保险体系。党中央明确要求，要立足我国基本国情，借鉴国际经验，努力构建以基本养老保险为基础、以企业年金和职业年金为补充、与个人储蓄性养老保险和商业养老保险相衔接的"三支柱"养老保险体系。

但有大量文献表明，居民养老保险参保率并不像理论上那么高，一个重要原因是个人对于养老金制度的具体事宜缺乏了解。在过去二十多年里，我国政府的养老金政策发生了重大变化，导致公众对养老金项目的规定和未来的收益缺乏明确了解，政府不会帮个人计算他们将会从养老金中获得的期望收益是多少，具体细则也没有详细的官方解释。Bai et al.（2021）通过在广东进行的包含1 064户家庭、2 539人的大规模实地实验，考察了告知个人有关政府养老金计划的详细信息对其养老金登记决策和家庭消费的影响。实验设计了不同年龄组和不同信息程度的政府养老金计划介绍（信息手册），以对比家庭在收到不同信息程度的养老金计划介绍后的养老金个人参保情况。

在对照组中，信息手册包括养老金计划的概述、每种类型的养老金计划的福利计算公式，以及有关养老金登记程序和地点的信息。第一个实验组被称为"福利举例组"，该组除了提供对照组的信息手册，还提供了一个能代表当地平均职工工资水平养老金福利计算的例子，例子中有参与者的年龄、每月要缴纳的金额以及退休后每月能获得的养老金。第二个实验组被称为"福利举例+比较组"，该组在福利举例组的基础上，还加入了养老金收益和银行储蓄的比较。第三个实验组被称为"个人福利比较组"，该组在福利举例组的基础上，根据数据库中个人年龄以及养老金缴纳记录提供了具体到个人的养老金福利计算。实验结果显示，具体的养老金计划信息有利于吸引那些没有进行养老金登记的居民参与项目，个性化与具体的养老金计划信息对养老金参与度的提升幅度最大,而且不同年龄组对信息干预的反应是不同的:由45—55岁的居民当家(户主)的家庭中,那些获得个性化养老金福利信息的家庭会表现出明显高于对照组家庭的消费水平,这表明提供居民养老金项目的个性化信息助推方式,不仅能促进居民的参保率,还能促进消费。

提醒逾期、即将到期账单债务信息是当下最常见的干预措施之一,其积极作用已经在经济学相关领域中得到了证明,但对于提醒频率在个体决策中的重要性研究却并不常见。Antinyan et al. (2021) 通过与上海市宝山区税务局合作,设计了一个有关信息干预的随机控制实验。他们将宝山区 1 742 名逾期房产纳税人作为实验对象,评估了纳税提醒频率对逾期税款支付的影响。

保持提醒的内容不变,作者通过设计四种不同的处理方式,即基准组、低频组、中频组、高频组来区分税务机关的提醒频率。所有纳税人被随机分配至这四个实验组。其中,基准组设计为税务机关和纳税人之间没有任何沟通与提醒;低频组设计为仅在实验开始时由税务机关向纳税人发送一条提醒信息;中频组设计为税务机关每周向纳税人发送一条提醒信息,并持续四周;高频组设计为税务机关每周两次向纳税人发送一条提醒信息,并持续四周。实验数据表明,与一次性提醒相比,每周一次提醒(以短信形式发送)大大提高了纳税遵从的可能性,并带来了有形的财政收益。然而,将提醒频率增加到每周两条短信会削弱其效果。总结得出,频繁提醒是个体行为的重要触发因素。然而,当超过一定频率后,额外提醒的有效性似乎会下降。

参考文献

阿马蒂亚·森:《以自由看待发展》,任赜、于真译,北京:中国人民大学出版社,2013 年。

丁延庆、杜立珍、李伟等:《信息干预对高考志愿专业选择的影响——来自大规模随机实验的证据》,《经济学(季刊)》,2021 年第 6 期。

董志强、赵俊:《"留守"与儿童竞争偏好:一项实地实验研究》,《经济学动态》,2019 年第 4 期。

何青、王军辉、甘犁:《为贫困生教育赋能——一项随机对照田野实验研究》,《管理世界》,2022 年第 9 期。

金耀基:《"面"、"耻"与中国人行为之分析》,《中国社会心理学评论》,2006 年第 1 期。

罗俊、王鑫鑫:《户籍身份、社会融合与公平分配——来自小学生田野实验的证据》,《世界经济文汇》,2022 年第 4 期。

明恩溥:《中国人的特性》,匡雁鹏译,北京:光明日报出版社,1998 年。

齐良书、赵俊超:《营养干预与贫困地区寄宿生人力资本发展——基于对照实验项目的研究》,《管理世界》,2012 年第 2 期。

汪三贵、殷浩栋、王瑜:《中国扶贫开发的实践、挑战与政策展望》,《华南师范大学学报(社会科学版)》,2017 年第 4 期。

王春超、钟锦鹏:《同群效应与非认知能力——基于儿童的随机实地实验研究》,《经济研究》,2018 年第 12 期。

王永洁:《劳动力市场性别差异与女性赋权——基于 2016 年中国城市劳动力调查数据的分析》,《人口与经济》,2019 年第 1 期。

徐林、凌卯亮、卢昱杰:《城市居民垃圾分类的影响因素研究》,《公共管理学报(季刊)》,2017 年第 1 期。

徐林、凌卯亮:《居民垃圾分类行为干预政策的溢出效应分析——一个田野准实验研究》,《浙江社会科学》,2019 年第 11 期。

杨善华、沈崇麟:《城乡家庭:市场经济与非农化背景下的变迁》,杭州:浙江人民出版社,2000 年。

虞崇胜、唐斌、余扬:《能力、权利、制度:精准脱贫战略的三维实现机制》,《理论探讨》,2016 年第 2 期。

曾毅、陈华帅、王正联:《21 世纪上半叶老年家庭照料需求成本变动趋势分析》,《经济研究》,2012 年第 10 期。

宗庆庆、张熠、陈玉宇:《老年健康与照料需求:理论和来自随机实验的证据》,《经济研究》,2020 年第 2 期。

翟学伟:《中国人的脸面观模型》,北京:社会科学文献出版社,2006 年。

Afridi, F., Li, S. X., & Ren, Y. (2015). Social identity and inequality:

The impact of China's hukou system. *Journal of Public Economics*, 123, 17–29.

Akerlof, G. A., & Yellen, J. L. (1990). The fair wage-effort hypothesis and unemployment. *Quarterly Journal of Economics*, 105(2), 255–283.

Anderson, M. L., & Lu, F. (2017). Learning to manage and managing to learn: The effects of student leadership service. *Management Science*, 63(10), 3246–3261.

Antinyan, A., Asatryan, Z., Dai, Z., & Wang, K. (2021). Does the frequency of reminders matter for their effectiveness? A randomized controlled trial. *Journal of Economic Behavior & Organization*, 191, 752–764.

Bai, C. E., Chi, W., Liu, T. X., Tang, C., & Xu, J. (2021). Boosting pension enrollment and household consumption by example: A field experiment on information provision. *Journal of Development Economics*, 150, 102622.

Becker, G. S. (1968). Crime and punishment: An economic approach. *Journal of Political Economy*, 76(2), 169–217.

Booth, A., Fan, E., Meng, X., & Zhang, D. (2019). Gender differences in willingness to compete: The role of culture and institutions. *The Economic Journal*, 129(618), 734–764.

Cadsby, C. B., Song, F., & Yang, X. (2020). Are "left-behind" children really left behind? A lab-in-field experiment concerning the impact of rural/urban status and parental migration on children's other-regarding preferences. *Journal of Economic Behavior & Organization*, 179, 715–728.

Cai, J., & Wang, S. Y. (2022). Improving management through worker evaluations: Evidence from auto manufacturing. *Quarterly Journal of Economics*, 137(4), 2459–2497.

Cameron, L., Erkal, N., Gangadharan, L., & Meng, X. (2013). Little emperors: Behavioral impacts of China's One-Child Policy. *Science*, 339(6122), 953–957.

Cao, C., Li, S. X., & Liu, T. X. (2020). A gift with thoughtfulness: A field experiment on work incentives. *Games and Economic Behavior*, 124, 17–42.

Carlsson, F., He, H., Martinsson, P., Qin, P., & Sutter, M. (2012). Household decision making in rural China: Using experiments to estimate the influences of spouses. *Journal of Economic Behavior & Organization*, 84 (2), 525–536.

Chen, Y., & Kesten, O. (2019). Chinese college admissions and school choice reforms: An experimental study. *Games and Economic Behavior*, 115, 83–100.

Chen, K., & Tang, F. F. (2009). Cultural differences between Tibetans and ethnic Han Chinese in ultimatum bargaining experiments. *European Journal of Political Economy*, 25 (1), 78–84.

Chen, Y., Lu, F., & Zhang, J. (2017). Social comparisons, status and driving behavior. *Journal of Public Economics*, 155, 11–20.

Chi, W., Liu, T. X., Qian, X., & Ye, Q. (2019). An experimental study of incentive contracts for short-and long-term employees. *Journal of Economic Behavior & Organization*, 159, 366–383.

Currie, J., Lin, W., & Meng, J. (2013). Social networks and externalities from gift exchange: Evidence from a field experiment. *Journal of Public Economics*, 107, 19–30.

Currie, J., Lin, W., & Meng, J. (2014). Addressing antibiotic abuse in China: An experimental audit study. *Journal of Development Economics*, 110, 39–51.

De Janvry, A., He, G., Sadoulet, E., et al. (2023). Subjective performance evaluation, influence activities, and bureaucratic work behavior: Evidence from China. *American Economic Review*, 113 (3), 766–799.

Du, N., Li, L., Lu, T., & Lu, X. (2020). Prosocial compliance in P2P lending: A natural field experiment. *Management Science*, 66 (1), 315–333.

Dulleck, U., Fooken, J., & He, Y. (2020). Hukou status and individual-level labor market discrimination: An experiment in China. *ILR Review*, 73 (3), 628–649.

Eriksson, T., Mao, L., & Villeval, M. C. (2017). Saving face and group identity. *Experimental Economics*, 20, 622–647.

Fox, G. L., & Murry, V. M. (2000). Gender and families: Feminist perspectives and family research. *Journal of Marriage and Family*, 62 (4), 1160 – 1172.

Gong, B., & Yang, C. L. (2012). Gender differences in risk attitudes: Field experiments on the matrilineal Mosuo and the patriarchal Yi. *Journal of Economic Behavior & Organization*, 83 (1), 59 – 65.

Gong, B., Yan, H., & Yang, C. L. (2015). Gender differences in the dictator experiment: Evidence from the matrilineal Mosuo and the patriarchal Yi. *Experimental Economics*, 18, 302 – 313.

Gong, J., Liu, T. X., & Tang, J. (2021). How monetary incentives improve outcomes in MOOCs: Evidence from a field experiment. *Journal of Economic Behavior & Organization*, 190, 905 – 921.

Hao, L., Houser, D., Mao, L., & Villeval, M. C. (2016). Migrations, risks, and uncertainty: A field experiment in China. *Journal of Economic Behavior & Organization*, 131, 126 – 140.

He, H., & Jiang, S. (2020). Partisan culture, identity and corruption: An experiment based on the Chinese Communist Party. *China Economic Review*, 60, 101402.

He, H., Neumark, D., & Weng, Q. (2021). Do workers value flexible jobs? A field experiment. *Journal of Labor Economics*, 39 (3), 709 – 738.

He, H., Li, S. X., & Han, Y. (2023a). Labor market discrimination against family responsibilities: A correspondence study with policy change in China. *Journal of Labor Economics*, 41 (2), 361 – 387.

He, H., Neumark, D., & Weng, Q. (2023b). 'I still haven't found what I'm looking for': Evidence of directed search from a field experiment. *The Economic Journal*, 133 (649), 258 – 280.

Hu, H. C. (1944). The Chinese concepts of "face". *American Anthropologist*, 46 (1), 45 – 64.

Hu, H., Lu, S., & Huang, C. C. (2014). The psychological and behavioral outcomes of migrant and left-behind children in China. *Children and Youth Services Review*, 46, 1 – 10.

Li, L., Tadelis, S., & Zhou, X. (2020). Buying reputation as a signal of quality: Evidence from an online marketplace. *The RAND Journal of Economics*, 51 (4), 965–988.

Li, Y., Meng, J., Song, C., & Zheng, K. (2021). Information avoidance and medical screening: A field experiment in China. *Management Science*, 67 (7), 4252–4272.

Liao, L., Martin, X., Wang, N., Wang, Z., & Yang, J. (2023). What if borrowers were informed about credit reporting? Two natural field experiments. *The Accounting Review*, 98 (3), 1–29.

Liu, E. M., Meng, J., & Wang, J. T. Y. (2014). Confucianism and preferences. *Journal of Economic Behavior & Organization*, 104, 106–122.

Loyalka, P., Sylvia, S., Liu, C., et al. (2019). Pay by design: Teacher performance pay design and the distribution of student achievement. *Journal of Labor Economics*, 37 (3), 621–662.

Lu, F. (2014). Insurance coverage and agency problems in doctor prescriptions: Evidence from a field experiment in China. *Journal of Development Economics*, 106, 156–167.

Lu, F., & Anderson, M. L. (2015). Peer effects in microenvironments: The benefits of homogeneous classroom groups. *Journal of Labor Economics*, 33 (1), 91–122.

Lu, F., Zhang, J., & Perloff, J. M. (2016). General and specific information in deterring traffic violations: Evidence from a randomized experiment. *Journal of Economic Behavior & Organization*, 123, 97–107.

Luo, J., Chen, Y., He, H., & Gao, G. (2019). Hukou identity and fairness in the ultimatum game. *Theory and Decision*, 87 (3), 389–420.

Luo, J., & Wang, X. (2020). Hukou identity and trust—Evidence from a framed field experiment in China. *China Economic Review*, 59, 101383.

Luo, J., & Wang, X. (2023). Leave behind or migrate? Evidence from a field experiment in China concerning the impact of being left behind/migrating status on children's behaviour and preferences. *China Economic Review*, 79, 101982.

Mo, D., Bai, Y., Shi, Y., Abbey, C., Zhang, L., Rozelle, S., & Loyalka, P. (2020). Institutions, implementation, and program effectiveness: Evidence from a randomized evaluation of computer-assisted learning in rural China. *Journal of Development Economics*, 146, 102487.

Morton, R. B., Ou, K., & Qin, X. (2020). Reducing the detrimental effect of identity voting: An experiment on intergroup coordination in China. *Journal of Economic Behavior & Organization*, 174, 320–331.

Morton, R. B., Ou, K., & Qin, X. (2022). Analytical thinking, prosocial voting, and intergroup competition: Experimental evidence from China. *Public Choice*, 191, 363–385.

Stigler, G. J. (1970). The optimum enforcement of laws. *Journal of Political Economy*, 78(3), 526–536.

Vollan, B., Landmann, A., Zhou, Y., Hu, B., & Herrmann-Pillath, C. (2017). Cooperation and authoritarian values: An experimental study in China. *European Economic Review*, 93, 90–105.

Xia, W., Guo, X., Luo, J., et al. (2021). Religious identity, between-group effects and prosocial behavior: Evidence from a field experiment in China. *Journal of Behavioral and Experimental Economics*, 91, 101665.

Xia, W., Guo, X., Luo, J., et al. (2023). Religious affiliations of Chinese people and prosocial behavior: Evidence from field experiments. *Review of Economic Design*, 27(3), 473–504.

Zhou, X., Alysandratos, T., & Naef, M. (2023). Rice farming and the origins of cooperative behaviour. *The Economic Journal*, 133(654), 2504–2532.

Zhou, Y., Chen, S., Chen, Y., & Vollan, B. (2022). Does parental migration impede the development of the cooperative preferences in their left-behind children? Evidence from a large-scale field experiment in China. *China Economic Review*, 74, 101826.

第六章
随机控制实验与中国的"政策试点"

党的二十大指出未来五年要"改革开放迈出新步伐,国家治理体系和治理能力现代化深入推进"。当前,我国经济社会处于深刻的变革中,公共政策是国家治理体系的重要组成部分,对公共政策进行评估在推进国家治理体系和治理能力现代化过程中具有重要地位(李志军,2022)。特别是党的十八大以来,公共政策评估越发受到中央和地方各级政府的高度重视。习近平总书记多次强调"一分部署,九分落实"。积极推进国家治理体系、治理能力现代化,在制定重大改革方案和重大政策落实督查过程中,要重视并充分发挥政策评估的作用。这在客观上对公共政策评估工作提出了更高要求。此外,党的十九届五中全会审议通过的《中共中央关于制定国民经济和社会发展第十四个五年规划和二〇三五年远景目标的建议》同样提出,要健全重大政策事前评估和事后评价制度。由此可见,强化政策评估,发挥评估反馈对政策研究与政策决策的作用,将成为推动我国重大政策或改革落地,促进党和政府科学决策、民主决策的重要趋势。

近年来,一系列基于"反事实框架"的因果推断方法在公共政策评估领域展现了巨大潜力(刘骥等,2011),其主要方法可大体分为包括倾向匹配、工具变量、双重差分、断点回归等在内的主流"准实验"(quasi-experiment,

亦称自然实验）方法和新近发展的随机控制实验方法①。尽管各类准实验方法在因果推断方面各具优势，但在应用过程中却面临着诸如内生性、自选择、遗漏变量等问题从而很难准确识别政策干预和结果之间的因果关系。相比准实验，随机控制实验因其"随机性"而在政策评估方面具有显著优势，不仅能够为政策决策提供"归因式"反馈，还能够通过实验组之间的对比帮助政策决策者识别政策发挥作用的内在机制或政策失效的潜在原因。

一、随机控制实验在公共政策评估中的优势与步骤

公共政策评估亦称公共政策评价，是对公共政策或项目干预是否实现了预期目标的一种客观性、系统性和经验性检验。党的十九届五中全会明确指出，要健全重大政策事前评估和事后评价制度，提高决策科学化、民主化、法治化水平。这与近20年来联合国、世界银行等致力于世界各国经济社会发展的国际组织推行和倡导的"基于证据的政策决策"具有一致性，同时，也与中国经济学者在政策研究中长期倡导的"以数据分析为基础"的实证研究具有相通之处（洪永淼，2015）。

规范地、科学地评估公共政策要求政策评估以现实与政策实际为基础，既要求对政策现状有客观的了解，还需要对政策结果有清晰的识别，以理解政策的"投入""产出"以及投入产出之间的机制。自经济学经验研究的"可信性革命"以来（Angrist and Pischke，2010），因果推断方法被广泛用来评估公共政策带来的社会经济影响。因果推断依赖于研究设计，根据构建"反事实"方法的不同可分为"准实验"和随机控制实验两种研究设计。"准实验"设计使用公共政策作为外生冲击识别经济关系与内在机制，在结果稳健性方面具有一定优势。与"准实验"相比，随机控制实验因其"可控性"

---

① 随机控制实验，也被称为随机评估（randomized evaluation）、随机实地实验（randomized field trials），它与实地实验是密切相关的两个概念。目前相关文献里并未对这两个概念给出明确的划分。但经济学者谈论的"实地实验"通常是指 Levitt and List（2009）里说的自然实地实验，而"随机控制实验"是指直接用于项目评估目的或者以解决实际问题为导向，而非以检验经济学理论为导向的自然实地实验研究（包特等，2020）。

和"随机性"在政策评估方面具有诸多优势。同时,随机控制实验能够为政策评估提供一种"归因式"的反馈,既可以识别政策干预效果,还可以识别影响政策效果的关键因素,进而从评估中吸取经验或暴露短板,为公共政策的修改、完善及经验总结提供清楚的逻辑链条,更好地帮助政府和公共部门进行政策学习,使政策方案形成"研究—制定—执行—评估—完善"的良性循环,在实践和评估反馈中不断提高公共政策的科学性与准确性。

1. 明确评估目标与前期准备

所有的政策出台都有其目标与使命,公共政策评估前首先需要明确政策目标以及评估的关注重点,这决定了后续评估方案诸如样本选择、随机方法和指标构建等方面的设计。这一环节主要涉及评估定性方法的使用,同时也是化解学界对随机控制实验方法论误解的重要一步:随机控制实验对政策的评估不是就"政策是否有效"这一直觉的问题给出简单的"有效"或"失效"答案。实验评估不仅能够回答政策干预是否有效的问题,而且能够回答政策在何种程度上有效、政策为什么有效或为什么失效,以及在相似的政策干预中哪种干预最有效的问题。随机控制实验在评估时从随机分组的设置到指标的选取都紧贴政策制定时的逻辑,既能够检验预设的机制链条是否发挥作用,还能够进一步从机制链条出发,帮助政策制定者更好地识别影响政策发挥作用的关键要素甚至是政策失效背后的潜在原因,后者对发展中国家尤为重要,因为在理论上可行的机制受到欠发达社会环境和人口特征的影响可能会失效。例如,尽管"提供眼镜—改善学生视力—提高学生成绩"这条路径十分显然,然而 Glewwe and Muralidharan(2016)在甘肃省的评估却发现这一政策在第二个样本县失效,进一步探究其影响机制发现营养条件差导致当地儿童缺乏维生素进而导致了视力问题,单纯提供眼镜矫正视力对于提高儿童受教育质量并无明显增益。

使用随机控制实验的评估越来越强调政策评估背后的理论依据,实验依据"随机化"思想给予政策目标群体以"外生"的政策干预冲击,进而带来了目标群体境况与福利的改善,即政策干预带来的影响。White(2009)强调了评估前构建政策因果链的重要性,这直接关系到评估方案能否揭示政策投入与产出之间的黑箱。其中比较典型的例子是对技能提升政策干预的评估，Karlan and Valdivia（2011）评估了个体企业主培训的效果，发现这项培训干预并没有提高贫困企业主的营业收入和营业能力，这是因为培训并没有真正增进企业主的商业知识，进而也无法转化为商业能力的提高。Fernandes et al.（2014）整合了168份金融素养提升项目的评估，共涉及201个评估项目，发现使用随机干预实验的评估对这种培训持负面结论，尤其在低收入人群中效果很不明显，这些政策干预并没有改善受训者知识技能这一关键的过程变量，因而也无法转化为积极的政策效果，这一因果链条的识别使得政府对相关政策进行重新规划与思考。

在评估方案设计前，协调评估可使用的各项权限与资源、明确评估中各部门的分工也是必要的准备，只有充分将评估目标与各部门接受评估的意愿相结合，才能确保评估的顺利开展与实施，这是随机控制实验与其他评估方法的不同之处。美国一些早期的社会实验，如住房搬迁项目、健康保险实验以及工作搜寻与援助项目等大型的公共政策评估均由政府主导发起，学者和研究机构以评估者的身份受托进行评估方案的设计和评估分析。许多发展中国家也不例外，墨西哥的PROGRESA[①]项目和随后在拉丁美洲进行的条件性转移支付政策干预项目均由政府发起和资助，这些评估得到的宝贵经验对当地人力资本积累与经济发展产生了深远的影响（Schultz，2004；Macours et al.，2012；Galiani and McEwan，2013）。

2. 评估方案设计与项目执行

在充分的前期讨论与准备后，评估进入了方案设计阶段，这一阶段是随机控制实验技术性的集中体现，包括随机单位的确定与随机化的实施、实验组与控制组（实验局）的设计。

在政策"反事实"的构建中，随机控制实验不仅仅是简单地将实验组和控制组区分为"有政策干预"与"无政策干预"，还可以根据不同政策内容

[①] PROGRESA是西班牙语中健康、教育和营养计划（Program for Health，Education and Nutrition）的缩写，是为提高儿童入学率和预防性保健措施（营养补充、医疗问诊和参加健康教育方案）参与率，向妇女发放补助的干预计划。

或政策强度划分多个实验组，进而评估并比较不同政策内容的政策效果。在公共政策评估实践中，美国工作搜寻与援助项目的评估是一个较为直观的例子：在评估就业援助项目有效性的基础上，评估设置四个实验局，包括不同援助服务数量的三个实验组与一个不接受政策干预的控制组，实验组与控制组的对比可以识别出就业援助服务对失业人群的效果，不同实验组之间效果的对比则可以识别出这套服务体系中最有效的干预。而一度成为美国历史上规模最大、耗资最高的健康保险实验将不同健康保险计划的价格和服务设置为五个实验局，7 700多名参与实验的民众被随机分入五种价格和服务不同的健康保险计划。在比较不同价格和服务方案对医疗服务效率与质量的影响后，这项评估将悬停在全民医疗卫生系统上方的问号变为句号，为美国基本医疗服务体系的调整奠定了坚实的评估基础（Newhouse，1993）。

作为随机控制实验评估政策的核心，实验设计不仅彰显了随机控制实验的诸多优势，由于后续项目的执行、数据的收集和分析框架都将按照评估方案执行，因此，实验设计时也应当充分考虑方案的可执行性，其中包括随机控制实验因干预随机分配而涉及的伦理道德问题。Glennerster（2017）将随机控制实验中的伦理道德原则归纳为尊重、善待和公正三点。由于随机控制实验中只有处于实验组的样本才会接受政策干预，处于控制组的样本不接受政策干预因而无法受益于政策的积极影响，因此可能会带来对其公正性的质疑。就方法的使用而言，实验方法作为一种社会科学研究方法本身受到学术行业内伦理规范的约束，许多实验只有登记或获得道德伦理委员会审核后才能开展。从政策评估实践的角度看，随机控制实验能够通过一些特定的设计将可能存在的道德伦理风险降到最低。一种处理方法是立足于公共资源本身的稀缺性，在有限的公共服务资源和服务能力下，使用随机发放代金券的方式来实现面向公众的随机政策干预的分配，增加随机分配的透明度能够较好地解决公平性问题。另一种在随机分配上更为巧妙的方法是采用时序渐进（phase-in）的方式进行政策干预，即评估开始时，实验组接受政策干预而控制组暂时性地不接受干预；评估结束后，控制组进入政策干预阶段；最终，所有的样本都接受政策干预。

3. 指标的选取与评估数据的收集

受益于与政府和相关部门的合作,使用随机控制实验评估公共政策时,评估者一方面能够获得较多行政数据的支持,节省数据获取的成本;另一方面还能够主动设计变量,通过实验方法导出从观测数据中无法获取的数据。

实验方法在数据获取方面的优势突出体现在两类数据上:一类涉及微观个体行为与偏好,这类数据能够帮助政策制定者更好地理解政策效果,进而依靠推动民众个体决策的变化来实现政策发展的可持续。以就业帮扶政策为例,只有政策能够推动帮扶对象主动寻找合适的岗位并成功上岗才意味着帮扶产生了效果。Dammert et al.(2013)评估了秘鲁国家劳动局推送不同内容的帮扶短信的干预效果,发现丰富的市场招工信息能够增强求职者对劳动力市场的信心,这有助于求职者在决策层面形成与现实一致的信念进而促进劳动者与就业岗位的匹配,实现这一帮扶干预的初衷。另一类则是无法通过传统调查方法获得的诸如医疗、腐败与歧视等领域的个体微观数据,传统的评估很难对这些领域的政策效果进行测量。例如,Olken(2007)评估不同监督制度对资金挪用行为的抑制效果时,用村镇新建设路段的筑路材料测算当地公路建造成本,通过与当地村镇负责人汇报的建造成本进行比对来测量当地村镇负责人的资金挪用水平。Das et al.(2016)则使用标准病人法①在医生不知情的情况下测量医生的临床医疗服务水平,该方法已被广泛运用于发达国家的临床实践评估。Ben-Aaron et al.(2017)使用实验方法测量了美国北加利福尼亚各个县政府的政府信息透明度,评估者向县政府发送电子邮件请求获取特定行政信息,并将政府回复收到公开请求和政府真正完成评估者所提出信息申请的两个时间作为衡量该县政府信息透明度的评估指标。

在系统的公共政策评估中,随机控制实验获取的指标不仅包括显示政策效果的结果指标,还包括政策实施的过程指标。Gertler et al.(2016)指出,

---

① 标准病人法,指准备统一的标准脚本描述病人的病情,经过提前培训,实验员作为"标准病人"去医院就诊,就诊期间医生在询问病情时所做出的诊断、检查与最终开出的处方会用于衡量包括医生诊断和检查完成度、正确率在内的医生服务水平与质量。

让政策执行者和评估团队一起制定评估指标能够更全面精准地选取评估度量指标,并推荐评估指标按照以下五条准则来选取:选择尽可能反映评估所需要信息的指标;选择能够确保获取数据的指标;选择与政策投入相关的指标;选择频率、成本都符合实际的指标;以及选择能够客观反映目标群体情况的指标。

4. 评估结果的分析与报告

对评估结果进行分析并形成最终报告是政策评估的最后一步,是评估所有前期准备与实验设计和执行的共同努力成果。与其他非实验评估方法相比,随机控制实验在评估时使用的数据与评估需求紧密贴合,政策产生的效果与政策投入之间的因果关系清楚,再加上实验设计中已经提前设计数据结构和意欲进行的分析框架,因此,与"准实验"方法相比,随机控制实验的结果分析比较清晰明确。

政策效果的分析中,除了对平均处理效应的关注,对不同群体的异质性分析也是政策评估结果中备受关注的重点。随机控制实验在评估中对异质性的关注分为两层:第一层发生在样本选取和随机抽样阶段,"两步随机法"中第一步抽取多采用分层抽样的方法实现对某类特征群体的关注,这种方法能够保证后期异质性分析时具有某类特征的样本数量能够达到可分析水平,也能够最大化实验样本所表现出的特征,突出评估关注的核心问题,节约样本数量;第二层发生在数据分析阶段,在得到平均处理效应后,分别对不同特征的分样本再次进行政策效果的估计。近几年,经济学中对机器学习技术的使用也推进了随机控制实验中政策效果异质性的分析,Wager and Athey（2018）开发了一套随机森林算法,它能够对大样本下的干预效果异质性进行识别;Davis and Heller（2017）使用两组为弱势青少年提供暑期短工的随机控制实验评估数据对这套方法进行了测试,发现这种方法能够识别部分的确存在的政策效果异质性但并不全面。尽管这套方法尚未成熟,但对于具有较多样本量且覆盖人群类型较广的公共政策评估而言,这无疑是政策效果评估值得一试的方向。

另一个需要在数据分析时关注的问题是实验方案的不遵从问题。在评估方案正式实施时，严格的随机化方案在执行中会存在不遵从现象，进而影响到政策效果的评估。不遵从现象是指随机分配方案中属于控制组的样本错误地进入实验组接受了政策干预，或是应该属于实验组接受政策干预的样本进入控制组而没有接受干预，或二者兼而有之。根据不遵从现象的不同类型，可以选择不同的估计方式对"随机化"的不遵从情况进行"补救"。第一，可以完全按照评估方案的分组情况进行政策效果估计而不管实际政策干预分配情况，即评估意向估计效应（intention-to-treat effect，ITTE）；第二，可以完全将评估方案实际执行情况作为实验组与控制组的分组依据进行估计，即估计已干预效果（effects of treatment on the treated，ETT）；第三，在不遵从情况较为复杂时，将评估方案中的分配方案作为实际分配的工具变量，估计政策的局部平均效应（the local average treatment effect，LATE），ETT方法可以被视为一种特殊的局部平均效应的估计（Athey and Imbens，2017）。美国住房搬迁项目最终的评估报告中同时汇报了政策的意向估计效应与已干预效果，而工作搜寻与援助计划项目的报告则主要汇报了政策的意向估计效应（Saunders et al.，2019）。

最后，评估者需要撰写评估报告反馈给政策制定者。不同于学术研究，用于公共政策评估的随机控制实验的发表偏见（publication bias）① 较小，因为评估需求是由政府或相关公共部门提出。包特等（2020）提到，随机控制实验领域内的发表偏见情况要好于其他非实验的研究领域。其实，随机控制实验评估报告与论文公开发表并不存在冲突，时至今日，许多学者如Katz et al.（2001）、Ludwig et al.（2013）以及Chetty et al.（2016）等还在利用已有的评估项目数据与资源进行深入的挖掘与探索。由于很多政策效果的作用机制也是学者们关心的学术议题，使用随机控制实验方法评估公共政策为政府的政策制定与科研机构的学术探索提供了良好的合作契机，双方都有动机务实地推动项目的完成。并且，在评估报告为政策完善和决策提供坚实证据的同时，政府也不应该排斥学术论文的公开发表。一方面，公开发表的论文需要经过学术同行的评议，这是评估结果再次"去粗取精"的提炼过程，该过程

---

① 发表偏见指的是，没有统计显著性的结果常常不容易获得发表。

中学者对学术论文的广泛讨论也是政策制定者"兼听则明"的过程;另一方面,能够公开发表的评估结果在质量和可信度上也得到了背书,值得作为政策完善和政策决策的有价值依据(Gertler et al.,2016)。

二、随机控制实验在公共政策评估中的"规模化"问题

通过前文所述,不难发现,相比"准实验"方法,随机控制实验在公共政策评估中有着无可比拟的突出优势,也正因此,随机控制实验被视为社会科学研究方法中因果识别的黄金标准,越来越被世界银行等国际组织与各国政府广泛用于政策评估。然而,随着随机控制实验在国外公共政策评估中的广泛运用,针对其外部有效性的争议也逐渐出现,这尤其体现在2019年诺贝尔经济学奖揭晓之后各界对三位诺奖得主所倡导的随机控制实验方法可推广性的质疑:当变更政策干预地区或环境,从最初随机控制实验中所得出的作为政策依据的结论还能否同样适用?小范围随机控制实验大多基于特定的局部地区或者特定群体开展(Deaton,2010),而一项最终成功推行的公共政策,通常涵盖广泛的受众群体与地域范围,因此,最初立足局部的实验干预结论若要作为政策推行依据在更广阔的范围内成功施行,必然涉及干预地区、环境和群体等的变化,换言之,即涉及由局部到整体的"规模"的扩大。而若在大规模范围上最初的实验结论无法推广,抑或是规模扩大后的干预效果相比最初的局部干预效果不显著或大幅下降,则意味着随机控制实验的干预效果面临着"规模化"问题。总之,"规模化"问题将直接影响随机控制实验干预的可推广性,进而影响政策评估的有效性。

1. 政府主导下的评估主体多元化

随机控制实验用于公共政策评估必然面临规模的扩大,进而带来政策的评估主体随之改变:评估不再是仅仅由研究者及其助理来实现,而是不可避免地需要一个大规模的政府机构或组织来实施(李树和严茉,2019)。评估主体的变化,一方面意味着研究者对实验的控制性可能会减弱;另一方面也意

味着政策干预的实施和落实在遵从度和激励等方面会有所不同,不同评估主体对政策干预实验可能会带来不同的一般均衡效应(Acemoglu,2010),这些都将会影响政策效果的评估,导致规模扩大后的政策效果减弱甚至不再显著,从而引发"规模化"问题,影响政策干预的可推广性。因此,评估主体的选择对随机控制实验用于公共政策的评估至关重要。

在国外,很多采用随机控制实验进行的大规模政策项目评估是由政府实施的。其中,印度补习教育方案从小规模随机控制实验到政府大规模推广的过程就是随机控制实验在政策评估中的经典应用案例:班纳吉、迪弗洛及其合作者为帮助印度农村学习落后的儿童而设计了两种课后补习方案,起初在农村开展小规模范围的随机控制实验干预(Banerjee et al.,2007),取得一定成效后,Banerjee and Duflo(2009)通过讨论影响方案有效性的机制与因素进一步完善干预的设计、再实验,经过反复迭代过程逐步将其所研究的政策干预扩展到大规模的政府主导的教育体系中。这一过程中的五项随机控制实验历时数年,最终确定了两个版本的补习教育方案,成功惠及印度13个邦的10万多所学校近500万名儿童。如此一个历时长久、耗资巨大的大规模项目的成功推广离不开政府的主导和支持。墨西哥的PROGRESA项目评估也是如此,该项目最初于1998年启动时,由于预算限制无法同时惠及5万个可能受益的社区,墨西哥政府转而在506个社区开展试点干预(Gertler and Boyce,2001)。试点评估发现该项目干预在改善健康等方面效果很好:儿童疾病发病率降低了约23%,身高升高1%—4%,贫血症发病率降低18%,成年人因生病而失去工作的天数减少19%。如此显著的效果获得政府大力的推广,至2000年已成功惠及260万个家庭。该项目后续扩展到城市社区,并且得到了世界银行的大力支持,几个邻近的拉丁美洲国家也效仿实施类似的政策干预。

同时,许多非政府组织也运用随机控制实验方法评估干预效果,而这些干预往往在欠发达地区发挥着类似于"公共政策"的作用。如Bold et al.(2013)在肯尼亚西部和印度部分地区开展了一项由非政府组织主导的关于合同教师干预的随机控制实验,通过三个实验局设置分别对比了政府组织的合同教师、非政府组织的合同教师与无合同教师的效果,发现非政府组织的合同教师显著提高了学生的考试成绩。在干预初见成效以后,肯尼亚所有省份的政府和非政府组织都效仿这一实践，在全国范围内进行大规模的推广。除此之外，还有一些国际组织致力于为发展中国家提供经过科学影响评估验证的政策建议和项目方案，如目前国际上最具影响力的国际影响评估协会（International Association of Impact Assessment，IAIA）已在超过50个国家和地区资助300多项影响评估研究，这对于发展中国家的公共政策评估来说是一个很好的支持平台和机会（Duflo，2004）。综上可以发现，将随机控制实验用于公共政策评估时，政府、非政府组织以及其他国际组织作为大规模政策干预的评估主体发挥着很重要的作用。

就我国而言，首先，作为一个从传统计划经济体制转轨的经济体，我国各级政府在社会经济活动中发挥着极其重要的作用，这种模式使得政府成为许多使用随机控制实验进行公共政策评估的学者最理想的合作伙伴。在目前国内使用随机控制实验的政策评估研究实践中，不同层级的政府和相关部门已经参与到了农村发展、儿童人力资本积累等项目干预中。例如，陕西师范大学教育实验经济研究所研究团队及其合作者长期致力于农村营养健康与教育的随机控制实验研究，经过多年的实践总结了研究者与政府合作的三种渐进模式，即政府观察模式、政府部分参与模式及政府全程参与模式。通过渐进的模式与政府建立信任和合作的关系，有助于逐步实现更好的效果（史耀疆等，2020）。在党中央不断重视科学决策、积极推进治理体系和治理能力现代化的进程中，政府作为使用随机控制实验评估政策的重要评估主体，有利于统筹大规模评估项目所需的各类跨部门资源，大大提高评估的效率，为更科学有效的政策干预效果评估保驾护航。如白勤等（2012）在重庆"两翼"地区选择了两所农村留守儿童集中的学校作为"留守儿童培养实验基地"，对留守儿童进行了为期近4个月的包含思想品德、人格品质、心理情感、行为习惯和健康安全等心理健康方面的"4+1"培养模式干预。该实验前期不仅需要大规模的基线调查，还需投入大量资金用于实验所需的软硬件建设，市政府作为组织者，统筹并整合了高校、卫生、国防军事、企业等各方社会资源，形成了多方联合共同干预的模式。该实验干预对留守儿童的身体、心理健康和学习生活有着显著的积极影响，并且为我国留守儿童的关爱提供了一种有效的政策干预模式。因此，在我国，让政府作为政策评估的牵头人对公共政策的制定和实施有着重要的优势。

其次，我国目前政策评估组织不健全，政策评估大都是部门自行组织，相对比较零散，其透明度和公信力不足，导致我国政策评估发展比较滞后。而国外从中央政府到地方政府的各部门都有专门的评估机构和独立的评估专家队伍，而且许多大学、科研院所作为第三方承担政府委托的评估工作。公共政策的多样性、多层次性及其所触及利益格局的复杂性决定了我国公共政策评估主体可以呈现多元化发展态势（李伟，2015）。高校和科研院所、各级政府所属政策研究与咨询机构、政府智库和其他第三方评估机构等都可以承担政策评估的具体工作。这也是党的十八大以来，中央在决策咨询工作中为推进科学民主决策所多次强调的，要重视运用和发挥第三方评估作用。例如，Guo et al. (2015) 在中国安徽省农村实施的增加农民生产知识的随机干预实验是由研究团队与农业部合作完成；宗庆庆等（2020）进行的大样本"慢性阻塞性肺疾病预防性干预"是由北京大学经济政策研究所和国家疾病预防控制中心一起合作完成；Sylvia et al. (2021) 在中国秦巴山区进行的"养育师入户亲子指导"的随机干预实验则是与国家卫生和计生委合作进行的。

2. 提高评估对象代表性

小范围的随机控制实验一般基于特定的群体开展，而公共政策覆盖群体较广，使用随机控制实验方法评估时，评估对象也会随之发生改变（Al-Ubaydli and List，2015），从而带来"规模化"问题，影响政策干预的可推广性。因此，随机控制实验的干预对象能否代表政策目标群体是随机控制实验所需重点关注的问题之一。

对此，学者们从研究者选择偏差和参与者选择偏差两个方面分析了评估对象选择对"规模化"问题的影响。一方面，为了"确保获得有希望的结果"或"易于期刊发表"等其他外部激励，研究者有动机选择特定的群体而非政策目标所及群体以使得实验干预效果最大化（Young et al.，2008），因而产生研究者的选择偏差；另一方面，那些期望获得较大收益的群体更可能参与实验项目干预（Imbens and Angrist，1994），导致他们表现出比一般群体更强的关系，因而存在参与者选择偏差。这两种偏差都会导致政策干预效果在参与者群体规模扩大后下降或不显著,由此引发"规模化"问题。

因此,在使用随机控制实验对政策干预效果进行评估时,针对政策目标群体,应该选择具有一般代表性而非特殊性的对象群体,这不仅仅有益于政策结论的可推广性,更重要的是能够客观、如实地揭示政策干预的效果,以实现政策评估的目标。如 Banerjee et al. (2015) 在早期研究中发现铁强化营养盐可以降低贫血率,但大规模推广时却发现这一措施对于有效减少一般性贫血症发病率的政策目标失效。其失效的主要原因是早期小规模干预所针对的青春期女性,在扩大规模后不再具有群体代表性,这一结果强调了随机控制实验用于政策评估时选择具有一般代表性评估对象的重要性。

聚焦我国政策评估来看,我国经济的高速发展带来社会结构深刻而剧烈的变化,地区、城乡和收入等因素交叉形成了多样的群体。一方面,城市化进程的加快导致我国社会阶层结构发生深刻的变化,特别是在一些大城市,聚居了来自不同地区、不同文化背景、不同社会阶层的居民;另一方面,收入差距不断扩大问题在我国一直是一个公认且严峻的事实。在这样一个复杂的社会利益格局之下,对政策目标群体的考量不仅是政策评估时所需要考虑的评估对象代表性问题,也是政府在出台公共政策时需要审慎决策的重要维度,这意味着公共政策制定者需要更加清醒地认识到公共政策对不同目标群体的影响。与西方研究聚焦的群体不同,中国语境下的研究一直重视关注处于不同社会分层中多样的群体对象在政策影响和社会变迁中的福祉,这为政策评估时选择代表性评估对象提供了良好的学术传统与丰富的采样经验。

因此,在使用随机控制实验进行政策评估时,项目设计者应尽可能在实验中囊括政策所及的各类群体对象,并在随机化的过程中使用诸如分层抽样、区块抽样等方法保证不同群体对象能够随机地、有序地进入政策评估实验,既避免对评估对象的选择偏差,同时也能较好地代表政策所覆盖的各类目标群体,进而提高政策干预的可推广性。另外,在政策评估时不仅要关注所有评估对象的平均处理效应,还应该关注不同评估对象之间的异质性,受到政策影响较大的群体很可能是政策制定时所需关注的重点群体,通过政策评估推出适宜的公共政策,能够避免不同社会阶层之间矛盾激化,促进社会包容、可持续发展(李伟,2015),这也是评估的意义所在。总而言之,在运用随机控制实验对我国公共政策进行评估时,提高评估对象代表性,确保干预前后及评估分析的群体与公共政策锚定对象一致,将有利于提高公共政策评估的准确性和有效性。

3. 提高评估情境代表性

公共政策有时覆盖不同地区和情境,而随机控制实验往往在某个地区开展,因而对当地的自然、社会经济环境具有情境依赖性(context-dependence)。所谓情境依赖,是指随机控制实验干预通常是在特定地区对特定群体进行的干预,因此其实验结论可能依赖于特定的实验情境,即干预地点或实施组织的一些可观察或不可观察的特征,或者实验结论未在与政策相关的情境中推断得出(Banerjee et al., 2017)。但是,若将随机控制实验扩大规模用于公共政策评估,实验情境必然发生改变,干预实施和适用的社会经济背景、所依赖的基础设施都变得多样而复杂,诸多这些不可控情境因素都可能会影响到规模扩大后政策的效果,进而威胁到评估结果在其他情境或地区下的普遍适用性(Deaton, 2010)。美国田纳西州的星干预项目(Student – Teacher Achievement Ratio, STAR)在小范围内随机缩小班级规模使得学生成绩得到提高以后,继续在全国范围内大规模推出类似的缩小该州最贫困学区班级规模的"挑战计划"和"基础教育计划"项目干预,但却都没能成功复制先前的成果,实验发现"挑战计划"的资金并未用于雇用缩小班级规模所需的新教师上,"基础教育计划"仅象征性地将班级数量从26个减少到了25个(Hippel and Wagner, 2018)。由此可见,规模扩大以后正确的干预及干预的正确剂量等情境因素都会影响干预效果的评估。

面对评估结果的"情境依赖"问题,致力于随机控制实验研究的众多学者从三个角度提出了缓解或利用实验"情境依赖"的方法与思路,以增强政策评估结论的可推广性和适用性:第一种方法是大量重复实验,通过提供不同地点、不同时间、不同群体等不同情境下的实验干预结果,归纳有相似干预效果与结论的情境共性。比如最早由 Miguel and Kremer(2004)在肯尼亚的农村小学开展的提供驱虫药物实验显著改善了儿童的健康,提高了出勤率,同样的干预推广至印度德里贫民窟实施也取得了大规模的成功。随后,许多学者在其他国家开展了类似的健康干预项目，Bobonis et al. (2006) 为减少儿童贫血症在印度幼儿园实施补铁和驱虫药物干预，儿童健康与受教育情况因此得到改善，同样的项目干预大规模推广至印度其他地区如乌代普尔、比哈尔邦、德里贫民窟都取得了明显的效果。类似的健康干预在我国也奏效，Kleiman-Weiner et al. (2013) 为缓解儿童贫血问题，在中国甘肃5个最贫困县的70所小学给2 600多名四年级学生提供鸡蛋和复合维生素片，同样提高了他们的健康水平和学习成绩。总之，为相对落后和贫困地区的儿童提供相似的健康干预能够有效地提升儿童人力资本已经成为相关政策干预的基本共识，这离不开学者们在不同国家或地区情境中对类似干预的不断复制与讨论。

第二种方法是使用荟萃分析整合所有发表、未发表的干预项目效果以定量分析相似政策干预的效果（Banerjee and Duflo, 2017）。如 Fryer (2017) 对在发达国家开展的有关教育政策和人力资本积累的196项随机控制实验干预进行了讨论，通过提取不同实验所涉及的干预、干预强度与干预群体的人口学特征并进行回归分析，发现教育类干预措施的有效性与干预介入的时间以及干预群体的年龄具有相关性。这一方法依赖于第一种方法中对一定数量的相似干预的重复，这对于提炼政策建议、定量讨论政策干预效果的情境依赖性具有重要作用。

第三种方法是设计机制实验（mechanism experiment）[①] 对政策中发挥核心作用的机制进行检验与论证。由于政策评估不可能穷尽所有的情境，因此依据理论检验政策或归纳理论再应用于政策实践是必要的（Deaton, 2010）。机制实验强调在使用随机控制实验评估公共政策时，重点关注政策产生效果的机制，这不仅能够洞察政策运行的内在逻辑，还可以为机制相似的其他政策干预提供学理和经验上的支持，即机制实验的弱情境依赖性能够让政策评估的反馈实现"举一反三"的效果（Ludwig et al., 2011）。如 Kremer and Glennerster (2011) 将实验中观察到的发展中国家贫困人群对预防性保健产品的

---

① 机制实验被广义定义为在检验时将政策（P）与社会结果（Y）联系起来的因果机制（M）。机制实验使用的是不一定与实际政策利益相关的干预措施来检验 $M \rightarrow Y$ 关系。而将机制与明确被指定的政策（而不仅仅是社会结果）联系起来，有助于将机制实验与经济学中一般意义上的因果关系检验区分开来（Ludwig et al., 2011）。

价格敏感性现象归因于流动性约束、信息缺乏、非货币成本、现时偏差和有限注意力等不同因素，Dupas and Miguel（2017）后续在低收入国家开展的政策干预实验进一步验证了这些要素，为理论中部分要素提供了政策实践方面的经验，增加了理论在相关领域的政策指导价值。

在中国，政府意欲推行一项在全国范围内实施的政策也需要考虑政策评估所面临的情境依赖性问题，尤其是将随机控制实验用于公共政策评估和辅助政策决策时需要更加审慎。一方面，中国作为世界上最大的发展中国家，当前的社会经济发展水平和政策运行机制具有发展中国家的特征，因此在政策研究和制定时可以借鉴和参考其他发展中国家的政策干预；但另一方面，中国已成为世界上最大的经济体之一，经济体量比肩欧美发达国家，借鉴发达国家的经验与教训可能有益于推进现代化进程。但这并不意味着我国可以完全照搬其他国家的经验，而恰恰应该立足基本的中国问题与情境，在已有理论猜想和机制假设的基础上使用随机控制实验进行政策干预效果评估。例如，提供关于教育回报或传授职业规划技能的信息干预在多米尼加共和国（Jensen，2010）等国已被证明可以显著改善学生的教育成果，但是类似信息干预在我国却发现了相反的结果：Loyalka et al.（2013）对河北省和陕西省131所学校超过12 000名初中生进行了信息干预的随机实验，评估提供教育回报和职业规划技能咨询对学生辍学、学习成绩和高中升学的影响，实验发现未来职业规划咨询不仅没有使学生的成绩上升，反而带来了更高的辍学率，这在教育类政策干预中非常罕见。该文章分析这可能是因为中国当时处于经济转型期，非熟练劳动力日益增长的高工资使得学生上学的机会成本更高，导致学生辍学率上升或在学校更不努力学习。因此，其他国家有效的政策干预并不一定适用于我国，我们应该立足中国现实情境，结合中国实际问题，准确评估一项政策干预的适用情境和范围，推行适合我国国情、能够代表我国绝大部分地区情境的政策干预，这样才能在全国范围内有效推广。

但是，基于我国不同地区之间经济发展不平衡的现状、社会背景呈现多样化特征的基本国情，以全国为范围的有效政策具体到不同省市、不同地区落实时，又要求关注政策的"情境依赖性"，即在评估覆盖面较广的政策，尤其是面向全国推行的政策干预时，要充分考虑不同地区之间的差异与共性，在有效解决共性问题的同时又能充分考虑到不同情境下政策执行和政策效果的异质性。此时，尽管将随机控制实验用于政策评估的结论具有"情境依赖性"，但这也正体现了政策评估的灵活性与"因地制宜"的特点，要能够根据不同地区的发展需要设计基于特定环境、特定样本以及特定条件的政策干预（Duflo et al., 2007）。因此，在系统、科学地使用随机控制实验进行政策评估时，"情境依赖"的特征可以被视为一种政策评估的灵活性，对不同情境下政策干预效果的讨论恰恰能够有助于避免政策制定的"一刀切"，进而不断提高我国政府治理体系和治理能力现代化的水平。

党的十八大以来，中国开辟精准扶贫新时代，作为一项国家层面的战略性制度设计，"精准扶贫"贵在"精准"（尹志超和郭沛瑶，2021）。在我国各地的扶贫实践中，按照因地制宜、因村因户因人分类施策，针对每个贫困户的实际脱贫需求，采取更加精准的帮扶措施（帅传敏等，2016），这充分印证了政策具体执行与落实的"因地制宜"思想。阮荣平（2021）在宁夏中部一个村庄，运用随机控制实验方法随机确定帮扶责任人和帮扶对象的结对帮扶关系，从扶贫需求等三个方面识别帮扶过程中的关键因素。实验发现，相对于村委会和乡政府，区教育局对扶贫需求识别的准确性要显著更高，脱贫效果更好；选择合适的帮扶主体不仅可以提升扶贫需求识别的准确性，还可以提高扶贫措施的精准性，进而大大提升扶贫效率。中国的反贫困实践在世界农村减贫大局中占有举足轻重的地位，中国经验对于其他发展中国家的减贫事业有着丰富的借鉴意义和较强的引领示范作用，而随机控制实验方法正好为我国的反贫困政策实践提供了科学的评估工具，有助于提高政策决策的科学性和有效性。

4. 提高评估的成本效益

相比小范围的随机控制实验，将这一方法用于大规模政策评估必然带来人力物力等成本大幅度的增加，政策效果却可能相较于规模扩大之前下降或不显著，引发"规模化"问题，这使得随机控制实验显得更加"昂贵"和充满不确定性，导致很多学者望而却步。因此，在使用随机控制实验用于规模扩大的政策评估过程中，成本效益分析无论对于政策决策者还是实验实施者来说都极为重要。但我们不能仅关注其带来的外部成本增加，也应注意到其内在的成本效益优势。

首先，随机控制实验干预可作为一项政策大规模推广之前降低其"规模化"风险的"风洞"测试，在政策大规模推广之前进行事先的效果评估可以大大降低政策试错的风险与成本。如为了评估增加教育投入对人力资本的效果，Glewwe et al. (2004) 使用随机控制实验方法对比了在教学中增加投入活动挂图的影响，发现这一教育投入没有显著提高实验组儿童的成绩，即政策实际上是失效的，这与原有经验和来自实证数据的评估结论完全相反。继而，Glewwe et al. (2009) 又在肯尼亚农村增加课本投入，进而评估对学生成绩的影响，发现结果同样不尽如人意，增加教科书的投入并不能提高学生的平均考试成绩。这主要是因为这项干预仅惠及成绩最好的学生，而这一干预失效的背后则是肯尼亚教学语言与母语非同一语言的现实。这两种教育投入干预的实验评估虽然得出了与已有实证研究截然相反的看似"无效"的结论，但却能够从中识别这些干预措施失效的原因，为政策决策者将这些教育投入作为政策大规模推广至全国提供了有力的证据与决策依据，在很大程度上降低了政策干预"规模化"的风险和成本，这也恰恰从另一角度体现了在随机控制实验中看似"无效"或"失败"的政策干预的价值。

其次，仅仅分析一种政策干预措施是否有效并不足以决定该政策干预是否值得大规模推广，因为政策决策者总有要实现的既定目标，而随机控制实验则能在多种干预中进行比较，对比找到以最小成本获得最大收益的政策干预并进行大规模推广（史耀疆等，2020）。以视力干预项目为例，Sylvia et al. (2022) 使用随机控制实验评估向陕西省和甘肃省农村地区近视儿童分发免费眼镜的项目，并比较兑换券机制与信息宣传机制的成本效益。前者旨在通过将产品定位于会使用的个体来提高成本效益，后者则通过消除错误信息导致的低使用率来提高产品接受者的使用率。实验评估发现，即使在没有信息宣传的情况下，发放眼镜兑换券的机制也提高了目标群体的瞄准率，这比单纯的免费发眼镜的瞄准率更高。从政策角度来看，大规模提供眼镜的成本很高，如果免费获得眼镜的学生不使用则会造成更大的资源浪费，因此，相较于免费发放眼镜，发放眼镜兑换券和提供信息干预方案的成本效益更高。另外，直观地对比不同政策干预的成本效益可以为决策者将有限的资源优先分配到哪些领域、优先实施与大规模推广哪些政策提供决策参考。Dhaliwal et al.（2013）对来自6个国家的11个教育干预项目进行了随机评估，以比较不同干预措施对提高学生出勤率和入学率的成本效益。评估发现，不同项目干预之间的成本效益差异很大——多米尼加共和国和马达加斯加的信息宣传活动与肯尼亚学校的驱虫活动这两种干预都能够以较低的成本大幅提高学生的出勤率和入学率；通过补贴或提供以出勤为条件的激励措施来降低上学成本的政策干预也能实现类似的效果，但成本更高。Evans and Yuan（2017）利用反贫困行动实验室数据库中相关研究的数据比较了在非洲和亚洲为提高学生学习成绩的27个教育项目（其中14个具有统计上的显著影响）和提高出勤率的16个项目（其中11个具有统计上的显著影响）的成本效益。这对于政策决策者来说至关重要，通过对比具有不同成本效益的项目干预，可以从具有"竞争性"的项目干预中选择最具价值和意义的进行推广。

就中国的政策实践而言，改革开放以来我国的经济体制和社会改革一直以来都秉持"摸着石头过河"的试点哲学，四十余年来的诸多改革举措通常是在特定地区或领域先行试点，探索行之有效的政策干预和经验，然后将其大规模地推广开来。这种"先试点，后推广"的治理方案是中国治理实践中特有的政策测试与创新机制（周望，2012）。无独有偶，在成本效益方面，随机控制实验用于"规模扩大"的公共政策评估恰恰与我国四十余年来的试点实践有着同样的优势。

首先，我国之所以坚定而审慎地选择"政策试点"作为社会经济体制改革的重要路径，主要考量就是试点的局部性可以尽可能地降低政策试点带来的不确定性风险，尤其某些大型政策涉及政治、经济、文化、心理等多方面复杂社会因素的影响，若该政策的执行条件在当地不是很成熟或政策决策者的考虑不够充分，将其大规模全面推广就面临巨大风险。而政策试点利用有限的政策资源在局部某些地区先行先试，可以使政策决策者就政策的可行性和有效性先做出局部性判断，便于政策的后续修改与完善，同时也能够降低政策大规模执行的风险。并且，由于试点的政策资源投入相对较少，即使失败，也不至于造成太大的损失，可以有效降低试错成本。

其次，在政策实践过程中，试点的可贵之处还在于为政策决策者提供了将多种政策干预进行统一比较并选取其中最优者进行大规模推广的机会（郑剑等，2018）。不难理解，这些都与前述随机控制实验在公共政策评估中所能发挥的成本效益优势有着同样的内在逻辑。然而，政策试点的主动性与灵活性使其跳过了前端科学而严谨的政策设计与系统分析环节，这可能会导致某些政策试点的效果评估不够准确与科学，最终导致难以厘清该政策试点是否达到了预期的政策目标，以及试点发挥作用背后的真正原因。因此，在中国未来的"政策试点"实践中，若将随机控制实验的思想融入试点的选择以及试点效果的评估，将大大提高政策评估的科学性、准确性，为我国行政决策提供科学的评估工具。

三、随机控制实验在公共政策评估中的应用与中国的"政策试点"

我国公共政策评估科学性的提高有待随机控制实验在已有政策评估中的广泛推广，但也应看到，随机控制实验是一套定量评估、评价政策的系统性方法与思想，这种方法的引入不应该是对过去政策评估方法的否定与取代，而应该是对现有评估方法基础的规范化和系统化改进。不同于自然科学中依照规定的方法对实验进行复现，将随机控制实验用于中国公共政策评估不能照搬西方国家、国际组织的经验与做法，而应该在规范方法论的指导下抓住科学开展定量评估的核心思想，就地取材，利用中国已有的政策评估体系与评估资源，将随机化、可控性和创造性实验的思想融入政策评估与政策决策的过程，形成一套适应中国、中国独有的科学评估范式。因此，要想将随机控制实验有机地引入我国公共政策评估的体系，就需要立足中国社会的本土实际，秉承"中国问题"意识，结合我国政策机制与政策经验的独特性，将随机控制实验最核心、最体现其科学性的特征与中国已有的政策评估与政策评价体系相结合。实际上，我国四十余年改革开放历程中独具中国特色的政策测试与创新机制——"政策试点"，恰好为随机控制实验应用于我国公共政策评估领域提供了用武之地。

所谓"政策试点",是指在正式政策和制度出台之前,为检验政策方案的合理性、可行性和科学性,在小规模范围内进行的政策活动(闫义夫,2017)。"政策试点"是我党在不断总结和升华治国理政经验过程中逐步形成的智慧结晶,自改革开放以来开始大规模地运用于国家现代化建设进程,现已成为深深根植于中国政策实践的一项关键机制。并且,作为中国"土生土长"的一项治国理政策略和政策方法论工具,"政策试点"在中国治理实践中的普遍性和重要性已经有目共睹。不仅如此,"政策试点"通常由政府主导,能够自然强化我国学者与政府部门在运用随机控制实验进行试点政策评估时的联系与沟通,有助于我国学者集中更为优质的科研资源与优势,同时有效克服地方政府任期短于实验干预时间跨度所带来的效率损失,这样可以天然规避前述随机控制实验在我国已有政策评估中的运用局限。为此,将随机控制实验方法与我国"政策试点"相结合,能够作为推动该实验方法在我国已有政策评估中广泛运用的有效途径。

不过,"政策试点"也仍有其自身的局限或欠缺之处,我国改革开放以来有不少"政策试点"并没有达到预期的效果和目的。对此,为了提高"政策试点"评估的科学性和准确性,促进试点政策长期可持续推进,接下来我们将基于前述使用随机控制实验进行公共政策评估时影响其评估效力的四大因素,以"政策试点"进一步科学化、规范化为导向,探讨如何将随机控制实验的思想融入我国的"政策试点"哲学,以期为我国的"政策试点"提供更为科学的评估方法与指导。

第一,在"政策试点"中融入"随机化"思想。"随机控制"作为政策实验的表征,可被视为政策合法性的重要依据(Ko and Shin, 2017),而随机化思想与政策评估主体之间又存在着密切关联。我国"政策试点"通常以政府为评估主体,其选择与实施可能会受到中央和地方关系、决策者意志与选择等因素的影响,例如地方政府之间可能因绩效而互相竞争,以图从中央政府获取更多资源,这种政治利益的介入将使得"政策试点"几乎无法采用随机化设计(刘然,2019),进而在一定程度上影响"政策试点"的设计与政策效果的评估。对此,未来的"政策试点"设计中需要融入随机控制实验的

"随机化"思想，即以政府多部门"平行式"组建评估团队、依托科研院所等第三方评估机构等方式，推动和深化试点评估的随机化思想。随机化的处理可确保政策试点地区与非试点地区在接受"政策试点"之前不存在系统性差异，进而能够将"政策试点"后所观察到的两种地区间的差异归因为"政策试点"的影响，即"随机化"设计可以处理不可观测因素的影响，从而克服选择偏差，提高试点评估的科学性。

第二，提高"政策试点"对象选择的代表性。已有学者在对我国改革开放以来试点方法局部失灵的原因分析中明确指出"政策试点"选择不够科学合理，主要体现在试点对象选择缺乏代表性。例如，早期国有企业股份制改革试点大多选择前期绩效和经营管理较好的高盈利企业作为试点对象，不具备普遍性和代表性，由此得出的试点经验对效益一般或较差的国有企业的指导意义将会受到削弱，不能起到改造经营不善的国有亏损企业的作用（吴幼喜，1995）。事实上，尽管在改革开放初期，挑选各方面条件和基础都较为优越的地区或企业进行试点具有其历史必然性和客观现实性，事实也证明了这些试点的成功对全国经济的发展起到了引领示范和带动作用。但是，当前我国面临经济社会各方面发展不平衡不充分问题，尤其随着社会经济体制改革的不断深入和扩大，城乡之间、东中西部之间发展不平衡问题日益突出，因此改革开放初期试点对象的选择经验在当前形势下的借鉴意义有限。对此，未来"政策试点"对象的选择应在全局上具备代表性，这不仅与随机控制实验用于大规模政策评估时对评估对象选择具有代表性的要求相契合，还将直接提升试点经验在全国范围内的可推广性。就前述国企改革的例子而言，若在经济效益好、中、差三种类型的企业中分别随机选择一部分企业进行试点，将会大大提高试点经验的可推广性。另外，以目前我国延迟退休试点改革为例，延迟退休关系到不同群体的切身利益，鉴于中国就业人口的内部差别，政策试点不能仅以年龄为导向，而应充分考虑各类群体差异，进行差异化管理，即根据劳动者不同行业、职业工种、体能情况等结构性差异，尝试探索弹性退休制度，尤其应对特殊工种、特殊行业和特殊群体设置不同的"正常退休年龄"和"弹性退休年龄"区间。总之，在未来的"政策试点"过程中，不宜对所有目标群体盲目实行"一刀切"，应当不仅从退休人员的视角，还要从政策所及的全部群体、全生命周期的视角,统筹考虑、循序渐进、因地制宜,挑选不同类型的代表性群体进行试点,以提高试点评估的科学性。

第三,提高"政策试点"地区选择的情境代表性。由于每个地区的经济发展水平、人文社会环境等存在差异,因此在一个地区能够行得通的政策试验若推广到异质的另一地区则未必适用。如"以房养老"政策作为国际上一种较为成熟的补充养老方式,在我国试点四年却仍未取得预期成效,究其原因主要是中国根深蒂固的"养儿防老"传统观念和遗产继承传统降低了"以房养老"的接受度(张栋,2020)。这是由我国的具体情境所决定的,而这也进一步说明了不同"政策试点"的情境异质性可能会导致"政策试点"的适用与推广范围有限。

实际上,如前所述,将随机控制实验用于规模扩大的政策评估时,也会面临类似的情境依赖问题,而问题的解决需要在试点选择方面基于我国政策试点过程的不同阶段而采取不同策略。首先,在"政策试点"的早期探索阶段,试点具有较高的不确定性,是政策"从无到有"的"试错式"探索(林毅夫等,1993)。因此这一阶段的试点地区可以选择个别的典型地区,突出"政策试点"要解决的问题,为后续归纳试点经验与教训提供参考。以我国的房产税试点改革为例,在起步阶段,国家对房产税的相关征收政策还处于摸索之中,缺乏一套可供学习的经验,因此需要首先选择个别典型的城市进行试点,最终选取上海和重庆就出于此种考虑。上海的房地产市场曾长期处于快速扩张阶段,开发投资、市场需求、价格水平均呈持续增长之势,而上海作为华东地区乃至全国的经济中心,其经济发展水平和质量可作为我国一线城市的写照,因此其"政策试点"经验可作为一线城市的参考对象。重庆地处我国腹地,是西南地区的经济中心之一,其经济结构、城市化水平等与全国广大中西部城市较为类似,因此其改革试点经验则可为主要中西部城市提供参考。因此,上海、重庆作为房产税试点改革城市极具典型性。其次,在"政策试点"的示范或推广阶段,由于此前的"政策试点"已经得出了较为确定的可行性结论,这一阶段的"政策试点"只是为了进一步验证已知方案的正确性而进行的"试对"测试(赵慧,2019),因此试点的选择需要在上一阶段经验结论的基础上,遵循一般性、代表性原则选取多个地区。然而,

第六章　随机控制实验与中国的"政策试点"

在实际的示范推广阶段，不排除地方政府有意识地筛选试点地区，以提高"政策试点"成功概率的可能，因此这一阶段的一般性原则有时不能落实，进而影响基于政策试点效果得到一般性结论。为此，基于上述试点过程中的两个不同阶段，为提高试点评估的科学性，需要在政策试点的初期探索阶段选择个别典型地区，而在试点的推广阶段选择多个一般性的代表性地区，并且推广阶段的具体政策干预可在充分吸收前一阶段试点经验的基础上，结合当地实际情况进行调整，以免政策实施与推广的"一刀切"。

第四，提高"政策试点"的成本效益。试点并不都是一帆风顺的，试点失败所造成的资源浪费、成本与社会福利损失更不可逆。由于"政策试点"是在"摸着石头过河"的进程中不断推进，失败的风险蕴含于每一个试错步伐中，而"政策试点"，特别是巨型工程项目试点，恰恰通常又需要政府巨额的建设投入，即使是局部的小规模试点失败，也会造成不容小觑的经济社会损失，并且失败的试点不仅不能实现一定的成本效益，对未来的"政策试点"也缺乏参考价值。因此，前期科学有效的理论指导与方案设计便显得尤为重要。使用随机控制实验进行的试点政策评估，虽然也需要投入较大的成本，但由于其科学严谨的实验设计，即使评估发现效果不显著，也能够从中分析与识别政策失效的内在原因和机制，进而降低政策干预"规模化"的风险。并且，随机控制实验还可评估以政策为导向的助推政策干预，以较低的成本实现较高的社会效益。就此而言，英美发达国家的做法有可借鉴之处。英国政府在内阁办公室中设立了"行为洞见团队"，也是世界上第一个设立政府内行为科学应用研究机构的国家；美国政府也在国家科学技术委员会（NSTC）之下建立了社会与行为科学小组，为行政机构提供基于行为科学成果的政策指导和建议以提升美国人民的福利（World Bank，2014）。为此，我国可尝试在政府机构中成立专门的行为科学团队，将应用行为科学以改进政策效果制度化，以期在我国的"政策试点"中为政府决策提供更多基于行为科学的智力支持。

总之，将随机控制实验的"随机化"思想融入我国的"政策试点"实践，提高"政策试点"对象选择的代表性，提高试点地区选择的情境代表性，同时在适用范围内加入基于行为科学的助推干预，能够大幅增进我国试点评估的科学性和有效性,进一步推动我国"政策试点"的理论研究和实际本土运用,讲好"政策试点"过程中的中国故事和中国道理。

参考文献

白勤、林泽炎、谭凯鸣:《中国农村留守儿童培养模式实验研究——基于现场干预后心理健康状况前后变化的数量分析》,《管理世界》,2012年第2期。

包特、王国成、戴芸:《面向未来的实验经济学:文献述评与前景展望》,《管理世界》,2020年第7期。

洪永淼:《提倡定量评估社会经济政策,建设中国特色新型经济学智库》,《经济研究》,2015年第12期。

李树、严茉:《班纳吉和迪弗洛对发展经济学的贡献——2019年度诺贝尔经济学奖得主学术贡献评介》,《经济学动态》,2019年第12期。

李伟:《坚持专业性、科学性和开放性理念实现政策评估的客观、公正与准确》,《管理世界》,2015年第8期。

李志军:《加快构建中国特色公共政策评估体系》,《管理世界》,2022年第12期。

林毅夫、蔡昉、李周:《论中国经济改革的渐进式道路》,《经济研究》,1993年第9期。

刘骥、张玲、陈子恪:《社会科学为什么要找因果机制——一种打开黑箱、强调能动的方法论尝试》,《公共行政评论》,2011年第4期。

刘然:《"政策试点"、"政策试验"与"政策实验"的概念辨析》,《内蒙古社会科学(汉文版)》,2019年第6期。

阮荣平:《"谁来扶":精准扶贫中帮扶主体的选择——基于柳村结对帮扶随机试验的分析》,《公共管理学报》,2021年第3期。

史耀疆、张林秀、常芳等:《教育精准扶贫中随机干预实验的中国实践与经验》,《华东师范大学学报(教育科学版)》,2020年第8期。

帅传敏、李文静、程欣、帅竞、丁丽萍、陶星:《联合国IFAD中国项目减贫效率测度——基于 7 省份 1356 农户的面板数据》,《管理世界》,2016 年第 3 期。

吴幼喜:《改革试点方法分析》,《经济体制改革》,1995 年第 6 期。

闫义夫:《"政策试点":中国共产党治国理政的重要方式》,《社会科学家》,2017 年第 10 期。

尹志超、郭沛瑶:《精准扶贫政策效果评估——家庭消费视角下的实证研究》,《管理世界》,2021 年第 4 期。

赵慧:《政策试点的试验机制:情境与策略》,《中国行政管理》,2019 年第 1 期。

张栋:《中国"以房养老":现实困境、国际经验与应对策略》,《当代经济管理》,2020 年第 2 期。

周望:《中国"政策试点"研究》,南开大学博士学位论文,2012 年。

郑剑、李冉、陈振凯、张广昭等:《试点:改革的中国经验》,南京:江苏人民出版社,2018 年。

宗庆庆、张熠、陈玉宇:《老年健康与照料需求:理论和来自随机实验的证据》,《经济研究》,2020 年第 2 期。

Acemoglu, D. (2010). Theory, general equilibrium, and political economy in development economics. *Journal of Economic Perspectives*, 24 (3), 17–32.

Al-Ubaydli, O., & List, J. A. (2015). Do natural field experiments afford researchers more or less control than laboratory experiments?. *American Economic Review*, 105 (5), 462–466.

Angrist, J. D., & Pischke, J. S. (2010). The credibility revolution in empirical economics: How better research design is taking the con out of econometrics. *Journal of Economic Perspectives*, 24 (2), 3–30.

Athey, S., & Imbens, G. W, (2017). The econometrics of randomized experiments. In *Handbook of Economic Field Experiments*, Vol. 1, pp. 73–140. Amsterdam: North-Holland.

Banerjee, A. V., Cole, S., Duflo, E., & Linden, L. (2007). Remedying education: Evidence from two randomized experiments in India. *Quarterly Journal of*

Economics, 122 (3), 1235 - 1264.

Banerjee, A. V., & Duflo, E. (2009). The experimental approach to development economics. *Annual Review of Economics*, 1 (1), 151 - 178.

Banerjee, A., Barnhardt, S., & Duflo, E. (2015). Movies, margins, and marketing: Encouraging the adoption of iron-fortified salt. *NBER Working Paper*, No. 21616.

Banerjee, A. V. & Duflo, E. (2017). An introduction to the "Handbook of Field Experiments". In *Handbook of Economic Field Experiments*, Vol. 1, pp. 1 - 24. Amsterdam: North-Holland.

Banerjee, A., Banerji, R., Berry, J., et al. (2017). From proof of concept to scalable policies: Challenges and solutions, with an application. *Journal of Economic Perspectives*, 31 (4), 73 - 102.

Ben-Aaron, J., Denny, M., Desmarais, B., & Wallach, H. (2017). Transparency by conformity: A field experiment evaluating openness in local governments. *Public Administration Review*, 77 (1), 68 - 77.

Bobonis, G. J., Miguel, E., & Puri-Sharma, C. (2006). Anemia and school participation. *Journal of Human Resources*, 41 (4), 692 - 721.

Bold, T., Kimenyi, M., Mwabu, G., Ng'ang'a, A. and Sandefur, J. (2013). Scaling up what works: Experimental evidence on external validity in Kenyan education. Center for Global Development, Working Paper, No. 321.

Chetty, R., Hendren, N., & Katz, L. F. (2016). The effects of exposure to better neighborhoods on children: New evidence from the moving to opportunity experiment. *American Economic Review*, 106 (4), 855 - 902.

Dammert, A. C., Galdo, J., & Galdo, V. (2013). Digital labor-market intermediation and job expectations: Evidence from a field experiment. *Economics Letters*, 120 (1), 112 - 116.

Davis, J. M., & Heller, S. B. (2017). Using causal forests to predict treatment heterogeneity: An application to summer jobs. *American Economic Review*, 107 (5), 546 - 550.

Das, J., Holla, A., Mohpal, A., & Muralidharan, K. (2016). Quality and accountability in health care delivery: Audit-study evidence from primary care in India. *American Economic Review*, 106 (12), 3765 – 3799.

Deaton, A. (2010). Instruments, randomization, and learning about development. *Journal of Economic Literature*, 48 (2), 424 – 455.

Dhaliwal, I., Duflo, E., Glennerster, R., & Tulloch, C. (2013). Comparative cost-effectiveness analysis to inform policy in developing countries: A general framework with applications for education. *Education Policy in Developing Countries*, 17, 285 – 338.

Duflo, E. (2004). Scaling up and evaluation. In Annual World Bank Conference on Development Economics.

Duflo, E., Glennerster, R., & Kremer, M. (2007). Using randomization in development economics research: A toolkit. In *Handbook of Development Economics*, Vol. 4, pp. 3895 – 3962. Amsterdam: North-Holland.

Dupas, P., & Miguel, E. (2017). Impacts and determinants of health levels in low-income countries. In *Handbook of Economic Field Experiments*, pp. 3 – 93. Amsterdam: North-Holland.

Evans, D., & Yuan, F. (2017). The economic returns to interventions that increase learning. Background Paper for World Development Report.

Fernandes, D., Lynch Jr, J. G., & Netemeyer, R. G. (2014). Financial literacy, financial education, and downstream financial behaviors. *Management Science*, 60 (8), 1861 – 1883.

Fryer, Jr, R. G. (2017). The production of human capital in developed countries: Evidence from 196 randomized field experiments. In *Handbook of Economic Field Experiments*, Vol. 1, pp. 95 – 322. Amsterdam: North-Holland.

Galiani, S., & McEwan, P. J. (2013). The heterogeneous impact of conditional cash transfers. *Journal of Public Economics*, 103, 85 – 96.

Gertler, P. J. and Boyce, S. (2001). An experiment in incentive-based welfare: The impact of PROGRESA on health in Mexico. Working Paper.

Gertler, P. J., Martinez, S., Premand, P., Rawlings, L. B., & Vermeersch, C. M. (2016). *Impact Evaluation in Practice.* Washington: World Bank Publications.

Glennerster, R. (2017). The practicalities of running randomized evaluations: Partnerships, measurement, ethics, and transparency. In *Handbook of Economic Field Experiments*, Vol. 1, pp. 175 – 243. Amsterdam: North-Holland.

Glewwe, P., Kremer, M., Moulin, S., & Zitzewitz, E. (2004). Retrospective vs prospective analyses of school inputs: The case of flip charts in Kenya. *Journal of Development Economics*, 74 (1), 251 – 268.

Glewwe, P., Kremer, M., & Moulin, S. (2009). Many children left behind? Textbooks and test scores in Kenya. *American Economic Journal: Applied Economics*, 1 (1), 112 – 135.

Glewwe, P., & Muralidharan, K. (2016). Improving education outcomes in developing countries: Evidence, knowledge gaps, and policy implications. In *Handbook of the Economics of Education*, Vol. 5, pp. 653 – 743. Amsterdam: Elsevier.

Guo, M., Jia, X., Huang, J., Kumar, K. B., & Burger, N. E. (2015). Farmer field school and farmer knowledge acquisition in rice production: Experimental evaluation in China. *Agriculture, Ecosystems & Environment*, 209, 100 – 107.

Hippel, P. and Wagner, C. (2018). Does a successful randomized experiment lead to successful policy? Project challenge and what happened in Tennessee after project STAR. Working Paper, No. 3153503.

Imbens, G. W. and Angrist, J. D. (1994). Identification and estimation of local average treatment effects. *Econometrica*, 62 (2), 467 – 475.

Jensen, R. (2010). The (perceived) returns to education and the demand for schooling. *Quarterly Journal of Economics*, 125 (2), 515 – 548.

Karlan, D., & Valdivia, M. (2011). Teaching entrepreneurship: Impact of business training on microfinance clients and institutions. *Review of Economics and Statistics*, 93 (2), 510 – 527.

Katz, L. F., Kling, J. R., & Liebman, J. B. (2001). Moving to opportunity in Boston: Early results of a randomized mobility experiment. *Quarterly Journal of Economics*, 116 (2), 607 – 654.

Kleiman-Weiner, M., Luo, R., Zhang, L., Shi, Y., Medina, A., & Rozelle, S. (2013). Eggs versus chewable vitamins: Which intervention can increase nutrition and test scores in rural China?. *China Economic Review*, 24, 165 – 176.

Ko, K., & Shin, K. (2017). How Asian countries understand policy experiment as policy pilots?. *Asian Journal of Political Science*, 25 (3), 253 – 265.

Kremer, M., & Glennerster, R. (2011). Improving health in developing countries: Evidence from randomized evaluations. In *Handbook of Health Economics*, pp. 201 – 315. Amsterdam: Elsevier.

Levitt, S. D., & List, J. A. (2009). Field experiments in economics: The past, the present, and the future. *European Economic Review*, 53 (1), 1 – 18.

Loyalka, P., Liu, C., Song, Y., et al. (2013). Can information and counseling help students from poor rural areas go to high school? Evidence from China. *Journal of Comparative Economics*, 41 (4), 1012 – 1025.

Ludwig, J., Kling, J. R., & Mullainathan, S. (2011). Mechanism experiments and policy evaluations. *Journal of Economic Perspectives*, 25 (3), 17 – 38.

Ludwig, J., Duncan, G. J., Gennetian, L. A., Katz, L. F., Kessler, R. C., Kling, J. R., & Sanbonmatsu, L. (2013). Long-term neighborhood effects on low-income families: Evidence from moving to opportunity. *American Economic Review*, 103 (3), 226 – 231.

Macours, K., Schady, N., & Vakis, R. (2012). Cash transfers, behavioral changes, and cognitive development in early childhood: Evidence from a randomized experiment. *American Economic Journal: Applied Economics*, 4 (2), 247 – 273.

Miguel, E., & Kremer, M. (2004). Worms: Identifying impacts on education and health in the presence of treatment externalities. *Econometrica*, 72 (1), 159 – 217.

Newhouse, J. P. (1993). *Free for all?: Lessons from the RAND health insurance experiment*. Cambridge, MA: Harvard University Press.

Olken, B. A. (2007). Monitoring corruption: Evidence from a field experiment in Indonesia. *Journal of Political Economy*, 115 (2), 200–249.

Saunders, C., Dastrup, E., Epstein, Z., Walton, D., Adam, T., Klerman, J. A., & Barnow, B. S. (2019). *Evaluation of Impacts of the Reemployment and Eligibility Assessment (REA) Program: Final Report Appendices*, Prepared for the U. S. Department of Labor, Cambridge, MA: Abt Associates.

Schultz, T. P. (2004). School subsidies for the poor: Evaluating the Mexican-Progresa poverty program. *Journal of Development Economics*, 74 (1), 199–250.

Sylvia, S., Warrinnier, N., Luo, R., Yue, A., Attanasio, O., Medina, A., & Rozelle, S. (2021). From quantity to quality: Delivering a home-based parenting intervention through China's family planning cadres. *Economic Journal*, 131 (635), 1365–1400.

Sylvia, S., Ma, X., Shi, Y., & Rozelle, S. (2022). Ordeal mechanisms, information, and the cost-effectiveness of strategies to provide subsidized eyeglasses. *Journal of Health Economics*, 82, 102594.

Wager, S., & Athey, S. (2018). Estimation and inference of heterogeneous treatment effects using random forests. *Journal of the American Statistical Association*, 113 (523), 1228–1242.

White, H. (2009). Theory-based impact evaluation: Principles and practice. *Journal of Development Effectiveness*, 1 (3), 271–284.

World Bank. (2014). *World development report* 2015: *Mind, society, and behavior*. The World Bank.

Young, N. S., Ioannidis, J. P. A., & Al-Ubaydli, O. (2008). Why current publication practices may distort science. *PLoS Medicine*, 5 (10), e201.

第三篇
实验经济学在中国的应用实例

第七章
促进城乡融合发展的实验研究

本章导读：伴随着改革开放四十年多来中国经济社会发展的巨大成就，中国庞大的农村劳动力在城乡和地区间广泛流动，形成了不容忽视的留守儿童和流动儿童群体。对于中国庞大的流动人口而言，一直要考虑的选择就是带子女进城还是留子女在农村。他们显然想知道随迁和留守两种状态下，儿童的行为偏好分别会有怎样的表现。

因此，我们利用实地实验方法，招募了1 000余名实验被试，对城市流动儿童与农村留守儿童的利他、公平、信任、合作、诚实、竞争、风险、时间偏好进行测度，同时，我们也将城市的本地儿童、农村的非留守儿童作为实验被试，以全面地考察流动和留守状态分别会对儿童的行为、偏好带来怎样的影响。此外，我们还将儿童的心理因素（包括心理韧性和心理一致感）、流动儿童的迁徙距离（市内迁徙、省内迁徙、省外迁徙）、迁徙时间，以及留守儿童的类型（父母都不在家、母亲在家、父亲在家）、与父母的见面频率及陪伴时间等相关因素纳入了实证分析，以进一步探究流动和留守状态对儿童行为、偏好影响的内在机制。

实验研究发现，留守和流动状态都会对儿童的各种亲社会行为（包括公平、信任、可信任、合作和诚实）和经济决策（包括时间偏好和竞争偏好）带来显著影响，而且相对而言流动儿童受到的影响更大，但这种影响会随着迁徙时间的递增而消减。同时，务工人员家庭迁徙距离的缩短也可以减少流动给随迁儿童带来的影响。有父母亲一方的陪伴，对于留守儿童而言都会有积极的作用。心理因素是留守和迁徙对儿童行为偏好影响的中介变量。留守和迁徙不仅会影响小学生的学习成绩，还会影响他们对学习的自信程度。我们的研究因此可以为进城务工人员子女在城镇化过程中所受到的影响，提供更多微观层面的证据。当然，有关留守状态和迁徙流动与儿童行为偏好之间更加稳健的因果关系还有待进一步的检验。

我们的研究从留守儿童和流动儿童的角度，基于行为、心理、偏好等更加微观的层面，通过可控的实验研究方法表明了城市化进程中农村劳动力的流动可能带来的负面影响，也从实证角度论证了城乡融合发展是中国式现代化的必然要求，论证了统筹新型城镇化和乡村全面振兴、提高城乡治理融合水平、促进城乡要素平等交换和双向流动、缩小城乡差别、促进城乡共同繁荣发展的现实意义。

一、引言

改革开放以来，随着农村经济体制的创新以及我国工业化和城镇化的发展，城乡二元经济体制壁垒逐渐打破，农村剩余劳动力源源不断地向城市流动。国家统计局数据显示，2023 年，农村外出务工人员已经达到 1.77 亿人。这个群体的子女，一部分跟随父母进城，成为流动儿童；另一部分留在了农村老家，由（外）祖父母养育，成为留守儿童。联合国儿童基金会 2020 年估算中国的流动儿童和留守儿童约有 1.38 亿人（其中流动儿童 7 109 万人、农村留守儿童 4 177 万人、城镇留守儿童 2 516 万人）。其中，仅义务教育阶段的流动儿童就有 3 364 万人、农村留守儿童有 2 262 万人。

随父母迁徙的流动儿童，虽然有父母的陪伴，但背井离乡的他们是否能够融入当地社会引起了广泛关注（蔡昉，2000；李培林，1996；Tan，2003；王春光，2006）。面对陌生的环境，他们要适应各种变化，融入新的生活。与此同时，他们的父母在子女教育、医疗、住房等社会福利保障方面无法享受到与当地城市居民相同的待遇，这些都会使得流动儿童在城市居住地的生活和学习过程中，缺乏安全感和归属感，感受到压抑和不平等对待，进而导致流动儿童心理失衡、行为失范的现象屡见不鲜。

很大一部分流动人口在外出务工的同时，无力解决孩子进城就学所要面对的诸多现实问题，只好将子女留在农村，造成父母与子女分隔两地的局面，形成了规模较大的留守儿童群体。留守儿童因为长期无法和父母生活在一起，内部家庭结构发生改变，（外）祖父母的教育理念和教育方式又比较落后，他们在教育、心理健康、个体安全、情感生活、社会化、规模结构等方面可能存在的问题，已有很多文献有所涉及（段成荣等，2013；孙文凯和王乙杰，2016；Bai et al.，2018；Lei et al.，2018；Zhao et al.，2016）。

流动儿童和留守儿童是中国城镇化快速发展过程中才出现的较为特殊的两个群体，因此他们真正受到学界关注的时间较晚。虽然我们很容易观察和预见这两个群体因为外部社会环境或内部家庭结构发生改变而可能导致的问题（Hu et al.，2014），但仍没有太多实证研究证据表明，这两个群体与其他群体之间在行为表现上存在差异。近几年才开始陆续有实验经济学研究对中国流动儿童与留守儿童的行为偏好分别进行了实证分析，如将本地小学生和外地迁移来的小学生作为被试，考察他们在激励机制下的表现（Afridi et al.，2015）、公平分配行为（Luo et al.，2019）和信任行为（Luo and Wang，2020）；再比如以农村留守儿童和城市儿童为被试，比较他们在利他行为（Cadsby et al.，2019）和诚实行为方面是否存在显著差异（Cadsby et al.，2020）。

对于中国庞大的流动人口而言，一直要考虑的选择就是带子女进城还是留子女在农村。他们显然想知道随迁和留守两种状态下，儿童的行为偏好分别会有怎样的表现。因此，我们利用实地实验方法，招募了1 000余名实验被试，对城市流动儿童与农村留守儿童的利他、公平、信任、合作、诚实、竞争、风险、时间偏好进行测度，同时，我们也将城市的本地儿童和农村的非留守儿童作为实验被试，以全面地考察流动和留守状态分别会对儿童的行为与偏好带来怎样的影响。此外，我们还将儿童的心理因素（包括心理韧性和心理一致感）、流动儿童的迁徙距离（市内迁徙、省内迁徙、省外迁徙）、迁徙时间，以及留守儿童的类型（父母都不在家、母亲在家、父亲在家）、与父母的见面频率和陪伴时间等相关因素纳入了实证分析，以进一步探究流动和留守状态对儿童行为、偏好影响的内在机制。

我们的实验结果表明,农村留守儿童相比较农村非留守儿童,在信任行为、可信任行为、诚实度以及竞争偏好方面都显著更低;流动儿童相比较农村非留守儿童,在公平感、信任行为、可信任行为、合作水平、诚实度方面都显著更低,对未来收益的偏好显著更高;城市本地儿童相对于农村非留守儿童,利他分享行为会显著更强,合作行为水平会显著更低。有母亲一方的陪伴会显著提高留守儿童的公平感和诚实度;父亲一方的陪伴会显著提高留守儿童的诚实度、竞争偏好和风险偏好。相比较市内迁徙的儿童,省内迁徙的儿童在信任博弈中的投资额显著更低;而省外迁徙的儿童在行为博弈中的利他分配额、信任投资额、可信任返还率与合作贡献额都显著更低。随着迁徙时间的增加,流动儿童在行为博弈中的利他分配额、提议额、信任投资额与可信任返还率、合作贡献额都显著提高。

我们还发现留守状态和迁徙流动会导致儿童心理一致感和心理韧性的显著下降。心理一致感或心理韧性与儿童的提议额、投资额、返还率、贡献额、时间偏好和竞争偏好显著相关,即心理因素是留守状态和迁徙流动对儿童行为偏好作用的中介变量。此外,留守状态和迁徙流动还会使得儿童学习成绩显著下降,并导致儿童对自我学习成绩排名的期望以及对成绩的自信程度显著下降。

二、实验设计

我们的实验被试分别为来自浙江省衢州市开化县[①]的农村留守儿童(包括父母都在外打工、父亲在外打工、母亲在外打工的情况)和农村非留守儿童(父母都在家),以及跟随父母从农村迁徙到城市(杭州市)的城市流动儿童(包括从市内农村迁徙到城市、从省内农村迁徙到城市、从省外农村迁徙到城

[①] 据统计,2018年开化县人均可支配收入为24 459元,在浙江省排名靠后。其中,开化县农村居民人均可支配收入仅有17 283元。此外,全县户籍人口有36.22万人,常住人口只有25.50万人,有10余万人在外务工,而杭州市则是他们的主要务工地。所以,我们选择了开化县作为农村留守儿童和农村非留守儿童的取样点,杭州市作为城市流动儿童和城市户籍儿童的取样点。

市的情况）和城市（杭州市）户籍的本地儿童。

在校方和家长知情且征得双方同意的前提下，通过四年级至六年级①小学生的自愿报名，并根据校方提供的学生花名册，考虑每一场次实验被试在年级、班级、性别等方面的平衡，我们分别在浙江省衢州市开化县的三所小学招募了 600 名农村留守儿童和农村非留守儿童、在浙江省杭州市上城区的两所小学招募了 480 名城市流动儿童和城市户籍儿童开展实验（如表 7-1 所示）。

表 7-1 实验被试构成基本情况

被试类型	学校所在地	人数	构成
农村非留守儿童	浙江省衢州市开化县	180	父母都在家
农村留守儿童	浙江省衢州市开化县	420	父母在外：211 父亲在外：152 母亲在外：57
城市流动儿童	浙江省杭州市上城区	300	市内迁徙：72 省内迁徙：150 省外迁徙：78
城市户籍儿童	浙江省杭州市上城区	180	本地城市儿童

我们在被试中开展的行为实验包括最后通牒博弈实验、独裁者博弈实验、信任博弈实验、公共品博弈实验、诚实博弈实验、跨期决策博弈实验、竞争决策博弈实验与风险决策博弈实验等八个行为博弈与个体决策实验（实验说明等可见本章附录）。每个实验结束后紧接着进行下一个实验，为了尽可能避免已完成实验的博弈结果对后续实验决策的影响，所有实验结束前被试不会知晓实验中博弈对手的互动决策。

实验地点设置在学校的大会议室、食堂或大教室等较为宽敞的地方，被试间至少隔一个座位，禁止相互之间的交流。实验采用纸笔方式进行，由实验员负责实验被试之间的决策互动。我们将现场被试随机两两配对进行博弈决策，但被试不会知晓自己与谁进行博弈，也不会知晓同场其他被试在留守、随迁方面的属性。

---

① 考虑到低年级小学生对于实验规则和过程的理解能力可能不够，所以我们只选择了四年级至六年级小学生作为实验被试。

实验结束后,学生们还需要填写调查问卷,涉及儿童的人口学特征、家庭状况、心理特征和性格等方面的信息。实验采用金钱激励,问卷结束后当场对实验被试进行实验报酬的支付。此外,我们通过调查问卷采集了相应的家庭与监护人信息,包括学生父母的人口学特征、受教育水平、收入水平、户籍信息、外出务工情况、对子女的陪伴等相关信息。

三、实验结果

(一)描述性统计

在对农村非留守儿童、农村留守儿童、城市流动儿童、城市户籍儿童这四类群体的行为决策进行比较与分析之前,考虑性别、年级这两个因素可能对实验结果造成的影响。表7-2描述了我们所招募的四类小学生实验被试分别在四至六年级不同性别方面的人数比例。Kruskal-Wallis(K-W)检验结果表明,四类实验被试在四年级女生、五年级女生、六年级女生、四年级男生、五年级男生、六年级男生的比例上都不存在显著差异。

表7-2 各实验群体性别和年级构成的统计情况

	四年级女生	五年级女生	六年级女生	四年级男生	五年级男生	六年级男生
农村非留守儿童	17%	18%	16%	17%	17%	15%
农村留守儿童	16%	19%	16%	16%	18%	15%
城市流动儿童	18%	18%	15%	18%	17%	14%
城市户籍儿童	19%	20%	16%	18%	15%	14%

我们通过实验中被试的决策数据来表征他们的行为偏好及其水平。如以独裁者博弈(Forsythe et al.,1994)中的分配额作为考察被试利他偏好的依据;以最后通牒博弈(Güth et al.,1982)中的提议额作为考察被试公平感的依据;以信任博弈(Berg et al.,1995)中的投资额作为考察被试信任水平的依据;以信任博弈中的代理人返回率作为考察被试可信任行为的依据;以公共品博弈(Isaac and Walker,1988)中的贡献额作为考察被试合作行为的依

据;以抛掷硬币游戏(Bucciol and Piovesan,2011)中的自我报告正面次数作为考察被试诚实度的依据;以跨期决策中的收益选择作为考察被试时间偏好的依据;以数学计算游戏中参与竞争的决策(Leibbrandt et al.,2013)作为考察被试竞争偏好的依据;以红、蓝球游戏中的风险选择作为考察被试风险偏好的依据。四种被试类型在以上八个实验中的行为决策数据如表7-3所示。

表7-3 各实验群体行为数据的描述性统计

实验类型	被试类型	被试人数	均值	标准误	最小值	最大值
利他偏好（独裁者分配额）	农村非留守儿童	90	2.63	2.00	0	6
	农村留守儿童	210	2.55	1.89	0	8
	城市流动儿童	150	2.57	1.96	0	7
	城市户籍儿童	90	3.48	1.69	0	5
公平感（最后通牒提议额）	农村非留守儿童	90	4.44	1.94	0	8
	农村留守儿童	210	4.18	1.41	0	8
	城市流动儿童	150	3.71	1.84	0	8
	城市户籍儿童	90	4.49	1.18	0	8
信任行为（信任博弈投资额）	农村非留守儿童	90	4.34	2.35	0	10
	农村留守儿童	210	3.87	1.72	0	6
	城市流动儿童	150	3.31	1.92	0	10
	城市户籍儿童	90	3.88	1.77	0	8
可信任行为（信任博弈返回率）	农村非留守儿童	90	0.49	0.24	0	1
	农村留守儿童	210	0.46	0.24	0	1
	城市流动儿童	150	0.43	0.22	0	1
	城市户籍儿童	90	0.50	0.23	0	1
合作行为（公共品博弈贡献额）	农村非留守儿童	180	6.03	3.05	0	10
	农村留守儿童	420	5.87	3.30	0	10
	城市流动儿童	300	5.44	3.65	2	10
	城市户籍儿童	180	5.22	3.07	0	10
诚实度（抛掷硬币自我报告正面次数）	农村非留守儿童	180	3.10	1.16	0	5
	农村留守儿童	420	3.72	1.02	0	5
	城市流动儿童	300	3.34	1.12	0	5
	城市户籍儿童	180	3.18	1.05	0	5

(续表)

实验类型	被试类型	被试人数	均值	标准误	最小值	最大值
时间偏好 （跨期决策 收益选择）	农村非留守儿童	180	8.79	3.45	0	4
	农村留守儿童	420	8.54	3.43	0	4
	城市流动儿童	300	10.59	3.78	0	4
	城市户籍儿童	180	9.20	3.52	0	4
竞争偏好 （数学计算参与 竞争决策的比例）	农村非留守儿童	180	0.52	0.50	0	1
	农村留守儿童	420	0.38	0.49	0	1
	城市流动儿童	300	0.54	0.50	0	1
	城市户籍儿童	180	0.61	0.45	0	1
风险偏好 （红蓝球风险 决策的比例）	农村非留守儿童	180	0.40	0.49	0	1
	农村留守儿童	420	0.37	0.48	0	1
	城市流动儿童	300	0.34	0.47	0	1
	城市户籍儿童	180	0.34	0.47	0	1

注：信任博弈中的返回率为代理者的返还数额除以两倍的投资额，时间偏好的数值为被试在跨期决策中选择的收益，竞争偏好的数值为被试中选择要参与竞争来获得收益的比例，风险偏好的数值为被试选择收益更高且概率更小的选项的比例。

如图 7-1 所示，城市户籍儿童的分配额最高，其他三类儿童的分配额相近；流动儿童的提议额最低，留守儿童的提议额也低于非留守儿童和城市儿童；非留守儿童的投资额要高于其他三类儿童；流动儿童的返回率最低，非留守儿童和城市儿童的返回率要高于留守儿童；非留守儿童和留守儿童的贡献额要高于流动儿童和城市儿童；留守儿童自我报告的硬币正面次数最高，流动儿童报告的次数也要高于非留守儿童和城市儿童；流动儿童的贴现率最低，城市儿童的贴现率也要低于非留守儿童和留守儿童；留守儿童的竞争偏好最低，城市儿童的竞争偏好最高；非留守儿童的风险偏好要高于其他三类儿童，流动儿童和城市儿童的风险偏好最低。

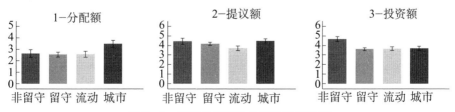

图 7-1 四类儿童群体的行为决策比较

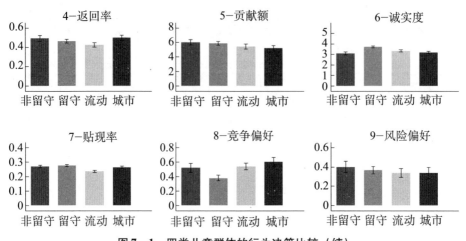

图 7-1 四类儿童群体的行为决策比较（续）

（二）非参数检验

我们对四类小学生群体在利他、公平、信任、可信任、合作、诚实、时间、竞争、风险方面的行为决策进行两两比较分析（见表 7-4）。Mann-Whitney 检验结果显示，城市户籍儿童的利他分配额要显著高于农村非留守儿童（$z=2.777$；$p=0.0055$）、农村留守儿童（$z=4.028$；$p<0.001$）和城市流动儿童（$z=3.553$；$p<0.001$）。农村非留守儿童的公平分配额要显著高于农村留守儿童（$z=2.518$；$p=0.0118$），农村非留守儿童的公平分配额要显著高于城市流动儿童（$z=3.529$；$p<0.001$），农村留守儿童的公平分配额也要显著高于城市流动儿童（$z=2.195$；$p=0.0282$），同时城市户籍儿童的公平分配额也显著高于城市流动儿童（$z=-2.837$；$p=0.0045$）。

表 7-4 各实验群体行为数据的比较检验

	农村非留守 vs. 农村留守	农村非留守 vs. 城市流动	农村非留守 vs. 城市户籍	农村留守 vs. 城市流动	农村留守 vs. 城市户籍	城市流动 vs. 城市户籍
利他	$z=0.534$; $p=0.5932$	$z=-0.517$; $p=0.6053$	$z=-2.777$; $p=0.0055$***	$z=0.017$; $p=0.9866$	$z=-4.028$; $p<0.001$***	$z=-3.553$; $p<0.001$***
公平	$z=2.518$; $p=0.0118$**	$z=3.529$; $p<0.001$***	$z=1.150$; $p=0.2503$	$z=2.195$; $p=0.0282$**	$z=-1.275$; $p=0.2022$	$z=-2.837$; $p=0.0045$***

(续表)

	农村非留守 vs. 农村留守	农村非留守 vs. 城市流动	农村非留守 vs. 城市户籍	农村留守 vs. 城市流动	农村留守 vs. 城市户籍	城市流动 vs. 城市户籍
信任	$z = 1.676$; $p = 0.0937^*$	$z = 3.433$; $p < 0.001^{***}$	$z = 1.675$; $p = 0.0939^*$	$z = 2.822$; $p = 0.0048^{***}$	$z = 0.822$; $p = 0.4113$	$z = -1.804$; $p = 0.0712^*$
可信任	$z = 0.911$; $p = 0.3624$	$z = 2.633$; $p = 0.0085^{***}$	$z = -0.597$; $p = 0.5506$	$z = 2.134$; $p = 0.0329^{**}$	$z = -1.619$; $p = 0.1055$	$z = -3.308$; $p < 0.001^{***}$
合作	$z = 0.968$; $p = 0.3332$	$z = 2.145$; $p = 0.0319^{**}$	$z = 2.848$; $p = 0.0044^{***}$	$z = 1.828$; $p = 0.0676^*$	$z = 2.264$; $p = 0.0236^{**}$	$z = 0.507$; $p = 0.6119$
诚实	$z = -6.190$; $p < 0.001^{***}$	$z = -2.018$; $p = 0.0436^{**}$	$z = -0.563$; $p = 0.5732$	$z = 4.696$; $p < 0.001^{***}$	$z = 5.789$; $p < 0.001^{***}$	$z = 1.465$; $p = 0.1429$
时间	$z = 2.491$; $p = 0.0127^{**}$	$z = -4.182$; $p < 0.001^{***}$	$z = -0.289$; $p = 0.7724$	$z = -7.070$; $p < 0.001^{***}$	$z = -2.430$; $p = 0.0151^{**}$	$z = 3.757$; $p < 0.001^{***}$
竞争	$z = 3.263$; $p = 0.0011^{***}$	$z = -0.448$; $p = 0.6538$	$z = -1.592$; $p = 0.1114$	$z = -4.381$; $p < 0.001^{***}$	$z = -5.121$; $p < 0.001^{***}$	$z = -1.330$; $p = 0.1834$
风险	$z = 0.772$; $p = 0.4404$	$z = 1.398$; $p = 0.1622$	$z = 1.200$; $p = 0.2303$	$z = 0.829$; $p = 0.4070$	$z = 0.650$; $p = 0.5159$	$z = -0.050$; $p = 0.9603$

注：* 表示 $p < 0.10$，** 表示 $p < 0.05$，*** 表示 $p < 0.01$。

农村非留守儿童的信任投资额要显著高于农村留守儿童（$z = 1.676$；$p = 0.0937$）和城市户籍儿童（$z = 1.675$；$p = 0.0939$），城市流动儿童的信任投资额要显著低于农村非留守儿童（$z = -3.433$；$p < 0.001$）、农村留守儿童（$z = -2.822$；$p = 0.0048$）和城市户籍儿童（$z = -1.804$；$p = 0.0712$）。城市流动儿童的可信任返回额要显著低于农村非留守儿童（$z = -2.633$；$p = 0.0085$）、农村留守儿童（$z = -2.134$；$p = 0.0329$）和城市户籍儿童（$z = -3.308$；$p < 0.001$）。

城市流动儿童的合作水平要显著低于农村非留守儿童（$z = -2.145$；$p = 0.0319$）和农村留守儿童（$z = -1.828$；$p = 0.0676$），城市户籍儿童的合作水平要显著低于农村非留守儿童（$z = -2.848$；$p = 0.0044$）和农村留守儿童（$z = -2.264$；$p = 0.0236$）。农村留守儿童的诚实度要显著低于农村非留守儿童（$z = 6.190$；$p < 0.001$）、城市户籍儿童（$z = 5.789$；$p < 0.001$）和城市流动儿童（$z = 4.696$；$p < 0.001$），城市流动儿童的诚实度要显著低于农村非留守儿童（$z = -2.018$；$p = 0.0436$）。

农村留守儿童相对于农村非留守儿童（$z = -2.491$；$p = 0.0127$）、城市流动儿童（$z=-7.070$；$p<0.001$）和城市户籍儿童（$z=-2.430$；$p=0.0151$）更加偏好现期收益，城市流动儿童相对于农村非留守儿童（$z=4.182$；$p<0.001$）和城市户籍儿童（$z=3.757$；$p<0.001$）更加偏好未来收益。农村留守儿童相对于农村非留守儿童（$z=-3.263$；$p=0.0011$）、城市流动儿童（$z=-4.381$；$p<0.001$）和城市户籍儿童（$z=-5.121$；$p<0.001$）更加不愿意竞争。四类儿童相互之间在风险偏好方面都没有显著差异。

（三）计量回归分析

在这部分中，我们将细致分析留守状态、迁徙流动和城市户籍对儿童行为偏好的影响。同时，分别考虑不同留守状态（父母都无法陪伴、母亲在家陪伴、父亲在家陪伴）、迁徙流动的距离和时间在儿童行为偏好改变中的作用。此外，我们也将心理因素纳入留守状态、迁徙流动和城市户籍对儿童行为偏好影响的机制，并最后将留守、迁徙和城市户籍对儿童的影响扩展到对学习成绩的影响中。

1. 主回归模型

在对四类小学生群体的行为偏好进行两两比较检验之后，我们考虑通过计量回归模型更加全面地分析留守、迁徙、户籍对儿童行为偏好的影响。将小学生在实验中的行为决策（包括利他分配额、提议额、信任投资额、可信任返回率、合作贡献额、诚实度、跨期收益选择、竞争决策、风险选择等）作为模型的被解释变量，以农村非留守儿童为基准组，以留守、迁徙、城市户籍为主要解释变量，从而可以分别考察父母陪伴、地域流动、户籍身份对儿童行为偏好的影响。

$$Y_i = \beta_0 + \beta_1 Left_i + \beta_2 Migrate_i + \beta_3 Hukou_i + \beta_4 School_i + X_i + \varepsilon_i \quad (7-1)$$

同时，我们还在回归模型中纳入了性别、年龄、年级、兄弟姐妹人数、零花钱数量等个体社会特征以及学校的固定效应（如表7-5所示）。

表 7-5 个体行为偏好的影响因素分析

变量	(1)分配	(2)提议	(3)投资	(4)返回	(5)贡献	(6)诚实	(7)时间	(8)竞争	(9)风险
留守	-0.04 (0.25)	-0.26 (0.22)	-0.47* (0.28)	-0.07** (0.03)	-0.18 (0.28)	0.62*** (0.10)	-0.17 (0.15)	-0.58*** (0.18)	0.11 (0.18)
迁徙	-0.04 (0.27)	-0.70*** (0.25)	-1.00*** (0.30)	-0.11*** (0.03)	-0.61* (0.31)	0.24** (0.11)	0.85*** (0.16)	0.11 (0.19)	0.25 (0.20)
城市户籍	0.87*** (0.28)	0.03 (0.24)	-0.43 (0.32)	-0.02 (0.03)	-0.82** (0.32)	0.08 (0.12)	0.16 (0.18)	0.35 (0.22)	0.25 (0.22)
女性	0.04 (0.16)	0.28* (0.14)	0.01 (0.17)	-0.00 (0.02)	0.29 (0.20)	0.01 (0.07)	-0.01 (0.11)	0.06 (0.12)	-0.33** (0.13)
年龄	0.05 (0.08)	0.05 (0.07)	-0.06 (0.09)	-0.02 (0.02)	-0.09 (0.11)	0.01 (0.03)	0.08 (0.07)	0.11* (0.07)	-0.18* (0.10)
年级	0.15 (0.09)	-0.00 (0.09)	0.08 (0.10)	0.02 (0.01)	0.09 (0.12)	-0.02 (0.04)	-0.06 (0.07)	-0.07 (0.07)	0.15* (0.09)
兄弟姐妹人数	-0.07 (0.11)	0.10* (0.03)	-0.07 (0.06)	0.00 (0.01)	-0.05 (0.08)	-0.01 (0.02)	-0.06* (0.03)	0.06 (0.05)	0.00 (0.04)
零花钱数额	-0.02* (0.01)	-0.01 (0.02)	0.00 (0.02)	-0.00 (0.00)	-0.01 (0.02)	-0.01 (0.01)	-0.00 (0.01)	-0.04* (0.01)	-0.01 (0.01)
学校固定效应	控制	控制	控制	控制	控制	控制	控制	控制	控制
常数	1.49** (0.79)	3.42*** (0.62)	4.69*** (0.84)	0.62*** (0.12)	6.27*** (1.01)	3.12*** (0.32)	1.03* (0.58)	-0.87** (0.61)	2.11*** (0.80)
样本数	540	540	540	540	1080	1080	1080	1080	1080

注：括号内为稳健标准误；* 表示 $p<0.10$，** 表示 $p<0.05$，*** 表示 $p<0.01$。

回归结果显示，留守状态会导致儿童的信任行为和可信任行为水平、诚实度以及竞争偏好的显著降低；迁徙状态会导致儿童在公平感、信任行为和可信任行为水平、合作水平、诚实度方面显著降低以及在未来收益偏好方面显著提高；城市户籍儿童相对于农村非留守儿童的利他分享行为会显著更高，合作行为水平会显著更低。

2. 留守状态的影响

进一步，我们考虑深入分析留守状态对儿童行为偏好的影响。留守儿童中主要有父母都外出务工、父亲外出务工母亲在家、母亲外出务工父亲在家三种类型。因此，我们以父母都外出务工的儿童为回归模型的基准组，分别考察母亲一方陪伴和父亲一方陪伴能给儿童行为偏好带来哪些变化。同时，我们也将父母与子女见面频率、一年中的陪伴天数纳入留守儿童行为偏好的影响因素（如表7-6所示）。

$$Y_i = \beta_0 + \beta_1 Mother_i + \beta_2 Father_i + \beta_3 Frequency_i + \beta_4 Together_i + \beta_5 School_i + X_i + \varepsilon_i \quad (7-2)$$

回归结果表明，相比于父母都不在身边的留守儿童，有母亲一方的陪伴会显著提高留守儿童的公平感（提议额），同时显著提高留守儿童的诚实度（减少自我报告硬币正面的次数）。相比于父母都不在身边的留守儿童，有父亲一方的陪伴会显著提高留守儿童的诚实度，同时会使得留守儿童的竞争偏好和风险偏好显著提高。此外，父母与留守儿童的见面频率及陪伴天数的增加，可以显著提高留守儿童的合作水平（贡献额）和诚实度。

表7-6 留守儿童行为偏好的影响因素分析

变量	(1) 分配	(2) 提议	(3) 投资	(4) 返回	(5) 贡献	(6) 诚实	(7) 时间	(8) 竞争	(9) 风险
母亲陪伴	0.05 (0.28)	0.41** (0.21)	0.31 (0.27)	-0.04 (0.04)	-0.38 (0.35)	-0.72*** (0.10)	0.00 (0.18)	0.22 (0.22)	0.14 (0.22)
父亲陪伴	0.30 (0.40)	0.31 (0.29)	0.06 (0.33)	-0.09 (0.06)	-0.44 (0.48)	-0.99*** (0.15)	-0.36 (0.25)	0.07* (0.33)	0.79** (0.35)
见面频率	-0.09 (0.14)	-0.06 (0.10)	0.09 (0.13)	0.01 (0.02)	0.24** (0.17)	-0.01** (0.05)	0.06 (0.09)	0.11 (0.11)	0.20 (0.12)
陪伴天数	-0.07 (0.20)	0.02 (0.14)	0.06 (0.16)	-0.01 (0.03)	0.58*** (0.22)	-0.05** (0.07)	0.02 (0.12)	-0.03 (0.14)	0.05 (0.14)
女性	0.09 (0.26)	0.27 (0.19)	-0.04 (0.25)	0.02 (0.03)	0.37 (0.32)	0.20** (0.09)	0.16 (0.17)	0.19 (0.21)	-0.47** (0.21)
年龄	-0.00 (0.12)	-0.02 (0.09)	-0.27* (0.15)	-0.02 (0.03)	-0.25 (0.15)	0.02 (0.04)	-0.00 (0.10)	0.14 (0.11)	-0.13 (0.12)
年级	0.40*** (0.14)	0.04 (0.12)	0.17 (0.16)	0.04 (0.03)	0.27 (0.18)	-0.02 (0.05)	0.10 (0.10)	-0.07 (0.12)	0.17 (0.12)
兄弟姐妹人数	-0.10 (0.19)	0.03 (0.06)	0.09 (0.09)	0.02* (0.01)	-0.06 (0.13)	0.00 (0.03)	-0.03 (0.07)	0.12 (0.08)	0.01 (0.08)
零花钱数额	-0.03** (0.01)	-0.03 (0.04)	0.05** (0.02)	0.00* (0.00)	-0.03 (0.03)	0.00 (0.01)	0.00 (0.02)	-0.04* (0.02)	-0.00 (0.02)
学校固定效应	控制	控制	控制	控制	控制	控制	控制	控制	控制

(续表)

变量	(1) 分配	(2) 提议	(3) 投资	(4) 返回	(5) 贡献	(6) 诚实	(7) 时间	(8) 竞争	(9) 风险
常数	1.31** (1.13)	3.76*** (0.90)	5.30*** (1.33)	0.46** (0.22)	7.76*** (1.58)	3.91*** (0.45)	0.49** (0.89)	-2.30** (1.01)	1.02** (1.08)
样本数	210	210	210	210	420	420	420	420	420

注：括号内为稳健标准误；* 表示 $p<0.10$，** 表示 $p<0.05$，*** 表示 $p<0.01$。

3. 迁徙流动的影响

跟随务工父母从农村迁徙流动到城市的儿童实验被试中，包括从杭州市农村迁徙到杭州市区（市内迁徙）、从浙江省杭州市以外的农村迁徙到杭州市区（省内迁徙），以及从浙江省外农村迁徙到杭州市区（省外迁徙）三种情况。我们因而将市内迁徙的儿童作为基准组，通过回归分析考察不同迁徙流动的距离是否会影响儿童的行为偏好。

$$Y_i = \beta_0 + \beta_1 Year_i + \beta_2 Inprovince_i + \beta_3 Outprovince_i + \beta_4 School_i + X_i + \varepsilon_i$$

(7-3)

此外，我们还在回归模型中纳入了儿童跟随父母从农村迁徙到城市的时间（年数），从而可以进一步探究迁徙流动对儿童行为偏好的效应是否会由于迁徙时间的不同而改变（如表7-7所示）。

表7-7 流动儿童行为偏好的影响因素分析

变量	(1) 分配	(2) 提议	(3) 投资	(4) 返回	(5) 贡献	(6) 诚实	(7) 时间	(8) 竞争	(9) 风险
迁徙时间	0.07* (0.10)	0.05* (0.10)	0.14** (0.10)	0.02* (0.01)	0.07* (0.13)	-0.02 (0.04)	0.01 (0.06)	-0.05 (0.07)	-0.09 (0.07)
省内迁徙	-0.03 (0.40)	-0.09 (0.40)	-0.70* (0.40)	-0.03 (0.05)	0.50 (0.53)	0.07 (0.16)	-0.46 (0.26)	-0.06* (0.30)	0.88 (0.31)
省外迁徙	-0.27* (0.49)	-0.03 (0.43)	-0.80* (0.47)	-0.05* (0.05)	-0.29** (0.60)	0.16 (0.18)	-0.11 (0.30)	-0.30* (0.33)	-0.03 (0.34)
女性	0.12 (0.32)	0.58* (0.32)	0.10 (0.33)	-0.05 (0.04)	0.33 (0.43)	-0.16 (0.13)	-0.54* (0.22)	-0.19 (0.24)	0.02 (0.26)
年龄	0.09 (0.15)	0.03 (0.23)	0.20 (0.12)	-0.03 (0.03)	0.15 (0.24)	-0.04 (0.07)	0.11 (0.12)	0.02 (0.14)	-0.29 (0.23)
年级	0.00 (0.19)	-0.05 (0.19)	-0.06 (0.18)	0.04* (0.02)	-0.12 (0.26)	0.13* (0.08)	-0.10 (0.14)	-0.08 (0.15)	0.19 (0.19)

(续表)

变量	(1) 分配	(2) 提议	(3) 投资	(4) 返回	(5) 贡献	(6) 诚实	(7) 时间	(8) 竞争	(9) 风险
兄弟姐妹人数	−0.37* (0.11)	0.09 (0.08)	−0.29* (0.16)	0.00 (0.01)	−0.25** (0.12)	−0.09* (0.05)	−0.08 (0.08)	−0.16* (0.10)	0.07 (0.10)
零花钱数额	−0.00 (0.02)	0.00 (0.03)	−0.01 (0.02)	−0.01 (0.00)	−0.01 (0.04)	−0.02* (0.01)	−0.03 (0.02)	−0.08* (0.03)	0.02 (0.02)
学校固定效应	控制	控制	控制	控制	控制	控制	控制	控制	控制
常数	1.84 (1.42)	2.65 (1.92)	2.75* (1.50)	0.69*** (0.23)	4.35** (2.10)	3.57*** (0.61)	2.88*** (1.07)	1.26 (1.18)	2.52 (1.84)
样本数	150	150	150	150	300	300	300	300	300

注：括号内为稳健标准误；* 表示 $p<0.10$，** 表示 $p<0.05$，*** 表示 $p<0.01$。

回归结果显示，相比于市内迁徙的儿童，省内迁徙的儿童在信任博弈中的投资额显著更低，更不愿意选择竞争；省外迁徙的儿童在行为博弈中的利他分配额、信任投资额、可信任返回率与合作贡献额都显著更低，也更不愿意选择竞争。此外，随着迁徙时间的增加，流动儿童在行为博弈中的利他分配额、提议额、信任投资额与可信任返还率、合作贡献额都有显著提高。

进一步，我们从流动儿童的总样本中选取从农村迁徙到城市超过 2 年的儿童数据，并以农村非留守儿童数据为基准组，考察迁徙到城市超过 2 年的流动儿童在各类行为偏好方面是否仍然有别于农村非留守儿童（回归结果如表 7−8 所示）。原本流动儿童相比于农村非留守儿童在提议额、投资额、返回率、贡献额等亲社会行为方面都显著更低，但在迁徙超过 2 年的流动儿童数据中，我们只发现流动儿童的诚实度仍然比农村非留守儿童显著更低、相比于农村非留守儿童更愿意选择未来的收益，而在其他亲社会行为和经济决策方面，迁徙超过 2 年的流动儿童相比于农村非留守儿童都没有显著差异。

表 7−8 长期流动儿童行为偏好的影响因素分析

变量	(1) 分配	(2) 提议	(3) 投资	(4) 返回	(5) 贡献	(6) 诚实	(7) 时间	(8) 竞争	(9) 风险
迁徙	−0.01 (0.32)	−0.52 (0.29)	−0.82 (0.37)	−0.08 (0.04)	−0.60 (0.39)	0.25* (0.13)	1.02** (0.20)	−0.02 (0.23)	0.16 (0.24)

(续表)

变量	(1) 分配	(2) 提议	(3) 投资	(4) 返回	(5) 贡献	(6) 诚实	(7) 时间	(8) 竞争	(9) 风险
女性	0.01 (0.31)	0.34 (0.30)	-0.61* (0.36)	-0.01 (0.04)	0.22 (0.37)	-0.06 (0.13)	-0.39 (0.19)	-0.34 (0.23)	-0.02 (0.23)
年龄	0.12 (0.16)	0.11 (0.21)	-0.05 (0.15)	-0.01 (0.02)	0.12 (0.21)	0.04 (0.07)	0.30* (0.11)	0.08 (0.13)	-0.17 (0.20)
年级	0.05 (0.18)	-0.08 (0.21)	0.15 (0.22)	-0.01 (0.02)	0.08 (0.22)	-0.07 (0.08)	-0.34* (0.12)	-0.08 (0.14)	0.05 (0.18)
兄弟姐妹人数	0.11 (0.12)	0.19* (0.07)	-0.14* (0.08)	-0.00 (0.01)	-0.06 (0.10)	-0.02 (0.03)	-0.04 (0.06)	-0.00 (0.07)	0.01 (0.06)
零花钱数额	-0.05* (0.03)	-0.04 (0.04)	-0.01 (0.03)	-0.00 (0.00)	-0.01 (0.04)	0.01 (0.02)	-0.02 (0.03)	-0.02 (0.03)	-0.03 (0.03)
学校固定效应	控制	控制	控制	控制	控制	控制	控制	控制	控制
常数	1.46** (1.54)	2.04** (1.59)	5.14*** (1.63)	0.58*** (0.19)	5.34*** (1.90)	2.91*** (0.61)	0.46** (0.93)	-0.01** (1.17)	2.50* (1.57)
样本数	164	161	159	166	325	325	325	325	325

注：括号内为稳健标准误；* 表示 $p < 0.10$，** 表示 $p < 0.05$，*** 表示 $p < 0.01$。

4. 心理因素的中介效应

在对留守与迁徙状态下的儿童行为偏好进行分析后，我们也关注留守与迁徙对儿童心理层面的影响，以及尝试通过心理因素这一中介变量，来解释留守状态与迁徙流动对儿童行为偏好的影响。Baron and Kenny（1986）最早提出因果逐步回归方法以检验中介效应，其检验程序是：①自变量（留守状态和迁徙流动）须显著影响因变量（儿童行为偏好），即主效应显著是中介效应存在的前提条件；②自变量须显著影响中介变量（心理因素）；③将自变量与中介变量同时对因变量进行回归，须中介变量回归系数仍然显著而自变量回归系数不再显著或影响显著降低。为了验证以上中介效应，我们考虑首先在回归模型中检验留守与迁徙对儿童心理因素的影响，再考察心理因素对儿童行为偏好的作用（如图7-2所示）。

我们将心理一致感和心理韧性这两个常见的与儿童留守或迁徙状态相关的心理指标，来作为回归模型中对儿童心理因素的测度。心理一致感（sense of coherence）是指个体对生活的认知倾向性，包括个体对内外环境中的应激、

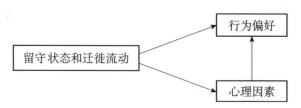

图7-2 心理因素在留守与迁徙对行为偏好影响中的中介作用

个体应对压力所具有的资源以及对生活意义的感知（Antonovsky，1987）。具体来说，个体的心理一致感由三个因素构成：可理解感（comprehensibility），指个体在多大程度上认为来自外界的应激源和生活的挑战是结构性的、可观测的、可解释的；可控制感（manageability），指个体对应付挑战所需资源的可获得性的感知；意义感（meaningfulness），指个体在多大程度上认为生活是有意义的。我们采用的心理一致感量表由刘俊升等（2010）开发，量表由19个项目组成，其中项目3、8、15为注意分散题，与心理一致感无关。在16个积分项目中，可理解感包含5个项目，可控制感包含7个项目，意义感包含4个项目。项目采用4点计分，分数越高代表心理一致感越强。

心理韧性（resilience）是个人面对生活重大压力时的良好适应，它意味着面对生活压力和挫折的"反弹能力"。我们采用的心理韧性量表由胡月琴和甘怡群（2008）编制，该量表共有2个维度、5个因子、27个项目。其中个人力维度包括目标专注、情绪控制、积极认知3个因子；支持力维度包括家庭支持和人际协助2个因子。目标专注分量表由5个项目构成，指的是在困境中坚持目标、制订计划、集中精力解决问题的能力；情绪控制分量表由6个项目构成，指的是困境中对情绪波动和悲观念头的控制和调整；积极认知分量表由4个项目构成，指的是对逆境的辩证性看法和乐观态度；家庭支持分量表由6个项目构成，指的是家人的宽容、尊重和支持；人际协助分量表由6个项目构成，指的是个体可以通过有意义的人际关系来获取帮助或宣泄不良情绪。该表采用5点计分，得分越高，说明被试在该项目上的心理韧性水平越高。

$$Y_i = \beta_0 + \beta_1 Left_i + \beta_2 Migrate_i + \beta_3 Hukou_i + \beta_4 School_i + X_i + \varepsilon_i$$

(7-4)

$$Psych_i = \alpha_0 + \alpha_1 Left_i + \alpha_2 Migrate_i + \alpha_3 Hukou_i + \alpha_4 School_i + X_i + \varepsilon_i$$
(7-5)

$$Y_i = \gamma_0 + \gamma_1 Left_i + \gamma_2 Migrate_i + \gamma_3 Hukou_i + \gamma_4 School_i + \gamma_5 Psych_i + X_i + \varepsilon_i$$
(7-6)

在回归模型（1）—（2）中，我们以心理一致感和心理韧性为被解释变量，从而考察留守、迁徙、户籍、个体社会特征等变量对儿童心理一致感和心理韧性的影响；在回归模型（3）—（11）中，心理一致感和心理韧性为解释变量，以分析儿童心理因素对行为偏好的作用。通过以上两部分的回归分析，我们可以检验心理因素在留守、迁徙等因素对儿童行为偏好影响中的中介作用，如表7-9所示。

表7-9 心理因素对儿童行为偏好的中介效应

变量	(1) 一致感	(2) 韧性	(3) 分配	(4) 提议	(5) 投资	(6) 返回	(7) 贡献	(8) 诚实	(9) 时间	(10) 竞争	(11) 风险
留守	-2.04* (1.02)	-25.84*** (1.32)	-0.22 (0.31)	-0.44 (0.26)	-0.32 (0.34)	-0.04 (0.04)	-0.14 (0.35)	0.42** (0.11)	-0.27 (0.18)	-0.36 (0.22)	0.36 (0.23)
迁徙	-1.33** (1.03)	-4.65*** (1.45)	-0.07 (0.27)	-0.78* (0.25)	-0.97* (0.30)	-0.11** (0.03)	-0.54* (0.31)	0.20* (0.11)	0.84** (0.16)	0.17 (0.19)	0.30 (0.20)
城市户籍	-1.50 (1.11)	0.81 (1.65)	0.89*** (0.28)	-0.00 (0.24)	-0.43 (0.32)	-0.03 (0.03)	-0.75** (0.32)	0.09 (0.12)	0.16 (0.18)	0.37* (0.22)	0.25 (0.22)
女性	-0.39 (0.68)	-0.53 (0.89)	0.06 (0.16)	0.29** (0.14)	0.00 (0.17)	-0.00 (0.02)	0.31 (0.20)	0.01 (0.07)	-0.01 (0.11)	0.08 (0.13)	-0.32* (0.13)
年龄	0.17 (0.34)	-0.28 (0.55)	0.05 (0.08)	0.05 (0.07)	-0.06 (0.09)	-0.02 (0.02)	-0.10 (0.11)	0.01 (0.03)	0.08 (0.07)	0.12* (0.07)	-0.17* (0.09)
年级	0.13 (0.38)	0.42 (0.55)	0.14 (0.09)	0.00 (0.09)	0.08 (0.10)	0.02 (0.01)	0.08 (0.12)	-0.02 (0.04)	-0.06 (0.07)	-0.08 (0.07)	0.15* (0.09)
兄弟姐妹人数	-0.01 (0.21)	0.07 (0.34)	-0.06 (0.11)	0.10* (0.03)	-0.06 (0.06)	0.00 (0.01)	-0.05 (0.08)	-0.01 (0.02)	-0.06* (0.03)	0.06 (0.05)	0.00 (0.04)
零花钱数额	0.03 (0.08)	0.01 (0.09)	-0.02* (0.01)	-0.00 (0.02)	0.00 (0.02)	-0.00 (0.00)	-0.01 (0.02)	-0.00 (0.01)	-0.00 (0.01)	-0.04* (0.01)	-0.01 (0.01)
心理一致感	—	—	0.01 (0.01)	-0.01* (0.01)	0.00* (0.01)	-0.01** (0.01)	0.05*** (0.01)	-0.02** (0.00)	0.01 (0.01)	0.01** (0.00)	0.01 (0.01)
心理韧性	—	—	-0.01 (0.01)	-0.01 (0.00)	0.01** (0.01)	0.01* (0.00)	0.00 (0.00)	-0.01** (0.00)	-0.00* (0.00)	0.01* (0.00)	0.01 (0.01)

(续表)

变量	(1) 一致感	(2) 韧性	(3) 分配	(4) 提议	(5) 投资	(6) 返回	(7) 贡献	(8) 诚实	(9) 时间	(10) 竞争	(11) 风险
学校固定效应	控制	控制	控制	控制	控制	控制	控制	控制	控制	控制	控制
常数	64.84*** (3.23)	92.15*** (4.79)	1.30** (0.99)	4.68*** (0.78)	4.01*** (0.97)	0.71*** (0.14)	3.06** (1.26)	3.89*** (0.39)	1.24* (0.70)	-2.65*** (0.77)	0.79** (0.92)
样本数	1080	1080	540	540	540	540	1080	1080	1080	1080	1080

注：括号内为稳健标准误；* 表示 $p<0.10$，** 表示 $p<0.05$，*** 表示 $p<0.01$。

首先，表7-9中模型（1）—（2）的回归结果显示，留守状态和迁徙流动与儿童的心理一致感和心理韧性呈显著负相关的关系，即留守状态和迁徙流动会导致儿童的心理一致感和心理韧性显著下降。其次，模型（3）—（11）的回归结果显示，心理一致感或心理韧性显著相关于儿童的提议额、投资额、返回率、贡献额、时间偏好和竞争偏好。同时，留守状态或迁徙流动对于儿童提议额、投资额、返回率、贡献额、时间偏好和竞争偏好影响的回归系数有的不再显著（如留守状态对投资额、返回率和竞争偏好的影响），有的显著性下降（如留守状态对诚实度的影响，迁徙流动对提议额、投资额、返回率、贡献额、诚实度和时间偏好的影响），而且留守状态和迁徙流动对行为偏好影响的回归系数，相比较主回归模型都有所下降。基于以上结果，我们可以认为心理因素（心理一致感和心理韧性）是留守状态和迁徙流动对儿童行为偏好作用的中介变量。

5. 对学习成绩的影响

留守状态和迁徙流动除对儿童的心理因素和行为偏好带来影响以外，还可能作用于儿童的学习成绩。为了检验这一效应，我们在回归模型中将学生最近一次期末考试成绩排名（排名数值越大，成绩越靠后）作为被解释变量，以农村非留守儿童为基准组，以留守、迁徙、城市户籍为主要解释变量，来分别考察父母陪伴、地域流动、户籍身份对儿童学习成绩的影响。同时，我们也在模型中纳入了性别、年龄、年级等个体社会特征以及学校的固定效应（如表7-10所示）。

表7-10 留守与迁徙对儿童学习成绩与预期的影响

变量	(1) 成绩排名	(2) 预期排名	(3) 预期排名与实际排名落差
留守	0.02* (0.02)	0.05* (0.02)	0.01* (0.03)
迁徙	0.04** (0.02)	0.06** (0.02)	0.02* (0.03)
城市户籍	0.01 (0.03)	0.02 (0.02)	-0.02 (0.03)
女性	-0.04* (0.01)	-0.01 (0.01)	-0.04* (0.02)
年龄	0.00 (0.01)	0.01* (0.01)	-0.01 (0.01)
年级	0.00 (0.01)	-0.01 (0.01)	0.01 (0.01)
兄弟姐妹人数	-0.01 (0.00)	-0.00 (0.00)	-0.00 (0.01)
零花钱数额	0.00 (0.00)	-0.00 (0.00)	0.00* (0.00)
学校固定效应	控制	控制	控制
常数	0.32*** (0.07)	0.16*** (0.06)	0.15** (0.09)
样本数	1080	1080	1080

注：括号内为稳健标准误；* 表示 $p<0.10$，** 表示 $p<0.05$，*** 表示 $p<0.01$。

此外，我们还关注留守状态和迁徙流动是否会对儿童有关学习成绩的预期（预测下一次期末考试的排名），以及儿童有关学习成绩的自信程度（预期排名与上一次实际排名的差异）带来影响，因此分别构建了模型（2）和（3）。

$$Rank_i = \beta_0 + \beta_1 Left_i + \beta_2 Migrate_i + \beta_3 Hukou_i + \beta_4 School_i + X_i + \varepsilon_i$$
(7-7)

$$Expected_i = \alpha_0 + \alpha_1 Left_i + \alpha_2 Migrate_i + \alpha_3 Hukou_i + \alpha_4 School_i + X_i + \varepsilon_i$$
(7-8)

$$Diff_i = \gamma_0 + \gamma_1 Left_i + \gamma_2 Migrate_i + \gamma_3 Hukou_i + \gamma_4 School_i + X_i + \varepsilon_i$$
(7-9)

回归结果显示,留守状态和迁徙流动都会使得儿童的学习成绩排名显著下降,其中,留守状态会导致儿童在班级的成绩排名显著下降2%,迁徙流动会导致儿童在班级的成绩排名显著下降4%。留守状态和迁徙流动还会导致儿童对自己学习成绩排名的期望显著下降,相比于农村非留守儿童,农村留守儿童对自己成绩排名的预测要显著低5%,流动儿童对自己成绩排名的预测要显著低6%。此外,留守状态和迁徙流动也会影响儿童有关学习成绩的自信程度,相比于农村非留守儿童,农村留守儿童和流动儿童对自己下一次成绩排名的预期与前一次实际排名之间的差异都要显著更低。

四、结论与讨论

对于中国上亿的农村进城务工人员来说,他们的子女是留守农村还是随迁进城,显然是一个需要慎重抉择的问题。他们需要权衡考虑的不仅有子女留守农村的安全性或者子女随迁进城的教育问题,其实还有儿童长期缺少父母的陪伴会不会对他们的心理与行为偏好造成影响、子女随迁进城是否会因为无法适应外部环境的变化进而导致行为发生改变。有关儿童在心理与行为微观层面的问题,因为是潜移默化受到的影响,所以常常容易被人们忽视;而一旦改变发生后又影响深远,不论是对于单个家庭还是整个国家而言都意义重大。

为此,我们利用实地实验方法对留守农村的儿童和随迁到城市的流动儿童进行了全面的测度,包括他们在利他、公平、信任、可信任、合作和诚实方面的行为表现,以及个人的时间偏好、竞争偏好与风险偏好。同时,我们也纳入农村非留守儿童与城市户籍儿童两个群体的实验被试进行比较分析,并在回归分析中以农村非留守儿童为基准组,控制了儿童的个体特征和学校的固定效应,以考察留守状态、迁徙流动和城市户籍对儿童行为偏好的影响。

我们单独分析了农村留守儿童被试,考察不同留守状态(父母都外出务工、父亲外出务工、母亲外出务工)、父母陪伴天数和见面频率对农村留守儿童行为偏好的影响。我们也单独分析了城市流动儿童的迁徙时间(年数)和迁徙距离（市内、省内、省外）分别与其行为偏好水平的关系。此外，我们将心理因素（心理一致感与心理韧性）纳入回归分析，以尝试说明留守状态与迁徙流动对儿童行为偏好的影响机理。最后，我们也分析了留守和迁徙对儿童学习成绩以及儿童关于成绩排名预期的影响。

我们的实验结果表明，与农村非留守儿童相比，农村留守儿童的信任行为、可信任行为、诚实度以及竞争偏好都显著更低；而城市流动儿童的公平感、信任行为、可信任行为、合作水平、诚实度相比较农村非留守儿童都显著更低，对于未来收益的偏好显著更高；城市户籍儿童相对于农村非留守儿童的利他分享行为会显著更高，合作水平会显著更低。此外，城市流动儿童在公平分配、信任行为、可信任行为、合作等亲社会行为方面相比较其他儿童群体都显著更低。

进一步的实验证据还显示，与父母都不在身边的留守儿童相比，有母亲一方的陪伴会显著提高留守儿童的公平感和诚实度；而有父亲一方的陪伴会显著提高留守儿童的诚实度，同时会显著提高留守儿童的竞争偏好和风险偏好。以往的研究表明，女性比男性更加亲社会，男性比女性更加偏好风险和竞争（Eckel and Grossman，2008；Croson and Gneezy，2009；Espinosa and Kovářík，2015），因此我们的研究结论似乎也验证了父母在行为偏好上的特征对留守儿童行为的影响，如董志强和赵俊（2019）也发现父亲一方的陪伴对于儿童竞争偏好的形成更加重要。

我们也发现，相较于市内迁徙的儿童，省内迁徙的儿童在信任博弈中的投资额显著更低，而省外迁徙的儿童在行为博弈中的利他分配额、信任投资额、可信任返回率与合作贡献额都显著更低，即迁徙距离越远，亲社会行为水平越低。我们的研究结论与社会心理学的群体身份认同理论一致（Tajfel et al.，1971；Turner et al.，1979）。基于群体身份认同理论，Akerlof and Kranton（2000）提出了以社会距离为基础的认同效用模型。此外，迁徙超过 2 年的流动儿童相较于农村非留守儿童，在绝大多数亲社会行为和经济决策方面已没有显著差异，说明儿童行为对于外部环境的改变具有较强的适应性和可塑性（韦克斯勒，2018），流动儿童因为迁徙到陌生环境而受到的负面影响会逐渐得到改善。

留守状态和迁徙流动会导致儿童心理一致感和心理韧性的显著下降,而心理一致感或心理韧性显著相关于儿童的亲社会行为与决策。因而我们认为,心理因素是留守状态和迁徙流动对儿童行为偏好作用的中介变量。以往研究表明,留守儿童相对于非留守儿童在自尊、焦虑、孤独感等方面有较为明显的表现(刘霞等,2007;申继亮和武岳,2008;Jia and Tian,2010;白勤等,2012),而流动儿童相对于城市儿童在沮丧、孤独感等负面情绪方面有着较为明显的表现(陈美芬,2006;李小青等,2008;范兴华等,2009;Hu et al.,2014)。我们的研究为留守和流动状态对儿童心理层面的影响进一步提供了在个体行为偏好上的证据。

留守状态和迁徙流动还会使得儿童的学习成绩显著下降。关于留守儿童和流动儿童学习成绩的实证研究较为丰富(周皓和巫锡炜,2008;Lu and Treiman,2011;李云森,2013;许琪,2018),但少有研究考察过留守和迁徙对儿童有关自己学习成绩主观认知的影响。我们的研究结论显示,留守状态和迁徙流动会导致儿童对自己学习成绩的预期和自信程度显著下降。这一研究结论也许可以丰富有关留守儿童和流动儿童学习成绩的实证研究。

总体而言,我们的研究通过大规模实验证据发现,留守状态和迁徙流动都会对儿童的各种亲社会行为和经济决策带来影响,而且相对而言流动儿童受到的影响更大,但这种影响会随着迁徙时间的递增而消减。同时,迁徙距离的缩短也可以减少流动给随迁儿童带来的影响。有父母亲一方的陪伴,对于留守儿童而言都会产生积极的作用。留守和迁徙对儿童心理层面的影响会传递到行为偏好层面。留守和迁徙不仅会影响小学生的学习成绩,还会影响他们对学习的自信程度。因此我们的研究可以为进城务工人员子女在城镇化过程中所受到的影响提供更多微观层面的证据。当然,有关留守状态和迁徙流动与儿童行为偏好之间更加稳健的因果关系还有待进一步的检验。

参考文献

白勤、林泽炎、谭凯鸣:《中国农村留守儿童培养模式实验研究——基于现场干预后心理健康状况前后变化的数量分析》,《管理世界》,2012年第

2 期。

布鲁斯·韦克斯勒：《大脑与文化》，罗俊等译，杭州：浙江大学出版社，2018 年。

蔡昉：《中国流动人口问题》，北京：社会科学文献出版社，2007 年。

陈美芬：《外来务工人员子女人格特征的研究》，《心理科学》，2006 年第 1 期。

董志强、赵俊：《"留守"与儿童竞争偏好：一项实地实验研究》，《经济学动态》，2019 年第 4 期。

段成荣、吕利丹、郭静、王宗萍：《我国农村留守儿童生存和发展基本状况——基于第六次人口普查数据的分析》，《人口学刊》，2013 年第 3 期。

范兴华、方晓义、刘勤学、刘杨：《流动儿童、留守儿童与一般儿童社会适应比较》，《北京师范大学学报（社会科学版）》，2009 年第 5 期。

胡月琴、甘怡群：《青少年心理韧性量表的编制和效度验证》，《心理学报》，2008 年第 8 期。

李培林：《流动民工的社会网络和社会地位》，《社会学研究》，1996 年第 4 期。

李小青、邹泓、王瑞敏、窦东徽：《北京市流动儿童自尊的发展特点及其与学业行为、师生关系的相关研究》，《心理科学》，2008 年第 4 期。

李云森：《自选择、父母外出与留守儿童学习表现——基于不发达地区调查的实证研究》，《经济学（季刊）》，2013 年第 2 期。

刘俊升、周颖、桑标：《儿童心理一致感量表中文版的心理测量学特征分析》，《心理发展与教育》，2010 年第 1 期。

刘霞、赵景欣、申继亮、王兴华：《初中留守儿童社会支持状况的调查》，《中国临床心理学杂志》，2007 年第 2 期。

申继亮、武岳：《留守儿童的心理发展：对环境作用的再思考》，《河南大学学报（社会科学版）》，2008 年第 1 期。

孙文凯、王乙杰：《父母外出务工对留守儿童健康的影响——基于微观面板数据的再考察》，《经济学（季刊）》，2016 年第 3 期。

许琪：《父母外出对农村留守儿童学习成绩的影响》，《青年研究》，2018

年第 6 期。

王春光：《农村流动人口的"半城市化"问题研究》，《社会学研究》，2006 年第 5 期。

周皓、巫锡炜：《流动儿童的教育绩效及其影响因素：多层线性模型分析》，《人口研究》，2008 年第 4 期。

Afridi, F., Li, S. X., & Ren, Y. (2015). Social identity and inequality: The impact of China's hukou system. *Journal of Public Economics*, 123, 17–29.

Akerlof, G. A., & Kranton, R. E. (2000). Economics and identity. *Quarterly Journal of Economics*, 115 (3), 715–753.

Antonovsky, A. (1987). *Unraveling the mystery of health: How people manage stress and stay well*. San Francisco: Jossey-Bass.

Bai, Y., Zhang, L., Liu, C., Shi, Y., Mo, D., & Rozelle, S. (2018). Effect of parental migration on the academic performance of left behind children in North Western China. *Journal of Development Studies*, 54 (7), 1154–1170.

Baron, R. M., & Kenny, D. A. (1986). The moderator-mediator variable distinction in social psychological research: Conceptual, strategic, and statistical considerations. *Journal of Personality and Social Psychology*, 51 (6), 1173–1182.

Berg, J., Dickhaut, J., & McCabe, K. (1995). Trust, reciprocity, and social history. *Games and Economic Behavior*, 10 (1), 122–142.

Bucciol, A., & Piovesan, M. (2011). Luck or cheating? A field experiment on honesty with children. *Journal of Economic Psychology*, 32 (1), 73–78.

Cadsby, C. B., Song, F., & Yang, X. (2019). Dishonesty among children: Rural/urban status and parental migration. In *Dishonesty in Behavioral Economics*, pp. 31–52. Amsterdam: Academic Press.

Cadsby, C. B., Song, F., & Yang, X. (2020). Are "left-behind" children really left behind? A lab-in-field experiment concerning the impact of rural/urban status and parental migration on children's other-regarding preferences. *Journal of Economic Behavior & Organization*, 179, 715–728.

Croson, R., & Gneezy, U. (2009). Gender differences in preferences. *Journal of Economic Literature*, 47 (2), 448 – 474.

Eckel, C. C., & Grossman, P. J. (2008). Men, women and risk aversion: Experimental evidence. In *Handbook of Experimental Economics Results*, 1, 1061 – 1073.

Espinosa, M. P., & Kovářík, J. (2015). Prosocial behavior and gender. *Frontiers in Behavioral Neuroscience*, 9, 88.

Forsythe, R., Horowitz, J. L., Savin, N. E., & Sefton, M. (1994). Fairness in simple bargaining experiments. *Games and Economic Behavior*, 6 (3), 347 – 369.

Güth, W., Schmittberger, R., & Schwarze, B. (1982). An experimental analysis of ultimatum bargaining. *Journal of Economic Behavior & Organization*, 3 (4), 367 – 388.

Hu, H., Lu, S., & Huang, C. C. (2014). The psychological and behavioral outcomes of migrant and left-behind children in China. *Children and Youth Services Review*, 46, 1 – 10.

Isaac, R. M., & Walker, J. M. (1988). Group size effects in public goods provision: The voluntary contributions mechanism. *Quarterly Journal of Economics*, 103 (1), 179 – 199.

Jia, Z., & Tian, W. (2010). Loneliness of left-behind children: A cross-sectional survey in a sample of rural China. *Child: Care, Health and Development*, 36 (6), 812 – 817.

Lei, L., Liu, F., & Hill, E. (2018). Labour migration and health of left-behind children in China. *Journal of Development Studies*, 54 (1), 93 – 110.

Leibbrandt, A., Gneezy, U., & List, J. A. (2013). Rise and fall of competitiveness in individualistic and collectivistic societies. *Proceedings of the National Academy of Sciences*, 110 (23), 9305 – 9308.

Lu, Y., & Treiman, D. J. (2011). Migration, remittances and educational stratification among blacks in apartheid and post-apartheid South Africa. *Social Forces*, 89 (4), 1119 – 1143.

Luo, J., Chen, Y., He, H., & Gao, G. (2019). Hukou identity and fairness in the ultimatum game. *Theory and Decision*, 87 (3), 389 – 420.

Luo, J., & Wang, X. (2020). Hukou identity and trust—Evidence from a framed field experiment in China. *China Economic Review*, 59, 101383.

Tajfel, H., Billig, M. G., Bundy, R. P., & Flament, C. (1971). Social categorization and intergroup behaviour. *European Journal of Social Psychology*, 1 (2), 149 – 178.

Tan, S. (2003). Rural workforce migration: A summary of some studies. *Social Sciences in China*, 24 (4), 84 – 101.

Turner, J. C., Brown, R. J., & Tajfel, H. (1979). Social comparison and group interest in ingroup favouritism. *European Journal of Social Psychology*, 9 (2), 187 – 204.

Zhao, C., Wang, F., Li, L., Zhou, X., & Hesketh, T. (2016). Persistent effects of parental migration on psychosocial wellbeing of left-behind children in two Chinese provinces: A cross-sectional survey. *Lancet*, 388, S6.

第七章附录

实验内容说明

1. 独裁者博弈（测度被试的利他偏好）

实验员发放卡片，实验被试等待卡片。

实验被试两人一组，其中一方可得 10 元钱，由得钱者自己决定分给对方多少元钱。

你决定分给对方_____元钱。

实验员收齐卡片给计算员。

2. 最后通牒博弈（测度被试的公平偏好）

实验员发放卡片，实验被试等待卡片。

实验被试两个人分 10 元钱，由一方来分。如果对方接受分配，两个人都能拿到钱；如果对方拒绝分配，实验员就把钱收回，谁都拿不到钱。

你决定分给对方_____元钱。

对方分给你_____元钱，你是接受还是拒绝？

实验员收齐卡片给计算员。

3. 信任博弈（测度被试的信任偏好）

实验员发放卡片，实验被试等待卡片。

你拿到10元钱。你可以给对方钱，也可以不给。如果你愿意给对方钱，那么你给多少钱，实验员就把钱翻一番给对方，比如10元就变成20元。对方拿到钱后，可以拿出一部分或者全部的钱还给你，也可以不给。

你决定给对方_____元钱。

对方给你的钱翻一番以后你拿到了____元钱，你决定从这笔钱中还给对方____元钱。

实验员收齐卡片给计算员。

4. 公共品博弈（测度被试的合作偏好）

实验员发放卡片。

在场的每个人都拿到10元钱。每个人都要决定把多少钱投入一个公共项目，也可以选择不投入。投入公共项目的钱会翻一番，然后平均分给在场的所有人。不管你有没有投钱，你都能分到一样的钱。如果大家投得多，那么大家都分得多；如果你投得多，但是其他人都投得少，那么你就吃亏了。

你决定投入_____元钱。

实验员收齐卡片给计算员。

5. 诚实博弈（测度被试的诚实偏好）

实验员发放卡片及装有硬币的杯子。

每人手里有个杯子，杯子里有枚硬币。上下摇晃杯子里的硬币，摇到"1"能拿2元钱，摇到"花"没有钱。每人摇5次，自己把每次的结果记下来,摇到"1"打钩,摇到"花"打叉。

```
摇到"1"打钩,摇到"花"打叉。
你摇到的结果:
            第1次  _____
            第2次  _____
            第3次  _____
            第4次  _____
            第5次  _____
```

实验员收齐卡片给计算员。

6. 跨期决策博弈(测度被试的时间偏好)

实验员发放卡片。

从"现在拿6元钱""1周后拿8元钱""2周后拿10元钱""3周后拿12元钱""4周后拿14元钱"中选择最喜欢的1个,在选项前面的方框中打钩。

```
请选择: □ 现在拿6元钱
        □ 1周后拿8元钱
        □ 2周后拿10元钱
        □ 3周后拿12元钱
        □ 4周后拿14元钱
```

实验员收齐卡片给计算员。

7. 竞争决策博弈(测度被试的竞争偏好)

实验员发放卡片。

两个人为一组,各自做30道加减算术题,时间是1分钟。你可以选择要不要和对方比赛。如果和对方比赛,那么谁做对的题目多谁赢。赢的人可拿25元钱,输的人可拿5元钱,平局每人拿10元钱。如果不和对方比赛,那么你只要做对20题就能拿15元钱,不到20题每差1题扣0.5元钱。

```
你要不要和对方比赛(要的话打钩,不要打叉)?
```

实验员收齐卡片给计算员。

实验员发放算术题并计时做题。

实验员收齐算术题给计算员。

8. 风险决策博弈（测度被试的风险偏好）

实验员发放卡片。

一个袋子里有 10 个球，其中 7 个红球，3 个蓝球，实验员从里面随便摸出一个球，请你猜测球的颜色。如果你猜红色并且猜对了，你能拿到 5 元钱；如果你猜蓝色并且猜对了，你能拿到 10 元钱；如果你猜错了就拿不到钱。

请选择：
☐ 红色
☐ 蓝色

实验员收齐卡片给计算员。

实验流程说明

准备工作：在座位上贴好编号为 1—20 的标签，让被试从写有 1—20 编号的卡片中随机抽取 1 张，按照编号入座，发放实验说明及问题测试。

收尾工作：计算员根据自动算出的总收益将报酬放入写有 1—20 编号的 20 个信封中，由实验员按照顺序发放并要求被试在报酬发放表上签名。

1. 利他感：独裁者博弈（讲解及材料中均以甲、乙来指代分配者及接受者）

①讲解实验，进行问题测试，让被试将答案填写在测试纸上，由实验员进行核对及讲解。

②实验员将事先准备好的写有分配者编号及分配问题的 10 张卡片根据编号发到 10 位分配者手中，由分配者进行决策。

③实验员将分配卡片收齐，交给计算员，计算员根据分配者序号将分配数据填写在"分配额"的"to 分配"一栏中，此时计算机会自动计算出实验收益。

2. 公平感：最后通牒博弈（讲解及材料中均以甲、乙来指代分配者及接

受者）

①讲解实验，进行问题测试，让被试将答案填写在测试纸上，由实验员进行核对及讲解。

②实验员将事先准备好的写有分配者编号及分配问题的 10 张卡片根据编号发到 10 位分配者手中，由分配者进行决策。

③实验员将分配卡片收齐，交给计算员，计算员根据分配者序号将分配数据填写在"分配额"的"to 分配"一栏中，随后根据组别，将分配额抄写在事先准备好的写有组别和接受者序号的 10 张接受卡片上。

④实验员根据接受卡片上的接受者序号将卡片发到 10 位接受者手中，由接受者进行决策。

⑤实验员将接受卡片收齐，交给计算员，计算员根据组别将接受数据填写在"是否接受"一栏中，此时计算机会自动计算出实验收益。

3. 信任感：信任博弈（讲解及材料中均以甲、乙来指代投资者及返还者）

①讲解实验，进行问题测试，让被试将答案填写在测试纸上，由实验员进行核对及讲解。

②实验员将事先准备好的写有投资者编号及投资问题的 10 张卡片根据编号发到 10 位投资者手中，由投资者进行决策。

③实验员将投资卡片收齐，交给计算员，计算员根据投资者序号将投资数据填写在"投资额"一栏中，随后根据组别，将投资额和 X 倍投资额抄写在事先准备好的写有组别和返还者序号的 10 张返还卡片上。

④实验员根据返回卡片上的返还者序号将卡片发到 10 位返还者手中，由返还者进行决策。

⑤实验员将返还卡片收齐，交给计算员，计算员根据组别将返还数据填写在"返还额"一栏中，此时计算机会自动计算出实验收益。

4. 合作度：公共品博弈（讲解及材料中均以甲、乙来指代博弈参与者）

①讲解实验，进行问题测试，让被试将答案填写在测试纸上，由实验员进行核对及讲解。

②实验员将事先准备好的写有 1—20 编号及贡献问题的 20 张卡片根据编

号发到 20 位被试手中，由被试进行决策。

③实验员将贡献卡片收齐，交给计算员，计算员根据被试序号将贡献数据填写在"贡献额"的"本人"一栏中，此时计算机会自动计算出实验收益。

5. 诚实度：抛硬币自我报告

①讲解实验，进行问题测试，让被试将答案填写在测试纸上，由实验员进行核对及讲解。

②实验员将事先准备好的写有 1—20 编号及诚实问题的 20 张卡片根据编号发到 20 位被试手中，同时发放实验辅助工具（20 个装有 1 元硬币的纸杯），由被试进行决策。

③实验员将诚实卡片收齐，交给计算员，计算员根据被试序号将诚实数据填写在"报告结果"一栏中，此时计算机会自动计算出实验收益。

6. 跨期偏好：跨期量表

①讲解实验，进行问题测试，让被试将答案填写在测试纸上，由实验员进行核对及讲解。

②实验员将事先准备好的写有 1—20 编号及跨期问题的 20 张卡片根据编号发到 20 位被试手中，由被试进行决策。

③实验员将跨期卡片收齐，交给计算员，计算员根据被试序号将跨期数据填写在"跳跃点"一栏中，此时计算机会自动计算出实验收益。

7. 竞争偏好：自我选择是否竞争（讲解及材料中均以甲、乙来指代博弈参与者）

①讲解实验，进行问题测试，让被试将答案填写在测试纸上，由实验员进行核对及讲解。

②实验员将事先准备好的写有 1—20 编号及竞争问题的 20 张卡片根据编号发到 20 位被试手中，由被试进行决策。

③实验员将竞争卡片收齐，交给计算员，计算员根据被试序号将竞争数据填写在"是否竞争"一栏中。

④实验员将事先准备好的写有 1—20 编号及 30 道计算题的 20 张卡片根据编号发到 20 位被试手中，由被试进行计算，同时计时 1 分钟。

⑤实验员将计算卡片收齐，交给计算员，计算员和实验员根据事先准备好的批改卡片进行批改，将做对的题目数写在计算卡片的右上角。

⑥计算员根据被试序号将做对的题目数填写在"做对题数"一栏中，此时计算机会自动计算出实验收益。

8. 风险偏好：风险量表

①讲解实验，进行问题测试，让被试将答案填写在测试纸上，由实验员进行核对及讲解。

②实验员将事先准备好的写有1—20编号及风险问题的20张卡片根据编号发到20位被试手中，由被试进行决策。

③实验员将风险卡片收齐，交给计算员，计算员根据被试序号将风险数据填写在"跳跃点"一栏中，此时计算机会自动计算出实验收益。

心理韧性量表及计分方式

下面有一些句子，它们可能描述了你目前的某些想法。请采用下面的量表，判断每一句陈述和你自身情况的符合程度，并在该句话后面方框内的相应数字上打"√"，1代表"完全不符合"；2代表"比较不符合"；3代表"说不清"；4代表"比较符合"；5代表"完全符合"。

你的答案没有对错之分，并且本问卷不记名，请你根据实际情况填答。

题目	选项				
1. 失败总是让我感到气馁。	1	2	3	4	5
2. 我很难控制自己的不愉快情绪。	1	2	3	4	5
3. 我的生活有明确的目标。	1	2	3	4	5
4. 经历挫折后我一般会更加成熟有经验。	1	2	3	4	5
5. 失败和挫折会让我怀疑自己的能力。	1	2	3	4	5
6. 当我遇到不愉快的事情时，总找不到合适的倾诉对象。	1	2	3	4	5
7. 我有一个同龄朋友，可以把我的困难讲给他/她听。	1	2	3	4	5
8. 父母很尊重我的意见。	1	2	3	4	5
9. 当我遇到困难需要帮助时，我不知道该去找谁。	1	2	3	4	5

(续表)

题目	选项				
10. 我觉得与结果相比，事情的过程更能够帮助人成长。	1	2	3	4	5
11. 面对困难，我一般会制订一个计划和解决方案。	1	2	3	4	5
12. 我习惯把事情憋在心里而不是向人倾诉。	1	2	3	4	5
13. 我认为逆境对人有激励作用。	1	2	3	4	5
14. 逆境有时候是对成长的一种帮助。	1	2	3	4	5
15. 父母总是喜欢干涉我的想法。	1	2	3	4	5
16. 在家里，我说什么总是没人听。	1	2	3	4	5
17. 父母对我缺乏信心和精神上的支持。	1	2	3	4	5
18. 我有困难的时候会主动找别人倾诉。	1	2	3	4	5
19. 父母从来不苛责我。	1	2	3	4	5
20. 面对困难时，我会集中自己的全部精力。	1	2	3	4	5
21. 我一般要过很久才能忘记不愉快的事情。	1	2	3	4	5
22. 父母总是鼓励我全力以赴。	1	2	3	4	5
23. 我能够很好地在短时间内调整情绪。	1	2	3	4	5
24. 我会为自己设定目标，以推动自己前进。	1	2	3	4	5
25. 我觉得任何事情都有其积极的一面。	1	2	3	4	5
26. 我心情不好也不愿意跟别人说。	1	2	3	4	5
27. 我情绪波动很大，容易大起大落。	1	2	3	4	5

感谢你的合作！祝你学习顺利，生活快乐！

五个子量表

目标专注：3，4，11，20，24

情绪控制：1，2，5，21，23，27

积极认知：10，13，14，25

家庭支持：8，15，16，17，19，22

人际协助：6，7，9，12，18，26

两个分量表

个人力：目标专注，情绪控制，积极认知

支持力：家庭支持，人际协助

算分时按照五个子量表分别算分,其中 1,2,5,6,9,12,16,17,21,26,27 反向计分,即选 1 的记作 5 分,选 5 的记作 1 分,以此类推。

心理一致感量表

指导语:请根据自己的实际情况作答。请在与自己情况相符的选项上打"√"。

---

1. 你是不是常常觉得自己对周围发生的事并不关心?
①从来没有过 ②较少 ③很少 ④说不清 ⑤有时候 ⑥较多 ⑦经常

---

2. 你本来以为很了解的人做出让你意外的行为。这种情况在过去是不是经常发生?
①从来没有过 ②几乎没有 ③很少 ④说不清 ⑤发生过 ⑥比较多 ⑦经常发生

---

3. 你信任的人却让你失望。这种情况:
①从来没有过 ②几乎没有 ③很少 ④说不清 ⑤发生过 ⑥比较多 ⑦经常发生

---

4. 你是不是经常感到自己受到不公正的对待?
①从来没有过 ②几乎没有 ③很少 ④说不清 ⑤偶尔有这种感觉 ⑥有这种感觉
⑦常感到如此

---

5. 你是不是经常感到自己处于陌生的、不知如何是好的环境中?
①经常 ②有时候 ③个别时候 ④说不清 ⑤较少 ⑥很少 ⑦几乎没有或从没有

---

6. 你是否经常有非常复杂、混合的感情和念头?
①非常频繁 ②经常 ③有时候 ④说不清 ⑤较少 ⑥很少 ⑦几乎没有或从没有

---

7. 你是不是经常产生自己不愿产生的情绪?
①非常频繁 ②经常 ③有时候 ④说不清 ⑤较少 ⑥很少 ⑦几乎没有或从没有

---

8. 很多人,哪怕是很有天分的人,有时在一定环境下也会感到很失败。在过去的经历中,你是否常有这种感受?
①从来没有过 ②较少 ③很少 ④说不清 ⑤有时候 ⑥较多 ⑦经常

---

9. 每天做的这些事没什么意义。你产生这种想法的频率是?
①非常频繁 ②经常 ③有时候 ④说不清 ⑤较少 ⑥很少 ⑦几乎没有或从没有

---

10. 你是不是常有失控的感觉?
①非常频繁 ②经常 ③有时候 ④说不清 ⑤较少 ⑥很少 ⑦几乎没有或从没有

---

11. 到目前为止,你的生活:
①根本没有目标 ②没什么目标 ③不太有目标 ④说不清 ⑤有目标 ⑥目标比较明确 ⑦目标非常明确

（续表）

12. 当遇到问题或事情时，你发现自己一般都会： ①低估或高估了它的重要性　②很难估计准　③估计有点不准　④说不清　⑤比较准确地评价这件事　⑥准确评价这件事　⑦非常准确地评价它
13. 做那些你每天都做的事对于你来说： ①是极大的快乐和满足　②较快乐满意　③有点快乐　④说不清　⑤有点不快　⑥很不愉快　⑦是痛苦和烦恼的源泉

心理一致感是由可理解感、可控制感和意义感共同构成的一种心理保护机制。

三个子量表

可理解感：2，6，7，8，12

控制感：3，4，5，9，10

意义感：1，11，13

总分越高表明一致感越高，其中1，2，3，4，13反向计分。

第八章
助推学生素质教育的实验研究

本章导读：党的二十大报告提出"坚持以人民为中心发展教育，加快建设高质量教育体系，发展素质教育，促进教育公平。"教育工作者应以习近平新时代中国特色社会主义思想为指导，落实立德树人根本任务，坚持五育并举，促进学生全面发展。

"助推"理论是指通过改变环境和提示来影响人们的行为和决策，提高公共政策的有效性。我们从"助推"理论出发，考虑通过微小的信息干预和激励机制来促使学生在日常的微小行为中做出改变，进而养成体育锻炼的健康生活习惯，促进学生全面发展。

我们尝试通过实地实验方法，在真实世界中考察物质激励、目标制定能否帮助个体改善体育锻炼行为中跨期选择的非理性偏好，"助推"学生增加体育锻炼行为。我们以小学生群体为实验对象，随机选择三年级和四年级不同班级的学生进入不同实验组，以开展跳绳运动的随机干预实验。在实验中，我们设置物质激励、目标制定和内生目标物质激励干预框架，观察不同干预框架下学生运动量、目标制定及运动习惯等行为的差异。实验结果显示，物质激励能显著增加缺乏锻炼个体的体育锻炼行为，只是制定目标无法促进个体的体育锻炼行为，内生目标物质激励能持续促进所有个体的体育锻炼行为，且效果优于单纯的物质激励。

我们还在实验中进一步考察了被试在实验前后的跳绳运动成绩和日常运动时长,发现目标制定与物质激励的干预都无法提高被试的跳绳成绩,还可能减少被试的日常运动时长。而单纯录制跳绳视频的基准方式就能显著提高被试的跳绳成绩。此外,跳绳运动强度较大,会使得个体自我感觉运动量有所增加,从而在完成跳绳个数目标后不再愿意投入时间和精力进行其他体育运动。这提示我们在对人的行为进行干预研究时,不仅要分析干预的目标是否得到有效改善,也要关注针对性的干预可能带来的对其他行为、其他目标的挤出效应。

我们的研究结论希望能够帮助决策制定者能更加科学、精准地制定公共政策,以较小成本的"助推"方式改变中小学生的行为,使其养成健康的学习、生活习惯,同时关注干预政策可能对其他行为带来的挤出效应,从而助推素质教育建设,促进学生全面发展。

一、引言

"十四五"规划纲要的"建设高质量教育体系"篇章中提到,全面贯彻党的教育方针,坚持优先发展教育事业,坚持立德树人,增强学生文明素养、社会责任意识、实践本领,培养德智体美劳全面发展的社会主义建设者和接班人。2019 年 7 月 15 日,国务院印发《国务院关于实施健康中国行动的意见》,并在国家层面成立健康中国行动推进委员会,制定《健康中国行动(2019—2030 年)》。其中,针对中小学生体质健康的提升,分别设定了个人、社会及地方政府部门需要落实的具体行动目标(见表 8-1),并为各主体制定了具体行动指南。然而,中小学生体质现状依然堪忧。第八次全国学生体质与健康调研显示,2019 年中国学生仍存在视力不良和近视率偏高、学生超重肥胖率上升、学生握力水平有所下降等问题,全国 6—22 岁学生体质健康达标优良率仅为 23.8%。2020 年,受到疫情的影响,儿童青少年总体近视率相较于 2019 年又上升了 2.5 个百分点,达到 52.7%,其中小学生 35.6%、初中生 71.1%,高中生 80.5%。

表 8-1 健康中国行动主要指标

指标	2017年	2019年	2022年目标值	2030年目标值	指标性质
结果性指标					
国家学生体质健康标准达标优良率（%）	31.8	23.8	≥50	≥60	预期性
全国儿童青少年总体近视率（%）	—	50.2	每年降低0.5个百分点以上	新发近视率明显下降	约束性
个人和社会倡导性指标					
中小学生每天在校外接触自然光时间1小时以上					倡导性
小学生、初中生、高中生每天睡眠时间分别不少于10、9、8个小时					倡导性
中小学生非学习目的使用电子屏幕产品单次不宜超过15分钟，每天累计不宜超过1小时					倡导性
学校鼓励引导学生达到《国家学生体质健康标准》良好及以上水平					倡导性

注：有关调查数据主要为官方抽样调查统计数据，根据第八次全国学生体质与健康调研更新至2019年数据。

调研同样显示，学生健康意识和生活方式的微小改变能够显著改善体质健康状况，学生保证每天足量的体育锻炼对增强身体素质、预防超重肥胖和近视发生有积极影响。每天能够保证1小时以上在校体育锻炼时间的学生体质健康达标优良率为27.4%，显著高于体育锻炼时间不足的学生的17.7%。2021年8月，教育部等五部门联合发文，明确提出要帮助学生加强体育锻炼，养成健康的生活方式，倡导预防为主的理念，培养学生健康的生活方式，去调整、约束、规范学生学习、锻炼、作息的行为。从促进健康行为的角度设计激励机制，促使学生在日常的微小行为中做出改变，进而养成体育锻炼的健康生活习惯，这些理念和方法与行为经济学中"助推"个体健康行为的研究内容是完全契合的。

面对健康行为的跨期选择时，个体常表现出非理性的反常行为（Della Vigna，2009），其中，吸烟、低质量饮食、酗酒、缺乏体育锻炼和肥胖等因素是导致疾病的主要原因。行为经济学家进行了大量的随机干预实验，针对戒烟、健康饮食、戒酒、减重等给出了一系列行之有效的建议，如激励、目标制定、社会规范等机制在许多领域被反复证明能有效改善个体的健康行为（Cohen-Cole and Fletcher，2008；Gneezy et al.，2011；List and Samek，2015；

Miller et al. , 2016；Belot et al. , 2016）。

然而，行为经济学中聚焦于体育锻炼行为改善的研究却并不多见。Charness and Gneezy（2009）表明经济激励能在短期增加非会员个体前往健身房锻炼的次数。此后，更精细的经济激励框架都证明能增加非会员个体前往健身房的行为（Carrera et al. , 2020；Homonoff et al. , 2020），但各激励框架之间的效果缺少对比，更多的激励框架也有待探索。此外，经济激励框架的效果存在门槛，经济激励能促进缺乏锻炼人群的体育锻炼行为，但对锻炼充分的个体没有显著促进效果，影响范围更广的激励框架还有待探索。

在以往文献中，目标制定被认为能有效改善许多健康行为的跨期选择（Altmann and Traxler, 2014；Busso et al. , 2015；Calzolari and Nardotto, 2017），也被证明能够显著提高人们的运动表现（Markle et al. , 2018）。但在体育锻炼行为中，Carrera et al.（2018）发现即便在认真制定目标的情况下，个体也未能增加健身房锻炼次数。实验中的目标制定仅涉及行动计划（action planning），缺少应对计划（coping planning）的设定①，目标制定对体育锻炼的影响还有待进一步确认。此外，几乎所有体育锻炼相关研究都以健身房打卡记录为依据，并未考虑健身房外的体育锻炼行为，难以保证体育锻炼的有效度量，且国外文献中的健身房锻炼也无法反映我国倡导的全民参与式的体育锻炼行为。

我们结合物质激励和目标制定，设计了由个体制定内生目标、达到目标获取物质激励的框架，即内生目标物质激励。为探索目标制定对个体体育锻炼行为的影响，并考察内生目标物质激励对比单独物质激励或目标制定对体育锻炼行为的激励效果，我们在浙江省宁波市一所小学开展随机干预实验，实验对象是小学三年级和四年级学生，我们选择跳绳运动作为体育锻炼行为进行考察，跳绳是小学体测项目之一，无运动门槛，且跳绳数量也容易被测度。

实验结果显示，物质激励仅能在短期内增加被试的体育锻炼频率和强度，

---

① 目标制定在行为经济学领域包括行动计划和应对计划两种概念不同的制定形式。行动计划涉及详细说明何时、何地以及如何实现自己的目标，应对计划则包括确定一个人将如何应对可能阻碍目标实现过程的潜在障碍。行动计划和应对计划是两种互补的意志过程，两者共同构成了完整的计划（Sniehotta et al. , 2005；Sniehotta, 2009）。

但在长期中并不能持续；目标制定无法显著促进个体的体育锻炼行为；内生目标物质激励能持续促进所有个体的锻炼行为，且效果优于单纯的物质激励；物质激励的加入会让个体制定更为审慎的体育锻炼目标；我们还发现，针对运动量的干预可能并不会提高个体的运动成绩，反而会导致个体过分侧重某种运动而挤出其他体育锻炼的时间。

本研究主要有以下三点贡献：第一，在国内健康干预实验（齐良书和赵俊超，2012；宗庆庆等，2020）方兴未艾的背景下，我们通过随机干预实验，较为全面地探索了目标干预对体育锻炼行为的影响，并将其与物质激励、内生目标物质激励对比与结合，为进一步判断目标制定在体育锻炼行为跨期决策过程中扮演的角色及探索目标制定的影响因素提供了一定支持，同时，激励与目标的结合也为健康行为确定了一种更为持续、高效的干预方式；第二，我们利用网络的便捷性将体育锻炼的实验情境从健身房或实验室拓展至现实的情境，体育锻炼行为的考察可以更贴近真实世界，体育锻炼强度、运动量的度量也可以更准确；第三，在健康中国行动的大背景下，我们的研究为推动全民运动健身、帮助公众（尤其是中小学生）养成体育锻炼的健康习惯提供了一定的政策依据。

二、文献回顾

（一）健康行为的非理性选择

在许多涉及跨期选择的健康行为决策中，个体的真实行为会展现出难以用传统经济学模型解释的反常现象。行为经济学从这些反常行为中总结出三种偏离理性人模型的假设：一是非经典偏好，二是非经典信念，三是非经典决策（DellaVigna，2009）。现时偏好（present bias）是非经典偏好的代表，当衡量未来收益时，现时偏好会诱导个体赋予当下特别高的权重，而对未来的成本和收益赋予很小的权重，进而产生时间偏好上的动态不一致性。因此，个体的偏好会在当下和未来互相矛盾，优先考虑眼前的而非长期的目标，并希望收获即时回报而非延迟的奖励（Laibson，1997；O'Donoghue and Rabin，1999）。非经典信念主要涉及投射偏差（projection bias）和过度自信（over confidence）。投射偏差是指个体当前的状态会影响对未来的预测，常发生于个体的状态受到内在因素如情绪、生理、感觉等因素影响的情境。尽管个体并没有意识到偏好扭曲的发生，但此时个体的偏好发生变化，并使行为和跨期决策发生偏差（Loewenstein et al.，2003）。过度自信指个体总倾向于高估自己的能力，从而认为自己受到危害的风险更小。投射偏差使得个体在健康行为的跨期选择中呈现出不一致的偏好，而过度自信则使得决策偏差进一步加大。非经典决策源于个体的有限理性，具体表现为注意力和记忆力的有限性。健康行为涉及复杂信息呈现和多任务选择，有限理性使得个体无法获取全部信息，无法做出利益最大化决策。

（二）物质激励对体育锻炼的影响

如果自我控制失败是因为个体渴望获得即时奖励并避免即时成本，那么当遥远的激励变为即时获得时，个体就会修正现时偏好，积极采取健康行为。Charness and Gneezy（2009）发现通过在足够长的时间内提供足够多的金钱补偿，能够让在实验开始前从未参加健身的个体在干预期间开始体育锻炼，并在实验结束后短期内维持体育锻炼行为。也就是说，如果个体在物质激励下开始选择尝试体育锻炼，并且在一段时间内持续体育运动，就能够帮助原本不锻炼的个体提高健身锻炼的参与度，最终养成良好的体育运动习惯。Acland and Levy（2015）同样证明，非健身者很容易在金钱的激励下达到外生给定的去健身房锻炼的频率标准。然而，在实验结束很长一段时间后，失去金钱激励的个体参加健身房锻炼的频率会迅速滑落至实验前期水平，即金钱激励促进的体育运动不可持续。

物质激励也会被企业用于激励雇员参加体育锻炼。Royer et al.（2015）发现，将激励与承诺合同选项相结合，促进被试参加健身房锻炼的频率比单纯的物质激励高出一半，并且持续性更长。Carrera et al.（2020）分别构造了随时间推移激励持续不变、递减及零星发放的三种激励框架，其中持续不变的激励还分为期 4 周的短期激励与为期 8 周的长期激励。实验结果显示，经济激励对员工养成锻炼习惯有显著的正向作用；与持续激励相比，随时间递减的激励在维持锻炼方面的效果随时间推移会更差；零星激励比持续激励显示出更强的效果，通过在较长时间内打开和关闭激励能更好地引导被试形成体育运动习惯。物质激励结束后，被试的健身房访问频率快速下降，尤其是本就是健身房会员的被试，而非会员被试在实验 2 个月后去健身房的频率仍维持在比实验前更高的水平。

Homonoff et al.（2020）利用大学的健身计划政策进行了随机干预实验，考察了高出勤率门槛报销健身会员费的激励框架对锻炼频率的影响。实验结果发现，返利激励可以在短期内促进大学生前往健身房锻炼，并且这种积极的行为即使在激励被取消后也能持续。为探究社会效应在外部激励对锻炼行为影响中的作用，Babcock and Hartman（2010）在实验前先从居住在同一宿舍区的大学生中获得友谊网络数据。接着，他们随机激励学生去健身房，从而研究被试所接触的受激励和未受激励的同伴数量会如何影响激励的有效性。实验发现，受到激励的被试如果有更多受激励的朋友，他们去健身房锻炼的次数将会增加；而如果有更多未受到激励的朋友，他们使用健身房的次数会减少。

（三）目标制定对健康行为的影响

目标制定生成了任务绩效的内生参考点，影响着个体对未来结果的看法。当现实的目标被评估有足够的可能性时，具有现时偏好的个体可以加强自我控制，以避免过早停止健康行为，此时目标制定能够改善个体的健康行为决策（Hsiaw，2013）。目标制定应用在体育锻炼领域也能够帮助改善健康行为（Lester et al.，2010；Altmann and Traxler，2014；Busso et al.，2015；Calzolari，2016）。比如，目标制定促进参赛者具有更大的责任感，进而帮助个体提高体育成绩（Markle et al.，2018）。但是，Carrera et al.（2018）发现即便是认真制定目标的情况下，目标干预对体育锻炼行为也没有积极的影响。尽管大多数被试认为计划是有帮助的，并且他们也参与了目标制定过程，但这种缺乏效果的现象仍然存在。

目标制定的有效性仍存在疑问，或是因为乐观偏好导致失落进而抑制计划推进，或是个体制订计划时的意愿未能达到付诸行动的水平。因而，行为经济学家将内生参考点与物质激励结合，用物质激励来增强个体实现计划的动力。Raju et al.（2010）调查了激励和目标承诺对小学生在水果和蔬菜选择方面的长期影响，学生对吃更多蔬菜或水果做出承诺，完成承诺后，学生将有机会获得礼品。尽管目标承诺并没有包含应对计划，但对高年级学生而言，目标与物质激励相结合的效果优于物质激励，并且在实验结束后这种激励效果仍长期存在。Samek（2019）将小贴纸作为礼物，让小学生自愿制定健康饮食目标，这种内生目标物质激励同样达到很好的效果，但效果并不如外生目标物质激励。

综上所述，行为经济学在个人与公共健康，尤其是体育运动方面的应用仍是一个新兴的研究领域。一方面，目前的研究大多集中于物质激励干预上，考察不同金钱激励框架对个体前往健身房健身的频率影响。尽管激励确实使得个体参加体育锻炼的频率得到了显著提高，但不论是何种激励框架，激励结束后激励效果迅速下降的状况普遍存在。物质激励促进体育运动的持续有效性有待考察。另一方面，目标制定也被广泛应用于加强自我控制，以改善个体的健康行为，但实际效果却容易因为计划实施困难而难以推进。行为经济学家因而开始尝试将目标制定与激励相结合，来改进个体的健康行为习惯。但内生目标激励与外生目标激励的效果比较还没有一致的结论，目标与激励干预的结合也还没有被应用于体育锻炼行为，其效果的个体异质性和持续性也有待进一步验证。

三、理论模型

（一）模型简介

本研究的理论框架在 Clark et al.（2020）目标设定模型的基础上加入了外生目标、物质激励两个条件，以对比考察物质激励、外生目标和内生目标设定条件对个体体育锻炼行为的影响。模型中,个体存在现时偏好和损失厌恶。存在现时偏好的个体会产生自我控制问题,在体育锻炼背景下,存在现时偏好的个体认为自己未来会加强锻炼以获得身体健康,但当准备或开始锻炼时,个体可能缺乏实施这些计划所需的自控能力。存在损失厌恶的个体一旦设定体育锻炼的目标,就等同于给锻炼任务的完成程度设置了内生参考点,损失厌恶的个体会付出更多努力,以期达到这个参考点(Koch and Nafziger, 2016)。

基于任务的目标设定模型将个体的体育锻炼行为划分为三个阶段。第一阶段,个体作为计划者设定目标 $g \geq 0$,任务的完成水平表示为 $a \geq 0$。第二阶段,个体作为执行者选择任务的完成水平 a,产生任务成本 $C(a) = \kappa a^2/2$,$\kappa > 0$。此外,存在损失厌恶的执行者会感受到未完成目标的效用损失,这和任务完成水平与计划者在第二阶段设定的目标之间的差距呈线性关系:$-\lambda \max\{g-a, 0\}$,λ 表示未完成目标的心理损失强度。这个公式意味着个体因未能达到目标而沮丧。第三阶段,个体成为受益者,获得完成任务水平对应的给身体健康带来的收益,对身体健康的效用在任务完成水平上呈线性增长:$f(a) = \theta a$,$\theta > 0$。

由于现时偏好的存在,个体的表现为准双曲线贴现模型所描述的,未来 n 个时期的个体折现系数为 $\beta\delta^n$,其中 $\beta \in (0, 1)$,$\delta \in (0, 1)$。一方面,计划者用 $\beta\delta$ 贴现第二时期的效用,用 $\beta\delta^2$ 贴现第三时期的效用,即用 δ 将第三时期的效用贴现为第二时期的效用。另一方面,执行者处于第二时期,将直接通过 $\beta\delta$ 将第三时期的效用贴现为第二时期的效用。由于 $\beta\delta < \delta$,相对于第二时期任务完成的效用,计划者比执行者更重视第三时期任务表现的效用。

同时,社会倡议(规范)同样会对个体的选择产生影响。当个体的完成水平未达到社会规范水平时,个体将产生落后于群体的效用损失,这和任务完成水平与社会规范之间的差距呈线性关系:$\rho\max\{r-a, 0\}$,ρ 表示未达到社会规范水平的心理损失强度。社会规范对个体的整个任务过程做出更多限制:若制定的目标低于社会规范,则制定目标当期计划者将产生 $\beta\delta\rho\max\{r-a, 0\}$ 的效用损失;同理,若执行者的目标低于社会规范,则任务完成当期产生 $\rho\max\{r-a, 0\}$ 的效用损失。社会倡议使得个体倾向于达到社会标准的锻炼水平。

（二）无目标无激励情况

在没有目标的情况下，存在现时偏好的计划者在第一阶段期望的任务完成水平会高于第二阶段执行者选择的努力水平，也就是说，由于时间不一致性（time inconsistent），个体表现出自我控制问题。执行者的效用和计划者的效用分别由式（8-1）和（8-2）给出：

$$u_{act}(a) = \beta\delta f(a) - C(a) - \rho\max\{r-a,0\}$$
$$= \beta\delta\theta a - \frac{\kappa a^2}{2} - \rho\max\{r-a,0\} \quad (8-1)$$

$$u_{plan}(a) = \beta\delta^2 f(a) - \beta\delta C(a) - \beta\delta\rho\max\{r-a,0\}$$
$$= \beta\delta^2\theta a - \beta\delta\frac{\kappa a^2}{2} - \beta\delta\rho\max\{r-a,0\} \quad (8-2)$$

由于 $\kappa > 0$，这两个效用函数都是严格凹的。此时，当 $a \in (0, r]$ 时，执行者将选择 $\underline{a} = \min\left\{\frac{\beta\delta\theta + \rho}{\kappa}, r\right\}$，计划者将选择 $\hat{a} = \min\left\{\frac{\delta\theta + \rho}{\kappa}, r\right\}$；当 $a \in [r, +\infty)$ 时，执行者将选择 $\underline{a} = \max\left\{\frac{\beta\delta\theta}{\kappa}, r\right\}$，而计划者将选择 $\hat{a} = \max\left\{\frac{\delta\theta}{\kappa}, r\right\}$。显然，$\hat{a} > \underline{a}$。由于现时偏好的存在，个体在计划时低估了完成任务的成本，实际参与执行时会出现自我控制问题。

（三）内生目标无激励情况

为了缓解由于时间不一致而导致的自我控制问题，计划者可能会选择设定一个目标。目标可以通过增加执行者的边际工作激励来实现，以避免因未能实现目标而导致的心理损失。为了证明这一点，我们求解了上述博弈的子博弈完美纳什均衡，分析了计划者在第一阶段制定目标后所对应的第二阶段中执行者的任务完成水平。首先，考虑执行者的效用：

$$u_{act}(a \mid g) = \beta\delta f(a) - [\lambda\max\{g-f(a),0\} + \rho\max\{r-a,0\} + C(a)]$$
$$= \beta\delta\theta a - \left[\lambda\max\{g-a,0\} + \rho\max\{r-a,0\} + \frac{\kappa a^2}{2}\right] \quad (8-3)$$

将式（8-3）中执行者的最佳目标 $a^*(g)$ 代入，可以得到计划者的效用为：

$$u_{plan}(g \mid a^*(g)) = \beta\delta^2 f(a^*(g)) - \beta\delta[\lambda\max\{g - a^*(g), 0\}$$
$$+ \rho\max\{r - a^*(g), 0\} + C(a^*(g))]$$
$$= \beta\delta^2\theta a^*(g) - \beta\delta[\lambda\max\{g - a^*(g), 0\} +$$
$$\rho\max\{r - a^*(g), 0\} + \frac{\kappa(a^*(g))^2}{2}] \qquad (8-4)$$

令 $\bar{a}$ 表示在有目标的情况下学生执行者的最优完成任务水平。此时，当 $a \in (0, r)$ 时，$\underline{a} = \min\left\{\frac{\delta\theta + \rho}{\kappa}, r\right\}$，$\hat{a} = \min\left\{\frac{\delta\theta + \rho}{\kappa}, r\right\} \geq \underline{a}$，$\bar{a} = \min\left\{\frac{\beta\delta\theta + \rho + \lambda}{\kappa}, r\right\} \geq \underline{a}$；当 $a \in (r, +\infty)$ 时，$\underline{a} = \max\left\{\frac{\beta\delta\theta}{\kappa}, r\right\}$，$\hat{a} = \max\left\{\frac{\delta\theta}{\kappa}, r\right\} \geq \underline{a}$，$\bar{a} = \max\left\{\frac{\beta\delta\theta + \lambda}{\kappa}, r\right\} \geq \underline{a}$。

在上述结论基础上，将式（8-3）对 a 求二次偏导，可得执行者任务完成水平的最优解 a^*：当 $g \leq \underline{a}$，$a \in [0, g]$ 时，$a^* = \min\{\bar{a}, g\}$；当 $a \in [g, +\infty)$ 时，$a^* = \max\{\underline{a}, g\}$；故 $a^* = \underline{a}$。同理可得，当 $g \in [\underline{a}, \bar{a}]$ 时，$a^* = g$；当 $g \geq \bar{a}$，$a^* = \bar{a}$。

由此可知，当 $g \in [0, \underline{a}]$ 时，$a^*(g) = \underline{a}$，$\partial a^*/\partial g = 0$ 且 $\max\{g - a^*(g), 0\} = 0$。在式（8-4）中，$du_{plan}/dg = 0$，因此对任意 $g \in [0, \bar{a}]$，这都是执行者的最佳目标。当 $g \in [\underline{a}, \bar{a}]$ 时，$a^*(g) = g$，$\partial a^*/\partial g = 1$ 且 $\max\{g - a^*(g), 0\} = 0$。

在式（8-4）中，$\dfrac{du_{plan}}{dg} = \begin{cases} \beta\delta^2\theta - \beta\delta\kappa g & g \geq n \\ \beta\delta^2\theta - \beta\delta\kappa g + \beta\delta\rho & g < n \end{cases}$，$\dfrac{d^2 u_{plan}}{dg^2} = -\beta\delta\kappa < 0$，故 $g^* = \min\{\hat{a}, \bar{a}\} > \underline{a}$，同理可得，当 $g \in [\bar{a}, +\infty)$ 时，$g^* = \bar{a}$。综上所述，$g^* = \min\{\hat{a}, \bar{a}\} > \underline{a}$。当 $\beta\delta\theta + \lambda < \delta\theta$ 时，$g^* = \bar{a}$；当 $\beta\delta\theta + \lambda > \delta\theta$ 时，$g^* = \hat{a}$。执行者选择的最优任务完成水平 $a^* = g^* > \underline{a}$，制定了目标的个体的完成任务水平总是高于没有制定目标的个体。

然而，个体未完成目标的心理损失强度可能会发生变化（Tversky and Kahneman, 1991）。当 λ 很小时，个体对未达到目标所产生的效用损失 $-\lambda\max\{g - a, 0\}$ 将显得微不足道。此时执行者的最优任务完成水平 $g^* \geq$

$a^* = \underline{a}$，目标制定失效。这在现实中有许多对应情境，个体在长时间执行任务过程中（例如体育锻炼）面对目标达成与否的决心会随时间延长而减弱，个体会将失败归咎于其他因素而非自身以摆脱损失厌恶，最终放弃目标。

假设一：内生目标能够提升个体的任务完成水平，但其效果由未完成目标的心理损失强度 λ 而定。当 λ 较小时，内生目标设定仍然不能解决自我控制问题。

（四）外生目标物质激励情况

对存在外生目标物质激励的个体而言，达到外生给定的目标时，个体能够得到 M 的物质激励；而若未能达到外生目标，个体不仅面临未达到社会规范而产生的效用损失，还将因未能得到物质激励而损失 λM 的效用。此时个体的效用公式为：

$$u(a) = \begin{cases} \beta\delta f(a) + M - C(a) & a \geq \tilde{a} \\ \beta\delta f(a) - [\lambda M + C(a) + \rho\max\{r-a,0\}] & a < \tilde{a} \end{cases} \quad (8-5)$$

$\tilde{a}$ 为外生给定的目标，达到目标即可获得 M 的物质激励。此时，物质激励将吸引 $\beta\delta f(a) - C(a) - [\beta\delta f(a) - \lambda M + C(a) - \rho\max\{n-a,0\}] \leq M$ 的个体选择 $a = \tilde{a}$，即物质激励让个体达到外生目标门槛后获得额外效用，帮助原本最优解在外生目标 $\tilde{a}$ 附近的个体付出更多努力以达到外生目标。

假设二：外生目标物质激励能够激励目标门槛附近的个体达到外生目标。

（五）内生目标物质激励情况

个体在第一阶段自己制定目标，在第二阶段完成目标后，可在第三阶段获得物质激励，我们将这种情况称为内生目标物质激励。执行者的效用公式为：

$$u_{act}(a \mid g) = \begin{cases} \beta\delta f(a) - [M + \rho\max\{r-a,0\} + C(a)] & a \geq g \\ \beta\delta f(a) - [\lambda\max\{g-f(a),0\} + \lambda M \\ \quad + \rho\max\{r-a,0\} + C(a)] & a < g \end{cases}$$

$$(8-6)$$

用 $a^*(g)$ 表示执行者最佳目标,计划者的效用为:

$$u_{plan}(a \mid g) = \begin{cases} \beta\delta^2 f(a^*(g)) - \beta\delta[M + \rho\max\{r - a^*(g), 0\} \\ \quad + C(a^*(g))] & a^*(g) \geq g \\ \beta\delta^2 f(a^*(g)) - \beta\delta[\lambda\max\{g - a^*(g), 0\} + \lambda M \\ \quad + \rho\max\{r - a^*(g), 0\} + C(a^*(g))] & a^*(g) < g \end{cases}$$

使用与前面相同的方法,我们可以得到关于无目标执行者、计划者以及有目标执行者的最优解:当 $a \in (0, r)$ 时,$\underline{a} = \min\left\{\frac{\beta\delta\theta + \rho}{\kappa}, r\right\}$,$\hat{a} = \min\left\{\frac{\delta\theta + \rho}{\kappa}, r\right\} \geq \underline{a}$,$\bar{a} = \min\left\{\frac{\beta\delta\theta + \rho + \lambda}{\kappa}, r\right\} \geq \underline{a}$;当 $a \in (r, +\infty)$ 时,$\underline{a} = \max\left\{\frac{\beta\delta\theta}{\kappa}, r\right\}$,$\hat{a} = \max\left\{\frac{\delta\theta}{\kappa}, r\right\} \geq \underline{a}$,$\bar{a} = \max\left\{\frac{\beta\delta\theta + \lambda}{\kappa}, r\right\} \geq \underline{a}$。同时,执行者任务完成水平的最优解 a^*:当 $g \leq \underline{a}$ 时,$a^* = \underline{a}$;当 $g \in [\underline{a}, \bar{a}]$ 时,$a^* = g$;当 $g \geq \bar{a}$ 时,$a^* = \bar{a}$。计划者的最优目标解为 $g^* = \min\{\hat{a}, \bar{a}\} > \underline{a}$。当 $\beta\delta\theta + \lambda < \delta\theta$ 时,$g^* = \bar{a}$;当 $\beta\delta\theta + \lambda > \delta\theta$ 时,$g^* = \hat{a}$。

在内生目标物质激励情况下,个体未完成目标的心理损失强度 λ 变得很小,执行者的最优任务完成水平 $g^* \geq a^* = \underline{a}$,目标制定失效。此时,物质激励将吸引 $\beta\delta f(g) - \rho\max\{r - g, 0\} - C(g) - [\beta\delta f(a) - (\lambda\max\{g - f(a), 0\} + \lambda M + \rho\max\{r - a, 0\} + C(a))] \leq M$ 的个体选择完成目标。如果执行者在达到内生目标门槛后可以获得物质激励,则执行者愿意付出更多努力,选择最优任务完成水平 $a^* = g^* > \underline{a}$。因此,即使在个体 λ 很小的情况下,物质激励也能够保证执行者达到内生目标,克服因 λ 变化而导致目标无效的状况。

假设三:内生目标物质激励能够提升个体的任务完成水平,即使在 λ 较小时,这种提升效果仍然有效。

四、实验设计

我们于 2021 年 4 月在浙江省宁波市的一所小学开展此次随机干预实验,

该学校位于城区,有47个班级、2 000余名学生。具体的实验设计按照实验被试、实验准备、实验组设计、实验流程等四个部分展开。

(一)实验被试

实验所在小学有多次举办类似活动的经验,学生被试和家长对校方组织的大规模活动不会有陌生感和抵触情绪。被试都来自学校周边附近的小区,生活环境相似。学校未设置实验班、拔尖班等特色班级,学生入学时随机分班,因而各班级学生的分布是随机的。

考虑到一、二年级学生的阅读能力和理解能力难以完成实验,而五、六年级学生面临升学压力,活动参与时间较少,实验选择在三、四年级共12个班中开展,其中三年级8个班,四年级4个班。实验将12个班随机分为4个实验组,其中三年级随机抽选2个班、四年级随机抽选1个班合并成为1个实验组。每班人数为44或45,但由于各班存在伤病、理解能力不足以完成实验的被试,因此各组人数有略微差别。具体分组情况见表8-2。

表8-2 各实验组别基本信息

组别	班级	参与人数	实验处理			
			倡议书	物质激励	外生目标	制定目标
基准组	303,304,407	133	√	×	×	×
激励组	302,307,409	132	√	√	√	×
目标组	301,308,408	127	√	×	×	√
综合组	305,306,410	133	√	√	×	√

注:无物质激励组不展示奖品,无目标设定组不提及目标介绍。

(二)实验准备

实验将被试的体育锻炼行为内容统一为跳绳,原因如下:第一,统计更方便。统一运动类型,方便控制被试的运动强度,而跳绳可以通过计数准确记录,方便直观衡量被试的运动量。此外,跳绳是小学生体质健康测试项目之一,每个被试都掌握,教学更方便。第二,实施灵活,受外界因素干扰小。由于跳绳便于携带,对活动场地的要求较低,运动时间可长可短,被试可以灵活调整。第三,安全性高。跳绳运动的体能要求较低,很少造成运动损伤,不会产生过多的乳酸,运动后身体也不会感到太多的不适,与小学生的体能相适应。第四,跳绳燃脂效率高,可以提高协调能力。跳绳运动的氧气利用率比慢跑更高,减肥增肌的效果更好。跳绳运动需要手、脑、腿等身体部位相互协调,有利于提高身体协调性和灵敏性。

结合《国家学生体质健康测试标准》,我们倡议被试每周跳绳 5 次及以上,每次跳绳 300 个及以上。显然,这种倡议属于建议提醒,并非强制要求,实际的运动量和运动频率由被试自愿决定。尽管跳绳相较于其他各项运动并不容易受伤,但仍存在被试运动时不慎受伤的可能。我们安排三、四年级学生在实验开始前一周由体育老师负责教授热身、跳绳以及运动后的拉伸动作。实验讲解时加入跳绳过程中的安全防护措施,并且在实验开始当天积极与家长沟通,如有意外发生则停止跳绳,联系体育老师和校医室医生协同帮助被试恢复。实验中并未出现因跳绳运动而发生受伤的情况。

本次实验要求被试录制视频记录并证明体育锻炼行为。以往文献对被试体育锻炼行为的数据收集多源于健身房打卡记录或自我报告,自我报告的真实性常受到学者的质疑,而被试在健身房的打卡次数难以全面度量被试的锻炼行为。采用录制视频的方式使得被试的体育锻炼行为情境得以扩展,运动类型、运动量、运动强度也能被完整、准确地记录。依托微信小程序,数据的获取、统计变得更加便捷,使得这一方法更便于推广。结合班主任平时收集线上作业的使用习惯,我们选择微信平台的班级小管家小程序,方便被试录制视频后上传。

我们借助学校力量在被试班级中举办"跳绳月"活动,借助学校力量取得家长信任。实验员自我介绍时说明是负责跳绳的体育老师,倡议书(可见本章附录)中注明是被试学校与浙江财经大学联合举办活动。班主任在家长群中介绍实验员××老师和本次实验内容,协助解答家长问题。为防止被试忘记实验内容,实验员详细介绍实验内容,要求被试在作业记录本上记录重点;实验前期多次提醒被试需要录制视频。此外,实验前期我们会发放倡议书,让家长知晓本次实验,班主任在班级 QQ 群中用我们规定的实验指导用语介绍实验并强调实验重点,便于家长进一步了解实验内容并引起重视。我们通过前期的问卷调查,发现 86.3% 的家长愿意参与到孩子的运动中。我们通过积极沟通、降低视频难度等方式寻求家长的配合。实验开始前期积极与被试家长沟通,强调录制视频活动是自愿行为,希望家长能够陪伴孩子共同运动,并发放倡议书告知活动内容。为了降低录制视频难度,要求录制时间大致在 5 分钟之内,被试可自行完成视频录制。

我们采取多种措施尽可能避免老师、家长及同学对个体体育锻炼决策的影响。实验开始前,我们提醒各学科老师避免表达对被试体育锻炼行为的态度。实验过程中,我们采用实验指导用语、统一实验员的方式避免以某种方式(如表情、手势、语气等)有意无意地影响被试的体育锻炼行为,使他们的反应附和实验员的期望,确保排除实验员效应。班主任将用相同的实验指导用语帮助介绍实验内容,并告知家长配合被试要求,避免干预被试的体育锻炼行为。我们在私下发放奖品,需上交的实验材料统一上交至讲台,避免被试决策之间的相互干扰。

(三)实验组设计

我们设计了一个 2×2 随机干预实验,通过引入物质激励(无、有)、目标(外生、内生)两种干预方式,考察被试在不同干预条件下体育锻炼行为的变化。实验组分别为:基准组(无物质激励的外生倡议目标)、激励组(有物质激励的外生倡议目标)、目标组(无物质激励的内生计划目标)、综合组(有物质激励的内生计划目标),分别对应理论模型中的四种情况。为表述方便,后续实验结果分析中均采取各实验组名称代替具体干预措施。实验持续四周,一周为一轮。

所有实验被试在实验开始前一周内需填写一份调查问卷(可见本章附录),并在体育课上进行体能测试以及学习跳绳姿势和运动前后的拉伸、放松活动。实验开始时,所有实验被试都将收到一根可计数跳绳以及一份活动倡议书,倡议书要求家长填写回执并带回上交。实验员向基准组倡议每周跳绳 5

次及以上,每次 300 个及以上。跳绳是自愿的,并非强制,但要求被试一旦跳绳,就要录制视频上传,获奖名单及跳绳数据不会公布。当天由班主任协助实验员在家长群中介绍实验内容。每周周一被试都会收到重复提醒,直到第四轮实验结束。实验结束一周内被试需填写同样的调查问卷,并在体育课上进行体能测试。

实验开始时,激励组被试被额外展示一组奖品图片,并被告知,每周体育锻炼量若达到倡议标准,可在下一周周一获得奖品。奖品价值十元,从被展示图片中随机选择,每周的奖品不相同。而目标组被试则需额外学习理解目标制定概念,并被要求当场填写一份本周跳绳计划表,在表格中分别填入他们计划本周跳绳的日期、场地、时间和跳绳个数,预测他们执行目标时将遇到的困难,想出解决办法,依次写在计划表下面的横线上,并当场上交。此后每轮实验开始前,目标组被试都需重新填写一份该轮的跳绳计划表。综合组被试也需要学习理解目标制定概念,并被要求当场填写一份本周跳绳计划表并上交。综合组被试还将被展示一组奖品图片,并被告知,每周若达到自己设定的目标,可在下一周周一获得奖品。奖品价值十元,从被展示图片中随机选择,每周的奖品不相同。此后每轮实验开始前,综合组被试也都需重新填写一份该轮的跳绳计划表。

另外,我们将四年级未参与实验干预的 6 个班学生设定为自然组,只在实验开始前后填写调查问卷、进行体质测试、学习跳绳姿势和运动前后的拉伸、放松活动。自然组不会收到倡议书,不会有实验员讲解实验内容,其班主任老师不知晓跳绳实验。

(四)实验流程

实验开始前一周,被试收到调查问卷和活动倡议书。被试被要求完成调查问卷并上交,活动倡议书由家长签字后上交回执。实验员协助体育老师在体育课上对被试进行体质测试,教授跳绳姿势和运动前、后的拉伸运动。实验员将三年级 8 个班、四年级 4 个班随机分为 4 组,各组含 2 个三年级班和 1 个四年级班,与各班班主任沟通并讨论实验实施。协助实施实验的班主任将被告知无须干扰被试的体育锻炼行为，只需在实验讲解时协助维护现场秩序，并在家长群中协助讲解实验内容、解答家长问题。

本实验将分为四轮进行。第一轮即实验开始的第一周周一，在班主任的陪同下，被试将在各自教室聆听实验员的实验讲解，并做好记录。实验讲解主要内容如下：倡议每周跳绳5次及以上，每次300个及以上，跳绳时录制视频上传；强调跳绳自愿参加，并非强制，但要求一旦跳绳，就要录制视频上传。激励组被试被展示奖品，被告知若每周跳绳达到倡议标准及以上，并且上传视频，可以在下一周周一得到一份奖品，奖品将从展示奖品中随机抽选，但每周都不相同。目标组被试收到一张目标计划表（可见本章附录），实验员向被试介绍目标计划的意义，以小马过河为例，把目标拆分为应对计划和行动计划，以确保被试真正了解目标计划的含义。实验员告知他们要对本周的跳绳活动制定目标，在表格中分别填入他们计划本周跳绳的日期、场地、时间和个数；预测他们执行目标时将遇到的困难，想出解决办法，依次写在计划表下面的横线上，当场填写完毕后上交。综合组被试收到一张目标计划表并被展示奖品，他们被告知将对本周的跳绳活动制定目标。与目标组一样，综合组被试也需要学习目标计划的意义，随后预测他们执行目标时将遇到的困难，并且想出办法解决。同样，被试若每周跳绳达到目标，并且上传视频，可以在下一周周一得到一份奖品，奖品将从展示奖品中随机抽选，但每周都不相同。被试须当场填写计划表并上交。综合组被展示的奖品与激励组相同，填写的目标计划表与目标组相同。

类似的实验内容将在当天发送至各班级家长群，由各班班主任介绍实验员并协助实验员用实验指导用语解答家长疑问，希望家长若收到孩子邀请能够帮助孩子录制视频并上传。接下来的一周，实验员收集上传的视频并记录被试运动数据。在第二周周一即第二轮实验开始时，实验员为激励组、综合组达到要求的被试发放奖品，具体的获奖名单、实验数据不向被试或者被试家长公布。所有实验组重复第一轮的实验讲解。不同的是，实验内容将不再重复发送给家长。

实验第三、四轮同第二轮。实验结束后，被试将重新填写调查问卷，在一周内的体育课上由体育老师带领测量跳绳个数。具体流程见图8–1。

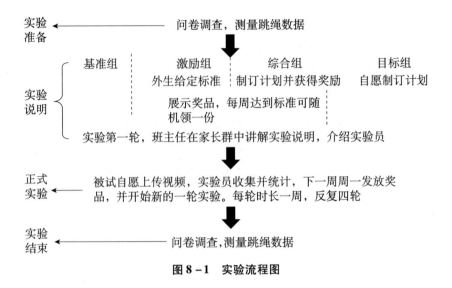

图 8-1 实验流程图

五、实验结果

我们从以下几个部分展开对实验结果的分析。首先,我们围绕实验被试的个体基本情况、运动能力、家庭对体育锻炼行为的影响及运动习惯四个方面进行统计性描述;之后,我们将总体被试划分为锻炼缺乏、锻炼充足两部分人群,考察各干预对拥有不同体育锻炼行为习惯的个体的影响。我们先用图形分析各实验组总体以及各人群运动量达标率的时间趋势,以描述随时间变化,各干预对不同个体体育锻炼行为的影响趋势;接着,我们采用回归分析,考察不同干预对个体跳绳量的影响并对影响效果进行对比,而且对效果的个体异质性进行了分析;我们还通过对比目标组和综合组在制定目标方面的差异,探究了不同干预下个体制定目标的心理因素。最后,我们结合实验前后的问卷数据以及跳绳成绩,讨论针对跳绳运动的干预对个体跳绳运动能力及体育运动习惯的影响。

(一)样本统计性描述

我们在实验前收集了学生被试的相关基本情况(如性别、年龄、BMI)、运动能力（体测总分、期初跳绳成绩、在校运动程度）、家庭影响（父母对体育的喜爱程度、父母参与度）、运动习惯（自己对体育的喜爱程度、日均课外锻炼量、日均跳绳量）等基本个人社会特征信息。表8-3提供了这些基本情况的数据。

表8-3 被试个人基本信息情况的描述性统计

	(1) 总样本均值	(2) 基准组均值	(3) 基准组 vs. 激励组	(4) 基准组 vs. 目标组	(5) 基准组 vs. 综合组
（一）基本情况					
性别	0.552	0.563	0.032 (0.062)	0.003 (0.063)	0.020 (0.063)
年龄	9.006	9.060	0.050 (0.081)	0.024 (0.080)	0.113 (0.079)
BMI	15.671	15.549	0.554 (0.338)	0.303 (0.350)	0.241 (0.187)
（二）运动能力					
体测总分	85.632	86.139	1.707 (1.378)	-1.194 (1.277)	1.047 (1.249)
期初跳绳成绩	146.012	146.793	2.116 (2.802)	-1.424 (1.665)	2.445 (2.617)
在校运动程度	2.295	2.305	0.059 (0.096)	-0.135 (0.184)	0.109 (0.106)
（三）家庭影响					
父亲体育喜爱程度	2.432	2.471	-0.0171 (0.129)	-0.1305 (0.145)	-0.1902 (0.138)
母亲体育喜爱程度	2.734	2.683	-0.033 (0.115)	-0.141 (0.127)	-0.181 (0.119)
父母参与度	1.413	1.378	-0.064 (0.078)	-0.015 (0.075)	-0.061 (0.076)
（四）运动习惯					
体育喜爱程度	2.059	2.081	0.033 (0.116)	-0.112 (0.131)	-0.190 (0.139)
日均课外锻炼量	0.272	0.277	-1.44 (1.39)	-0.093 (0.060)	-0.092 (0.057)

（续表）

	(1)	(2)	(3)	(4)	(5)
	总样本均值	基准组均值	基准组 vs. 激励组	基准组 vs. 目标组	基准组 vs. 综合组
日均跳绳量	215.271	213.196	-3.947 (4.353)	0.094 (0.152)	-0.059 (0.152)
观测值	525	133	265	260	266

注：*、**、*** 分别表示在 10%、5%、1% 显著性水平下显著，括号内为标准差。其中，性别=1 表示男性，性别=0 表示女性。年龄为出生日起至实验开始的年龄。$BMI = $ 体重（kg）÷（身高）^{2}（m）^{2}。在校运动程度为很轻松、有点累、比较累、很累 4 档，分别对应 1—4。期初跳绳成绩是期初每分钟跳绳个数。体育喜爱程度为非常喜欢、比较喜欢、一般、不太喜欢、很不喜欢 5 档，分别对应 1—5。父母参与度为乐意、不参加、限制运动 3 档，分别对应 1—3。日均课外锻炼量、日均跳绳量根据被试自报告结果得出。

我们也对基准组和各干预组被试的个人基本信息情况进行了比较。表 8-3 中第（1）、（2）列显示了总体样本和基准组的各变量均值。为了探究随机化分组是否实现了各组之间这些个人基本社会特征的平衡，我们进行了基准组与激励组、目标组和综合组之间的 t 检验，结果分别在第（3）、（4）、（5）三列中显示。总的来说，这些特征变量在不同的组中相当平衡。

我们的被试群体平均年龄为 9 岁，男女比例大致相等。根据《国家学生体质健康标准》（见表 8-4），被试 BMI 均值为 15.671，属于正常范围。每分钟跳绳均值约 146 次，达到优秀水平，完全具备完成跳绳任务的能力。体测总分均值为 85.632，属于良好等级。从家庭对被试运动偏好的影响看，被试父母对运动的兴趣弱于被试，且运动参与度不高，这使得被试的体育锻炼更符合被试个人的行为倾向。而根据被试对日常运动行为的自报告，我们发现被试的校外运动量均值仅为 0.27 小时/天，远小于国家倡导的 1 小时以上，

表 8-4 《国家学生体质健康标准》指标评分标准

指标	性别	三年级	四年级
BMI	男	13.9—19.4	14.2—20.1
	女	13.6—18.6	13.7—19.4
一分钟跳绳	男	116—126	127—137
	女	125—139	135—149

注：表中列出的 BMI 数值是正常等级，一分钟跳绳数字代表优秀等级。

被试的运动兴趣也不强,介于比较喜欢和一般之间。综上所述,被试总体运动能力高于一般水平,父母对运动行为关注度较低,而被试自身对运动兴趣不高,且缺乏校外运动。

(二)各干预对体育锻炼行为的影响

1. 各干预对运动量达标率的影响

我们将被试一周内上传的视频加总计数,统计出每个被试每日平均跳绳量。向被试倡导的跳绳量是每周跳绳5次及以上,每次300个及以上,即日均跳绳倡议量为214个。将此作为衡量被试运动量达标的标准,我们希望了解不同干预对被试达到该标准的影响,并用达标人数占各组总人数的百分比来衡量被试跳绳运动量的达标率。为此,我们绘制出各实验组被试在实验期间达标率随时间变化的趋势图。

如图8-2显示,实验开始第一周,激励组和综合组被试日均跳绳量达标率略高于目标组和基准组,但达标率基本在47%左右。到第二周,激励组被试达标率快速上升,达到57%,综合组达标率呈现相似的上升趋势,达到56%,物质激励开始显示出正向效果;目标组达标率仅上升了3个百分点,为50%。到第三周,综合组被试达标率仍以相同的增长速度继续上升;激励组达标率虽然同样上升,但速度开始放缓;而目标组的达标率相比第二周反而下降,达标率几乎与基准组相同。到第四周,综合组被试的达标率依然维持近似增长速率,达到63%;而激励组达标率却下降至56%;目标组被试达标率同样小幅下降,仅略高于基准组。基准组被试的达标率在实验期间始终维持在45%左右。

以上结果表明,物质激励在实验开始第一周并未显示出明显的促进效果。这可能是因为被试缺少参与活动获得物质奖励的体验,对物质激励缺乏信任,因而表现出的敏感程度不高。而第一周结束后,当被试获得真实奖励后,物质激励的效果才真正显现。第二、三周中,更多的被试达到倡议的跳绳运动量。然而,物质激励也仅在短期内有明显促进效果,在第三周达到顶峰后,激励组的达标率在第四周下降。虽然在实验结束时,激励组的达标率仍高于基准组，但物质激励对被试体育锻炼的促进作用已经开始减弱。

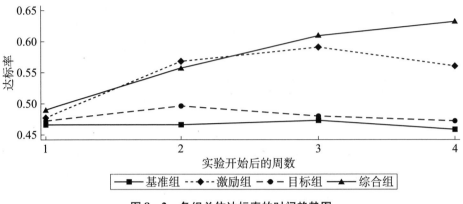

图8-2 各组总体达标率的时间趋势图

这与以往的研究结果相符，物质激励仅能在短期内提高被试的体育锻炼频率和强度，在长期中并不能维持。相同物质奖励下，综合组的达标率随实验进行呈现出更稳定的上升趋势，到第四周，达标率几乎比实验开始时高了近20%，而这种上升趋势似乎还能持续下去。相比于外生的物质激励，让被试制定内生目标并给予物质激励似乎更能持久地促进被试达到倡议的运动量。而目标组的达标率只在第二周有略微提高，随后又马上下降，几乎和基准组没有太大差异，说明对被试宣传倡导，进而帮助被试制订目标计划并不能提高锻炼达标率，被试似乎在制订好计划后就将其抛在脑后。

相比于干预对总体人群的效果，缺乏体育锻炼的个体在干预后的行为变化显得更为重要，因此我们更希望干预能对缺乏体育锻炼的个体起到好的效果。我们将各组实验前自报告日均跳绳量小于等于214次/天（倡导的标准跳绳次数）的被试划分为体育锻炼缺乏个体，以此探究不同干预措施对异质性个体达标率的影响。图8-3显示，对于体育锻炼缺乏被试，综合组达标率从第一周的23%到第四周的40%，几乎翻了一倍。从时间趋势来看，综合组达标率一直保持稳定的增长，直至第四周，体育锻炼缺乏个体达标率的增长速度才略有下降。激励组达标率在第二周增长速度最快，第三周仍保持增长，但幅度明显下降，在第三周达到顶峰后，达标率在第四周降至33%，略高于第二周的31%。目标组达标率从第一周就略低于基准组，第二周下跌至

21%，第三周略微增长至22%并在第四周保持不变。基准组达标率略有波动，但基本维持在21%左右。

激励组和综合组中体育锻炼缺乏个体的达标率变化趋势与总体样本差别不大，综合组始终保持大幅上升趋势，而激励组在第四周的下降幅度略小于总体样本。这说明物质激励对体育锻炼缺乏个体的促进作用尽管持续效果不佳，但吸引力的下降程度较小。目标组达标率的时间趋势线与基准组没有明显差异，目标组的干预似乎对体育锻炼缺乏个体达标的努力影响不大，这意味着缺乏体育锻炼的个体仅将目标的制定停留在纸面上，而没有真正付诸实践。

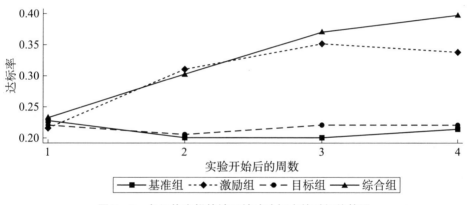

图 8-3　各组体育锻炼缺乏被试达标率的时间趋势图

我们也将期初自报告日均跳绳量大于214次/天的被试划分为体育锻炼充足群体，探究三种干预对体育锻炼充足个体跳绳运动量达标率的影响。如图8-4显示，相比于体育锻炼缺乏个体的达标率变化，体育锻炼充足个体的变化较小，这可能是因为体育锻炼充足个体原本的基础达标率就很高。即便如此，我们还是发现了一些有趣的现象。激励组达标率在前三周保持增长，但幅度下降，第四周下降至84%，低于第二周的86%。综合组达标率的增长率随时间递减，第一周到第二周上涨约7%，第二周到第三周上涨约3个百分点，第三周到第四周上涨约2个百分点，达到92%。目标组达标率也同样上升，第一周为76%，第二周上升至83%，但之后又迅速下降至基准组水平。

物质激励下，体育锻炼充足个体的达标率随时间变化趋势与总体样本大致相同。激励组在前期展现出较高的增长速度,但同样持续性不强,在第四周的下降速度甚至比总体样本更大。单纯的物质激励对体育锻炼充足组的促进作用显得更加短暂,达标率在第三周大幅下降证明被试很快就对物质激励失去了兴趣。这表明,给予一个本来就能够完成运动目标的个体外部物质奖励所能带来的激励作用十分短暂,而且效果下降十分迅速。综合组的干预效果令人满意,尽管增长速率递减,但达标率仍始终保持稳定的上涨趋势,到第四周,绝大部分体育锻炼充足的被试都能达标。

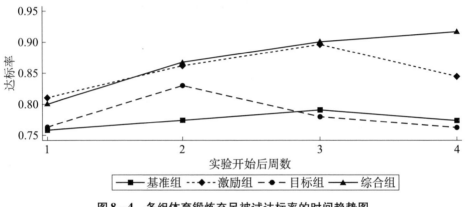

图 8-4 各组体育锻炼充足被试达标率的时间趋势图

2. 各干预对运动量的影响

我们进一步对各干预下被试跳绳运动量进行分析。我们采用随机效应模型对各实验组被试日均跳绳量进行面板数据回归,结果如表 8-5 所示。回归结果与图形分析的结果基本一致,物质激励对被试日均跳绳量有正向效果($p<0.1$),这也再次印证在短期内,物质激励能够显著促进人们的体育锻炼行为。而目标干预仅有微小的正向作用,且相比于 214 个的倡议日均跳绳量,这种影响非常微小,效果也不具备统计显著性。值得关注的是综合组与其余干预组的对比。综合组被试日均跳绳量相较基准组显著提高了 120 余个($p<0.01$),这远高于激励组形成的正向促进效果。我们进而把综合组被试日均跳绳量与激励组、目标组进行对比,回归结果显示,不论相较于物质激励还是目标制定,综合组干预都更好地提高了被试的跳绳运动量。

表8-5 总体日均跳绳量面板回归结果

解释变量	被解释变量：日均跳绳量					
	（1） 激励组 vs. 基准组	（2） 目标组 vs. 基准组	（3） 综合组 vs. 基准组	（4） 综合组 vs. 激励组	（5） 综合组 vs. 目标组	（6） 目标组 vs. 激励组
处理	35.138* (18.773)	2.662 (22.472)	120.165*** (32.946)	79.108** (31.874)	109.987*** (34.563)	-31.490 (21.897)
性别	-44.636** (18.901)	-51.616** (22.807)	-118.101*** (33.185)	-137.322*** (32.381)	-155.252*** (35.264)	-72.649*** (22.172)
年龄	23.425* (13.606)	17.120 (16.307)	91.641*** (24.881)	84.567*** (24.159)	86.408*** (26.730)	14.477 (15.860)
跳绳成绩	2.457*** (0.440)	2.917*** (0.671)	2.489*** (0.805)	2.516*** (0.670)	2.327*** (0.887)	2.517*** (0.520)
体育喜爱程度	-24.944** (10.351)	-31.367*** (11.036)	-28.935* (17.497)	-30.292* (18.045)	-37.121** (17.162)	-32.244*** (11.256)
常数项	-295.458* (154.975)	-288.747 (176.997)	-871.638*** (260.268)	-797.705*** (257.614)	-974.759*** (280.142)	-126.862 (172.717)
观测值	1008	992	1004	1020	1004	1008

注：*，**，*** 分别表示在10%、5%、1%显著性水平下显著，括号内为标准差。

回归结果还显示，女性被试的日均跳绳量比男性显著更高，且性别差异在综合组与其他组的对比中更加凸显，这似乎表明，有物质激励后，女生在制定目标后的执行力会进一步增强。日均跳绳量的年龄差异在综合组与其他组的对比中也尤为突出，这表明年龄更大的被试有更强的执行力和自律性。跳绳成绩所代表的运动能力变量有非常显著的正向促进作用，运动能力强的人倾向于更多地体育锻炼。此外，体育喜爱程度也有正向的积极作用。由此可见，培养对体育的兴趣也是促进公众体育锻炼的重要途径之一。

我们也同样采用随机效应模型对体育锻炼缺乏个体的日均跳绳量进行了面板数据回归分析（见表8-6）。回归结果显示，激励组和综合组相比较基准组，体育锻炼缺乏个体的日均跳绳量都有显著提高（$p<0.01$），而综合组的干预对体育锻炼缺乏群体提高日均跳绳量的效果更好。目标组虽然也有正向促进效果，但效果不显著。综合组和激励组相较目标组，体育锻炼缺乏个

体的日均跳绳锻炼量都显著更高（$p<0.01$）。

体育锻炼缺乏个体在物质激励下大幅提高了日均跳绳量，这说明用物质激励来推动体育锻炼缺乏个体参加体育锻炼是可行的。在体育锻炼习惯培养期间，为缺乏动力的个体制定外生目标并提供物质激励，能够帮助他们启动体育锻炼行为。相比于外生目标结合物质激励，内生目标结合物质激励更能够提高人们体育锻炼的积极性和主动性。

表8-6 体育锻炼缺乏个体日均跳绳量面板回归结果

解释变量	被解释变量：日均跳绳量					
	(1)	(2)	(3)	(4)	(5)	(6)
	激励组 vs. 基准组	目标组 vs. 基准组	综合组 vs. 基准组	综合组 vs. 激励组	综合组 vs. 目标组	目标组 vs. 激励组
处理	88.669*** (20.732)	25.262 (24.970)	125.538*** (27.903)	27.556 (24.832)	102.198*** (27.659)	-67.313*** (22.619)
性别	-24.906 (20.402)	-35.267 (24.974)	-67.207** (27.828)	-70.236*** (24.928)	-81.335*** (27.856)	-37.234* (22.556)
年龄	12.424 (14.202)	33.977** (17.244)	46.787** (21.414)	19.443 (19.081)	44.789** (21.86)	17.717 (15.627)
跳绳成绩	1.531*** (0.445)	2.216*** (0.691)	1.115* (0.660)	1.594*** (0.526)	1.877*** (0.725)	2.343*** (0.516)
体育喜爱程度	-18.793* (10.669)	-11.482 (11.554)	-1.418 (14.505)	-10.749 (14.258)	-6.566 (13.926)	-20.088* (11.348)
常数项	-155.329 (158.946)	-460.831*** (178.412)	-424.035* (217.548)	-143.363 (204.818)	-675.642*** (227.102)	-151.892 (169.058)
观测值	576	552	572	588	564	568

注：*、**、*** 分别表示在10%、5%、1%显著性水平下显著，括号内为标准差。

我们也对各组体育锻炼充足个体的日均跳绳量进行了随机效应模型的面板数据回归分析。表8-7中的回归结果显示，相比于基准组，综合组被试显著提高了日均跳绳量（$p<0.05$），并且提升幅度非常大。这表明在体育锻炼充足个体中，内生目标结合物质激励的干预对体育锻炼仍然起到了非常好的效果。但制定目标同样没能让体育锻炼充足群体显著提高跳绳量，下面我们还将对计划的目标制定做进一步分析。

表8-7 体育锻炼充足个体日均跳绳量面板回归结果

解释变量	被解释变量：日均跳绳量					
	(1) 激励组 vs. 基准组	(2) 目标组 vs. 基准组	(3) 综合组 vs. 基准组	(4) 综合组 vs. 激励组	(5) 综合组 vs. 目标组	(6) 目标组 vs. 激励组
处理	-18.650 (33.277)	25.870 (36.808)	145.950** (68.064)	128.908 (82.274)	68.679 (86.177)	62.424 (45.844)
性别	-97.287*** (31.910)	-113.365*** (38.419)	-192.861*** (68.948)	-231.97*** (82.245)	-315.079*** (91.307)	-164.89*** (45.859)
年龄	28.073 (24.269)	-8.874 (28.042)	129.036*** (48.361)	182.657*** (60.197)	170.981*** (63.937)	20.102 (35.588)
跳绳成绩	3.559*** (0.833)	3.493*** (1.182)	3.794** (1.642)	3.375** (1.683)	2.980 (2.119)	2.851** (1.187)
体育喜爱程度	-12.461 (18.723)	-21.208 (20.878)	-27.938 (36.644)	-36.250 (45.678)	-26.585 (46.609)	-16.169 (26.013)
常数项	-426.203 (277.192)	-50.429 (329.357)	-1296.383** (520.107)	-1738.878*** (613.891)	-1567.774** (663.975)	-290.66 (388.09)
观测值	432	440	432	432	440	440

注：*，**，*** 分别表示在10%、5%、1%显著性水平下显著，括号内为标准差。

（三）物质激励对目标制定的影响

为了探究在实验开展过程中，单纯的目标制定为何不会显著改善个体的体育锻炼行为，我们对个体在制定目标过程中的影响因素进行了回归分析（见表8-8）。我们首先采用随机效应模型考察了目标组和综合组被试在第一周填写的日均跳绳计划量。在实验第一周，目标组和综合组被试都倾向于按照填问卷时自报告的日均跳绳数据来制订相应计划，跳绳计划量分别是实验前自报告跳绳数的119.5%（$p<0.01$）和62.9%（$p<0.01$）。相比于目标组，综合组在最初制订计划时显得更为审慎。这是因为综合组被试知道达到计划目标能够获得一份物质奖励，而计划的跳绳量越低，就越有可能完成计划。

表8-8 目标制定的影响因素分析

解释变量	日均跳绳计划量		Δ 日均跳绳计划量	
	目标组	综合组	目标组	综合组
自报告日均跳绳量	1.195*** (0.068)	0.629*** (0.142)	— —	— —
上轮跳绳量与计划量差值	— —	— —	1.427*** (0.139)	.669*** (0.024)
性别	-14.180 (44.636)	81.775 (157.685)	-21.083 (24.642)	-73.901* (39.822)
年龄	31.262 (32.863)	301.358** (127.6)	-12.272 (17.861)	27.460 (32.074)
跳绳成绩	-0.980 (1.171)	2.823 (3.403)	0.206 (0.633)	0.050 (0.869)
体育喜爱程度	-34.569 (21.136)	-12.847 (87.144)	2.814 (11.178)	-23.590 (21.404)
常数项	74.669 (316.192)	-2751.984** (1209.734)	121.515 (174.183)	-131.022 (307.268)
观测值	127	133	381	399

注：*，**，*** 分别表示在10%、5%、1%显著性水平下显著，括号内为标准差。

为进一步考虑被试在目标制定和内生激励干预下跳绳计划量的调整，我们还将本轮与上轮的日均跳绳计划量差值（Δ 日均跳绳计划量）作为被解释变量，纳入被试上轮实际完成的跳绳量与计划量差值作为解释变量。回归结果显示，在后面的轮次中，目标组和综合组被试均表现出上轮计划完成情况对本轮计划跳绳量的滞后效应，即上轮跳绳量与计划量的差值和本轮与上轮的日均跳绳计划量差值显著正相关。此外，目标组被试上轮跳绳量与计划量的差值是本轮与上轮日均跳绳计划量差值的 1.427 倍，而综合组被试上轮跳绳量与计划量的差值是本轮与上轮日均跳绳计划量差值的 0.669 倍。这表明，目标组被试对上轮跳绳量和计划量差值会展现出更高的敏感性，会在后面轮次的计划中做更大的调整；而综合组被试面对上轮跳绳量和计划量差值时则会表现出更加审慎、稳健的特性。

在实验开始时，被试没有对近一周的跳绳量做精确的计划，只能根据之前的跳绳量大致估计。而此时综合组考虑到物质激励的存在，选择用更加审慎的态度制订计划，而目标组由于没有约束，则制订了更雄心勃勃的计划。第一周的实验过后，被试知晓了自己的准确跳绳量情况后，针对上轮实际完成情况调整下一周的跳绳量。此时的综合组表现出比目标组更强的韧性和克制，这使得综合组拥有相对稳定的计划量和更好的执行效果。而目标组被试在最开始便为自己提出了更高的计划量，当达成目标时，他们更自信地在本周计划和完成量的基础上增加了下一周的目标跳绳量；但当没能达成目标时，他们又会更盲目地减少下周计划量。这似乎可以用来解释为什么体育锻炼充足组的达标率在第二周大幅上升，但却没能持续，并在后期下降至基准组水平。这也是为什么我们在内生目标无激励的理论模型中，设定个体在长时间执行任务过程中面对目标达成与否的决心会随时间推进而减弱，因此内生目标设定仍然不能完全解决自我控制问题。

（四）各干预对跳绳成绩的影响

在对各组实验过程中的日均跳绳量进行分析后，我们还希望考察四周的跳绳活动能对被试的体育成绩及日常生活带来哪些改变。以往的研究表明，在激励人们减重时，人们会对日常生活，如饮食、服药及锻炼习惯等方面做出改变（Cawley and Price，2013；Gneezy et al.，2011）。因此，我们将从被试实验前后的跳绳成绩、实验前后每日锻炼的体育时长以及自我感觉的日均跳绳量等角度，来探究这次干预实验对被试运动能力和运动习惯的外部性作用。

我们在实验开始前和结束后分别对被试进行了一次跳绳成绩的测量，将实验结束后的跳绳成绩减去开始前的成绩，对实验各组两两对比进行回归分析（见表8-9）。回归结果显示，相较于基准组，所有干预组被试在实验前后的跳绳成绩之差均显著更低（$p<0.05$），而各实验组间被试的跳绳成绩之差并没有显著差异。

表 8-9　各实验干预对实验前后跳绳成绩之差的回归结果

解释变量	被解释变量：跳绳成绩增长					
	(1)	(2)	(3)	(4)	(5)	(6)
	激励组 vs. 基准组	目标组 vs. 基准组	综合组 vs. 基准组	综合组 vs. 激励组	综合组 vs. 目标组	目标组 vs. 激励组
处理	-5.366** (2.500)	-5.826** (1.349)	-7.287*** (0.820)	-2.034 (1.223)	-2.017 (2.712)	0.168 (2.741)
性别	1.254 (1.817)	-1.323 (1.951)	1.197 (1.863)	6.282*** (1.858)	4.075* (2.087)	3.375* (1.978)
年龄	-4.705* (2.513)	-0.373 (2.707)	-3.295 (2.477)	-6.896*** (2.483)	-3.337 (2.73)	-4.378 (2.748)
体育喜爱程度	-4.039*** (1.372)	-3.354** (1.351)	-2.591** (1.305)	-2.695* (1.380)	-2.247 (1.375)	-3.696** (1.439)
常数项	74.269*** (20.604)	96.037*** (20.836)	58.505*** (19.454)	20.692 (19.707)	45.479** (21.833)	58.856*** (21.227)
观测值	248	239	250	252	243	241

注：*、**、*** 分别表示在 10%、5%、1% 显著性水平下显著，括号内为标准差。

我们还收集了未参与干预实验的四年级其他各班级学生（自然组）在实验前后的跳绳成绩，并将其与实验各组的跳绳成绩之差分别两两对比分析（见表 8-10）。回归结果显示，相比于没有受到任何实验干预的自然组，基准组被试仅被要求上传跳绳视频就可以使跳绳成绩提高约 6.6 次/分钟（$p < 0.05$）；在此基础上进行外部物质激励、制订目标计划、内生物质激励虽然对被试的跳绳成绩都有一定正向作用，但结果均不显著。

表 8-10　实验各组与自然组跳绳成绩增长对比

解释变量	被解释变量：跳绳成绩增长			
	(1)	(2)	(3)	(4)
	基准组 vs. 自然组	激励组 vs. 自然组	目标组 vs. 自然组	综合组 vs. 自然组
处理	6.584** (2.652)	4.121 (3.380)	1.918 (1.547)	3.577 (2.927)
性别	-3.714 (2.299)	-7.551*** (2.372)	-3.429 (2.567)	-6.035** (2.332)

(续表)

解释变量	被解释变量：跳绳成绩增长			
	(1)	(2)	(3)	(4)
	基准组 vs. 自然组	激励组 vs. 自然组	目标组 vs. 自然组	综合组 vs. 自然组
年龄	-3.780* (1.929)	2.184 (2.002)	-1.455 (2.190)	1.845 (2.085)
体育喜爱程度	-1.406 (1.282)	-1.520 (1.395)	-1.146 (1.367)	-0.329 (1.320)
常数项	89.551*** (20.549)	50.045** (20.776)	77.818*** (20.476)	46.925*** (16.954)
观测值	281	283	274	285

注：*、**、***分别表示在10%、5%、1%显著性水平下显著，括号内为标准差。

直觉上，日常跳绳量越多，跳绳越熟练，考试成绩应该越好。但实验结果表明：与其他实验组相比，单纯的录制视频上传也许就是提高跳绳成绩最好的方法。除此之外，制定目标、物质激励等干预都不会提高跳绳成绩，这显然与直觉相悖。我们猜想，实验干预仅针对被试的日常跳绳锻炼量，而对被试的跳绳姿势、如何跳得更快等技巧并未涉及。事实上，我们的实验更强调跳绳量而非速度，但跳绳测试对速度和技巧有更高的要求。另外，实验干预时间较短，并未能使实际跳绳能力产生实质提高，这些也许就是实验干预对跳绳成绩增长并不显著的原因。这也提醒我们，在注重提高体育锻炼量的同时，也需要注意增强学生的锻炼技能，辅助提高体育能力。

（五）各干预对体育锻炼行为习惯的影响

我们还尝试考察被试在受到跳绳运动的实验干预后，是否会对其日常体育锻炼产生影响。我们将被试在实验前后自报告的日均运动时长的变化作为被解释变量进行随机效应模型的回归分析（见表8-11）。回归结果表明，物质激励和目标制定的干预方式都显著减少了被试日常的运动时长（$p<0.1$，$p<0.01$）。其他实验组被试之间在实验前后自报告日均运动时长的变化上则并不存在显著差异。

表8-11 实验前后自报告日均运动时长增长的回归结果

解释变量	被解释变量：自报告日均运动时长增长					
	(1)	(2)	(3)	(4)	(5)	(6)
	激励组 vs. 基准组	目标组 vs. 基准组	综合组 vs. 基准组	综合组 vs. 激励组	综合组 vs. 目标组	目标组 vs. 激励组
处理	-0.076* (0.040)	-0.057*** (0.020)	-0.017 (0.014)	0.012 (0.021)	0.044 (0.042)	-0.030 (0.040)
性别	-0.037 (0.030)	-0.051* (0.030)	-0.032 (0.034)	-0.047 (0.031)	-0.046 (0.031)	-0.063** (0.028)
年龄	0.089** (0.040)	0.029 (0.041)	0.011 (0.043)	0.036 (0.042)	-0.032 (0.041)	0.052 (0.039)
跳绳成绩	0.001 (0.001)	0.001 (0.001)	0 (0.001)	0 (0.001)	-0.001 (0.001)	0 (0.001)
体育喜爱程度	-0.02 (0.023)	-0.009 (0.021)	-0.015 (0.024)	0.005 (0.023)	0.008 (0.020)	0.004 (0.020)
常数项	0.290 (0.341)	0.498 (0.326)	0.465 (0.351)	0.520 (0.333)	0.587* (0.340)	0.650** (0.305)
观测值	217	217	211	216	216	222

注：*，**，*** 分别表示在10%、5%、1%显著性水平下显著，括号内为标准差。

我们也进一步对四个实验组的被试与自然状态下被试的实验前后自报告日均运动时长的变化进行比较分析（见表8-12），并再次证实了这个结论。回归结果显示，基准组与自然状态下被试在实验前后自报告日均运动时长的变化并没有显著差异，而三个实验干预组被试相比于自然状态下的被试，实验后与实验前自报告日均运动时长的增长都有所减少（$p<0.05$，$p<0.01$，$p<0.1$）。实验中对被试跳绳行为的干预会减缓被试每日体育锻炼时长的增长。这意味着，对跳绳运动的倡导挤出了被试花费在其他运动上的时间，鉴于跳绳是高效燃脂运动，相同能量消耗下跳绳花费时间更短，个体自认为完成了每日运动量，从而减少了其他运动的时间。

表 8-12　实验组与自然组被试在实验前后自报告日均运动时长增长的回归结果

解释变量	被解释变量：自报告日均运动时长增长			
	(1) 基准组 vs. 自然组	(2) 激励组 vs. 自然组	(3) 目标组 vs. 自然组	(4) 综合组 vs. 自然组
处理	-0.044 (0.044)	-0.117** (0.045)	-0.180*** (0.046)	-0.088* (0.053)
性别	0.045 (0.039)	0.062 (0.038)	0.009 (0.039)	-0.005 (0.040)
年龄	-0.010 (0.034)	-0.018 (0.032)	-0.039 (0.033)	-0.010 (0.037)
跳绳成绩	0.004*** (0.001)	0.002** (0.001)	0.002* (0.001)	0.001 (0.001)
体育喜爱程度	0.001 (0.023)	0.012 (0.022)	0.019 (0.02)	0.019 (0.023)
常数项	-0.317 (0.363)	-0.147 (0.337)	-0.097 (0.316)	-0.190 (0.297)
观测值	248	253	253	247

注：*，**，*** 分别表示在 10%、5%、1% 显著性水平下显著，括号内为标准差。

我们还发现，实验干预期初被试自报告日均运动时长为 0.27 小时，即每天校外的运动锻炼时长不足半小时，这使得被试仅能进行 1—2 项短时间的体育锻炼活动。因此，我们用物质激励促进被试加强跳绳锻炼可能会造成被试产生今日已经完成总运动量的错觉，进而减少了其他运动的时间。实验前后被试自报告日均跳绳量（见图 8-5）也从侧面证实了这一观点。与自然组和基准组相比，其他干预组被试自报告日均跳绳量在实验后有了很大增长，但从被试实际日均跳绳量回归结果中我们知晓，目标组被试并没有在干预后提升自己的日均跳绳量。也就是说，即便实际日均跳绳量并没有改变，目标组被试仍认为自己的跳绳量比过去更多，进而压缩其他体育锻炼时间。

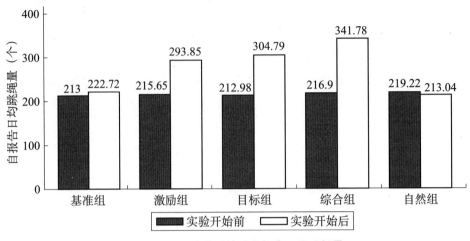

图 8-5　实验前后被试自报告日均跳绳量

六、结论与讨论

保证每天足量的体育锻炼对增强中小学生身体素质、预防超重肥胖和近视的发生都有积极影响。国家也明确提出要帮助学生加强体育锻炼，养成健康的生活方式。然而，面临是否要保持健康习惯这样的跨期选择时，人们常常会表现出非理性行为。因此，从行为经济学视角设计干预方式，"助推"中小学生在日常健康行为方面做出积极改变，进而形成体育锻炼的良好习惯具有重要的现实意义。

在以往文献中，经济激励和目标制定被认为能有效改善个人在许多健康行为上的跨期选择。但有关经济激励的实验研究大多以健身房锻炼为研究对象，有一定的样本选择性偏误，且干预效果在异质性群体身上并不一致。而实验中的目标制定仅涉及行动计划，缺少应对计划的设定，目标制定对体育锻炼的影响也有待进一步确认。此外，尚未有研究以经济激励与目标制定对体育锻炼行为干预效果的比较或结合为主题开展相关实验。

基于此，我们在小学生中开展跳绳运动的随机干预实验，采用行动计划和应对计划作为个体对目标的制定，并将物质激励和目标制定结合，构建了由个体内生制定目标以获取物质激励的干预方式。我们在实验中比较了内生目标物质激励与单纯的物质激励和目标制定对小学生体育锻炼行为、体育锻炼成绩、运动习惯的短期与较长期的干预效果。

实验结果显示，就跳绳达标率而言，内生目标物质激励能够持续提高达标率，而物质激励只能在短时间内提高达标率，尤其是体育锻炼充足个体的达标率会在第四周快速下降；单纯的目标制定未能持续提高达标率，尤其对于体育锻炼缺乏个体，目标制定的干预并没有实际作用。就日均跳绳量而言，不论被试原本的体育锻炼是否缺乏，内生目标物质激励都能大幅度提高他们的日均运动量。单纯的物质激励也能在一定程度上促进运动，且对体育锻炼缺乏个体的促进作用尤为明显，但效果不如内生目标物质激励。

考虑被试在制定目标时的跳绳计划量，被试在知晓了自己的准确跳绳量情况后，会针对上轮实际完成情况调整下一周计划的跳绳量。我们发现物质激励会使得个体在制定目标时更加稳定，更加审慎地调整计划；而单纯的目标制定干预由于没有约束和激励，会使得个体制订更加冒进的计划。当达成目标时，他们更自信地在本周计划和完成量的基础上增加了下一周的目标跳绳量；但当没能达成目标时，他们又会更盲目地减少下周计划量。

我们还进一步考察了被试在实验前后的跳绳成绩和日常运动时长，发现目标制定与物质激励的干预都无法提高被试的跳绳成绩，还可能减少被试的日常运动时长。而单纯录制跳绳视频的基准组就能显著提高被试的跳绳成绩。这一结果可能是因为实验干预使得个体将关注点仅仅放在每天的跳绳量上，而忽略了跳绳能力的提高。此外，跳绳运动强度较大，会使得个体自我感觉运动量有所增加，从而在完成跳绳量目标后就不再愿意投入时间和精力进行其他体育运动。这提示我们在对人的行为进行干预研究时，不仅要分析干预的目标是否得到有效改善，也要关注针对性的干预可能带来的对其他行为、其他目标的挤出效应。

行为经济学在个人与公共健康层面的应用，尤其是利用随机干预实验助推学生素质教育与全面发展，如体育锻炼行为仍是一个新兴的研究领域。更多的干预方式、测量标准和更长期的观察时间都有待扩展延伸。结合本实验的研究设计及实验结果，未来还有很多方向值得探索，如可以考虑在干预中增加被试在多种体育锻炼中选择的自由度、跟踪干预对被试体育锻炼行为习惯养成的长期影响,以及探究老师、家长的鼓励和监督对中小学生体育锻炼行为的影响等。

参考文献

齐良书、赵俊超:《营养干预与贫困地区寄宿生人力资本发展——基于对照实验项目的研究》,《管理世界》,2012年第2期。

宗庆庆、张熠、陈玉宇:《老年健康与照料需求:理论和来自随机实验的证据》,《经济研究》,2020年第2期。

Acland, D., & Levy, M. R. (2015). Naiveté, projection bias, and habit formation in gym attendance. *Management Science*, 61 (1), 146-160.

Altmann, S., & Traxler, C. (2014). Nudges at the dentist. *European Economic Review*, 72, 19-38.

Babcock, P. S., & Hartman, J. L. (2010). Networks and workouts: Treatment size and status specific peer effects in a randomized field experiment. National Bureau of Economic Research, No. w16581.

Belot, M., James, J., & Nolen, P. (2016). Incentives and children's dietary choices: A field experiment in primary schools. *Journal of Health Economics*, 50, 213-229.

Busso, M., Cristia, J., & Humpage, S. (2015). Did you get your shots? Experimental evidence on the role of reminders. *Journal of Health Economics*, 44, 226-237.

Calzolari, M. (2016). Mosquito-borne diseases in Europe: An emerging public health threat. *Reports in Parasitology*, 1-12.

Calzolari, G., & Nardotto, M. (2017). Effective reminders. *Management Science*, 63 (9), 2915-2932.

Carrera, M., Royer, H., Stehr, M., Sydnor, J., & Taubinsky, D. (2018). The limits of simple implementation intentions: Evidence from a field experiment on making plans to exercise. *Journal of Health Economics*, 62, 95-104.

Carrera, M., Royer, H., Stehr, M., & Sydnor, J. (2020). The structure of health incentives: Evidence from a field experiment. *Management Science*, 66 (5), 1890-1908.

Cawley, J., & Price, J. A. (2013). A case study of a workplace wellness program that offers financial incentives for weight loss. *Journal of Health Economics*, 32 (5), 794-803.

Charness, G., & Gneezy, U. (2009). Incentives to exercise. *Econometrica*, 77 (3), 909-931.

Clark, D., Gill, D., Prowse, V., et al. (2020). Using goals to motivate college students: Theory and evidence from field experiments. *Review of Economics and Statistics*, 102 (4), 648-663.

Cohen-Cole, E., & Fletcher, J. M. (2008). Is obesity contagious? Social networks vs. environmental factors in the obesity epidemic. *Journal of Health Economics*, 27 (5), 1382-1387.

DellaVigna, S. (2009). Psychology and economics: Evidence from the field. *Journal of Economic Literature*, 47 (2), 315-372.

DellaVigna, S., & Malmendier, U. (2006). Paying not to go to the gym. *American Economic Review*, 96 (3), 694-719.

Frederick, S., Loewenstein, G., & O'donoghue, T. (2002). Time discounting and time preference: A critical review. *Journal of Economic Literature*, 40 (2), 351-401.

Gneezy, U., Meier, S., & Rey-Biel, P. (2011). When and why incentives (don't) work to modify behavior. *Journal of Economic Perspectives*, 25 (4), 191-210.

Homonoff, T., Willage, B., & Willén, A. (2020). Rebates as incentives: The effects of a gym membership reimbursement program. *Journal of Health Economics*, 70, 102285.

Hsiaw, A. (2013). Goal-setting and self-control. *Journal of Economic Theory*,

148 (2), 601 – 626.

Khwaja, A., Silverman, D., & Sloan, F. (2007). Time preference, time discounting, and smoking decisions. *Journal of Health Economics*, 26 (5), 927 – 949.

Koch, A. K., & Nafziger, J. (2016). Goals and bracketing under mental accounting. *Journal of Economic Theory*, 162, 305 – 351.

Laibson, D. (1997). Golden eggs and hyperbolic discounting. *Quarterly Journal of Economics*, 112 (2), 443 – 478.

Latham, G. P., & Locke, E. A. (1991). Self-regulation through goal setting. *Organizational Behavior and Human Decision Processes*, 50 (2), 212 – 247.

Lester, R. T., Ritvo, P., Mills, E. J., et al. (2010). Effects of a mobile phone short message service on antiretroviral treatment adherence in Kenya (WelTel Kenya1): A randomised trial. *The Lancet*, 376 (9755), 1838 – 1845.

Li, D., Hawley, Z., & Schnier, K. (2013). Increasing organ donation via changes in the default choice or allocation rule. *Journal of Health Economics*, 32 (6), 1117 – 1129.

List, J. A., & Samek, A. S. (2015). The behavioralist as nutritionist: Leveraging behavioral economics to improve child food choice and consumption. *Journal of Health Economics*, 39, 135 – 146.

Loewenstein, G., & Prelec, D. (1992). Anomalies in intertemporal choice: Evidence and an interpretation. *The Quarterly Journal of Economics*, 107 (2), 573 – 597.

Loewenstein, G., O'Donoghue, T., & Rabin, M. (2003). Projection bias in predicting future utility. *Quarterly Journal of Economics*, 118 (4), 1209 – 1248.

Markle, A., Wu, G., White, R., & Sackett, A. (2018). Goals as reference points in marathon running: A novel test of reference dependence. *Journal of Risk and Uncertainty*, 56, 19 – 50.

Miller, G. F., Gupta, S., Kropp, J. D., Grogan, K. A., & Mathews, A. (2016). The effects of pre-ordering and behavioral nudges on National School

Lunch Program participants' food item selection. *Journal of Economic Psychology*, 55, 4 – 16.

O'Donoghue, T., & Rabin, M. (1999). Doing it now or later. *American Economic Review*, 89 (1), 103 – 124.

Raju, S., Rajagopal, P., & Gilbride, T. J. (2010). Marketing healthful eating to children: The effectiveness of incentives, pledges, and competitions. *Journal of Marketing*, 74 (3), 93 – 106.

Royer, H., Stehr, M., & Sydnor, J. (2015). Incentives, commitments, and habit formation in exercise: Evidence from a field experiment with workers at a fortune – 500 company. *American Economic Journal: Applied Economics*, 7 (3), 51 – 84.

Samek, A. (2019). Gifts and goals: Behavioral nudges to improve child food choice at school. *Journal of Economic Behavior & Organization*, 164, 1 – 12.

Schweitzer, M. E., Ordóñez, L., & Douma, B. (2004). Goal setting as a motivator of unethical behavior. *Academy of Management Journal*, 47 (3), 422 – 432.

Sniehotta, F. F. (2009). Towards a theory of intentional behaviour change: Plans, planning, and self-regulation. *British Journal of Health Psychology*, 14 (2), 261 – 273.

Sniehotta, F. F., Schwarzer, R., Scholz, U., & Schüz, B. (2005). Action planning and coping planning for long-term lifestyle change: Theory and assessment. *European Journal of Social Psychology*, 35 (4), 565 – 576.

Strecher, V. J., Seijts, G. H., Kok, G. J., et al. (1995). Goal setting as a strategy for health behavior change. *Health Education Quarterly*, 22 (2), 190 – 200.

Tversky, A., & Kahneman, D. (1991). Loss aversion in riskless choice: A reference-dependent model. *Quarterly Journal of Economics*, 106 (4), 1039 – 1061.

Ziegelmann, J. P., Lippke, S., & Schwarzer, R. (2006). Adoption and maintenance of physical activity: Planning interventions in young, middle-aged, and older adults. *Psychology & Health*, 21 (2), 145 – 163.

第八章附录

跳绳活动倡议书

倡议书

尊敬的家长、同学们：

你们好！

又到了草长莺飞、万物滋荣的时节，春天，象征着万物复苏、生机活力。俗话说：生命在于运动。而跳绳可谓是一项非常便捷的运动项目。一根绳，一块小空地，便可摇出生命的多彩。跳绳是我国民间广为流传的一项体育活动，是以四肢肌肉活动为主的全身运动项目，也是一种非常有效的有氧运动，具有很高的锻炼价值。因此，跳绳是《国家学生体质健康标准》中的重点项目，同时也是宁波市体育中考选测项目之一。

我们倡议学生与家长们积极参与跳绳活动，享受跳绳带给我们的良好体魄与高质量生活！

活动时间：4月12日—5月9日；

活动内容：每周跳绳5次及以上，每次跳绳300个及以上。

百花齐放，春光烂漫。家长和同学们，快拿起你们的绳子，融入盎然春意吧！

浙江财经大学联合象山县丹城第五小学宣

调查问卷

象山县丹城第五小学关于学生体育锻炼情况的调查问卷

亲爱的同学：

您好，这是一份关于象山县丹城第五小学学生参与体育锻炼情况的调查问卷，其目的是了解学生课外体育锻炼的情况，从而更好地改进教学。本调查与您的学习成绩、体育成绩均无关，所有数据都将严格保密。请您仔细阅读，逐题回答，如实填写。感谢您的配合！

1. 你的姓名：_____ 班级：_____ 你家中共____个孩子，你排行第____。

2. 父母的教育程度是：

	小学及以下	初中	高中或中专	大学或大专	研究生及以上
父亲	☐	☐	☐	☐	☐
母亲	☐	☐	☐	☐	☐

3. 家庭成员喜欢体育锻炼吗？

	非常喜欢	比较喜欢	一般	不太喜欢	很不喜欢
父亲	☐	☐	☐	☐	☐
母亲	☐	☐	☐	☐	☐
你	☐	☐	☐	☐	☐

4. 在体育课和课间操的运动中，你经常会感觉到（   ）。

   A. 不出汗、很轻松　　　　B. 出汗、有点累

   C. 出汗、比较累　　　　　D. 大汗淋漓、很累

5. 通常情况下，你每天上学和放学回家时采用的主要交通方式是（   ）。

   A. 步行　　　　　　　　　B. 自行车

   C. 公交车　　　　　　　　D. 私家车

6. 通常情况下，你每天从家到学校的时间是（   ）。

   A. 10 分钟以内　　　　　 B. 10—20 分钟

   C. 21—30 分钟　　　　　 D. 30 分钟以上

7. 你最喜欢的体育项目是什么？（可多选）（   ）

   A. 游戏类（如跳绳、踢毽子等）　　B. 篮球、足球、排球等球类活动

   C. 乒乓球、羽毛球等球类活动　　　D. 游泳

   E. 健美操类（广播体操等）　　　　F. 轮滑（滑冰）等

   G. 跳跃类（如跳高、跳远等）　　　H. 跑步类（如 50 米跑等）

   I. 其他_____

8. 你对体育锻炼的喜爱受到谁的影响？（可多选）（   ）

   A. 家长　　　　　　　　　B. 老师

C. 同学 D. 其他_____

9. 除了学校体育课（包括课间操），你一周进行几次课外体育锻炼？（　　）

　　A. 2 次及以下　　　　　　　　B. 3—4 次

　　C. 5—6 次　　　　　　　　　　D. 7 次及以上

10. 你每天放学后平均用于体育锻炼的时间是（　　）。

　　A. 大于 2 小时/天　　　　　　 B. 1—2 小时/天

　　C. 0.5—1 小时/天　　　　　　 D. 少于 0.5 小时/天

　　E. 几乎无运动

11. 通常情况下，你一周进行_____次跳绳运动，每次跳绳约_____个。

12. 你邀请父母参加体育活动时，他们的态度是（　　）。

　　A. 很乐意参加　　　　　　　　B. 孩子你自己玩吧

　　C. 不许玩，做作业去

13. 你放学后或者假期里一般在什么场所开展体育锻炼，请按优先顺序排列（排序题，请在中括号内依次填入数字）。

　　[ ] 学校　　　　　　　　　　[ ] 小区

　　[ ] 家中　　　　　　　　　　[ ] 公园

　　[ ] 健身馆（包括游泳馆、健身房等）　　[ ] 没地方

14. 哪些是影响你课后参加体育锻炼的因素呢？请按先后顺序排序（排序题，请在中括号内依次填入数字）。

　　[ ] 想运动时天气不佳　　[ ] 在学校运动已足够，不愿再运动

　　[ ] 没有合适的场地　　　[ ] 电子产品太诱人，不愿意参加锻炼

　　[ ] 没有合适的器材　　　[ ] 家长忙，不愿意陪自己锻炼

　　[ ] 担心受伤　　　　　　[ ] 作业太多，没时间去参加体育锻炼

15. 你更希望以何种形式开展课后体育锻炼呢？按照优先顺序选择性填写（排序题，请在中括号内依次填入数字）。

　　[ ] 独自去练习　　　　　　　[ ] 和同学伙伴结伴练习

　　[ ] 和家长相伴练习　　　　　[ ] 其他

跳绳目标计划表

跳绳目标计划表（跳绳第一周）

姓名：_____　　　　学号：_____　　　　班级：_____

日期	是否跳绳（√/×）	跳绳场地	跳绳时间	跳绳个数
周一				
周二				
周三				
周四				
周五				
周六				
周日				

可能会影响你完成跳绳活动的因素有（　　　）。

①天气不好　　　　②没有场地　　　　③作业太多　　　　④跳绳没意思

⑤其他_____

你是怎么解决这些问题的？

_____

_____

_____

_____

第九章
租购身份与推进租购并举制度的实验研究

本章导读：租购并举制度已写入党的十九大、二十大报告，是新时期住房制度发展的主要方向。近年来，中央也多次提出要"重视保障性租赁住房的建设"。这意味着通过住房租赁解决居住问题的重要性日益凸显。而租购并举的发展离不开租购同权，即"逐步使租购住房在享受公共服务上具有同等权利"。租购同权不仅是实现房地产市场平稳健康发展的现实需要，也是避免租购群体之间产生社会分割的现实需要。

为此，我们尝试以实验研究方法，从微观层面考察目前租购属性的不同所带来的公共服务权益差异是否会形成不同的社会身份，进而影响租购住户在相互交往过程中的信任行为。为控制其他因素的干扰，我们以同一社区的经济适用房住户和公租房住户为实验对象开展实地实验，外生地将租购身份引入信任博弈和独裁者博弈，考察不同租购身份住户之间的信任行为。

实验结果显示，在租购身份被公开后，相比于经济适用房委托人，公租房委托人对代理人的信任度更高；相比于公租房代理人，经济适用房代理人会表现出更高的可信度。同一社区内的互动交往和社会融合使得保障房住户对那些与自己租购身份不同的人表现出更多的善意，但要在全社会中真正消除租购身份之间的隔阂，还需从制度层面构建租购同权的基本公共服务体系。在当前公共服务制度下，由于租购权利的不平等，购房者与租房者享有不同的基本公共服务。这种差异在潜移默化中影响了住户的心理认知，进而产生了租购身份的差异。我们的研究识别出了租房者与购房者之间社会身份的差异。不过实验中来自同一社区的被试群体，会因为长期的日常互动交往淡化租购身份之间的差异，从而在与不同租购身份的个体交往时表现出更多的善意。但全社会中仅通过日常交往融合来淡化租购身份之间的差异是很难行之有效的。我们亟须以制度规范消除租购身份之间的隔阂，加快构建租购同权的基本公共服务体系，同时完善住房租赁市场制度，这样才能够真正破除租购群体之间的社会分割。

一、引言

党的二十大报告提出，加快建立多主体供给、多渠道保障、租购并举的住房制度。"租购并举"写进党的二十大报告，表明过去几年通过住房租赁解决居住问题的重要性凸显。租购并举的发展离不开租购同权。租房者与购房者在基本公共服务上享有同等权利，是完善租赁市场制度的重要体现。发展成果由人民共享，是我们坚定不移地走共同富裕道路的题中应有之义。

租购同权源于2016年国务院办公厅印发的《国务院办公厅关于加快培育和发展住房租赁市场的若干意见》①，提出"符合条件的非本地户籍承租人"在申领居住证后，享受"义务教育、医疗等国家规定的基本公共服务"。在国务院的号召下，各地方政府因地制宜制定相关政策，加快租购权利均等化。比如北京市就提出本地户籍的承租人在同一区连续承租并居住3年以上且在该区稳定就业的，其适龄子女可以在该区接受义务教育；广州市则提出"赋予符合条件的承租人子女享有就近入学等公共服务权益"；《浙江高质量发展

---

① 引自政府信息公开栏：http://www.gov.cn/zhengce/content/2016-06/03/content_5079330.htm，访问日期：2024年9月26日。

建设共同富裕示范区实施方案（2021—2025年）》中明确要"加快完善长租房政策，加强住房租赁市场监管，使租购住房在享受公共服务上具有同等权利"。

各地对租购同权的探索说明大家已经意识到了这个问题对社会公平正义的损害，其目的在于使租房者与购房者共享经济发展的成果，实现共同富裕。但租购同权的实现是一个系统工程，需要政府各部门与社会一起协力完成。租购同权不仅要让"租"和"购"获得相同的公共服务权，也要让"租"和"购"在人们心中获得价值观上的同等权重，彻底扭转租房就比买房低人一等的社会观念。否则，这种社会观念就可能区分出租房者和购房者两类不同的社会身份，而社会身份的差异又会影响他们在相互交往时的行为。

以往研究表明，在面对不同社会身份的个体时，人们表现出的亲社会行为（prosocial behavior）会有所不同（Akerlof and Kranton，2000；Chang et al.，2014；Zhao and Pellissery，2016；Luo et al.，2019）。我们假设，租购权利不同所造成的租购身份的差异，会在租购群体中产生社会分割，这种社会分割会从心理上改变租购住户之间相互交往过程中的信任与被信任行为。对该机理的深入研究有助于我们科学地验证构建以居住权为依托的基本公共服务体系的意义所在，也有助于为促进社会融合发展、缩小收入差距、实现公共服务优质共享提供微观理论支持。

信任被喻为社会生活的润滑剂（Arrow，1972），不仅是人际合作协调的基础（Nooteboom，2002），还能影响社会融合进程（Putnam，1993；福山等，1998），预测经济发展状况（Knack and Keefer，1997）。鉴于信任行为在现实生活中难以被有效观察，因此对信任行为的研究通常借助实验方法[①]。在实验

[①] 传统计量分析方法对信任水平的测度通常采用调查问卷的方式，如世界价值调查（World Value Survey，WVS）、美国综合社会调查（General Social Survey，GSS）和中国综合社会调查（Chinese General Social Survey，CGSS）。但以调查问卷为实证分析数据，可能会带来以下三种问题：一是假设性偏离（hypothetical bias），调查问卷中的数据获取是基于假设条件下的提问，但人们在实际情况下的反应往往与假设条件下的决策并不一致，因为假设性偏离是非随机的，所以这些偏离不能简单地通过对数据的噪声处理来解决；二是调查者效应（surveyor effect），被调查者为了迎合调查者，可能会刻意选择调查者希望看到的数据结果；三是激励相容性（incentive compatibility），没有物质激励的调查问卷可能难以保证被调查者做出自己真实的决策，且在很多情况下，只有通过物质收入才能引致出被调查者真实的非自利行为（Carpenter，2002）。

经济学领域，已经检验了关于宗教身份（Chuah et al.，2016；Xia et al.，2021）、种族（List and Price，2009；Koopmans and Veit，2014）、社会阶级（Falk and Zehnder，2013；Tsutsui and Zizzo，2014）等不同类型的社会身份对个体之间信任水平的影响。国内也有实验研究考察了社会身份与个体信任行为的关系（杨晓兰等，2020；梁平汉和孟涓涓，2013）。但由租购不同权所产生的租购身份的差异，是否会如其他社会身份一样，影响人们相互交往之间的信任水平，目前仍缺乏实证依据。为解答这一问题，本研究借鉴经典的信任博弈方法，在浙江省宁波市的一处保障性社区开展了实地实验[①]，检验了租购身份对个体信任行为的影响。

我们选择同一个保障性社区中的公租房住户和经济适用房住户作为实验对象，这些住户都属于政策保障的中低收入人群且几乎同一时间在政府的安排下入住社区。将他们作为实验对象便于我们在实验中控制收入、人口比例、居住时间、生活环境等因素的干扰，直接检验社会身份本身的差异对个体信任行为的影响。我们通过是否公开博弈对象的租购身份来干预被试对博弈对象租购身份的认知，以研究在面对不同租购身份的博弈对象时，被试的信任行为和可信度是否有所不同，从而检验这种认知是否会改变他们在信任博弈中的行为决策。我们还通过标准的独裁者博弈分离出信任博弈中被试的利他偏好和互惠偏好[②]，以进一步明确租购身份对被试信任行为的影响。

实验结果显示，在公开租购身份的情况下，相比于经济适用房委托人，公租房委托人对代理人的信任度更高；相比于面对经济适用房代理人，人们在面对公租房代理人时会表现出更高的信任度。相比于公租房代理人，经济适用房代理人会表现出更高的可信度；在获得他人的完全信任时，出于"以善报善"策略，人们会对那些与自己租购身份不同的人表现出更高的可信度。

[①] 经济学实验室实验在外部有效性方面的不足，使得实验经济学家们推动了实验经济学走向真实世界，发展出了实地实验研究方法，并成为近十年来经济学实证领域发展最为迅猛的研究方向之一（罗俊等，2015）。

[②] 利他偏好是指人们的效用函数中他人的利益与自身效用正相关；互惠偏好则认为尽管需要付出一定的成本，人们仍会选择以善报善，以恶报恶。信任博弈中的个体行为被认为同时包含这两种社会偏好（陈叶烽，2009）。

本研究的研究结论表明，租房者与购房者会因为租购身份的不同而表现出不同的信任行为。同时，由于被试群体为居住于同一社区的中低收入群体，长期的日常互动交往可能使得他们在与具有不同租购身份的个体交往时表现出更多的善意。然而，全社会中的租房者与购房者各自分布于不同的生活区域和收入阶层，仅通过非正式的社会规范来淡化租购两个群体之间的隔阂显然并不现实。我们还是需要从正式制度层面打破租购权利的差异，真正消除不同租购身份群体之间的社会分割。

本研究主要有以下三点贡献：第一，我们在实验中通过控制是否公开租购身份的信息与博弈对象的租购身份，识别了租购身份之间的差异以及这种差异对个体交往过程中信任行为的影响机理；第二，我们采用实地实验方法，以不同租购身份的保障房住户为研究对象，既拓宽了有关社会身份对个体亲社会行为影响的研究思路，也让实验从大学实验室走向真实社区，试图探究中国社会发展进程中特有的经济现象和公共治理问题；第三，我们的研究结论为在全社会中消除租购住户之间的身份差异和隔阂、完善住房租赁市场制度、加快构建租购同权的基本公共服务体系提供了微观的实证支持。

二、文献回顾

信任的微观本质是个体对他人行为决策的信念，即一个人基于对另一个人的积极预期，在没有另一个人的任何法律承诺的情况下，自愿承担风险，将自身收益交由另一个人决定的信念（Fehr and List，2004；Cox，2004）。最早由 Berg et al.（1995）提出的信任博弈实验，被广泛用于测度个体的信任水平。[①] 在一次性的匿名信任博弈中，博弈均衡为委托人投资选择 0 投资而代理人选择 0 返还。但实际上大量的实验表明，在信任博弈中，投资人通常会选择将初始禀赋的一半投资给代理人，而代理人的返还额通常与投资人的投资

[①] 除了信任博弈，Dufwenberg and Gneezy（2000）设计的"丢钱包"博弈（lost wallet game）、Fehr et al.（1993）设计的礼物交换博弈以及 Glaeser et al.（2000）设计的"丢信封"实验（envelope drop）等行为博弈方法也都曾被实验经济学家采用以对信任水平进行测度。

额相近（Burks et al., 2003; Capra et al., 2008; Cardenas, 2008）。Camerer（2011）通过汇总以往的信任博弈实验，发现大约一半的委托人会给代理人正值的投资额，相应的代理人也会给出正值的返还额。因此如果将委托人的投资额作为反映其对代理人信任水平的指标，以代理人的返还比例为反映其可信度的指标，那么双向匿名的一次性信任博弈就能够反映被试的信任水平和可信度。也有实验研究表明信任水平和可信度会因实验初始禀赋（Johansson-Stenman et al., 2005）、性别（Ashraf et al., 2006）、年龄（Sutter and Kocher, 2007; Greiner and Zednik, 2019）不同而有所不同，也会受到相互交流（Ben-Ner and Putterman, 2009）、风险偏好（Qin et al., 2011）等因素的影响。

除此之外，被试的信任行为与可信度还可能受到被试所属组群身份的影响。为了研究这一问题，实验经济学家在实验室中构建了不同的组群身份，进而比较了个体在面对组内成员和组外成员时的信任行为。如 Chen and Li（2009）在实验室环境中按照艺术偏好将被试分为不同的小组，发现相比于组外成员，被试在面对组内成员时会表现出更多的合作行为和更高的信任水平。同样，Tsutsui and Zizzo（2014）也在实验室中采用艺术偏好进行分组并区分出人数较多的小组（majority group）和人数较少的小组（minority group）。他们发现那些来自人数较少小组的被试对同组成员表现出更多的不信任，但更信任那些来自人数较多小组的被试。Hargreaves and Zizzo（2009）则通过人为的分组，识别出了信任博弈中对组外成员的歧视现象，并且他们发现即使是最小的分组，也会产生这种现象。Smith（2011）以随机匹配的方式进行分组，发现在组内偏袒和组外歧视的共同作用下，被试对组内成员的信任水平要高于对组外成员的信任水平，并且组外歧视对该行为的影响要大于组内偏袒。

由于社会身份源于个体对社会群体的认同感（Akerlof and Kranton, 2000），因此个体的社会身份并不是单一的，而是多维度的。归属不同的社会群体会使得个体获得不同的社会身份，并且个体会表现出与这一群体相一致的行为。真实世界的诸多身份难以通过实验室实验来构建，因此还有一部分学者采用实地实验方法，将真实的社会身份引入信任博弈，以考察社会身份对信任行为的影响。比如 List and Price（2009）安排白人推销员和非白人推销员上门筹集募捐资金，发现由于刻板印象的存在，白人推销员相比非白人推销员被认为是更值得信任的人，因此更容易募集到资金。Falk and Zehnder（2013）则安排了投资人与来自不同地区的代理人进行信任博弈，发现人们在面对来自更高收入地区的代理人时，往往更加信任对象，会提出更高的投资额。Tanaka and Camerer（2016）在越南开展的实地实验发现，当地人口较多的越南被试在面对人口较少且地位较低的高棉被试时存在组外歧视，越南被试对高棉人存在同情但并不愿意信任他们或与之合作。Gupta et al.（2018）在孟加拉国和印度开展了关于宗教、相对地位对信任行为和可信度影响的实地实验。他们发现无论信仰何种宗教，当地人口较少的群体均在信任行为上表现出积极的组内偏好，而当地人口较多的群体则在可信任行为上表现出积极的组外偏好。Póvoa et al.（2020）则开展了一场跨国实验，他们选取来自低收入、中等收入和高收入国家的被试参与信任博弈并分解出了信任行为背后的社会偏好。他们发现来自中等收入国家的被试在面对来自高收入国家的博弈对象时，表现出的信任行为更多地出于互惠动机，而在面对来自低收入国家的博弈对象时，表现出的信任行为更多地出于利他动机。

另外，采用信任博弈方法在实验中考察中国居民之间信任行为的研究也方兴未艾。比如 Song et al.（2012）通过比较面对同班同学和陌生同学时学生信任行为的差异，得出信任行为与社会距离之间的负向关系。Cameron et al.（2013）的研究表明中国独生子女政策导致独生子女相比于非独生子女表现出更低的信任度和可信度。Luo and Wang（2020）在浙江开展了一场关于户籍制度对小学生信任行为影响的实验。他们发现相比于外地户籍的学生，被试对本地户籍的学生更加信任；并且相比于面对不同户籍身份的博弈对象，被试面对同种户籍身份的博弈对象时会表现出更高的可信度。

综上所述，越来越多的学者投身于真实世界，研究社会身份对于个体信任行为和可信度的影响，而实地实验也逐渐成为研究这一问题的重要方法。然而目前还少有研究从房屋自有产权出发，关注到租房者与购房者这类由租购权利不同而形成的社会身份，更未有研究实证考察过这类身份是否如其他社会身份那样会影响人们相互交往时的信任水平。

三、实验设计和研究假设

我们于2019年7月在浙江省宁波市的一处保障性住房社区开展此次实地实验,该社区位于城乡结合部,含有公租房、廉租房、经济适用房和限价房等保障性住房,共计3 800多户家庭,上万名住户。具体的实验设计按照被试招募、实验和实验局设计、实验过程以及研究假设四个部分展开。

(一)被试招募

我们选择该社区,一方面是因为该社区中的所有住房均为公共住房,不含商品房,其中含有公租房住户1 020户,含经济适用房住户991户,比例接近1∶1,不存在多数身份或少数身份所带来的影响。两类住户混住在同一社区中,没有被刻意区分。另一方面,该社区的住户均为本地住户,在个体特征上没有较大差异。住户多为技术工人、农民或是无业人员,属于中低收入人群。这些住户定居该社区的平均时长为5.5年,经历过由租购权利差异带来的公共服务权利上的差别,对租购身份差异有一定的感受。

在社区工作人员的帮助下,我们获得了社区住户名单。根据住户名单,我们平衡了性别、年龄等个体特征,最终筛选出符合条件的被试名单,并以电话通知的方式招募他们参与实验。① 根据各实验局需求,我们最终招募了452名被试,其中公租房住户229名,经济适用房住户223名。

(二)实验和实验局设计

在Berg et al.(1995)最初设计的信任博弈中,委托人的利他偏好和互惠

---

① 为了能更好地呈现现实生活中租购身份对人们信任感和可信度的影响,我们招募被试时并不要求一定是户主,而是那些长期居住在社区中的经济适用房住户和公租房住户。

偏好并不能被很好地区分，即使没有回报，纯粹利他偏好的委托人也会选择投资。因此我们希望能通过增加一组标准独裁者博弈来剥离信任博弈中博弈双方的利他偏好对信任行为的影响（Forsythe et al., 1994）。标准独裁者博弈中的给予行为被认为是纯粹利他行为，将独裁者博弈与信任博弈结合用于剥离信任行为中的利他偏好，也被学者们广泛采用（Cox, 2004; Ashraf et al., 2006; 夏纪军, 2005; 陈叶烽, 2009）。

在信任博弈中，博弈双方将随机扮演委托人或代理人，委托人拥有初始禀赋 20 元，代理人没有初始禀赋。委托人可以从初始禀赋中选择一定数额 X 元（$0 \leq X \leq 20$）用于投资代理人。所投资的金额将会自动翻倍，再转交给代理人。代理人获得 $2X$ 元并可以选择返还一定数额 Y 元（$0 \leq Y \leq 2X$）给委托人。双方收益分别为委托人获得收益（$20 - X + Y$）元，代理人获得收益（$2X - Y$）元。

在独裁者博弈中，博弈双方将随机扮演分配者或接收者。分配者将会获得 20 元的初始禀赋，并且可以选择将其中的 S 元分配给接收者。接收者不具有初始禀赋，只能接受分配者提议的分配方案。双方收益分别为分配者获得（$20 - S$）元，接收者获得 S 元。

我们通过控制是否公开博弈双方的租购身份，来引入博弈双方租购身份信息，从而考察租购身份对个体信任行为和可信度的影响。进一步，在公开租购身份信息的情况下，我们也通过控制博弈双方的租购身份，以检验面对不同租购身份的博弈对象时，个体的信任行为和可信度是否会有所变化。

被试将被随机安排至不公开博弈对象租购身份的控制组（C1 实验局，C2 实验局）、公开且匹配相同租购身份博弈对象的处理组（T1 实验局，T2 实验局）以及公开且匹配不同租购身份博弈对象的处理组（T3 实验局，T4 实验局）。实验采用被试间设计，每名被试只允许参加一场实验，扮演一个角色，所有被试均在匿名条件下进行博弈决策。具体实验局设置见表 9-1。

表 9-1 实验局设置

实验局	租购身份	信任博弈		独裁者博弈		被试人数
		委托人	代理人	分配者	接收者	
C1	不公开	经济适用房	经济适用房	经济适用房	经济适用房	36 vs. 36

(续表)

实验局	租购身份	信任博弈		独裁者博弈		被试人数
		委托人	代理人	分配者	接收者	
C2	不公开	公租房	公租房	公租房	公租房	35 vs. 35
T1	公开	经济适用房	经济适用房	经济适用房	经济适用房	36 vs. 36
T2	公开	公租房	公租房	公租房	公租房	40 vs. 40
T3	公开	经济适用房	公租房	经济适用房	公租房	38 vs. 38
T4	公开	公租房	经济适用房	公租房	经济适用房	41 vs. 41

（三）实验过程

当被试进入实验的会议厅时，需要抽取一份实验说明（可见本章附录），该实验说明上写有座位号，被试须按照抽到的座位号就座。实验说明不包含此次实验的目的、具体流程，但说明了实验的匿名性、有偿性。由于本实验为纸笔实验，每个座位上都放置了供被试决策的笔和草稿纸以便被试对自己的收益进行计算，在全体被试落座后，实验正式开始。

实验分三个部分，包含两个实验任务和一份调查问卷，实验只进行一轮。每个实验任务开始之前，实验员会结合投影仪上的演示文件向被试讲解实验任务并解答疑惑。在确保每一名被试都充分理解实验任务后，实验员会向被试发放带有实验任务的小卡片（可见本章附录）。控制组被试的卡片上写有该名被试随机获得的博弈角色，以及需要其做出的决策；处理组被试的卡片上除此之外还写有与其匹配的博弈对象的租购身份信息。

实验任务1是信任博弈。博弈双方将随机扮演委托人或代理人，委托人只需要在卡片上写下自己的整数投资额，而代理人则需要写下在所有投资额情况下自己的返还决策。也就是说，我们在获取代理人返还额时使用的是"策略引出法"（strategy elicitation method），该方法的优点在于能够提供更干净的独立于真实投资额之外代理人的互惠行为，并提供丰富的具有可比性的数据（Brandts and Charness，2000；Ashraf et al.，2006）。

实验任务2是标准独裁者博弈，在实验开始前将由电脑重新随机匹配分组。两名被试分别扮演分配者或接收者。分配者需在小卡片上写下自己对于20元初始禀赋的整数分配方案,在其做出分配决策后实验任务2即完成。

在被试完成两个实验任务后,被试需填写一份问卷,问卷涉及被试的性别、年龄、民族、受教育水平、家庭年收入以及对人际交往时信任感的看法等。待所有被试完成问卷后,实验员会将实验报酬单独置于密封不透明的信封中发放给被试,被试的报酬包含被试在实验任务1和实验任务2中的收益以及10元的出场费。每场实验的时长为45分钟左右,被试的平均收益为35.92元。

(四)研究假设

社会身份信息的公开可能会对个体自身的意识产生影响(Hoff and Pandey, 2006)。若唤醒该身份会增强他的消极意识,则会导致其表现得更差;若唤醒该身份会增强他的积极意识,则会使其表现得更好(Afridi et al., 2015)。我们认为租购权利的不同可能会产生不同的租购身份,进而会对人们的心理认知产生影响,使得租房者与购房者对信任感和可信度的看法有所不同。因此一旦这种身份被公开,可能会激活个体对于信任行为的某种心理认知,从而使得不同租购身份的个体在面对同一租购身份的博弈对象时表现出不同的信任感和可信度,由此我们提出研究假设1如下:

假设1:在公开租购身份的情况下,不同租购身份的委托人面对代理人时的信任水平不同;不同租购身份的代理人面对委托人时表现出的可信度也不同。

在社会互动交往中,个体在做出决策时会自动地将他人的社会身份视为其决策的影响因素之一(Charness et al., 2007)。面对不同身份的博弈对象时,人们所做出的行为决策会有所不同(Gupta et al., 2017; Tanaka and Camerer, 2016; Luo and Wang, 2020)。受租购权利不同的影响,人们的心理认知可能将租房者与购房者区分为不同身份的社会群体。因此我们认为一旦租购身份被公开,人们在面对不同租购身份的博弈对象时会表现出不同的信任感和可信度,由此我们提出研究假设2如下:

假设 2：在公开租购身份的情况下，委托人在面对不同租购身份的代理人时会表现出不同的信任水平；代理人在面对不同租购身份的委托人时也会表现出不同的可信度。

四、实验结果

我们将从以下几个部分展开对实验结果的分析。首先，我们对经济适用房住户和公租房住户的个体特征情况及总体的实验结果进行统计性描述。然后我们将从委托人的投资额和代理人的返还率两个角度出发，借助非参数检验和回归分析等方法对实验数据进行深入挖掘，以考察租购身份对人们相互交往时信任感和可信度的影响及其背后的作用机理，验证我们的假设。在投资额的分析上，我们还通过加入独裁者博弈实验的结果来对信任博弈中委托人的社会偏好进行分解，以剥离租购身份对被试利他偏好和互惠偏好的影响。在返还率的分析上，我们借助 Rabin（1993）的互利模型，从心理博弈的角度分析被试在面对不同程度的善意时表现出的可信度是否会有所不同，以及这一可信度是否受租购身份的影响。

（一）样本统计性描述

1. 个体特征的描述性统计

通过实验任务结束后发放的问卷，我们收集了被试的个体特征信息及其关于信任问题的看法。我们总共收回了 452 份问卷，其中经济适用房住户 223 份，公租房住户 229 份。

表 9-2 汇总和比较了两类保障房住户在个体特征上的差异。从个体特征上看，经济适用房被试和公租房被试在居住时长、生活满意度、生活压力大小上没有显著差异。在受教育程度上，经济适用房住户和公租房住户在未受过教育（$p=0.009$）和大学及以上学历（$p=0.011$）中存在显著差异，其中公租房住户中未接受过教育的人较多，而学历在大学及以上的人较少。在家

庭年收入上，经济适用房住户和公租房住户家庭年收入在 1 万元以下（$p=0.042$）、5 万—10 万元（$p=0.005$）、10 万—20 万元（$p=0.024$）这三个层级上存在显著差异，其中公租房住户中低收入的家庭较多，高收入的家庭较少。另外，两类群体在年龄（$p=0.079$）、性别（$p=0.051$）上也存在显著差异。

表 9-2 实验被试的个体特征比较

个人变量	均值		样本大小		双侧 t 检验 p 值
	经济适用房	公租房	经济适用房	公租房	
年龄	59.78（11.84）	62.63（12.37）	223	229	0.08*
性别	0.23（0.42）	0.34（0.47）	223	229	0.05*
居住时长	5.90（3.64）	5.42（2.88）	223	229	0.27
生活满意度	7.07（2.70）	6.53（2.71）	223	229	0.14
生活压力大小	4.94（3.18）	5.61（3.21）	223	229	0.12
受教育程度					
未受过教育	0.11（0.31）	0.24（0.43）	223	229	0.01***
小学	0.30（0.46）	0.34（0.47）	223	229	0.56
初中	0.32（0.47）	0.31（0.46）	223	229	0.79
高中	0.15（0.36）	0.08（0.28）	223	229	0.11
大学及以上	0.11（0.31）	0.03（0.16）	223	229	0.01**
家庭年收入					
1 万元以下	0.16（0.37）	0.28（0.45）	223	229	0.04**
2 万—5 万元	0.46（0.50）	0.56（0.49）	223	229	0.14
5 万—10 万元	0.29（0.46）	0.14（0.35）	223	229	0.01***
10 万—20 万元	0.08（0.28）	0.02（0.13）	223	229	0.02**
20 万元以上	0	0.01（0.09）	223	229	0.33

注：*、**、*** 分别表示在 10%、5%、1% 显著性水平下显著，括号内为标准差。表中性别 =1 表示男性，性别 =0 表示女性，居住时长以年为单位。

表 9-3 汇总和比较了两类住户关于信任问题的看法。在对信任问题的看法上，我们发现两类住户对人际交往的看法存在显著差异（$p<0.01$）：经济适用房住户更多地认为在人际交往时，大多数人是值得信任的；而公租房住户则更多地认为与大多数人交往时需要非常谨慎。在对陌生人的信任上，公

租房住户中选择"很不相信"的住户比例显著高于经济适用房住户中的这一比例（$p<0.01$）；在对邻居的信任上，公租房住户中选择"一般不相信"的住户比例显著高于经济适用房住户中的这一比例（$p<0.01$）。

表9-3 实验被试对信任问题的看法

对信任问题的看法	均值		样本大小		双侧 t 检验 p 值
	经济适用房	公租房	经济适用房	公租房	
对人际交往的看法	0.85 (0.36)	0.62 (0.48)	223	229	<0.01***
邻居的可信度	7.29 (2.79)	8.17 (1.91)	223	229	<0.01***
个人守信度	9.26 (5.03)	9.10 (1.45)	223	229	0.71
是否相信陌生人					
很不相信	0.08 (0.28)	0.22 (0.41)	223	229	<0.01***
不相信	0.35 (0.48)	0.36 (0.48)	223	229	0.80
一般不相信	0.32 (0.47)	0.23 (0.42)	223	229	0.15
一般相信	0.24 (0.43)	0.18 (0.39)	223	229	0.31
相信	0.02 (0.13)	0.01 (0.09)	223	229	0.53
很相信	0	0	223	229	——
是否相信邻居					
很不相信	0.02 (0.13)	0.02 (0.13)	223	229	0.96
不相信	0.05 (0.21)	0.03 (0.17)	223	229	0.68
一般不相信	0.04 (0.19)	0.14 (0.35)	223	229	<0.01***
一般相信	0.67 (0.47)	0.62 (0.49)	223	229	0.50
相信	0.21 (0.41)	0.18 (0.39)	223	229	0.60
很相信	0.02 (0.13)	0	223	229	0.15

注：表中"对人际交往的看法"为虚拟变量，选择"一般来说，大多数人是值得信任的"取1，选择"一般来说，与大多数人打交道要非常谨慎才行"取0；"邻居的可信度"中10分表示"十分值得信任"，0分表示"一点也不值得信任"；"个人守信度"中10分表示"十分守信"，0分表示"从不守信"。表中存在0值是由于没有被试在该问题中选择该选项。*、**、***分别表示在10%、5%、1%显著性水平下显著，括号内为标准差。

2. 博弈决策的描述性统计

我们汇总了信任博弈中各实验局被试的投资额和返还率（见图9-1）。

从委托人投资额的角度分析,所有被试的平均投资额为 10.16（标准差为 4.81），投资率（投资额占初始禀赋的比例）为 50.8%，可以看出委托人具有较强的互惠偏好。T2 实验局委托人的平均投资额最高，为 13.05 元（标准差为 4.66），而 T1 实验局中委托人的平均投资额最低，为 8.05 元（标准差为 4.62）。公开租购身份后（T1、T2、T3 和 T4 实验局）委托人的平均投资额与不公开租购身份时（C1 和 C2 实验局）委托人的平均投资额有明显的差异。

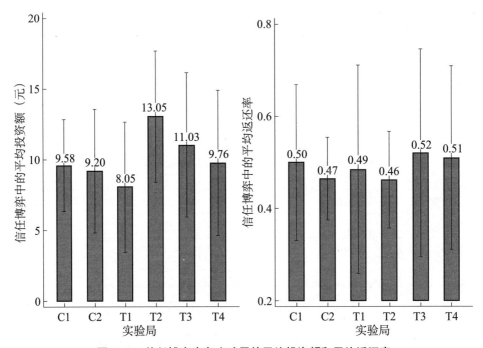

图 9-1 信任博弈中各实验局的平均投资额和平均返还率

从代理人的返还率（返还额占翻倍后投资额的比例）角度分析，所有被试的平均返还率为 0.49，可以初步判断代理人具有较强的可信度。各实验局的平均返还率没有明显的差异，均在 0.50 左右波动。但是 C2 和 T2 实验局的代理人返还率波动（标准差为 0.09 和 0.11）明显小于其他四个实验局（C1 实验局标准差为 0.17，T1 实验局标准差为 0.23，T3 实验局标准差为 0.23，T4 实验局标准差为 0.20）。

为了验证我们的假设，得到稳健的实验结论，接下来我们将从委托人的信任行为和代理人的可信度两个角度对实验数据进行更为细致的分析，以检验租购身份对人们相互交往过程中信任感和可信度的影响。

（二）委托人的信任行为

我们以投资额刻画委托人对代理人的信任程度。为了探索这种信任程度是否受租购身份的影响，我们采用非参数检验和回归分析方法比较各实验局中的投资额数据，以检验租购身份的公开、委托人租购身份、代理人租购身份对信任博弈中委托人投资额的影响。

1. 对委托人投资额的非参数检验

首先我们以非参数检验方法比较了在不公开租购身份的情况下，不同租购身份的委托人面对代理人时的信任水平是否有显著差异。检验结果显示（见表9－4），经济适用房委托人的投资额和公租房委托人的投资额之间并没有显著差异（C1 vs. C2：$z = 0.826$，$p = 0.401$），表明二者在未引入租购身份信息的情况下对代理人的信任水平无显著差异。

表9－4 委托人投资额的 Mann－Whitney U 检验结果

实验局	C1	C2	T1	T2	T3	T4
C1	—	0.826 (0.401)	1.436 (0.151)	—	－0.786 (0.432)	—
C2	0.826 (0.401)	—	—	－3.780*** (0.001)	—	－0.131 (0.896)
T1	1.436 (0.151)	—	—	—	－2.035** (0.042)	0.823 (0.410)
T2	—	－3.780*** (0.001)	—	—	2.198** (0.028)	3.499*** (0.001)
T3	－0.786 (0.432)	—	－2.035** (0.042)	2.198** (0.028)	—	—
T4	—	－0.131 (0.896)	0.823 (0.410)	3.499*** (0.001)	—	—

注：*、**、*** 分别表示在10%、5%、1%显著性水平下显著，括号内为 p 值。表中的空缺值是由于部分实验局在进行比较时委托人身份和代理人身份均不同，无法识别出单一变量的影响，因此我们并没有进行该部分的非参数检验。

然后我们比较了在公开租购身份的情况下，不同租购身份的委托人面对同一租购身份代理人时的信任水平是否有显著差异。检验结果显示，在公开租购身份的情况下，公租房委托人和经济适用房委托人在面对经济适用房代理人时的投资额之间没有显著差异（T1 vs. T4：$z=0.823$，$p=0.410$），但他们在面对公租房代理人时的投资额之间存在显著差异（T2 vs. T3：$z=2.198$，$p=0.028$）。因此假设 1 中关于信任感的假设部分成立：在公开租购身份的情况下，只有在面对公租房代理人时，不同租购身份的委托人之间才会表现出不同的信任感。

最后我们检验了在公开租购身份的情况下，同一租购身份的委托人在面对不同租购身份的代理人时表现出的信任行为是否有所不同。检验结果显示，不论是经济适用房委托人还是公租房委托人，在面对不同租购身份的代理人时，投资额之间均存在显著差异：他们都给予了公租房住户更高的投资额（T1 vs. T3：$z=-2.035$，$p=0.042$；T2 vs. T4：$z=3.499$，$p=0.001$）。因此假设 2 中关于信任感的假设成立，即同一租购身份的委托人在面对不同租购身份的代理人时会表现出不同的信任水平。

2. 对委托人投资额的回归分析

为了更加稳健地分析租购身份的公开、委托人租购身份、代理人租购身份对信任博弈中委托人投资额的影响，我们进一步构建了如下回归模型：

$$Inv_i = c + \beta_1 Pub_i + \beta_2 Pri_i + \beta_3 Pub_i \times Age_i + \varepsilon_i \tag{9-1}$$

该模型以委托人投资额为被解释变量，在控制个体社会特征的条件下，以公开租购身份、委托人租购身份以及公开租购身份与代理人租购身份的交互项为解释变量。其中公开租购身份、委托人租购身份和代理人租购身份为虚拟变量：$Pub_i=1$ 表示公开租购身份，$Pub_i=0$ 表示不公开租购身份；$Pri_i=1$ 表示委托人 i 为经济适用房住户，$Pri_i=0$ 表示委托人 i 为公租房住户；$Age_i=1$ 表示与委托人 i 匹配的代理人为经济适用房住户，$Age_i=0$ 表示与委托人 i 匹配的代理人为公租房住户。c 为常数项，ε_i 为随机干扰项。

为探究公开租购身份对不同租购身份委托人的投资额是否有影响，我们在模型（9-1）的基础上加入 $Pub_i \times Pri_i$ 的交互项，得到模型（9-2）。在模型（9-2）的基础上，我们加入 $Pub_i \times Pri_i \times Age_i$ 的交互项得到模型（9-3），以检验公开租购身份情况下，委托人租购身份和代理人租购身份对委托人投资额的交互作用。在模型（9-3）的基础上，我们进一步加入委托人的个体特征变量 X_i 得到模型（9-4）。X_i 包括被试的性别、年龄、受教育程度和家庭年收入。最后，我们将委托人在信任问卷中的主观认知 S_i 也纳入了回归模型，得到模型（9-5）。S_i 包含被试自我报告的自己的可信度、邻居的可信度、对人际交往的看法等主观变量。

$$Inv_i = c + \beta_1 Pub_i + \beta_2 Pri_i + \beta_3 Pub_i \times Age_i + \beta_4 Pub_i \times Pri_i + \varepsilon_i \quad (9-2)$$

$$Inv_i = c + \beta_1 Pub_i + \beta_2 Pri_i + \beta_3 Pub_i \times Age_i + \beta_4 Pub_i \\ \times Pri_i + \beta_5 Pub_i \times Pri_i \times Age_i + \varepsilon_i \quad (9-3)$$

$$Inv_i = c + \beta_1 Pub_i + \beta_2 Pri_i + \beta_3 Pub_i \times Age_i + \beta_4 Pub_i \times Pri_i \\ + \beta_5 Pub_i \times Pri_i \times Age_i + X_i + \varepsilon_i \quad (9-4)$$

$$Inv_i = c + \beta_1 Pub_i + \beta_2 Pri_i + \beta_3 Pub_i \times Age_i + \beta_4 Pub_i \times Pri_i \\ + \beta_5 Pub_i \times Pri_i \times Age_i + X_i + S_i + \varepsilon_i \quad (9-5)$$

表9-5为具体回归结果。回归结果显示，在控制个体特征的情况下，公开租购身份显著地提高了委托人对代理人的投资额，表明租购身份的公开确实会影响人们相互交往时的信任感。在公开租购身份的情况下，经济适用房委托人所表现出的信任水平要低于公租房委托人，且委托人在面对不同租购身份的代理人时也会表现出不同的信任水平：相比于面对经济适用房住户，委托人在面对公租房住户时会表现出更高的信任水平。该回归结果符合我们的假设1和假设2，即在公开租购身份的情况下，不同租购身份的委托人对代理人的信任度不同，且同一身份的委托人对不同租购身份代理人的信任度也有所不同。

表9-5 委托人投资额的OLS回归结果

解释变量	被解释变量：投资额				
	(1)	(2)	(3)	(4)	(5)
公开租购身份	2.647 (0.756)***	3.772 (1.000)***	3.850 (1.064)***	4.306 (1.053)***	3.658 (0.962)***

（续表）

解释变量	被解释变量：投资额				
	(1)	(2)	(3)	(4)	(5)
委托人租购身份	-1.157 (0.613)*	0.383 (1.089)	0.383 (1.091)	0.630 (1.071)	1.317 (1.018)
公开×代理人租购身份	-3.126 (0.740)***	-3.140 (0.737)***	-3.294 (1.022)***	-3.613 (1.003)***	-3.463 (0.912)***
公开×委托人租购身份	—	-2.247 (1.315)*	-2.407 (1.508)	-3.562 (1.493)**	-4.028 (1.374)***
公开×代理人租购身份×委托人租购身份	—	—	0.323 (1.479)	0.581 (1.439)	1.657 (1.326)
性别	—	—	—	1.090 (0.679)	1.007 (0.623)
年龄	—	—	—	-0.030 (0.031)	-0.025 (0.029)
受教育程度	—	—	—	0.869 (0.345)**	0.805 (0.316)**
家庭年收入	—	—	—	0.072 (0.408)	-0.122 (0.376)
个人守信度	—	—	—	—	-0.086 (0.077)
邻居可信度	—	—	—	—	0.772 (0.123)***
对人际交往的看法	—	—	—	—	-0.677 (0.653)
对陌生人的信任度	—	—	—	—	0.456 (0.299)
对邻居的信任度	—	—	—	—	0.402 (0.426)
常数项	9.981 (0.629)***	9.200 (0.775)***	9.200 (0.777)***	8.351 (2.632)***	1.151 (2.981)
样本量	226	226	226	226	226

注：*、**、*** 分别表示在10%、5%、1%显著性水平下显著，括号内为标准误。

另外，我们还发现被试的受教育程度、邻居可信度也都显著地影响了委托人的投资额：在控制其他条件不变时，被试的受教育程度越高，其投资额越高；被试认为邻居更可信，其投资额越高。为探究租购身份对委托人在信任博弈中信任度的影响机理，我们从委托人的心理认知出发，对委托人的主观变量进行更深入的分析。之前的回归中我们已经得出了主观变量对委托人投资额的显著影响，接下来我们需要考虑租购身份对主观变量是否有所影响。

为此，我们以委托人自我报告的邻居可信度为被解释变量，以公开租购身份、委托人租购身份以及二者的交互项为解释变量，在控制个体特征变量的情况下进行回归分析。由于被解释变量并非连续变量，而是 0—10 之间有序的整数，因此我们选择有序 Probit 模型进行回归分析。

表 9-6 为具体的回归结果。我们发现，在控制个体特征变量的情况下，公开租购身份会使得委托人认为邻居更加可信，但经济适用房委托人相比于公租房委托人更加不信任邻居。因此，我们认为租购身份通过影响邻居的可信度进而影响人们对邻居的信任度。相比于公租房住户，经济适用房住户认为邻居的可信度更低，从而在信任博弈中表现出更低的信任度，并且他们还认为公租房住户比经济适用房住户更加可信，因而他们在面对公租房代理人时会表现出更高的信任度。

表 9-6 关于邻居可信度的有序 Probit 回归结果

解释变量	被解释变量：邻居可信度			
	(1)	(2)	(3)	(4)
公开租购身份	0.467 (0.150)***	0.493 (0.153)***	0.306 (0.212)	0.339 (0.216)
委托人租购身份	-0.320 (0.141)**	-0.361 (0.149)**	-0.538 (0.246)**	-0.563 (0.249)**
公开×委托人租购身份	—	—	0.323 (0.299)	0.309 (0.306)
性别	—	0.100 (0.161)	—	0.092 (0.161)
年龄	—	0.010 (0.007)	—	0.011 (0.007)
受教育程度	—	0.041 (0.081)	—	0.037 (0.081)
家庭年收入	—	0.161 (0.096)*	—	0.152 (0.096)
样本量	226	226	226	226

注：*、**、*** 分别表示在 10%、5%、1% 显著性水平下显著，括号内为标准误。

3. 信任行为中的利他偏好和互惠偏好

在对委托人的投资额进行细致的分析后，我们还基于投资额数据对委托人在信任博弈中的社会偏好因素进行分解，以进一步来检验租购身份对人们相互交往时利他偏好和互惠偏好的影响。

首先我们以被试在独裁者博弈中的分配额为被解释变量，检验博弈双方租购身份对独裁者博弈中分配者利他偏好的影响。然后将被试在独裁者博弈中的分配额（利他偏好）作为解释变量加入回归模型，以检验在控制利他偏好的情况下，博弈双方租购身份对人们互惠偏好的影响。由于信任博弈中的代理人在进行独裁者博弈实验时不需要做出分配决策，因此我们只检验在控制利他偏好的情况下，博弈双方租购身份对委托人互惠偏好的影响。表9－7为具体的回归结果。

从表9－7中第1列可知，在控制其他条件不变的情况下，相比于公租房住户，经济适用房住户表现出更强的利他偏好。在控制了被试的利他偏好后，我们根据第2列的回归结果发现租购身份从两个方面影响了个体的互惠偏好：一方面，在控制其他条件不变并且公开租购身份的情况下，经济适用房委托人比公租房委托人表现出更弱的互惠偏好；另一方面，相比于面对经济适用房代理人，委托人面对公租房代理人时会表现出更强的互惠偏好。该回归结果也从社会偏好角度补充了租购身份对委托人投资额的影响：租购身份影响了委托人主观认知的邻居可信度，使得不同租购身份的委托人互惠偏好不同以及面对不同租购身份代理人时互惠偏好也有所差异。

表9－7 租购身份对互惠偏好影响的 OLS 回归结果

解释变量	独裁者博弈中的分配额	信任博弈中的投资额
公开租购身份	2.435 (1.152)**	3.771 (0.965)***
委托人租购身份	2.513 (1.181)**	0.356 (0.987)
公开×代理人租购身份	1.611 (1.105)	－3.945 (0.919)***

(续表)

解释变量	独裁者博弈中的分配额	信任博弈中的投资额
公开×委托人租购身份	-2.121 (1.632)	-3.616 (1.374)***
公开×代理人租购身份×委托人租购身份	-2.508 (1.601)	1.323 (1.323)
独裁者博弈中的分配额	—	0.234 (0.056)***
常数项	7.514 (0.841)***	5.184 (2.571)**
样本量	226	226

注：*、**、*** 分别表示在10%、5%、1%显著性水平下显著，括号内为标准误。在信任博弈中，委托人的租购身份与独裁者博弈中分配者的租购身份相同，所以表中我们均用信任博弈中委托人的租购身份代替。

（三）代理人的可信度

本部分我们将考察信任博弈中代理人的可信度是否会因租购身份的公开、委托人租购身份和代理人租购身份的不同而不同。与对委托人分配额的分析类似，我们以代理人的返还率为衡量其可信度的指标，对各实验局代理人的平均返还率进行非参数检验和回归分析。

1. 代理人返还率的非参数检验

表9-8是各实验局平均返还率非参数检验的结果。检验结果显示，在不公开租购身份的情况下，经济适用房代理人和公租房代理人的返还率之间并没有显著差异（C1 vs. C2：$z=1.245$，$p=0.213$）。在公开租购身份的情况下，面对同一租购身份的委托人时，不同租购身份代理人的平均返还率也没有显著差异（T1 vs. T3：$z=-0.515$，$p=0.606$；T2 vs. T4：$z=0.556$，$p=0.578$），因此假设1中关于可信度的假设并不成立。我们也比较了在公开租购身份的情况下，同一租购身份的代理人在面对不同租购身份的委托人时表现出的可信度是否有所不同，发现无论是经济适用房代理人还是公租房代理

人，在面对不同租购身份的委托人时所表现出的可信度均无显著差异（T1 vs. T4：$z=-0.703$，$p=0.482$；T2 vs. T3：$z=-1.509$，$p=0.131$），因此假设2中关于可信度的假设也不成立。

表9-8 各实验局平均返还率的 Mann-Whitney U 检验结果

实验局	C1	C2	T1	T2	T3	T4
C1	—	1.245 (0.213)	-1.662* (0.096)	—	—	-0.218 (0.827)
C2	1.245 (0.213)	—	—	0.165 (0.869)	-1.175 (0.240)	—
T1	-1.662* (0.096)	—	—	—	-0.515 (0.606)	-0.703 (0.482)
T2	—	0.165 (0.869)	—	—	-1.509 (0.131)	0.556 (0.578)
T3	—	-1.175 (0.240)	-0.515 (0.606)	-1.509 (0.131)	—	—
T4	-0.218 (0.827)	—	-0.703 (0.482)	0.556 (0.578)	—	—

注：*、**、*** 分别表示在10%、5%、1%显著性水平下显著，括号内为 p 值。表中的空缺值是由于部分实验局在进行比较时委托人身份和代理人身份均不同，无法识别出单一变量的影响，因此我们并没有进行该部分的非参数检验。

2. 代理人返还率的回归分析

为了更稳健地分析公开租购身份、委托人租购身份、代理人租购身份对代理人返还率的影响，我们建立了类似模型（9-1）的回归方程，以代理人返还率为被解释变量，以公开租购身份、代理人租购身份、公开租购身份与委托人租购身份的交互项为解释变量进行 OLS 回归分析，得到表9-9中第1列的回归结果。在此基础之上，我们又逐步加入公开租购身份与代理人租购身份的交互项以及公开租购身份与代理人租购身份、委托人租购身份的交互项，得到表9-9中第2列和第3列的回归结果。最后，我们加入个体特征变量和主观变量，得到表9-9中第4列和第5列的回归结果。

表9-9 代理人返还率的OLS回归结果

解释变量	被解释变量：代理人返还率				
	(1)	(2)	(3)	(4)	(5)
公开租购身份	0.008 (0.030)	0.016 (0.040)	-0.004 (0.043)	-0.020 (0.044)	-0.011 (0.044)
代理人租购身份	0.023 (0.025)	0.035 (0.044)	0.035 (0.044)	0.024 (0.045)	-0.007 (0.046)
公开×委托人租购身份	0.008 (0.030)	0.008 (0.030)	0.048 (0.041)	0.057 (0.042)	0.053 (0.041)
公开×代理人租购身份	—	-0.017 (0.053)	0.025 (0.061)	0.043 (0.062)	0.055 (0.062)
公开×代理人租购身份×委托人租购身份	—	—	-0.084 (0.059)	-0.093 (0.060)	-0.074 (0.060)
性别	—	—	—	-0.026 (0.028)	-0.030 (0.028)
年龄	—	—	—	0.002 (0.001)	0.003 (0.001)**
受教育程度	—	—	—	0.015 (0.014)	0.016 (0.014)
家庭年收入	—	—	—	-0.013 (0.017)	-0.010 (0.017)
个人守信度	—	—	—	—	-0.005 (0.004)*
邻居可信度	—	—	—	—	-0.003 (0.005)
对人际交往的看法	—	—	—	—	0.017 (0.030)
对陌生人的信任度	—	—	—	—	0.017 (0.014)
对邻居的信任度	—	—	—	—	0.033 (0.018)*
常数项	0.472 (0.025)***	0.466 (0.031)***	0.466 (0.031)***	0.360 (0.109)***	0.191 (0.134)
样本量	226	226	226	226	226

注：*、**、***分别表示在10%、5%、1%显著性水平下显著，括号内为标准误。

回归结果显示，模型中的主要变量，包括公开租购身份、代理人租购身份、委托人租购身份以及它们的交互项对代理人的返还率均无显著影响。但我们观察到年龄、个人守信度和对邻居的信任度都显著地影响了代理人的返还率。在控制其他条件不变的情况下，年龄越大的被试其返还率越高；对邻居的信任度越高，其返还率也越高；认为自己守信度高的代理人，其返还率反而更低。

我们认为在该模型中主要变量回归结果的不显著可能是受到了互惠偏好的影响。代理人会通过委托人的投资额来判断对方对自己的善意，并选择是"以善报善""以恶报恶"还是"以善报恶""以恶报善"。因此我们需要将投资额作为委托人的"善意"，在控制委托人投资额的情况下检验租购身份对代理人返还率的影响，并考察在面对不同投资额时代理人的返还率是否有所变化。

3. 不同信任水平下的返还率

我们参考了 Rabin (1993) 提出的互惠模型，利用心理博弈模型分析在不同信任条件下，代理人的可信度是否会受公开租购身份、委托人租购身份和自身租购身份的影响。在 Rabin (1993) 构建的双人博弈中，博弈方 i 的效用函数定义为：

$$U_i(a_i, b_j, c_i) = \pi_i(a_i, b_j) + \tilde{f}_j(b_j, c_i)[1 + f_i(a_i, b_j)] \qquad (9-6)$$

模型中的 $f_i(a_i, b_j)$ 和 $\tilde{f}_j(b_j, c_i)$ 被称为"善意函数 I"和"善意函数 II"，是整个模型设置的关键。"善意函数 I"衡量的是博弈方 i 对博弈方 j 的善意程度，"善意函数 II"衡量的是博弈方 i 认为的博弈方 j 对博弈方 i 的善意程度，其定义为：

$$f_i(a_i, b_j) = \frac{\pi_j(b_j, a_i) - \pi_j^e(b_j)}{\pi_j^h(b_j) - \pi_j^{\min}(b_j)} \qquad (9-7)$$

$$\tilde{f}_j(b_j, c_i) = \frac{\pi_i(c_i, b_j) - \pi_i^e(c_i)}{\pi_i^h(c_i) - \pi_i^{\min}(c_i)} \qquad (9-8)$$

其中 $\pi_j(b_j, a_i)$、$\pi_i(c_i, b_j)$ 为博弈方 j 和博弈方 i 收到的实际收益，$\pi_j^{\min}(b_j)$、$\pi_i^{\min}(c_i)$ 为博弈方 j 和博弈方 i 可能收到的最低收益，$\pi_j^e(b_j)$ 和 $\pi_i^e(c_i)$ 分别为博弈方 j 和博弈方 i 心中的公平收益。Rabin (1993) 认为博弈方通过比较自己的实际收益和内心期望的公平收益来判断对方对自己是否善意，因此在该模型中个人效用不仅取决于对方的战略选择，还受自身二阶信念的影响。当博弈方 i 判断对方对自己友善时（$\tilde{f}_j(b_j, c_i) > 0$），为使自身效用最大化，会选择以德报德（$f_i(a_i, b_j) > 0$）；当博弈方 i 判断对方对自己不友善时（$\tilde{f}_j(b_j, c_i) < 0$），为使自身效用最大化，会选择以怨报怨（$f_i(a_i, b_j) < 0$）。

沿用这一思路，可以认为委托人的投资额表达了其对代理人的信任水平，低投资额代表低信任水平，高投资额代表高信任水平，不同的信任水平表达了委托人对代理人的善意水平。根据 Rabin（1993）的模型，面对不同的善意水平代理人所做出的返还决策也会有所不同：当代理人认为委托人对自己表达友善时，会提高返还率；而当代理人认为委托人对自己不友善时，会降低返还率。尤其是当租购身份被公开后，委托人和代理人租购身份的差异对不同信任水平下委托人返还率的影响，需要我们进行更加深入的探究。

我们从委托人的投资额出发，将翻倍后的投资额按信任程度大小分为了四组，分别为低信任（翻倍后投资额为 2—18 元）、中等信任（翻倍后投资额为 20 元）、高信任（翻倍后投资额为 22—38 元）和完全信任（翻倍后投资额为 40 元）。此分组借鉴了 Güth et al.（2008）以投资额区间代表不同信任程度的分组设置，并结合此次实验样本增加了中等信任组。我们按照信任水平的分组情况将通过策略引出法得到的代理人返还率数据进行分组，求出各个实验局在不同信任水平下的平均返还率。

表 9-10 为具体数据分布情况。在面对低信任时，C1 实验局的平均返还率是最高的，但在面对中等信任、高信任和完全信任时，T4 实验局的平均返还率最高；在面对低信任、中等信任和完全信任时，T2 实验局的平均返还率最低，但在高信任下，C2 实验局的平均返还率最低。为了更直观地比较该组数据的组间差异，我们绘制了各实验局代理人在不同信任水平下返还率的折线图（见图 9-2）。

表 9-10 各实验局委托人在不同信任水平下的返还率

信任水平	各实验局平均返还率						
	C1	C2	T1	T2	T3	T4	全部样本
低信任	0.525 (0.194)	0.484 (0.061)	0.499 (0.226)	0.466 (0.090)	0.517 (0.201)	0.514 (0.267)	0.499 (0.188)

(续表)

信任水平	各实验局平均返还率						
	C1	C2	T1	T2	T3	T4	全部样本
中等信任	0.509 (0.205)	0.481 (0.094)	0.484 (0.235)	0.473 (0.119)	0.506 (0.195)	0.521 (0.261)	0.496 (0.193)
高信任	0.488 (0.167)	0.448 (0.123)	0.474 (0.234)	0.458 (0.115)	0.503 (0.206)	0.524 (0.255)	0.483 (0.191)
完全信任	0.486 (0.181)	0.465 (0.128)	0.472 (0.231)	0.434 (0.161)	0.509 (0.204)	0.541 (0.244)	0.484 (0.197)

注：表中括号内为标准差。

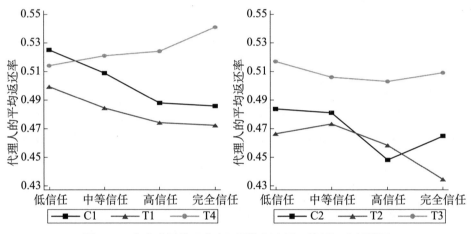

图9-2 各实验局代理人在不同信任水平下的返还率折线图

通过比较不同身份代理人在各实验局下面对不同信任水平时的返还率，我们发现相比于面对经济适用房委托人，经济适用房代理人在面对公租房委托人时表现出了更高的可信度：经济适用房代理人的返还率会随着所获得投资额的增高而降低，但在面对公租房委托人时该趋势会变得相反。在面对经济适用房委托人时，并且在获得的投资额大于等于20元时，T4实验局的返还率将一直高于C1和T1实验局并且差距不断增大。但在公租房代理人中我们并没有发现这一现象。除了T4实验局的数据，其余实验局的平均返还率与Rabin（1993）的互利模型所预测的并不一致，即被试的返还率并没有随着获得的"善意"的增加而提高。

为了更稳健地检验委托人租购身份、代理人租购身份、公开租购身份对不同信任水平下代理人返还率的影响,在控制个体特征的情况下,我们对各个信任水平下(低信任、中等信任、高信任、完全信任)代理人的返还率进行了 OLS 回归分析。

表 9-11 中的回归结果显示,得到与代理人不同租购身份委托人的完全信任能显著提高代理人的返还率:控制其他条件不变,相比于得到公租房委托人的完全信任,公租房代理人得到经济适用房委托人的完全信任会显著提高返还率;而相比于得到经济适用房委托人的完全信任,经济适用房代理人在得到公租房委托人的完全信任时会显著提高返还率。我们认为,获得来自不同租购身份博弈对象的完全信任更为不易,也体现出对方更大的善意,因此被试会对返还有更大的善意,体现为更高的可信度。

表 9-11 不同信任水平下代理人返还率的 OLS 回归结果

解释变量	被解释变量:不同信任水平下代理人的返还率			
	低信任	中等信任	高信任	完全信任
公开租购身份	-0.034 (0.044)	-0.015 (0.045)	0.012 (0.045)	-0.026 (0.046)
代理人租购身份	-0.005 (0.046)	-0.014 (0.047)	-0.006 (0.047)	-0.023 (0.048)
公开×委托人租购身份	0.058 (0.041)	0.036 (0.043)	0.047 (0.042)	0.077 (0.044)**
公开×代理人租购身份	0.057 (0.062)	0.049 (0.065)	0.049 (0.064)	0.107 (0.066)
公开×代理人租购身份 ×委托人租购身份	-0.054 (0.060)	-0.053 (0.062)	-0.088 (0.061)	-0.131 (0.063)**
性别	-0.024 (0.028)	-0.040 (0.029)	-0.034 (0.029)	-0.030 (0.030)
年龄	0.003 (0.001)**	0.002 (0.001)*	0.002 (0.001)*	0.002 (0.001)*
受教育程度	0.011 (0.014)	0.016 (0.015)	0.020 (0.015)	0.016 (0.015)
家庭年收入	-0.023 (0.017)	-0.014 (0.018)	0.001 (0.017)	0.011 (0.018)
个人守信度	-0.007 (0.004)*	-0.005 (0.004)	-0.003 (0.004)	-0.004 (0.004)

(续表)

解释变量	被解释变量：不同信任水平下代理人的返还率			
	低信任	中等信任	高信任	完全信任
邻居可信度	0.001 (0.006)	-0.002 (0.006)	0.006 (0.006)	-0.006 (0.007)
对人际交往的看法	0.017 (0.030)	0.018 (0.031)	0.018 (0.030)	0.006 (0.031)
对陌生人的信任度	0.020 (0.014)	0.014 (0.014)	0.015 (0.014)	0.015 (0.014)
对邻居的信任度	0.023 (0.018)	0.041 (0.018)**	0.040 (0.019)**	0.043 (0.020)**
常数项	0.270 (0.136)**	0.200 (0.140)	0.126 (0.139)	0.130 (0.143)
样本量	226	226	226	226

注：*、**、*** 分别表示在10%、5%、1%显著性水平下显著，括号内为标准误。

我们还发现代理人对邻居的信任度在中等信任、高信任和完全信任条件下都显著影响了代理人的返还率。为探究租购身份对委托人在信任博弈中可信度的影响机理，我们还需进一步考察租购身份是否显著影响了代理人对邻居的信任度。因此，我们在控制个体特征变量的情况下，以代理人对邻居的信任度为被解释变量，以公开租购身份、代理人租购身份以及二者的交互项为解释变量进行回归分析。由于被解释变量是有序的选项，因此我们的回归模型选择有序的 Probit 模型，表9-12为具体回归结果。

表9-12 代理人主观变量的有序 Probit 回归结果

解释变量	被解释变量：对邻居的信任度			
	(1)	(2)	(3)	(4)
公开租购身份	-0.120 (0.162)	-0.127 (0.165)	0.017 (0.227)	0.023 (0.231)
代理人租购身份	0.242 (0.151)	0.263 (0.159)*	0.437 (0.271)	0.473 (0.275)*
公开×代理人租购身份	—	—	-0.281 (0.325)	-0.309 (0.331)
性别	—	0.038 (0.170)	—	0.046 (0.170)

（续表）

解释变量	被解释变量：对邻居的信任度			
	(1)	(2)	(3)	(4)
年龄	—	-0.007 (0.008)	—	-0.008 (0.008)
受教育程度	—	-0.029 (0.086)	—	-0.026 (0.086)
家庭年收入	—	-0.058 (0.103)	—	-0.051 (0.103)
样本量	226	226	226	226

注：*、**、*** 分别表示在10％、5％、1％显著性水平下显著，括号内为标准误。

回归结果显示，不同租购身份的被试对邻居的信任度和对陌生人的信任度有所不同。在控制其他条件情况下，相比于公租房住户，经济适用房住户对邻居的信任度更高。我们推测这可能是由于经济适用房住户比公租房住户有更强的利他偏好，这也与前述独裁者博弈的实验结果一致。因此出于利他动机，相比于公租房代理人，经济适用房代理人的返还率会更高。

五、结论与讨论

《中共中央 国务院关于支持浙江高质量发展建设共同富裕示范区的意见》（以下简称《意见》）中提到，"对房价比较高、流动人口多的城市"要使"租购住房在享受公共服务上具有同等权利"。同时，《意见》强调了要完善"先富带动后富"的共同富裕帮扶机制，"共同富裕"不仅仅指财富上的共同富裕，还包含精神层面的富足、公共服务上的普惠普及。在此框架下从制度或社会层面促进租购权利的平等化、合理化有助于促进共同富裕。为此，本研究利用实地实验方法，在浙江省宁波市的保障性住房社区开展了共计六场社区实验，以探究租购身份对于人们相互交往时信任感和可信度的影响，进而为消除租购群体之间的社会隔阂、促进租购权利平等化、建设以居住权为依托的基本公共服务体系提供微观的理论支撑。

实验结果显示，相比于经济适用房住户，公租房住户认为邻居的可信度更高。因此在公开租购身份的情况下，公租房住户出于互惠动机，在信任博弈中的投资额会高于经济适用房住户。相比于公租房住户，经济适用房住户对邻居的信任度更高。因而在公开租购身份的情况下，经济适用房住户由于利他偏好强于公租房住户，其在信任博弈中的返还率会高于公租房住户。我们还发现了面对不同租购身份的博弈对象时，人们的信任度和可信度也会有所不同：在信任度上，相比于经济适用房住户，人们更相信公租房住户；而在可信度上，在获得他人的完全信任时，出于"以善报善"策略，人们会对那些与自己租购身份不同的人表现出更高的可信度。

总而言之，在当前公共服务制度下，由于租购权利的不平等，购房者与租房者享有不同的基本公共服务。这种差异在潜移默化中影响了住户的心理认知，进而产生了租购身份的差异。我们的研究识别出了租房者与购房者之间社会身份的差异。但我们实验的被试群体为居住于同一社区的中低收入群体，借由无形的社会规范和长期的日常互动交往可以淡化这种租购身份之间的差异，从而在与不同租购身份的个体交往时表现出更多的善意。但全社会中的租房者与购房者分布于更广泛的社会层级和收入水平，仅通过非正式的社会规范和日常交往融合来淡化租购身份之间的差异既难以实施又无法保障行之有效。我们亟须一只强有力的手来打破租购权利的差异，以制度规范消除租购身份之间的隔阂。因此我们认为加快构建租购同权的基本公共服务体系，同时完善住房租赁市场制度，促进公共服务优质化共享，才能够真正破除租购群体之间的社会分割，促进社会公平正义，实现全体人民共同富裕。

本研究还有进一步改进和扩展的空间，例如，除信任行为外，我们还可以检验租购身份对于其他个体行为决策的影响；也可以利用"启动"方法（Bargh，2006），通过操纵被试对租购身份的认知，进一步验证个体租购身份与亲社会行为之间的因果关系。此外，若要更为广泛地分析租购同权政策对社会融合的影响，除保障性住房社区住户外，我们还需邀请其他社会阶层中的租房者和购房者参与实验。还可以通过比较入住保障房（经济适用房与公租房）前后住户在亲社会行为方面的变化，来考察不同租购身份对个体行为的影响。

参考文献

陈叶烽:《亲社会性行为及其社会偏好的分解》,《经济研究》,2009 年第 12 期。

福山、张铭、士琳:《〈历史的终结〉:导言》,《现代外国哲学社会科学文摘》,1998 年第 2 期。

梁平汉、孟涓涓:《人际关系、间接互惠与信任:一个实验研究》,《世界经济》,2013 年第 12 期。

罗俊、汪丁丁、叶航、陈叶烽:《走向真实世界的实验经济学——田野实验研究综述》,《经济学(季刊)》,2015 年第 3 期。

夏纪军:《中国的信任结构及其决定——基于一组实验的分析》,《财经研究》,2005 年第 6 期。

杨晓兰、C. Bram Cadsby、宋菲:《留守儿童更信任他人吗?来自实验经济学的证据》,《南方经济》,2020 年第 4 期。

Afridi, F., Li, S. X., & Ren, Y. (2015). Social identity and inequality: The impact of China's hukou system. *Journal of Public Economics*, 123, 17–29.

Akerlof, G. A., & Kranton, R. E. (2000). Economics and identity. *Quarterly Journal of Economics*, 115 (3), 715–753.

Alesina, A., & La Ferrara, E. (2002). Who trusts others?. *Journal of Public Economics*, 85 (2), 207–234.

Arrow, K. J. (1972). Gifts and exchanges. *Philosophy & Public Affairs*, 1 (4), 343–362.

Ashraf, N., Bohnet, I., & Piankov, N. (2006). Decomposing trust and trustworthiness. *Experimental Economics*, 9, 193–208.

Bargh, J. A. (2006). What have we been priming all these years? On the development, mechanisms, and ecology of nonconscious social behavior. *European Journal of Social Psychology*, 36 (2), 147–168.

Ben–Ner, A., & Putterman, L. (2009). Trust, communication and contracts: An experiment. *Journal of Economic Behavior & Organization*, 70 (1–2), 106–121.

Berg, J., Dickhaut, J., & McCabe, K. (1995). Trust, reciprocity, and social history. *Games and Economic Behavior*, 10 (1), 122 – 142.

Brandts, J., & Charness, G. (2000). Hot vs. cold: Sequential responses and preference stability in experimental games. *Experimental Economics*, 2, 227 – 238.

Burks, S. V., Carpenter, J. P., & Verhoogen, E. (2003). Playing both roles in the trust game. *Journal of Economic Behavior & Organization*, 51 (2), 195 – 216.

Carpenter, J. (2002). Measuring social capital: Adding field experimental methods to the analytical toolbox. *Social capital and economic development: Well-being in developing countries*, 119 – 137.

Chang, D., Chen, R., & Krupka, E. (2014). Social norms and identity driven choice (Tech. Rep.). Mimeo, University of Michigan.

Camerer, C. F. (2011). *Behavioral game theory: Experiments in strategic interaction*. Princeton: Princeton University Press.

Cameron, L., Erkal, N., Gangadharan, L., & Meng, X. (2013). Little emperors: Behavioral impacts of China's One-Child Policy. *Science*, 339 (6122), 953 – 957.

Capra, C. M., Lanier, K., & Meer, S. (2008). *Attitudinal and behavioral measures of trust: A new comparison*. SSRN.

Cardenas, J. C. (2008). Behavioral development economics: Lessons from field labs in the developing world. *Journal of Development Studies*, 44, 337 – 364.

Charness, G., Rigotti, L., & Rustichini, A. (2007). Individual behavior and group membership. *American Economic Review*, 97 (4), 1340 – 1352.

Chen, Y., & Li, S. X. (2009). Group identity and social preferences. *American Economic Review*, 99 (1), 431 – 457.

Chuah, S. H., Gächter, S., Hoffmann, R., & Tan, J. H. (2016). Religion, discrimination and trust across three cultures. *European Economic Review*, 90, 280 – 301.

Cox, J. C. (2004). How to identify trust and reciprocity. *Games and Economic Behavior*, 46 (2), 260 – 281.

Dufwenberg, M., & Gneezy, U. (2000). Measuring beliefs in an experimental lost wallet game. *Games and Economic Behavior*, 30 (2), 163–182.

Fafchamps, M. (2003). Ethnicity and networks in African trade. *Contributions in Economic Analysis & Policy*, 2 (1), 1–51.

Falk, A., & Zehnder, C. (2013). A city-wide experiment on trust discrimination. *Journal of Public Economics*, 100, 15–27.

Fehr, E., Kirchsteiger, G., & Riedl, A. (1993). Does fairness prevent market clearing? An experimental investigation. *Quarterly Journal of Economics*, 108 (2), 437–459.

Fehr, E., & List, J. A. (2004). The hidden costs and returns of incentives—Trust and trustworthiness among CEOs. *Journal of the European Economic Association*, 2 (5), 743–771.

Forsythe, R., Horowitz, J. L., Savin, N. E., & Sefton, M. (1994). Fairness in simple bargaining experiments. *Games and Economic Behavior*, 6 (3), 347–369.

Glaeser, E. L., Laibson, D. I., Scheinkman, J. A., & Soutter, C. L. (2000). Measuring trust. *Quarterly Journal of Economics*, 115 (3), 811–846.

Greiner, B., & Zednik, A. (2019). Trust and age: An experiment with current and former students. *Economics Letters*, 181, 37–39.

Gupta, G., Mahmud, M., Maitra, P., Mitra, S., & Neelim, A. (2017). Religion, minority status, and trust: Evidence from a field experiment. *Journal of Economic Behavior & Organization*, 146, 180–205.

Güth, W., Levati, M. V., & Ploner, M. (2008). Social identity and trust—An experimental investigation. *Journal of Socio-Economics*, 37 (4), 1293–1308.

Hargreaves Heap, S. P., & Zizzo, D. J. (2009). The value of groups. *American Economic Review*, 99 (1), 295–323.

Hoff, K., & Pandey, P. (2006). Discrimination, social identity, and durable inequalities. *American Economic Review*, 96 (2), 206–211.

Johansson-Stenman, O., Mahmud, M., & Martinsson, P. (2005). Does stake size matter in trust games?. *Economics Letters*, 88 (3), 365–369.

Knack, S., & Keefer, P. (1997). Does social capital have an economic payoff? A cross-country investigation. *The Quarterly Journal of Economics*, 112 (4), 1251 – 1288.

Koopmans, R. , & Veit, S. (2014). Cooperation in ethnically diverse neighborhoods: A lost-letter experiment. *Political Psychology*, 35 (3), 379 – 400.

List, J. A. , & Price, M. K. (2009). The role of social connections in charitable fundraising: Evidence from a natural field experiment. *Journal of Economic Behavior & Organization*, 69 (2), 160 – 169.

Luo, J. , Chen, Y. , He, H. , & Gao, G. (2019). Hukou identity and fairness in the ultimatum game. *Theory and Decision*, 87 (3), 389 – 420.

Luo, J. , & Wang, X. (2020). Hukou identity and trust—Evidence from a framed field experiment in China. *China Economic Review*, 59, 101383.

Nooteboom, B. (2002). *Trust: Forms, foundations, functions, failures and figures.* Northampton: Edward Elgar Publishing.

Piff, P. K. , Kraus, M. W. , Côté, S. , Cheng, B. H. , & Keltner, D. (2010). Having less, giving more: The influence of social class on prosocial behavior. *Journal of Personality and Social Psychology*, 99 (5), 771 – 784.

Póvoa, A. C. S. , Pech, W. , & Woiciekovski, E. (2020). Trust and social preferences: A cross-cultural experiment. *Journal of Behavioral and Experimental Economics*, 86, 101526.

Putnam, R. D. (1993). The prosperous community: Social capital and public life. *The American Prospect*, 4 (13), 35 – 42.

Qin, X. , Shen, J. , & Meng, X. (2011). Group-based trust, trustworthiness and voluntary cooperation: Evidence from experimental and survey data in China. *Journal of Socio-Economics*, 40 (4), 356 – 363.

Rabin, M. (1993). Incorporating fairness into game theory and economics. *American Economic Review*, 83 (5), 1281 – 1302.

Smith, A. (2011). Identifying in-group and out-group effects in the trust game. *The B. E. Journal of Economic Analysis & Policy*, 11 (1): 1 – 13.

Song, F. , Cadsby, C. B. , & Bi, Y. (2012). Trust, reciprocity, and guanxi in China: An experimental investigation. *Management and Organization Review*, 8 (2), 397–421.

Sutter, M., & Kocher, M. G. (2007). Trust and trustworthiness across different age groups. *Games and Economic Behavior*, 59 (2), 364–382.

Tanaka, T., & Camerer, C. F. (2016). Trait perceptions influence economic out-group bias: Lab and field evidence from Vietnam. *Experimental Economics*, 19, 513–534.

Tsutsui, K., & Zizzo, D. J. (2014). Group status, minorities and trust. *Experimental Economics*, 17, 215–244.

Xia, W., Guo, X., Luo, J., Ye, H., Chen, Y., Chen, S., & Xia, W. (2021). Religious identity, between-group effects and prosocial behavior: Evidence from a field experiment in China. *Journal of Behavioral and Experimental Economics*, 91, 101665.

Van Doesum, N. J., Tybur, J. M., & Van Lange, P. A. (2017). Class impressions: Higher social class elicits lower prosociality. *Journal of Experimental Social Psychology*, 68, 11–20.

Zhao, F., & Pellissery, S. (2016). Hukou and caste: The right to have rights in modern India and China. HKU–USC–IPPA Conference on Public Policy during the Panel on What Interactions between Policy Processes and Political Regimes, University of Hong Kong, PRC China.

第九章附录

实验说明

欢迎参加游戏！

你的编号是_____，请坐在对应的位子上。

注意事项

1. 听从安排，保持安静直到游戏结束，不允许相互讨论。有问题请举手，我们会马上解答你的问题。

2. 参加游戏可以获得真实的收益，每个人能得到多少收益是根据游戏结果确定的。

3. 在游戏中，你的个人信息和决定将严格保密。别人不知道你的决定是什么，你也不知道别人的决定是什么。

4. 全部游戏完成后你需要填一份问卷，填完后请坐在位子上不要离开，我们会分发一个装有实验收益的密封信封，不会有其他人知道你的收益情况。

实验任务卡片

C1 实验局分配者实验说明

> 您决定分给对方_____元钱。

C1 实验局响应者实验说明

> 您接受对方最低给你_____元钱。

C2 实验局分配者实验说明

> 您决定分给对方_____元钱。

C2 实验局响应者实验说明

> 您接受对方最低给您_____元钱。

T1 实验局分配者实验说明

> 与您匹配的是经济适用房住户
> 您决定分给对方_____元钱。

T1 实验局响应者实验说明

> 与您匹配的是经济适用房住户
> 您接受对方最低给你_____元钱。

T2 实验局分配者实验说明

> 与您匹配的是公租房住户
> 您决定分给对方_____元钱。

T2 实验局响应者实验说明

> 与您匹配的是公租房住户
> 您接受对方最低给你_____元钱。

T3 实验局分配者实验说明

> 与您匹配的是公租房住户
> 您决定分给对方_____元钱。

T3 实验局响应者实验说明

> 与您匹配的是经济适用房住户
> 您接受对方最低给你_____元钱。

T4 实验局分配者实验说明

> 与您匹配的是经济适用房住户
> 您决定分给对方_____元钱。

T4 实验局响应者实验说明

> 与您匹配的是公租房住户
> 您接受对方最低给你_____元钱。

第十章
助力企业高质量发展的实验研究

本章导读：改革开放40余年来，我国企业发展不断迈上新台阶、取得新成就。2023年，我国有142家企业进入《财富》世界500强排行榜，企业数量领先于其他国家，居世界第一位。但我们也要清醒地认识到，与高质量发展的要求相比，我国企业研发投入和自主创新水平不够高，国际竞争力不够强，经营效率和经济效益偏低。没有企业的高质量发展，就不会有整体经济的高质量发展。高质量发展既是我国企业在新时代的使命担当，也是应对风险挑战、不断发展壮大乃至成为世界一流企业的必由之路。

关键核心技术对推动企业高质量发展，甚至是我国经济高质量发展都具有重大意义，面对欧美国家日益严峻的技术封锁，如何助力高新技术企业自主创新成为我国科技自立自强进程中的重要议题。为此，我们在实验室中设计了一个市场中有两家企业的个体生产与研发决策实验，通过纳入突破式创新的特征来模拟高新技术企业生产与研发的决策过程，以考察这一情景下补贴激励、市场规模对企业创新决策的作用。在此基础上我们还研究了企业家的个体偏好对研发投入的影响，并通过对比企业的实际研发强度与申报研发强度识别了企业操纵研发骗取补贴的行为。

实验结果表明：首先，无门槛补贴对企业的创新行为具有持续、稳定的激励作用；其次，对于风险厌恶者、短视者而言，规模更大、收益更高的潜在市场可以增加他们在研发后期的创新投入；最后，面对政府补贴政策，企业的申报研发强度存在明显的迎合效应，而实际研发强度则不然。从研究结论出发，本研究对我国"卡脖子"背景下高新技术企业的创新行为有以下启示：第一，有为政府与企业家精神对于企业创新同样重要。在创新性产品的设计与制造这样的高端领域中需要有敢冒险、有远见的企业家精神；而对于相对保守的企业，需要产业政策激励其在企业研发的初始阶段平稳过渡，从而能使其在行业地位和市场收益的推动下增加中后期的创新投入。第二，尽管补贴激励效果显著，但由于信息不对称的存在，在有惩罚的稽查制度下企业在研发投入申报过程中会进行明显的研发操纵行为，政府如果无法识别真正有资格获得补贴的企业，可能会导致资源错配。因此，政府应将监管重心转移到刚刚达到补贴门槛的企业，进而帮助真正需要产业政策激励的企业完成尖端技术的研发，助推企业高质量发展。

一、引言

党的二十大报告提出要坚持创新在我国现代化建设全局中的核心地位，加快实现高水平科技自立自强，加快建设科技强国，并对完善科技创新体系、加快实施创新驱动发展战略等作出专门部署。国家"十四五"规划把创新摆在各项规划任务的首位，进行专章部署。然而，对于新一代信息技术、生物医药等知识密集、资本密集型产业而言，技术创新的投入大、回报久、不确定性强，导致规模效益突出。产业链的龙头企业通过兼并、收购、联合等方式形成越来越集中的市场结构，而落后企业则面临持续失去竞争优势的窘境（周建军，2018）。同时，市场对落后技术的迭代缺乏耐心，落后企业在追赶过程中的投入难以直接转化为利润（方莹莹和刘戒骄，2018），导致企业的创新动力不足。

企业创新行为的内在动力是对利润的追求。技术创新能够通过提高要素使用效率、降低要素成本的方式增加利润，更重要的是创新提升了企业供给产品和服务的能力，带来了新的市场，从而增加了利润。市场规模可以正向促进企业的创新行为（Acemoglu and Linn，2004），未来市场的规模增量是企业选择研发的重要动因。但是，目前我国高新技术企业创新行为的内生动力受到外部因素的抑制。发达国家通过签订《瓦森纳协定》等手段限制落后国家发展关键技术、开拓国际市场。战略性技术被"卡脖子"，不仅是企业经营问题，也是国家发展的阻碍。因此，企业的创新行为急需产业政策提供外生动力。

政府补贴是产业政策的主要手段之一，已有研究在评估其效果时却未形成共识。从"创新过程"看，政府补贴可以通过提供经费、降低成本等途径增加企业的研发投入（Le and Jaffe，2017；Guo et al.，2016；李汇东等，2013）。但是，也有研究认为政府补贴不能显著增加企业的研发投入（张杰等，2015），过度补贴甚至可能会适得其反，抑制创新活动（Chen et al.，2018；吴伟伟和张天一，2021）。从"创新结果"看，政府补贴对企业专利的申请与授权数量通常具有明显的提升作用（余明桂等，2016；顾夏铭等，2018），而对于专利质量的效果，则存在挤入效应（朱平芳和徐伟民，2003）与挤出效应（张杰等，2016）两种不同的观点。

政府补贴效果评估的差异可能源于测度指标的差异与测度结果的偏误。具体而言，创新投入主要以企业当年财务报表中的研发支出测度，而该指标可以由企业通过调整会计科目进行研发操纵（杨国超等，2017；Chen et al.，2021），以达到政策迎合的目的。在创新产出的测度指标中，主要以专利的申请数、授权数和创新密集度[①]等指标测度创新产量，以专利撤回率、专利授权率和专利续期率等指标测度创新质量，但由于现阶段技术评价体系的不完善，专利质量无法得到准确、统一的测度（陈强远等，2020）。更为重要的是，在关键核心技术被"卡脖子"的背景下，上述指标可能无法准确反映致力于原创性、引领性科技攻关企业的真实创新水平。而实际上，要实现国内高新技术产业对欧美国家的赶超，如何让技术暂时落后的企业还能有创新动力，如何在技术难度逐渐升级的要求下，还能持续投入来突破瓶颈、创新成功，正是我们当下面临的重要课题。

---

① 创新密集度用新产品销售额占企业总销售额的比重来衡量。

第十章　助力企业高质量发展的实验研究

为了有效获取企业在破解"卡脖子"难题时的创新行为数据，本研究利用实验经济学方法模拟了高新技术企业所处的市场环境，设计了产业政策激励机制，招募实验被试进行生产和研发决策。不确定性是研发活动的一大特点，在以往相关文献中，通常是分别赋予研发成功和失败不同的概率（Engel and Kleine，2015），或将创新的收益定义为一个彩票（Duffy and Ralston，2020）。但是，这些研究均根据企业单次创新行为来决定研发是否成功，而现实中技术创新恰恰需要资金的持续投入和技术积累。此外，在高新技术产业的研发活动中，技术落后的产品没有价格优势，故对于处在技术追赶过程中的企业，其研发投入难以在短时间内取得回报。我们针对上述特点设计了实验环境与机制。首先，实验中企业的研发行为从创新的起步阶段开始，企业的创新决策具有连续性、创新进程具有累积性；其次，创新成果累计达到阈值后视为研发活动完成、实现突破式创新；最后，创新收益来自市场地位的改变，即企业在创新尚未成功的阶段只能拥有落后技术下的产品市场，只有在创新成功后才能获得更大的市场。

潜在市场利润和政策激励对创新行为的影响是客观的，而企业是否投入研发还取决于管理层的主观偏好。研发活动的目的是实现技术创新，因而该决策是不确定条件下的选择。同时，在资金预算约束下，企业增加研发开支会减少可供生产和销售的预算，因而创新决策又是一种跨期选择，管理层需要权衡远期创新后的利润增加值和现期产品出售所得的利润减少值。以往文献也表明，风险偏好和时间偏好会是影响管理层创新决策的关键（张传奇等，2019；游静，2017）。因此，从促进研发投入的角度看，还需要考虑风险偏好和时间偏好等管理层个体特征对研发投入影响的微观机制，从而使得产业政策更加准确、有效地作用于偏好异质的企业决策者。

我们探究了政府补贴（细分了无门槛补贴和认定补贴）和潜在增量市场这两大外在因素对企业研发投入的影响，同时考察了个体风险偏好、时间偏好等内在属性在政府补贴、潜在市场对企业创新行为影响中的作用。由此，我们得到以下主要结论：首先，政府补贴和更大的增量市场能够显著增加企业的研发投入；其次，决策者的风险偏好、时间偏好将影响企业在不同增量市场的研发投入；最后，企业的申报研发强度存在明显的迎合效应，而实际研发强度则不然。

本研究的创新点在于：第一，我们利用实验方法为产业政策补贴对企业创新行为的作用提供了更为直接的因果证据；第二，本研究的连续创新决策与研发阈值的设计适用于需要技术积累与突破的行业，这为在实验环境中研究创新决策提供了一种新的思路；第三，我们在实验中模拟了高新技术企业的经营环境，由此获得包含了企业研发全过程的决策数据，这为针对同产业中处于不同市场阶段的企业创新实证研究提供了补充；第四，经验数据可以从群体层面检验整个行业是否存在研发操纵行为，而实验数据能够从微观个体层面确认每家企业是否存在虚报研发投入行为。

二、文献回顾

本研究着眼于产业政策、市场规模对高新技术企业创新行为的作用，而创新本身具有不确定性和收益滞后性，会受到个体风险偏好与时间偏好的影响。因此，我们从创新行为与政府补贴、创新行为与市场规模、创新行为与个体偏好以及实验经济学中的创新行为研究等四个方面对相关文献进行了梳理和总结。

政府补贴是我国扶持高新技术企业的重要产业政策，政府补贴可以从提供经费（Jaffe，2002；Le and Jaffe，2017）和降低成本（Lach，2002；Guo et al.，2016）等方面推动企业的创新进程。政府补贴对企业创新行为的作用往往是复杂的，在以往研究中，政府补贴对于创新行为的影响没有达成一致结论。章元等（2018）运用中关村高新技术企业数据进行研究，结果表明政府补贴可以增加企业的短期创新投入，但是没有明显增加其长期创新投入，并且会因增加新技术的购买而挤出自主创新。吴伟伟和张天一（2021）则发现研发补贴对企业创新产出的影响呈倒 U 形。Czarnitzki and Kraft（2004）发现事后政府补贴比事前政府补贴更有效，因为事后政府补贴代表政府对企业研发活动的批准。然而，部分研究发现政府补贴未必具有激励企业创新的作用。例如，周亚虹等（2015）发现在企业扩张时期政府扶持无法增加新能源企业的研发投入。李文健等（2022）利用委托—代理理论研究政府补贴的作用，发现在对称信息下补贴是不必要的，仅在不对称信息下政府可以通过补贴来识别企业类型，激励企业创新。这说明政府补贴的作用受到补贴时点、所属行业、企业所处阶段、企业信息等因素的影响。Chen et al.（2018）认为政府补贴可能会传递企业发展高度不确定性的消极信号，这不利于企业的外部融资。

另外，科技型企业通常需要根据《高新技术企业认定管理办法》认定以获得补贴资格，在此过程中企业可能会出现制度迎合的现象，导致资源配置扭曲、产业政策失效。Chen et al.（2021）使用 2011 年研发强度在 0.5%—15% 的企业数据，根据企业研发强度在优惠门槛附近出现断点等现象证明企业确实存在操纵研发费用的现象。杨国超和芮萌（2020）对 2008—2015 年上市公司披露的研发投入数据进行分析，发现通过虚增研发投入而获得高新技术企业认定的公司仅仅为表面迎合政策要求，无意真正从事创新。然而，这些研究只能从群体层面得知被研究企业整体是否进行研发操纵，但并不能从微观层面探测到某家企业是否虚报研发投入。因此，在探究政府补贴对企业自主创新作用的同时，需要从个体层面重视企业的研发操纵行为，以使得真正需要政府补贴的高新技术企业得到政策支持。

除了政府补贴等外生激励，创新行为的内生动力是企业对增量利润的追求。对于国内高新技术产业来说，利润增长空间与潜在市场的规模密切相关。Acemoglu（2003）发现在医药行业中，美国人口结构转变这一外生冲击引发的市场规模扩大会显著促进创新行为。张建华和曾勇（2018）研究了基于政策性扶持所带来的外生性市场规模的扩大，发现潜在市场规模的扩大对创新行为有显著影响。同时，就潜在市场规模而言，高新技术产业链的各环节是异质的。上述研究中潜在市场规模的激励检验依赖于外生冲击，而实验方法可以通过控制变量来识别市场规模、政府补贴等重要外在激励因素对企业创新的影响。

已有文献认为管理层的风险偏好会正向促进企业研发行为。张传奇等（2019）采用企业风险资产占总资产的比重来衡量管理者风险偏好，发现风险偏好的增强可以减缓现金流不确定性对企业创新的抑制作用。陈金勇和舒维佳（2020）通过主成分分析方法构造风险偏好因子，进一步发现在创新活动的不同阶段，管理层风险偏好与企业技术创新之间并非线性关系，而呈倒 U 形曲线关系。叶建木等（2021）使用类似的时序主成分分析法计算风险偏好得分，研究了风险偏好与企业创新之间的关系。此外，因为企业在创新决策中能够获知市场结构、市场规模、研发投入等信息，所以创新行为的额外收益并非完全不确定。创新行为不仅是风险承担问题，也是跨期选择问题，即需要在能带来确定收益的生产决策和相对不确定的创新决策之间做出权衡。但是研究创新行为与时间偏好关系的文章较少，其中游静（2017）基于时间贴现（贴现因子越大，时间偏好越强）的 DU 模型（the discounted utility model），发现了创新行为与时间偏好的负向关系。Grenadier and Wang（2007）则发现企业决策者在风险投资中会出现时间不一致的现象。

在研究企业创新行为中使用经验数据可能存在以下不足：第一，研究中主要以创新投入与创新产出数据为衡量企业创新行为的指标，但创新投入数据往往来自企业研发费用的公开。企业可以通过会计科目调整来操纵创新投入（杨国超等，2017；Chen et al.，2021），且创新投入还包括无法有效体现企业自主创新行为的技术引进费用等（章元等，2018）。创新产出则大多通过专利数量来体现，但专利数量无法很好地体现创新水平（黎文靖和郑曼妮，2016），而专利质量作为"卡脖子"背景下更为重要的评价标准，目前尚未形成完善的评价体系来反映（陈强远等，2020），并且企业的研发投入也并非全部转化为专利（Dosi and Stiglitz，2014）。第二，特定产业或时期的企业创新数据可能不易收集。比如，周亚虹等（2015）发现政府扶持在新能源产业扩张期的作用，但受数据限制，没有检验其在起步阶段对企业研发投入的影响。李后建和刘思亚（2015）在研究初创小型企业的创新行为时，受截面数据的限制，无法考察外源融资与企业创新之间的动态关系。第三，政府补贴是非随机事件（Klette et al.，2000），存在选择性偏误等内生性问题，余明桂等（2016）在回归中引入样本初期专利总数以控制企业初期的创新水平，但专利数量可能无法充分衡量企业的创新水平。

相比于经验数据，实验数据可以通过机制设计较为干净有效地识别政府补贴、市场规模等外在因素对创新决策的影响。以往创新决策实验主要根据创新行为高风险、高收益的特点进行实验设计。例如，Isaac and Reynolds（1992）最早将实验经济学应用于创新行为研究，检验了熊彼特的竞争理论，并比较了四寡头与垄断情况下创新行为的差异，结果表明竞争强度提高了R&D投资。Darai et al.（2010）设计了两阶段的博弈实验来研究企业创新行为，被试在实验第一阶段需要做出R&D投资决策，并在第二阶段做出产量决策，R&D投资的增加可以降低边际成本。作者改变组内企业人数并比较古诺竞争与伯特兰德竞争，分析了竞争强度对企业研发投资的影响，结果表明激烈的竞争不利于研发投资。该研究中R&D投资与边际成本呈线性关系，未体现R&D的不确定性，在后续竞争强度与研发行为的实验研究中，学者设计了R&D投资与创新成功概率的正向关系（Schmidt et al.，2017；Aghion et al.，2018）。Duffy and Ralston（2020）设计了一个企业决定是创新还是模仿其他企业的实验，实验中创新需要投入但有概率获得高收益。作者根据创新成功的概率分布已知和未知来设计实验局，后者意味着创新具有模糊性，结果表明在模糊环境中被试更愿意创新，并且被试的创新战略会随着时间的推移转向模仿战略。

已有实验研究虽然从因果关系角度考察了企业创新的影响因素，但是以往实验中创新成功与否通常是由单次决策决定的，无法完全体现高新技术企业创新的累积和递进过程；创新成功往往带来生产成本的降低或收益的直接提高，但对于可以改变技术落后企业市场地位的突破式创新尚未得到研究；也鲜有研究将企业管理者的偏好异质性纳入对企业创新行为的实验分析，也几乎没有实验研究模拟产业补贴政策和潜在增量市场规模对企业创新行为的影响。

三、实验设计

（一）创新决策设计

我们的实验设计纳入了突破式创新的特征，与以往的创新实验研究相比，具有以下三个特点。

第一，创新决策的连续性与创新进程的累积性。相较于渐进式创新，突破式创新需要企业进行连续自主创新，并在突破前积累充足的知识、技术储备（Semadeni and Anderson, 2010）。因此，我们的实验中所有被试均从零开始进行自主研发，研发过程技术不存在外溢性。在连续的15轮实验中，被试每轮需要决定各自的研发投入 k 来单独完成研发，每轮的研发点数（技术水平）增量为 $k \cdot r \cdot a$，被试每轮的研发点数都会在原有基础上进行累积。其中，r 表示（0，1）区间内的随机数[①]，用以表示研发的不确定性；a 表示难度系数，越接近完成研发，研发难度越大，系数 a 越小[②]。

第二，突破式创新成功的判定标准为是否达到创新阈值。在关键核心技术受制于人的情景下，只有企业的核心技术水平达到某一外生的阈值，才能摆脱"卡脖子"的窘境。对应地，企业创新的实质收益也需要其完成突破式创新才会获得，而不是单次创新决策对应单次创新收益（Duffy and Ralston, 2020）。实验中被试每期可以看到自己当前累计达到的研发点数，当累计的研发点数数值达到实验设计规定的100时，实验程序便会判定企业完成突破式创新。

第三，创新收益来自企业市场地位的改变。突破式创新可以颠覆现有主流市场，改变拥有技术领先地位的在位企业的竞争力（Christensen, 2013），使突破式创新企业获得更大的市场收益，这与以往实验中创新收益体现为生产成本的降低（Halbheer et al., 2009）不同。在本实验中，完成突破式创新的被试可以在原有产品市场的基础上，垄断一个新的产品市场，垄断时长取决于竞争者是否也完成突破式创新，即竞争者无法进入该市场直至其完成突破式创新。具体而言，当双方均未完成创新时，双方在产品市场（需求表达式：$Q = 122 - P$）进行古诺博弈。当双方仅有一家企业完成创新时（下文中我们称完成方为 n_1，未完成方为 n_2），企业 n_1、n_2 在产品市场（需求表达式：

[①] 随机数使用 Python 生成，随机数 $r = \frac{1}{8} \cdot \text{np.random.randn}(15) + 0.35$，且各实验局相同。

[②] 研发点数与难度系数的具体关系是：研发点数在区间 [0, 10) 时，a 为1；研发点数在区间 [10, 20) 时，a 为0.95；研发点数在区间 [20, 30) 时，a 为0.9，以此类推。

$Q_1=80-P$)进行古诺博弈,决定每轮各自的产量,此外,企业 n_1 可以独自进入另一个产品市场(需求表达式:$Q_2=100-P$)生产,并决定其产量。当双方均完成创新时,企业 n_1、n_2 在产品市场(需求表达式:$Q=130-P$)进行古诺博弈。①

(二)实验流程

我们设计了一个个体决策实验以模拟企业生产与突破式创新的情景,旨在研究这一情景下补贴激励、市场规模对企业创新决策的作用。实验的具体流程如下:实验中存在一个产品市场和一项待研发技术,被试需要在产品市场中决定每轮的产量,在研发项目上决定每轮的研发投入。每场实验有 20 名被试,各自代表 1 家企业,被试按规则先后经历一个、两个或三个阶段,并完成各阶段每轮的决策,三个阶段共计进行 15 轮,但三个阶段并非都会经历。每轮之间,被试可以看到自己的总净利润、研发点数等相关信息。在所有轮次结束后,被试完成偏好测试与个体信息问卷,并根据被试最终的实验币收入获得实验报酬。图 10-1 描述了基准组整场实验的基本流程。

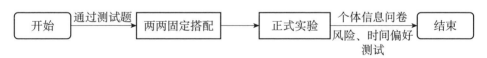

图 10-1 实验基本流程

第一步,正式实验开始前,被试需要完成一组测试题,通过测试题后才可以进入正式实验,以确保每位被试理解实验规则。随后被试随机两两固定匹配,完成正式实验中的全部决策。此外,被试在实验前会获得 80 个初始实验币进行接下来的生产和研发两方面的投资,每轮市场投资的净利润与研发

---

① 当只有 n_1 完成突破式创新时,它在新的市场 Q_2 中处于垄断地位,n_2 没有资格进入。另外,因为市场 Q_2 的出现,部分市场需求会从原有的市场 Q_1 流入市场 Q_2,导致市场 Q_1 变小,在实验中由市场需求函数中参数的变化体现。在双方均完成创新后,双方的市场地位相同,双方重新回到古诺博弈的市场结构,且创新带来的需求增大使得第三阶段市场需求函数中的参数大于第一阶段。

点数均会进行累积。在后续轮次，我们控制企业每轮的预算与初始实验币数量相同，在计算累计净利润时，会将企业实际使用的数额扣除。

第二步，正式实验共包括三个阶段，阶段的变化表示企业完成技术突破后带来的市场结构变化。具体而言，第一阶段表示双方均未完成创新的市场结构；第二阶段表示有一家企业完成创新后的市场结构；第三阶段表示双方均完成创新后的市场结构。被试首先进入第一阶段，在该阶段每轮双方都需要在生产和研发两方面分别做投资决策。生产决策方面，双方在相应的产品市场进行古诺博弈，决定各自的每轮产量，生产成本为 2，并且企业每轮需缴纳 25% 的利润作为企业所得税。研发决策方面，双方每轮需要决定各自的研发投入 k 来单独完成创新。在第二阶段，企业 n_1、n_2 在相应的产品市场进行古诺博弈，决定每轮各自的产量。企业 n_1 还需要决定在垄断市场中每轮的产量。同时，企业 n_2 需要决定在原有创新进度的基础上继续投入研发 k，而由于企业 n_1 已完成研发，无须进行研发投资。当双方均完成创新时，实验进入第三阶段。在第三阶段，企业 n_1、n_2 在产品市场进行古诺博弈，决定各自的每轮产量，且无须进行研发投资。如果双方同时完成研发，实验直接进入第三阶段。第二、第三两个阶段中各市场的生产成本、税率和研发规则与第一阶段相同。实验的参数与决策设置如图 10-2 所示：

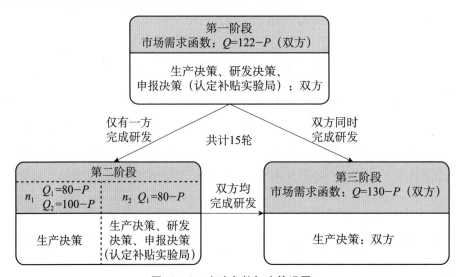

图 10-2　实验参数与决策设置

第三步，被试需要完成风险偏好测试、时间偏好测试和个体信息问卷。实验采用的风险偏好测度方法借鉴 Holt and Laury（2002）的设计：要求被试连续做出 10 个决策，每个决策中有 A 和 B 两个选项，选择 A 选项次数越多的被试风险厌恶水平越高。这里的时间偏好测度方法借鉴 Harrison et al.（2002）改进的多元价格表（multiple price list）设计：要求被试完成 18 道决策题，每道决策题具有不同收益和兑现时间的 A 和 B 两个选项，选择 A 选项次数越多的被试越短视。个体信息问卷包括性别、专业、年龄等问题，用于实验后续的研究分析。实验过程中除了 r 为未知数，其他信息全部呈现在被试的实验说明中。

（三）实验局设置

我们采用被试间设计的实验，每名被试只能参加一个实验局。本实验根据补贴激励类型和市场规模设置了五个实验局，补贴激励包括无门槛补贴和认定补贴：无门槛补贴是指我们无差异地给予企业投资阶段外生性补贴，即在企业获得无门槛补贴的实验局中，除了实验前获得的 80 个实验币，每家企业还会在后续每轮获得 80 个实验币；认定补贴是指实验中满足补贴资格的企业将在下一轮获得外生性补贴。具体而言，未完成创新的企业每轮需要申报自己本轮的研发投入 k'，申报值可以与实际值不同。本轮申报值与本轮收入的比例大于等于 2% 的企业具有获得认定补贴的资格[1]，这部分企业将在下一轮获得 160 个实验币[2]。当然，通过虚报行为来获得补贴的企业将有 20% 的概率被取消补贴[3]，并被处以数额为 $2(k'-k)$ 的罚款。我们通过调节企业在第三阶段面对的需求函数来设计不同的市场规模，在更大的增量市场中，企业可以获得更高的潜在均衡利润（沈曦，2018）。具体而言，基准局第三阶段市

---

[1] 实验采用的补贴门槛参考《高新技术企业认定管理办法》设计，由于企业最初是同质的，故对所有企业设置同样的补贴门槛。
[2] 为保证被试在申报决策中实报与虚报的期望收益不存在明显差别，认定补贴的数值设定为 160，而非与无门槛补贴相同的 80。
[3] 实验参考税收遵从研究中的稽查机制设计，并告知被试平均稽查概率（Kastlunger et al., 2009）。

场的需求表达式为 $Q = 130 - P$（小的增量市场，下文简称为"小市场"），而实验局的需求表达式为 $Q = 200 - P$（大的增量市场，下文简称为"大市场"），此时古诺博弈的均衡利润大于基准局。根据无门槛补贴激励和市场规模的不同，形成了 2×2 的设计，在无门槛补贴—大市场实验局的基础上增加了认定补贴实验局①，共 5 个实验局，具体参见表 10 – 1。

表 10 – 1　实验局设置

实验局名称	补贴激励		市场规模
	无门槛补贴	认定补贴	
基准局			小市场
无门槛补贴实验局	√		小市场
大市场实验局			大市场
无门槛补贴 – 大市场实验局	√		大市场
无门槛补贴 – 认定补贴 – 大市场实验局	√	√	大市场

（四）实验安排

本实验于 2021 年 10 月在浙江财经大学经济行为与决策研究中心（CEBD）面向全体学生公开招募了 200 名被试。② 具体来说，本实验共包含 5 个实验局，各实验局的被试总人数控制在 40 人，每个实验局进行 2 场实验，每名被试只能参加 1 个实验局。每场实验平均持续约 70 分钟，被试的最终报酬包括实验报酬和出场费两部分，实验报酬由实验结束的实验币总数按比例折算成人民币，被试的出场费为 10 元，被试的最终报酬平均为 51 元。本实验程序使用 z-Tree 软件编写（Fischbacher，2007）。

---

①　中央政府扶持的产业通常包含无门槛或低门槛扶持，并择优认定重点企业加大扶持力度。例如，在新能源产业中，财政部提出自 2015 年 7 月 1 日起对风力生产电力产品实行增值税即征即退 50% 的政策，符合条件的企业还可享受企业所得税"三免三减半"的优惠；在集成电路产业中，2018 年《合肥高新区促进集成电路产业发展政策》提出，对新引进生产性的集成电路企业给予企业固定资产投资额 10% 的补贴，并对当年认定的国家级、省级企业技术中心，分别给予 30 万元、20 万元的一次性奖励。另外，政府扶持的产业往往具备市场潜力大、能够有效地吸收创新成果等特征，因此本研究在无门槛补贴、大市场的基础上设置认定补贴实验局。

②　由于一家企业生产与研发投入的制定属于企业管理层的战略决策，因此我们在被试招募过程中要求被试是经济管理专业的学生。

四、理论模型

本研究在 Davidson and Segerstrom（1998）和 Morales（2004）的基础上，设计了基于两家企业创新完成情况的三阶段模型。我们同样将企业创新成功的概率函数设定为参数 α、β 可变的 C-D 形式（安同良等，2009），不同的是，概率函数中的变量不是劳动力投入和人力资本投入，而是企业的创新投入和影响创新增速的随机数 r。另外，我们的模型在区分领先者和追随者（安同良等，2009；盛光华和张志远，2015）的同时也考虑风险偏好在创新决策中发挥的作用。

我们将两家企业在单位时间内取得创新成功的概率 I_i 和 I_j 分别表示为：

$$I_i = \ln(Ak_i^{\alpha} r_i^{1-\alpha}) = \ln A + \alpha \ln k_i + (1-\alpha) \ln r_i \qquad (10-1)$$

$$I_j = \ln(Bk_j^{\beta} r_j^{1-\beta}) = \ln B + \beta \ln k_j + (1-\beta) \ln r_j \qquad (10-2)$$

这里假设 $0 < \alpha < 0.5$，$0 < \beta < 0.5$，A 和 B 是大于零的外生参数，k_i 和 k_j 表示决策双方在单位时间内的创新投入，r_i 和 r_j 表示决策双方对随机数 r 的主观预测。另外，概率的非负性要求 $1 \leq Ak_i^{\alpha} r_i^{1-\alpha} \leq e$，$1 \leq Bk_j^{\beta} r_j^{1-\beta} \leq e$。

在企业决策者参与创新活动的过程中，有三条假设需要说明：第一，不同企业决策者的风险偏好是异质的，当他们面对不确定性下的创新问题时，对未来随机事件发生概率的估计不同。第二，研发投入会挤出企业销售利润，但创新成功将改善企业面临的市场结构并扩大市场规模。第三，我们将创新过程视作是无记忆的，创新成功的概率仅与当期的创新投入水平有关，而与过去的研发经验无关。企业每期之间的创新投入是完全独立的，并且单位时间内的创新投入相同。第三条假设并不会改变结论的有效性，但可以大大简化我们的分析。

由于企业决策者风险偏好的异质性，决策双方必然存在一个风险偏好相对较高的个体和风险偏好相对较低的个体，我们称前者为风险偏好者，后者为风险厌恶者。不妨假设 I_i 和 I_j 分别表示风险偏好者和风险厌恶者在单位时间内取得创新成功的概率。风险偏好者会高估不确定下创新成功的概率,即 $r_i > r_j$,回顾上面的第一条假设,对自身创新成功可能性越乐观的企业越可能更多地进行创新投入。这意味着风险偏好者会有更多的创新投入,从而成为创新的领先者。①

我们将创新的起始点定义为 t_0,此时决策双方还没有投入研发;第二阶段的起始点为 t_1,此时一方率先完成创新;第三阶段的起始点为 t_2,此时决策双方均完成创新;第三阶段的结束时点为 t_3,当 t_3 足够长时,决策双方均会完成创新。这意味着:

$$\int_{t_0}^{t_1} I_i \mathrm{d}t = 1 \qquad (10-3)$$

$$\int_{t_0}^{t_2} I_j \mathrm{d}t = 1 \qquad (10-4)$$

我们分别用 $\pi^i T$ 和 $\pi^j T$ 表示决策双方在阶段 T 上的平均期望收益。假设企业单位时间内的创新成本和生产成本之和为常数,企业需要在当前收益与创新进度之间取舍。对于风险偏好者 i 而言,$\pi^i 1$ 的数值与创新投入 k_i 负相关,即有 $\partial \pi^i 1 / \partial k_i < 0$,由于创新在第一阶段已经完成,$\pi^i 2$、$\pi^i 3$ 均与 k_i 无关。对于风险厌恶者 j 而言,需要在第一和第二阶段持续投入创新,且其在前两阶段面临的市场结构相同,为简化分析,这里将 j 在第一、第二阶段的平均期望收益合并为 $\pi^j 12$,且 $\partial \pi^j 12 / \partial k_j < 0$。

我们分别用 V_i 和 V_j 表示风险偏好者和风险厌恶者通过创新能在未来获得的期望价值。由于时间因素不影响理论模型结果,为简便计算,这里不考虑贴现。风险偏好者的创新价值 V_i 可以表示为三个阶段的期望价值之和:

$$V_i = \int_{t_0}^{t_1} I_i \pi_{i,1} \mathrm{d}t + \int_{t_1}^{t_2} I_j \pi_{i,2} \mathrm{d}t + \int_{t_2}^{t_3} \pi_{i,3} \mathrm{d}t \qquad (10-5)$$

风险厌恶者的创新价值 V_j 可以表示为两部分的期望收益之和:

$$V_j = \int_{t_0}^{t_2} I_j \pi_{j,12} \mathrm{d}t + \int_{t_2}^{t_3} \pi_{j,3} \mathrm{d}t \qquad (10-6)$$

---

① 我们的实验数据也支持这一假设:在率先完成创新的企业中,有64%的个体风险偏好高于或等于对手。

第十章 助力企业高质量发展的实验研究

本研究所关注的补贴形式包括无门槛补贴和认定补贴，无门槛补贴指给予企业无差异的补贴，这里记为 S；认定补贴指基于企业研发投入 k 的大小进行的补贴，这里将认定补贴简化为 ks，s 表示认定补贴比例。

对于风险偏好者来说，其创新的利润最大化问题是：
$$\max(V_i + S + k_i s) \tag{10-7}$$

对于风险厌恶者来说，其利润最大化问题是：
$$\max(V_j + S + k_j s) \tag{10-8}$$

两家企业通过研发投入以实现经营活动的利润最大化，其一阶条件分别为：

$$\partial V_i / \partial k_i + s = 0 \tag{10-9}$$

$$\partial V_j / \partial k_j + s = 0 \tag{10-10}$$

联立式（10-3）和（10-5）以及式（10-4）和（10-6）可分别有：

$$V_i = \pi_{i,1} + \left(t_2 - \frac{1}{I_i}\right)\pi_{i,2} + (t_3 - t_2)\pi_{i,3} \tag{10-11}$$

$$V_j = \pi_{j,12} + \left(t_3 - \frac{1}{I_j}\right)\pi_{i,3} \tag{10-12}$$

将式（10-1）代入式（10-11），式（10-2）代入式（10-12），得到：

$$V_i = \pi_{i,1} + \left(t_2 - \frac{1}{\ln A + \alpha \ln k_i + (1-\alpha)\ln r_i}\right)\pi_{i,2} + (t_3 - t_2)\pi_{i,3} \tag{10-13}$$

$$V_j = \pi_{j,12} + \left(t_3 - \frac{1}{\ln B + \beta \ln k_j + (1-\beta)\ln r_j}\right)\pi_{i,3} \tag{10-14}$$

联立式（10-9）和（10-13）以及式（10-10）和（10-14）可分别有：

$$\frac{\partial \pi_{i,1}}{\partial k_i} + \frac{\alpha I_j \pi_{i,2}}{[\ln A + \alpha \ln k_i + (1-\alpha)\ln r_i]^2 k_i} + s = 0 \tag{10-15}$$

$$\frac{\partial \pi_{j,12}}{\partial k_j} + \frac{\alpha \pi_{j,3}}{[\ln B + \beta \ln k_j + (1-\beta)\ln r_j]^2 k_j} + s = 0 \tag{10-16}$$

可以发现，$I_i^2 k_i$ 和 $I_j^2 k_j$ 分别是关于 k_i 和 k_j 的增函数，随着创新补贴比例 s

的提高,领先者和落后者单位时间内的创新投入 k_i 和 k_j 均会提高,而无门槛补贴 S 则与双方的创新投入无关。故有研究假设 1:无门槛补贴不能激励企业进行创新,而认定补贴则能够有效激励企业进行创新。

将突破式创新成功后第三阶段的市场规模记为 m,市场规模的扩大可以提高企业在第三阶段的收益,即 $\partial \pi_3 / \partial m > 0$。由式(10-15)和(10-16)可以发现风险偏好者单位时间内的创新投入 k_i 与 m 无关,而风险厌恶者单位时间内的创新投入 k_j 与 m 正相关。故有研究假设 2:市场规模的扩大不会提高风险偏好者的创新投入,而会提高风险厌恶者的创新投入。

五、数据分析

(一)描述性统计与非参数检验

表 10-2 报告了各实验局被试的决策行为的描述性统计信息。各实验局研发完成人数均超过被试总数的一半。各实验局样本的风险偏好、时间偏好在 5% 的置信水平上不存在显著性差异(Kruskal-Wallis 检验:$p = 0.81$;$p = 0.07$)。由于第二阶段的企业 n_1 与第三阶段的企业 n_1、n_2 无须再进行研发决策,于是我们仅对 n_1 在第一阶段与 n_2 在第一、第二阶段的研发投入分别取均值,得到表 10-2 中的研发投入均值[①]。企业的总体研发水平在 40 个实验币左右,大约占每轮可用投资额的 50%,非参数检验表明人均研发投入在各实验局间存在显著差异(Kruskal-Wallis 检验:$p = 0.01$)。

表 10-2 各实验局中决策行为的描述性统计

实验局名称	研发完成人数	人均每轮研发投入		风险偏好		时间偏好	
	总数	均值	标准差	均值	标准差	均值	标准差
基准局	24	31.12	16.83	4.78	1.77	13.23	3.42
无门槛补贴实验局	35	41.87	16.38	4.83	2.61	12.48	4.28

---

① 若无特指,下文的研发投入均值计算方式与这里相同。

（续表）

实验局名称	研发完成人数 总数	人均每轮研发投入 均值	人均每轮研发投入 标准差	风险偏好 均值	风险偏好 标准差	时间偏好 均值	时间偏好 标准差
大市场实验局	31	36.61	13.72	4.65	1.87	14.38	3.13
无门槛补贴 – 大市场实验局	38	44.16	13.78	4.43	1.75	14.38	2.75
无门槛补贴 – 认定补贴 – 大市场实验局	38	40.29	11.84	4.60	1.81	13.05	2.20

图 10 – 3 直观地描述了各实验局中被试的研发投入均值和研发完成人数。从图中可以看到，相较于基准局，四个实验局均有一定的激励效果，其中无门槛补贴 – 大市场实验局的激励效果最为明显。Mann-Whitney 秩和检验结果表明，无门槛补贴、无门槛补贴 – 大市场以及无门槛补贴 – 认定补贴 – 大市场实验局的激励效果在统计上均显著（$p = 0.01$；$p < 0.01$；$p = 0.02$），而市场规模则不显著（$p = 0.11$）。此外，从整体上看，人均研发投入与完成研发人数存在明显的正相关关系（Spearman 相关系数为 0.65，$p < 0.01$）。

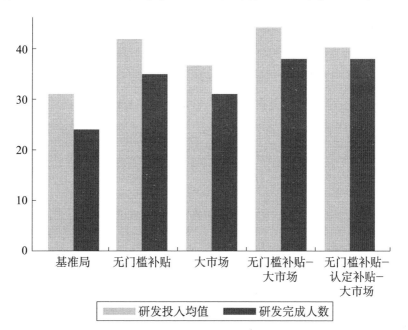

图 10 – 3　各实验局研发投入均值和研发完成人数

(二)无门槛补贴、市场规模与个体偏好

企业创新与其所处阶段有关(Duranton and Puga, 2001),创新结果具有不确定性,且创新收益具有滞后性,这可能会使得创新行为受到个体风险偏好、时间偏好的影响。因此,在探讨无门槛补贴、市场规模如何影响企业创新的同时,本研究还讨论了风险偏好、时间偏好在其中的作用。为探究无门槛补贴激励和大市场是否会促进企业完成研发,我们以个体是否完成研发为被解释变量,以无门槛补贴激励、市场规模(定义大市场为1)及其交互项为解释变量,并控制性别、专业等个体特征变量,运用 Logit 模型得到表10-3中的回归(1)。回归结果表明,这两种激励机制均可以提高企业完成研发的概率。为进一步探究无门槛补贴激励和市场规模对企业决策过程中研发投入的影响,我们以企业的研发投入均值为被解释变量,运用 OLS 得到回归(2)。结果表明,无门槛补贴和市场规模的扩大均增加了企业的平均研发投入,进而提高了研发完成率,而这两种激励机制的交互作用并不显著。这里无门槛补贴的作用与理论模型中的假设1并不一致,这一差异可能是由企业在经营决策过程中存在多个心理账户(mental accounting)导致,它会根据资金来源将资金划入不同的心理账户(Thaler, 1985; Shefrin and Statman, 2000)。据此,企业可能将企业内部经营活动中的现金流划入内源融资的心理账户,将无门槛补贴划入外源融资的心理账户,而企业通常更愿意使用外源融资来进行创新,这一假设得到了相关实证研究的证实(李汇东等,2013)[①]。

[①] 与 Soster et al. (2010) 类似,我们将心理账户的作用引入企业投资行为。假设企业存在内源融资和外源融资两个心理账户,使用无门槛补贴来进行研发投入的心理成本更低。我们对 i 的收益函数进行展开,有 $\pi_{i,1} = (m_1 - q_{i,1} - q_{j,1} - c_1) \times q_{i,1}$,其中 $q_{i,1}$ 和 $q_{j,1}$ 分别为两家企业在第一阶段的产量,结合投资约束条件 $c_1 q_{i,1} + c_2 k_i = M$ 可知,无门槛补贴下的 $\partial \pi_{i,1}/\partial k_i$ 小于基准组。这里 c_1、c_2 分别表示单位生产成本与单位研发成本,m_1 表示第一阶段的市场规模,M 表示每期的投资上限。由式(10-15)中 $\frac{\partial \pi_{i,1}}{\partial k_i} + \frac{\alpha I_j \pi_{i,1}}{[\ln A + \alpha \ln k_i + (1-\alpha) \ln r_i]^2 k_i} + s = 0$ 可知,无门槛补贴带来的 $\partial \pi_{i,1}/\partial k_i$ 降低会使得 k_i 提高,上述分析对于 k_j 同样成立。因此,在我们的模型中引入心理账户后同样可以解释无门槛补贴对企业创新投入的激励作用。

表 10-3　激励机制与创新行为

	(1) Logit	(2) OLS	(3) 总收益	(4) 总收益
无门槛补贴激励	1.749*** (0.645)	10.97*** (3.492)	1561*** (525.9)	499.3 (361.7)
市场规模	1.303** (0.595)	7.536** (3.482)	8258*** (545.7)	6640*** (826.2)
无门槛补贴激励 ×市场规模	-0.335 (1.048)	-5.543 (4.753)		2629*** (1192)
个体特征	√	√	√	√
样本量	160	160	160	160
R^2		0.188	0.607	0.625

注：括号内为个体层面的聚类稳健标准误，* 表示在10%的水平下显著，** 表示在5%的水平下显著，*** 表示在1%的水平下显著。

我们还考察了无门槛补贴激励和市场规模对企业福利水平的影响。我们以被试最后一轮的总实验币为被解释变量进行回归，表10-3中回归（3）的结果表明，无门槛补贴激励和大市场均可以提高企业的福利水平。此外，无门槛补贴激励实验局每轮给予被试80个实验币，14轮总计1120个实验币，而无门槛补贴实验局的回归系数为1561。这说明即使扣除无门槛激励的政策成本，无门槛补贴仍然提高了整体的社会福利水平。我们还在回归（4）中引入两种激励的交互项，结果表明大市场对无门槛补贴在企业收益创造中的作用具有显著的正调节效应。

实验中的轮次代表企业发展的时期，我们希望考察这两种机制对不同时期企业的激励效果是否存在差异。我们运用面板数据分别对前9轮①研发投入数据运用回归（2）进行分析，图10-4表示无门槛补贴激励与市场规模回归系数的置信区间与轮次关系。从图中可以发现，无门槛补贴激励始终存在正向影响，其回归系数的置信区间在实验前期与后期相似，我们对这一现象进行了基于似无相关模型（seemingly unrelated regression）检验。结果表明研发前期的回归系数和后期的回归系数没有显著差异（比如，第1轮和第7轮的

---

① 第9轮以后大量企业完成研发导致此后的样本量较小，因此这里仅研究前9轮。

SUEST 检验结果 $p=0.80$；第 2 轮和第 9 轮的 SUEST 检验结果 $p=0.40$），这说明无门槛补贴激励随着轮次深入没有明显变化。市场规模的回归系数置信区间在前期均横跨 0，即没有显著影响；但随着轮次深入，从第 7 轮开始，市场规模的效果显著为正。我们对此进行了相同的检验，发现前期的回归系数和后期的回归系数存在显著差异（比如，第 1 轮和第 7 轮的 SUEST 检验结果 $p<0.01$；第 2 轮和第 9 轮的 SUEST 检验结果 $p<0.01$）。这可能是因为市场规模的经济效益是需要完成研发之后才能体现的，所以它对创新的促进作用存在滞后性，即企业需要已经具备一定研发水平，确定自己能够完成研发时才会在预期未来高利润的大市场下加大研发投入。这一现象可能与企业决策者的风险偏好及时间偏好有关，因此本研究引入这两种偏好进行进一步分析。

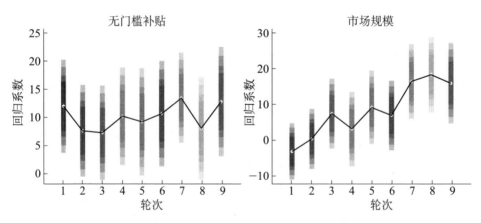

图 10-4 市场规模回归系数的置信区间与轮次关系

注：图中浅色至深色分别表示 95%、90%、80%、70% 的置信水平。

我们以企业的研发投入均值为被解释变量进行 OLS 回归，根据风险偏好与时间偏好将被试分为风险偏好者、风险厌恶者、远视者、短视者①，并将上述变量与市场规模的交互项引入表 10-4 的回归（5），结果表明风险偏好、时间偏好对市场规模的效果存在调节效应：相比于风险厌恶者和短视者，大市场在企业创新中对风险偏好者与远视者的效果更小。由于企业的研发投

---

① 我们分别将风险偏好、时间偏好水平在均值以下的个体定义为风险厌恶者、短视者；将风险偏好、时间偏好水平在均值以上的个体定义为风险偏好者、远视者。

表 10-4 激励机制与个体偏好

	(5) OLS	(6) Tobit	(7) 风险厌恶者	(8) 风险偏好者	(9) 短视者	(10) 远视者	(11) 第一阶段	(12) 第二阶段
无门槛补贴激励	10.940*** (3.507)	9.687*** (2.343)	12.780*** (4.008)	8.896 (6.868)	11.050** (5.533)	11.560** (5.114)	10.850*** (3.441)	11.090 (7.620)
市场规模	11.770*** (3.700)	10.560*** (2.967)	10.290** (4.024)	2.403 (7.594)	12.150** (5.434)	-3.471 (5.084)	11.530*** (3.671)	24.950*** (8.953)
无门槛补贴激励×市场规模	-2.861 (4.715)	-2.567 (4.245)	-7.547 (5.573)	-7.286 (11.04)	-5.187 (7.013)	0.853 (6.988)	-2.974 (4.685)	-18.780 (11.23)
风险偏好×市场规模	-8.315** (4.065)	-8.316** (3.911)					-8.394** (4.007)	-7.013 (10.89)
时间偏好×市场规模	-7.916** (3.198)	-8.498** (3.441)					-8.180** (3.207)	-0.679 (7.187)
个体特征	√	√	√	√	√	√	√	√
样本量	160	160	116	44	84	76	160	65
R^2	0.231		0.237	0.144	0.174	0.312	0.237	0.180

注：括号内为个体层面的聚类稳健标准误，* 表示在10%的水平下显著，** 表示在5%的水平下显著，*** 表示在1%的水平下显著。

入是截断数据，我们用 Tobit 模型进行稳健性检验，在回归（6）中得到相似结论。进一步地，我们以风险厌恶者、风险偏好者、短视者、远视者被试样本分别进行 OLS 回归，结果表明市场规模对创新的影响在风险偏好者和远视者中没有显著的作用。这可能是因为对于风险偏好者和远视者而言，创新带来的收益本身就可以使得他们愿意承担风险去为将来的市场地位和利润而创新，因此大市场的作用并不显著。相反，对于风险厌恶者和短视者而言，即使面对规模更大、收益更高的增量市场，也不会在研发前期增加投入。只有在研发的中后期企业已经进行一定程度的创新并且具有一定的完成把握时，他们才愿意在大市场中加大研发投入。为检验这一推断，我们分别对风险厌恶者和短视者进行了同样的分析，并制作回归系数的置信区间与轮次的关系图。图 10-5 的结果印证了上文的推断，我们对此进行了与前文相同的检验，短视者和风险厌恶者第 1 轮与第 7 轮 SUEST 检验的结果分别是 $p<0.01$ 和 $p<0.01$。

实验中第一阶段双方的市场地位没有差别，而在第二阶段存在研发完成者和未完成者，且存在市场地位的差别。我们希望探究不同市场地位下无门

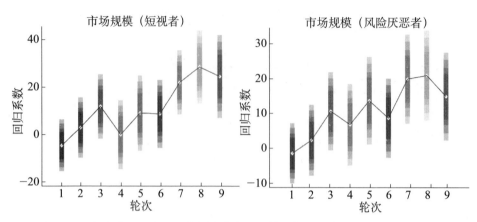

图 10-5 短视者、风险厌恶者样本中市场规模回归系数的置信区间与轮次关系

槛补贴激励和市场规模是否存在差异,故分别对第一阶段、第二阶段被试的研发投入均值进行回归分析。表 10-4 中回归(11)、(12)分别表示第一、第二阶段的回归结果。第一阶段的结果与总体相似,而风险偏好、时间偏好在第二阶段没有显著影响。这是因为处于第二阶段且未完成研发的被试可能本身属于风险厌恶、短视的个体,此时再引入风险偏好、时间偏好便失去解释力,这也从侧面论证了本研究上述分析的结论。

(三)研发落后方行为

此外,我们还单独对研发落后者(后完成研发或未完成研发的个体)样本进行分析。通过比较这部分被试在第一阶段最后一轮和第二阶段第一轮的研发投入,以及 Wilcoxon 秩和检验,我们发现这部分被试在第一、第二阶段切换节点前后的研发投入并没有发生显著变化。我们继续比较被试在第一阶段和第二阶段研发投入均值则发现,第二阶段的平均投入显著高于第一阶段($p = 0.02$)。这说明市场结构与行业地位会影响企业的研发投入,但企业对此的反应可能存在一定程度的延迟。本研究以被试第二阶段与第一阶段的研发投入均值之差为被解释变量,用以表示落后方在第二阶段的研发投入增量,这里控制企业进入第二阶段时的研发点数及个体特征变量进行 OLS 回归分析。表 10-5 中回归(13)得到的结果表明,第二阶段的平均净收益起抑制作用,说明当企业仍可以获得较高的收益时，追赶领先企业、加大研发投入的动力会减弱。我们在回归（14）中引入市场规模与平均净收益的交互项，结果表明大市场可以削弱高收益对落后企业加大研发投入的抑制作用。

表 10-5 落后方研发投入增量与净利润

	（13）	（14）
第二阶段平均净收益	-0.055*** (0.006)	-0.030*** (0.011)
市场规模		21.110** (9.497)
无门槛补贴激励		-0.421 (3.615)
第二阶段平均净收益×市场规模		-0.029** (0.013)
第二阶段平均净收益×无门槛补贴激励		-0.003 (0.013)
个体特征	√	√
样本量	65	65
R^2	0.573	0.617

注：括号内为个体层面的聚类稳健标准误，* 表示在10%的水平下显著，** 表示在5%的水平下显著，*** 表示在1%的水平下显著。

（四）认定补贴与申报行为

本研究根据全体样本每一轮的实际研发强度（实际研发投入与销售额比值）、申报研发强度（申报研发投入与销售额比值）制作频率图。图 10-6 的左图为企业实际研发强度，右图为企业申报研发强度。由左图可以发现，尽管可能存在少数企业为了迎合补贴标准而提高实际研发强度，但实际研发强度在2%处不存在明显断点。而在右图中，企业申报研发强度为2%处存在明显断点，这与实验设计中的补贴政策十分吻合，即申报研发强度达到2%便可以获得补贴，企业可能通过虚报来获得补贴。

为验证企业的虚报行为，我们对研发实报样本和研发虚报样本分别制作频率图，图 10-7 表明在虚报样本中企业大量的虚报行为出现在2%的补贴标

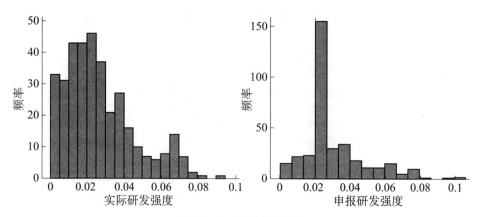

图 10-6 研发强度频率

准附近,而在实报样本中这一现象则不明显。进一步地,通过实验数据统计我们发现,整场实验共有 129 次研发操纵行为虚报,占总数的 33.60%。在申报研发强度为 0.02—0.025 这一区间,研发操纵的比例为 59.15%(84/142),而在申报研发强度为 0.02—0.021 这一区间研发操纵比例高达 85.23%(75/88)。这说明申报研发强度越靠近补贴门槛,企业进行研发操纵的可能性越大。

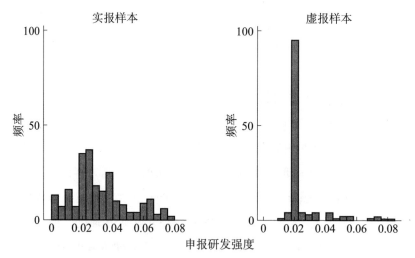

图 10-7 实报样本与虚报样本的申报行为

我们运用 McCrary(2008)的方法检验分配变量(满足补贴条件的申报研发强度)在临界值处是否连续,即样本在临界值处是否存在人为干预现象。图 10-8 的右图结果表明,申报研发强度为 2% 处两侧的密度函数存在跳跃,且断点回归在临界值处的样本非随机检验的 p 值为 0.05，说明分配变量密度函数在临界值处不是连续函数。相反，左图结果表明尽管在 2% 的实际研发强度两侧的密度函数存在跳跃，但置信区间在此处重叠，并且断点回归在临界值处的样本非随机检验的 p 值为 0.58，不能拒绝分配变量密度函数在临界值处是连续函数的原假设，即不存在人为干预。因此可以推断，企业实际研发强度对补贴政策不存在明显的迎合效应，即企业不会为了获取补贴而加大研发投入；而企业申报研发强度对补贴政策则存在明显的迎合效应，即企业会为了获取补贴而虚报自身的研发投入。

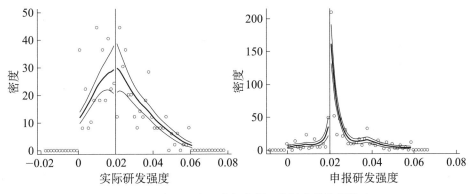

图 10-8 实际研发强度与申报研发强度的临界检验

尽管我们发现在 2% 的补贴标准附近企业存在明显的研发操纵行为，但是也存在小部分企业具备虚报动机但未进行研发操纵的情形（45/153）。为研究企业虚报行为的影响因素，我们以被试是否虚报研发为被解释变量（定义虚报为 1）进行 Logit 回归。由于企业在符合补贴条件的情况下进行虚报没有额外收益，因此通常符合补贴条件的企业不会虚报研发，表 10-6 的回归（15）也表明不符合补贴条件的企业更愿意虚报研发，而仅通过企业是否符合补贴条件来预测是否虚报研发成功的概率可以达到 83.03%。我们将每一期申报前虚报的期望收益作为回归（16）的解释变量，结果表明虚报期望收益的增加可以提高企业虚报研发的概率，更偏好风险、更短视的企业决策者也更倾向于虚报研发。另外，家庭中曾创办过企业的被试更不愿意虚报研发，这可能是因为具有家庭创业经历的被试更具有法律意识并遵守法律法规，所以不会进行研发操纵。同样地，实验中小部分具有虚报动机的被试可能也会出于风险厌恶、道德规范等原因而未进行研发操纵。

表10-6 企业虚报行为的影响因素

	(15)	(16)
是否符合补贴条件（定义符合条件为1）	-3.201*** (0.290)	
虚报期望收益		0.079*** (0.008)
风险偏好		0.327*** (0.088)
时间偏好		-0.264*** (0.087)
家庭是否曾创办企业（定义曾创办为1）		-1.374*** (0.528)
个体特征	×	√
样本量	383	383

注：括号内为个体层面的聚类稳健标准误，* 表示在10%的水平下显著，** 表示在5%的水平下显著，*** 表示在1%的水平下显著。

此外，为探究认定补贴激励的整体作用，我们首先进行了非参数检验，发现无门槛补贴-大市场实验局与无门槛补贴-认定补贴-大市场实验局不存在显著差异（Mann-Whitney检验：$p = 0.86$）。然后我们以企业的研发投入均值为被解释变量，以无门槛补贴-大市场实验局为基准组进行OLS回归。表10-7中回归（17）的结果表明认定补贴对企业的平均研发投入没有显著影响，这可能是因为认定补贴是在无门槛补贴实验局基础上设计的，这会使得认定补贴的边际激励效果受到削弱，导致其整体作用不显著。另外，认定补贴的获得难度较高，补贴的覆盖面较小，因而对整体的促进效果不明显，这与安同良和千慧雄（2021）研究中"竞争式"补贴效果不显著的结论一致。我们还以大市场实验局为基准组进行相同的OLS回归，回归（18）的结果表明无门槛补贴-认定补贴可以激励被试增加平均研发投入，结合回归（17）的结论可以推断激励效果主要来源于无门槛补贴。

表10-7 研发投入与补贴形式

	(17)	(18)	(19)
无门槛补贴-认定补贴激励	-4.651 (2.882)	9.798*** (3.271)	

（续表）

	(17)	**(18)**	**(19)**
上轮获得认定补贴			5.151**
			(2.332)
个体特征	√	√	√
样本量	80	80	381
R^2	0.193	0.199	0.033

注：括号内为个体层面的聚类稳健标准误，* 表示在10%的水平下显著，** 表示在5%的水平下显著，*** 表示在1%的水平下显著。

最后，为探究获得认定补贴对获得补贴企业的激励作用，本研究观察了当期申报研发强度与下一期研发投入的分布。由于第5期之后存在大量完成研发的个体，导致样本量较少，这里仅观察前4期的结果。图10-9结果表明，在2%的申报研发强度处存在明显的向上断点，说明获得认定补贴可以促进个体在下一轮的研发投入。为验证该结论，这里以企业上轮是否获得认定补贴为解释变量（定义获得补贴为1），以企业下一轮的研发投入为被解释变量并控制个体特征变量，进行混合截面数据的回归。表10-7中的回归（19）表明，上轮获得认定补贴的确可以增加被试下一期的研发投入。

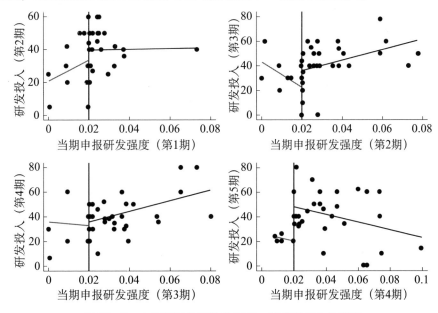

图10-9 上轮获得认定补贴对下一轮研发投入的影响

六、结论

《中共中央关于制定国民经济和社会发展第十四个五年规划和二〇三五年远景目标的建议》提出，要"坚持创新在我国现代化建设全局中的核心地位，把科技自立自强作为国家发展的战略支撑"。在当前高端制造业核心技术仍受制于人、基础研发费用投入不足的大背景下，提高企业创新能力、实现关键技术赶超，既是改善企业生产经营、扩大企业市场规模的重要手段，也是增强我国国际竞争力、形成新发展格局的重要举措。为此，本研究利用实验经济学方法研究了企业创新行为，在实验室中模拟了高新技术企业的生产与研发过程，识别了补贴激励、市场规模等因素对企业创新决策的作用。

本研究基于理论模型与实验分析的结果，得到以下主要结论：首先，无门槛补贴对企业的创新行为具有持续、稳定的激励作用，不会受到企业所处阶段的影响，且该政策给企业带来的福利提升超过政策实施的成本。其次，与无门槛补贴不同，市场规模对企业研发投入影响显著但受企业所处阶段影响：对于风险厌恶者和短视者而言，即使面对规模更大、收益更高的增量市场，也不会在研发前期增加投入，只有在研发的中后期企业已经进行一定程度的创新并且具有完成把握时，他们才愿意在大市场中加大研发投入。最后，以往的研究通过计量方法识别现实中企业进行研发操纵骗取补贴的行为（Chen et al.，2021；杨国超和芮萌，2020），而本研究的实验数据可以清晰地识别出企业在补贴门槛上是否进行研发操纵。实验结果表明，企业申报研发强度对补贴政策存在明显的迎合效应，即企业会为了获取补贴而虚报自身的研发投入，而企业实际研发强度对补贴政策不存在明显的迎合效应，即企业不会为了获取补贴而加大研发投入。

从研究结论出发，本研究对我国"卡脖子"背景下高新技术企业的创新行为有以下启示：第一，在林毅夫与张维迎著名的产业政策之争中，林毅夫（2017）阐述的有为政府与张维迎（2017）强调的企业家精神并非完全对立，而是可以兼顾的，即在创新性产品的设计与制造这样的高端领域中需要有敢冒险、有远见的企业家精神，而对于相对保守的企业，需要产业政策激励其在企业研发的初始阶段平稳过渡，从而能使其在行业地位和市场收益的推动下增加中后期的创新投入；第二，尽管补贴激励效果显著，但由于信息不对称的存在，在有惩罚的稽查制度下，企业在研发投入申报过程中会进行明显的研发操纵行为，政府如果无法识别真正有资格获得补贴的企业，可能会导致资源错配。因此，政府应该尽量在补贴资格评定的过程中，将监管重心转移到刚刚达到补贴门槛的企业，并根据操纵程度进行异质的惩罚，进而帮助真正需要产业政策激励的企业完成尖端技术的研发。

当然，本研究还有不足之处和改进空间，如在现实高新技术产业中，企业的研发难度与研发进度的正相关性可能未必能像本实验中一样呈线性关系。实验室实验中学生被试的决策是否能完全反映现实中的企业家创新行为还有待外部有效性检验。对于如何减少企业的研发操纵行为，今后可以在本实验研究基础上设计更为有效的稽查机制，从而为产业政策实施提供更具有现实指导意义的建议等。本研究首次尝试通过实验经济学方法考察产业政策补贴、市场增量利润和企业家精神在中国高新技术企业实现创新赶超过程中的作用，我们期待其能为未来国内进一步利用更多实证方法研究中国的科技创新战略和产业政策提供参照基础，也期待能推动更多实验经济学研究在中国重大现实问题上的应用。

参考文献

安同良、千慧雄：《中国企业 R&D 补贴策略：补贴阈限、最优规模与模式选择》，《经济研究》，2021 年第 1 期。

安同良、周绍东、皮建才：《R&D 补贴对中国企业自主创新的激励效应》，《经济研究》，2009 年第 10 期。

陈金勇、舒维佳：《管理层风险偏好对技术创新的影响——基于内部控制的调节作用》，《软科学》，2020 年第 3 期。

陈强远、林思彤、张醒：《中国技术创新激励政策：激励了数量还是质量》，《中国工业经济》，2020 年第 4 期。

方莹莹、刘戒骄：《从开放式协同创新看中国芯片产业生态圈营造》，《产经评论》，2018 年第 6 期。

顾夏铭、陈勇民、潘士远：《经济政策不确定性与创新——基于我国上市公司的实证分析》，《经济研究》，2018 年第 2 期。

李后建、刘思亚：《银行信贷、所有权性质与企业创新》，《科学学研究》，2015 年第 7 期。

李汇东、唐跃军、左晶晶：《用自己的钱还是用别人的钱创新？——基于中国上市公司融资结构与公司创新的研究》，《金融研究》，2013 年第 2 期。

李文健、翁翕、龚六堂：《政府如何激励创新？——基于委托—代理理论的研究》，《经济学（季刊）》，2022 年第 2 期。

黎文靖、郑曼妮：《实质性创新还是策略性创新？——宏观产业政策对微观企业创新的影响》，《经济研究》，2016 年第 4 期。

林毅夫：《产业政策与我国经济的发展：新结构经济学的视角》，《复旦学报（社会科学版）》，2017 年第 2 期。

沈曦：《基于新实证产业组织理论的市场势力测度——以全球光伏产业（2010—2013 年）为例》，《产经评论》，2018 年第 2 期。

盛光华、张志远：《补贴方式对创新模式选择影响的演化博弈研究》，《管理科学学报》，2015 年第 9 期。

巫强、刘蓓：《政府研发补贴方式对战略性新兴产业创新的影响机制研究》，《产业经济研究》，2014 年第 6 期。

吴伟伟、张天一：《非研发补贴与研发补贴对新创企业创新产出的非对称影响研究》，《管理世界》，2021 年第 3 期。

杨国超、刘静、廉鹏、芮萌：《减税激励、研发操纵与研发绩效》，《经济研究》，2017 年第 8 期。

杨国超、芮萌：《高新技术企业税收减免政策的激励效应与迎合效应》，《经济研究》，2020 年第 9 期。

叶建木、张洋、万劢清：《高管团队风险偏好、失败再创新行为与再创新绩效——基于我国医药制造业上市企业的实证研究》，《统计研究》，2021 年第 8 期。

游静：《创新主体时间偏好对协同创新行为决策的影响研究》，《管理工程学报》，2017年第2期。

余明桂、范蕊、钟慧洁：《中国产业政策与企业技术创新》，《中国工业经济》，2016年第12期。

张传奇、孙毅、芦雪瑶：《现金流不确定性、管理者风险偏好和企业创新》，《中南财经政法大学学报》，2019年第6期。

张建华、曾勇：《市场规模与创新——基于产业水平的宏观视角》，《工业技术经济》，2018年第3期。

张杰、陈志远、杨连星、新夫：《中国创新补贴政策的绩效评估：理论与证据》，《经济研究》，2015年第10期。

张杰、高德步、夏胤磊：《专利能否促进中国经济增长——基于中国专利资助政策视角的一个解释》，《中国工业经济》，2016年第1期。

张维迎：《产业政策争论背后的经济学问题》，《学术界》，2017年第2期。

章元、程郁、佘国满：《政府补贴能否促进高新技术企业的自主创新？——来自中关村的证据》，《金融研究》，2018年第10期。

周建军：《寡头竞合与并购重组：全球半导体产业的赶超逻辑》，《国际经济评论》，2018年第5期。

周亚虹、蒲余路、陈诗一、方芳：《政府扶持与新型产业发展——以新能源为例》，《经济研究》，2015年第6期。

朱平芳、徐伟民：《政府的科技激励政策对大中型工业企业R&D投入及其专利产出的影响——上海市的实证研究》，《经济研究》，2003年第6期。

Acemoglu, D. (2003). Labor-and capital-augmenting technical change. *Journal of the European Economic Association*, 1 (1), 1–37.

Acemoglu, D., & Linn, J. (2004). Market size in innovation: Theory and evidence from the pharmaceutical industry. *Quarterly Journal of Economics*, 119 (3), 1049–1090.

Aghion, P., Bechtold, S., Cassar, L., & Herz, H. (2018). The causal effects of competition on innovation: Experimental evidence. *Journal of Law, Eco-*

nomics, and Organization, 34 (2), 162–195.

Brenner, S. (2015). The risk preferences of US executives. *Management Science*, 61 (6), 1344–1361.

Chen, J., Heng, C. S., Tan, B. C., & Lin, Z. (2018). The distinct signaling effects of R&D subsidy and non-R&D subsidy on IPO performance of IT entrepreneurial firms in China. *Research Policy*, 47 (1), 108–120.

Chen, Z., Liu, Z., Suárez Serrato, J. C., & Xu, D. Y. (2021). Notching R&D investment with corporate income tax cuts in China. *American Economic Review*, 111 (7), 2065–2100.

Christensen, C. M. (2013). *The innovator's dilemma: When new technologies cause great firms to fail.* Boston: Harvard Business Review Press.

Czarnitzki, D., & Kraft, K. (2004). An empirical test of the asymmetric models on innovative activity: Who invests more into R&D, the incumbent or the challenger?. *Journal of Economic Behavior & Organization*, 54 (2), 153–173.

Darai, D., Sacco, D., & Schmutzler, A. (2010). Competition and innovation: An experimental investigation. *Experimental Economics*, 13, 439–460.

Davidson, C., & Segerstrom, P. (1998). R&D subsidies and economic growth. *The RAND Journal of Economics*, 29 (3): 548–577.

Dosi, G., & Stiglitz, J. E. (2014). The role of intellectual property rights in the development process, with some lessons from developed countries: An introduction. *Intellectual Property Rights: Legal and Economic Challenges for Development*, 1, 1–55.

Duffy, J., & Ralston, J. (2020). Innovate versus imitate: Theory and experimental evidence. *Journal of Economic Behavior & Organization*, 177, 727–751.

Duranton, G., & Puga, D. (2001). Nursery cities: Urban diversity, process innovation, and the life cycle of products. *American Economic Review*, 91 (5), 1454–1477.

Engel, C., & Kleine, M. (2015). Who is afraid of pirates? An experiment on the deterrence of innovation by imitation. *Research Policy*, 44 (1), 20–33.

Fischbacher, U. (2007). z-Tree: Zurich toolbox for ready-made economic experiments. *Experimental Economics*, 10 (2), 171–178.

Fossen, F. M., König, J., & Schröder, C. (2024). Risk preference and entrepreneurial investment at the top of the wealth distribution. *Empirical Economics*, 66 (2), 735–761.

Grenadier, S. R., & Wang, N. (2007). Investment under uncertainty and time-inconsistent preferences. *Journal of Financial Economics*, 84 (1), 2–39.

Guo, D., Guo, Y., & Jiang, K. (2016). Government-subsidized R&D and firm innovation: Evidence from China. *Research Policy*, 45 (6), 1129–1144.

Halbheer, D., Fehr, E., Goette, L., & Schmutzler, A. (2009). Self-reinforcing market dominance. *Games and Economic Behavior*, 67 (2), 481–502.

Harrison, G. W., Lau, M. I., & Williams, M. B. (2002). Estimating individual discount rates in Denmark: A field experiment. *American Economic Review*, 92 (5), 1606–1617.

Holt, C. A., & Laury, S. K. (2002). Risk aversion and incentive effects. *American Economic Review*, 92 (5), 1644–1655.

Isaac, R. M., & Reynolds, S. S. (1992). Schumpeterian competition in experimental markets. *Journal of Economic Behavior & Organization*, 17 (1), 59–100.

Jaffe, A. B. (2002). Building programme evaluation into the design of public research-support programmes. *Oxford Review of Economic Policy*, 18 (1), 22–34.

Kastlunger, B., Kirchler, E., Mittone, L., & Pitters, J. (2009). Sequences of audits, tax compliance, and taxpaying strategies. *Journal of Economic Psychology*, 30 (3), 405–418.

Klette, T. J., Møen, J., & Griliches, Z. (2000). Do subsidies to commercial R&D reduce market failures? Microeconometric evaluation studies. *Research Policy*, 29 (4–5), 471–495.

Lach, S. (2002). Do R&D subsidies stimulate or displace private R&D? Evidence from Israel. *Journal of Industrial Economics*, 50 (4), 369–390.

Le, T., & Jaffe, A. B. (2017). The impact of R&D subsidy on innovation:

Evidence from New Zealand firms. *Economics of Innovation and New Technology*, 26 (5), 429-452.

Mao, J., Tang, S., Xiao, Z. and Zhi, Q. (2021). Industrial policy intensity, technological change, and productivity growth: Evidence from China. *Research Policy*, 50 (7), 104287.

McCrary, J. (2008). Manipulation of the running variable in the regression discontinuity design: A density test. *Journal of Econometrics*, 142 (2), 698-714.

Morales, M. F. (2004). Research policy and endogenous growth. *Spanish Economic Review*, 6, 179-209.

Semadeni, M., & Anderson, B. S. (2010). The follower's dilemma: Innovation and imitation in the professional services industry. *Academy of Management Journal*, 53 (5), 1175-1193.

Schmidt, K. M., Fey, L., & Thoma, C. (2017). Competition and incentives. *European Economic Review*, 98, 111-125.

Shefrin, H., & Statman, M. (2000). Behavioral portfolio theory. *Journal of Financial and Quantitative Analysis*, 35 (2), 127-151.

Soster, R. L., Monga, A., & Bearden, W. O. (2010). Tracking costs of time and money: How accounting periods affect mental accounting. *Journal of Consumer Research*, 37 (4), 712-721.

Thaler, R. (1985). Mental accounting and consumer choice. *Marketing Science*, 4 (3), 199-214.

第十一章
薪酬制度提升医疗服务质量的实验研究

本章导读：深化公立医院薪酬制度改革，就是要充分发挥薪酬制度的保障和激励作用，调动医院和医务人员积极性，进一步提升医疗服务质量和水平。医生薪酬制度直接激励着医生的医疗服务供给水平和质量，对医疗市场和整个医疗改革有着直接而深远的影响。

因此，我们在实验室中设计了一个医疗框架的真实努力实验，并考察了固定工资、按人头支付和按服务支付三种基本薪酬支付方式下的医疗服务供给行为。在此基础上我们还在实验中设计了质量考核和框架效应两种新的薪酬激励制度并检验了其效果，且进一步对比了非医学专业被试和医学专业被试的行为以探讨职业规范的影响。

实验结果表明，首先，医生面临治疗数量和治疗质量之间的两难权衡：与固定工资相比，按人头支付和按服务支付能显著提升医生的治疗数量，但按人头支付会导致严重的治疗不足，按服务支付会导致严重的过度治疗；其次，引入质量考核能显著缓解医生的过度治疗与治疗不足问题，其中损失框架下医生的表现更好；最后，职业规范的积极影响随着薪酬激励和职业规范两难冲突的缓解而削弱。

研究结论对推进我国薪酬制度改革、提升医疗服务质量具有一定的政策启示。第一，如何保证质与量的平衡是医生薪酬激励设计的主要因素，几种传统的支付方式都只能强调一个方面而忽视另一方面。此外，对数量过度重视是一种不恰当的激励，例如按服务支付对量的过度激励引发了强烈的道德冲突，医生可能为了追求服务数量而忽视患者的实际需求，甚至采取不利于患者的行为。第二，质量考核是一种有效提升传统支付方式的方法。将治疗质量纳入考核，可以有效改善医疗服务的供给质量。对于采取传统支付方式的医院，可以通过规范治疗流程、建立治疗后病人质量信息反馈机制等方式加强对质量的控制。第三，基于个体存在损失厌恶的心理，医院可以尝试更改医生薪酬的支付方式以达到更好的医疗服务供给效果。第四，加强职业规范教育可以缓解医生和病人之间的利益冲突，但它不能完全解决由激励制度所导致的问题，这说明薪酬激励制度的改革仍然是非常有必要的。

一、引言

医疗体制改革是一个广受关注的热点话题，而医改的一个重要领域是医生薪酬激励制度的改革。由于薪酬激励直接影响医生的医疗行为，进而影响医疗服务供给的效率和质量，因此建立公平合理的薪酬激励制度尤为重要。当前我国医生的薪酬制度存在诸多问题，比如整体薪酬水平较低，无法体现医生价值；薪酬差距不合理，技术劳务定价被严重低估；过度强调经济激励而忽视医疗质量和医德医风，导致过度治疗、以药养医成为医改顽疾等（王延中和侯建林，2015；郑大喜，2016）。医疗市场一方面有公益属性，单纯强调经济激励会扭曲医生的医疗行为并加剧医患矛盾；另一方面，医疗市场是一个典型的信息不对称市场，如果缺乏合理的薪酬激励，医生会借助其信息优势通过降低治疗质量牟利，进而降低市场效率。因此设计合理有效的医生薪酬激励制度，对医疗改革的深入和医疗市场的健康发展均具有非常重要的现实意义。

探讨和理解不同薪酬激励方式的改变会对医疗服务供给产生何种影响，对薪酬激励政策的制定具有重要的参考价值（Brosig-Koch et al., 2017）。但是政策制定者事先不一定知道薪酬激励制度变化的后果,且这种变化可能会以不受欢迎的方式影响人们的行为(Hennig-Schmidt et al.,2011),因此对薪酬激励制度的实证研究变得非常重要。遗憾的是目前这方面的实证研究非常少见,一方面是由于医疗市场和医生治疗行为的数据本身很难获取,另一方面即使有相关的数据,也很难从已有数据中剥离其他因素的干扰,从而不能准确识别出激励效应。近年来,运用可控的实验方法研究卫生经济学问题的文献迅速增加,薪酬激励是其中的重要研究主题。一方面,实验研究外生给定不同薪酬支付方式,能够避免计量研究中的内生性问题(Baicker and Goldman,2011),从而相对准确地识别薪酬支付方式对医生治疗行为的影响,并且在微观机制分析方面独具优势;另一方面,实验方法有助于评估政策效果,可以作为落实医改政策之前的"风洞",降低政策试错的成本(Hennig-Schmidt et al.,2011)。

本研究旨在从经济性激励和非经济性激励两方面对影响医生医疗服务供给行为的因素进行研究。我们的研究问题分为三个层次,第一,用可控的实验方法考察固定工资、按人头支付和按服务支付三种基本薪酬支付方式对医疗服务供给行为的影响;第二,在此基础上设计质量考核和框架效应两种新的薪酬激励方式并检验其效果;第三,我们招募了非医学专业和医学专业学生参与实验任务以探讨职业规范的影响。本研究的创新点在于:第一,我们创造性地设计了一个医疗框架下的真实努力实验任务,通过让被试修改血液检查报告的形式在实验室中构建了尽可能接近医疗环境的决策框架;第二,我们认为在现有薪酬制度中加入对质量的考核能够有效改善医疗服务供给行为,并设计了相应的实验局加以验证;第三,我们首次在医生薪酬激励的背景下验证框架效应的影响,探讨损失厌恶是否有助于改善医疗服务供给;第四,我们招募了医药专业学生和其他专业学生参加实验,全面比较了不同专业背景被试的行为差异,探究医生的职业规范是否会影响其医疗服务行为。

二、文献回顾

影响医疗服务供给的激励因素大体可以分为经济性和非经济性两类,经济性激励因素是指与实际收入相关的基本或附加因素，而非经济性激励因素范围较广，从外在的信息反馈方式到内在的个体偏好都包含在内。本节针对经济性激励因素下基本的支付方式和附加的绩效考核进行了文献梳理，在非经济性激励因素部分主要回顾实验研究关注度较高的框架效应和职业规范，最后是对相关文献的总结。

（一）经济性激励因素的作用

经济性激励因素中按人头支付、按服务支付和固定工资三种支付方式与医生医疗服务供给之间的关系，是卫生经济学领域中一个非常重要的研究问题。不仅理论文献对该问题进行了广泛的讨论（Ellis and McGuire，1990；Selden，1990；McGuire，2000），使用实验方法对该问题进行研究的文献也不断增加。

按人头支付（capitation，CAP）是指根据医生在特定时间段内治疗的患者数量进行支付的方式。这一方式会激励医生增加治疗的患者人数，但不会促使其增加提供的医疗服务次数（Gaynor and Pauly，1990；Gaynor and Gertler，1995），因为医生希望保持较低的医疗成本（Roland and Dudley，2015）。但是，医生在按人头支付下更可能通过拒绝重病患者或减少医疗服务量以避免承担较高的机会成本（Ellis and McGuire，1986）。按服务支付（fee-for-performance，FFS）是指根据医生执行的服务项目对其进行支付的方式。Ellis and McGuire（1986）使用委托-代理模型的分析表明该支付方式将产生过度治疗的激励，Hennig-Schmidt et al.（2011）的实验研究相应提供了直接证据。而按服务支付的优势在于能够为医生提供平等的激励去对待不同成本的患者（Rudmik et al.，2014）。固定工资（salary）是根据医生固定的工作时间进行支付的一种方式。固定工资能够在一定程度上提高医生医疗服务供给的质量，使医生的服务供给与患者的实际需求能够最大程度地相互匹配（Lagarde and Blaauw，2017）。但固定工资的缺点同样明显，它会降低工作效率并催生官僚主义（Robinson，2001），不利于技术和管理的进步与创新。

绩效考核支付（pay-for-performance，P4P）是指根据医生医疗服务供给质量或数量方面的考核指标完成情况对其进行支付，即一般意义上的奖金。绩效考核产生的激励具有较高的不确定性，恰当的绩效考核指标能够在一定程度上激励医生提高服务质量，但其效果可能会被支付方式等其他因素抵消（Roland and Dudley，2015）。绩效考核支付对医生服务供给的影响也得到了一系列的实验检验，Keser et al.（2014）、Lagarde and Blaauw（2014）和Green（2014）等都对这一问题进行了研究。Brosig-Koch et al.（2013）发现，不论与何种支付方式结合，绩效考核支付都可以提升患者的收益，但同时也可能挤出医生的内在动机。

（二）非经济性激励因素的作用

近年来，越来越多的国家在医疗卫生领域运用非经济性激励手段，以期提高医疗服务的质量和医疗市场的效率，其中一些文献聚焦于框架效应和职业规范。

框架效应是一种应用广泛的非经济性激励手段。心理学实验（Kahneman and Tversky，1979）和卫生经济学实验（McNeil et al.，1982）给出的证据表明，惩罚产生的激励相较于同等程度的奖励产生的作用更为强烈，即人们对损失的厌恶强于对获得的寻求。但不公平的惩罚可能增加结果的不确定性（Werner et al.，2002），在实际应用中应当谨慎。框架效应具有较强的普遍性，或可应用于改善医生的医疗服务供给。职业规范是另一个广受关注的非经济性激励因素。Arrow（1963）指出，人们期待医生表现出对患者福利的关心，与对商人的期待有很大区别。Kesternich et al.（2015）通过实验室实验发现希波克拉底誓言在医疗背景中会增强被试对他人福利的关注，支持了Arrow（1971）"职业规范是解决市场失灵的社会手段"的著名论断。Brosig-Koch et al.（2016）的实验室实验更为直观地揭示了职业规范的作用，该实验同时招募医生、医学生和非医学生参加实验，发现医学生相较于非医学生更可能为提高患者效用而放弃自身收入，而真实世界中的医生寻求个人收入的行为最少，职业规范在其中的作用不可忽视。

综合上述文献，我们可以把目前研究薪酬制度对医生的医疗服务供给行为影响的实验文献按照研究对象主要分为三类：一是关注按服务支付、按人头支付等支付方式的作用（如 Hennig-Schmidt et al.，2011；Brosig-Koch et al.，2017）；二是在支付方式基础上加入绩效考核进行研究（如 Brosig-Koch et al.，2013；Green，2014）；三是对职业规范（如 Kesternich et al.，2015）等非经济性激励因素的影响进行分析。然而，在考察绩效的影响时少有研究涉及医疗质量方面的考核，并且仍有大量行为经济学原理亟待在医疗行业被检验与应用。

按照实验设计与实验任务划分，现有研究又可以被分为"选择努力"（chosen effort）和"真实努力"（real effort）两类。Hennig-Schmidt et al.（2011）开创性地将实验方法引入医生薪酬激励问题研究，其实验采用选择努力框架，后续研究大多沿用该设计（如 Brosig-Koch et al.，2013，2016）。目前仅有 Green（2014）和 Lagarde and Blaauw（2017）采用了真实努力框架。但这两个研究在任务设计上都存在一定缺陷：Lagarde and Blaauw（2017）以誊写检查报告为其实验任务，被试缺乏"治疗"的概念；Green（2014）以修改特定文本的语法与拼写错误为实验任务，其实验中未涉及医疗背景。由于"选择努力"形式的实验任务与实际工作情境有较大的出入，因此设计一个更为完善且符合医疗框架的"真实努力"任务框架具有重要的方法论意义。

三、实验设计与研究假设

我们创造性地设计了一个医疗框架下的真实努力实验以模拟现实中医生治疗病人的情景。我们所考察的激励机制分为经济性激励和非经济性激励。经济性激励主要来自医生工资的结算方式，其中包含数量考核和质量考核两个部分；非经济性激励主要包括框架效应和职业规范。接下来我们首先介绍被试要完成的核心实验任务即一个医疗框架下的真实努力实验，然后介绍具体的实验局设置，最后提出相应的研究假设。

(一)医疗框架的真实努力实验

我们的实验主要材料为纸质版和电子版两种形式的血常规检查报告单，血常规检查报告单根据现实中医院普遍使用的版本改编，每份报告有24项检查项目，各项目随机排列。当被试将某一份纸质报告的编号输入电脑界面之后，电脑界面会呈现相应的电子版报告。图11－1为实验中使用的血常规检查报告样表，其中左半图为纸质版，右半图为电子版。

编号：C022

项目名称	检查结果	单位	参考范围
血小板数目	229	10E9/L	100 - 300
血小板压积	0.142	%	0.108 - 0.282
中性粒细胞数目	5.23	10E9/L	2.00 - 7.00
单核细胞百分比	7.4	%	3.0 - 12.0
平均红细胞血红蛋白含量	31.7	pg	27.0 - 34.0
红细胞分布宽度标准差	41.6	fl	35.0 - 56.0
平均血小板体积	11.8	fl	6.5 - 12.0
血红蛋白浓度	147	g/L	110 - 150
嗜酸性粒细胞数目	0.42	10E9/L	0.02 - 0.50
中性粒细胞百分比	63.2	%	50.0 - 70.0
嗜碱性粒细胞百分比	0.8	%	0.0 - 1.0
平均红细胞体积	91.5	fl	80.0 - 100.0
嗜碱性粒细胞数目	0.06	10E9/L	0.00 - 0.10
嗜酸性粒细胞百分比	3.1	%	0.5 - 5.0
白细胞数目	7.24	10E9/L	4.00 - 10.00
异常淋巴细胞数目	0.08	10E9/L	0.00 - 0.20
红细胞分布宽度变异系数	14.2	%	11.0 - 16.0
血小板分布宽度	16.3	%	9.0 - 17.0
平均红细胞血红蛋白浓度	332	g/L	320 - 360
淋巴细胞数目	3.6	10E9/L	0.80 - 4.00
红细胞压积	41.7	%	37.0 - 47.0
红细胞数目	4.15	10E12/L	3.50 - 5.00
淋巴细胞百分比	34.2	%	20.0 - 40.0
单核细胞数目	0.54	10E9/L	0.12 - 1.20

报告类型为　C
报告编号为　22

您在这一轮的支付方式为按服务收费，您更改任意选项，都可以得到0.8的服务费。

项目名称	是否错误	报告结果	结果纠正	单位	参考范围
嗜酸性粒细胞百分比	对	3.100		%	0.5 - 5.0
单核细胞百分比	对	7.400		%	3.0 - 12.0
血小板压积	对	0.142		%	0.108 -
血红蛋白浓度	不对	169.000		g/L	110 - 150
红细胞分布宽度变异系数	不对	16.400		%	11.0 - 16.0
异常淋巴细胞数目	不对	0.390		10E9/L	0.00 - 0.20
平均红细胞血红蛋白含量	对	31.700		pg	27.0 - 34.0
血小板数目	不对	342.000		10E9/L	100 - 300
红细胞分布宽度标准差	不对	57.200		fl	35.0 - 56.0
中性粒细胞百分比	不对	43.600		%	50.0 - 70.0
平均红细胞血红蛋白浓度	不对	361.000		g/L	320 - 360
嗜酸性粒细胞数目	不对	0.510		10E9/L	0.02 - 0.50

完成　　下一页

图11－1　血常规检查报告样表

对应的纸质版和电子版报告存在两个重要区别。一是报告中检查项目的呈现顺序不同，24项检查项目在每一份报告中均以随机排序来呈现。二是两份报告中的部分数据存在差异：如果电子版报告中的报告结果提示为“对”，则说明和纸质版上的检查结果数值一致；若提示为“不对”，则说明和纸质版上的检验结果存在差异。① 被试的核心任务是需要在规定的时间内付出自己的

① 纸质报告中各项目的报告值都在相应参考值范围内随机生成，电子版报告中提示为“不对”的项目都落在参考值范围之外。参考范围的设置，一方面使各检查项目取值符合现实，实验材料更接近真实状况；另一方面落在范围内的项目可视为健康项目，范围外的项目视为需治疗项目，被试的纠错行为对应了医生的治疗过程。

真实努力，根据纸质报告单相应项目的数据对电子版报告进行纠正。对每一份电子版报告纠正的正确程度影响着真实患者的福利，从而模拟现实中医生根据自身知识与经验对患者进行治疗的情境。被试从输入某一份报告的编号开始到点击"完成"视为完成对一个患者的治疗，并在给定时间内根据不同的薪酬激励支付方式获得相应的实验报酬。该真实努力实验任务刻画了医生治疗行为和薪酬激励的核心特征，而这两个变量分别为本研究的被解释变量与核心解释变量。实验任务从以下几个方面较好地还原了真实的医疗环境。

第一，实验任务本身具有真实的医疗背景，且纠错过程也和医生提供医疗服务的过程非常相似。① 根据这个真实努力任务中被试的不同表现，我们可以刻画现实中医生的三种典型治疗行为：正确治疗、不足治疗和过度治疗。正确治疗是指医生提供了患者所需服务并使其健康水平提高的行为，实验中即被试把电子版报告中原先错误的数据纠正，使之与纸质报告完全一致；治疗不足是指医生未提供患者所需的治疗而使其健康水平未得到提升的情形，实验中表现为被试无视电子版报告中的错误数据而不做任何操作；过度治疗是指医生虽进行治疗却未提升患者健康水平的行为，实验中分三种情况，即修改了错误项目但仍然与纸质报告的数值不同，或将原先正确的数据重新输入，甚至将正确的数据改成错误。② 我们在图11-2中整理了这三种行为。

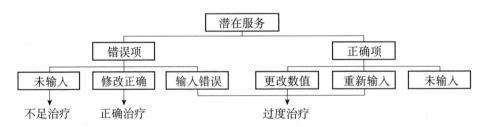

图11-2 真实努力实验中不足治疗、正确治疗与过度治疗的关系

---

① 实验任务控制了能力的影响，不需要额外的医疗知识，专业人士和普通人士在完成难度上没有明显区别。

② 一些读者可能会质疑将"修改了错误项目但仍然与纸质报告的数值不同"这种治疗行为（以下用"错改错"概括）归类为过度治疗的合理性。我们认为过度治疗是指被试修改了项目却没有提升患者健康水平的行为，在此标准下"错改错"确实是一种过度治疗。不过从患者健康的角度认为"错改错"没有解决原有问题因而将其视为一种治疗不足也是合理的。我们把"错改错"归类为治疗不足后的数据分析表明，对"错改错"行为的不同归类不影响本研究的分析结果，相关结论是稳健的。

第二，该真实努力实验对三种常见的医生薪酬激励支付方式也进行了较好的刻画，这也是本研究核心的解释变量。我们的每一个实验局均有三轮任务，被试在每个轮次中会按随机顺序根据三种支付方式进行决策，收益计算方式详见表11-1。

表11-1 三种基本支付方式

支付方式	简称	具体含义和实验设置
按人头支付	CAP	每接诊一位患者得一定的收入，不论治疗结果。在实验中被试从一开始输入报告编号到最后点击"完成"，就视为治疗了一位病人，即可获得相应的实验收益；其中完成一份A类型报告获得5个实验筹码，B类型报告对应7.5个实验筹码，C类型报告对应10个实验筹码
按服务支付	FFS	医生每提供一条项目的检查服务即可获得一定的收入。对于A、B、C三类病情严重程度不同的病人，被试只要输入了电子报告中的某一项目检查结果（不论原项目值是否正确，也不论输入结果是否正确），每项输入即可得到0.8ECU的服务费。无效输入不能得到相应的收入①
固定工资	FIX	医生每工作一段固定的时间即获得一定的收入。在该支付方式下，不论被试打开多少份电子报告，或是更改多少项目结果，在时间结束后都会固定得到工资40ECU

第三，医疗服务不仅会给医生带来收益，也会增加患者福利，我们在实验任务中也刻画了这一点。在实验中每一份报告代表着一位患者，我们借鉴Hennig-Schmidt et al.（2011）的思路，将实验中的病人收益作为捐助给慈善机构的善款，从而将实验中治疗行为对患者的影响连接到现实世界。我们选择了V爱白血病专项基金作为捐赠对象，用实验中的病人收益来资助现实中的白血病患者。② 实验中每份报告代表的病人福利（善款）取决于健康状况和治疗支出：接受治疗后病人剩余的错误项越少则越健康，其福利水平越高；接受治疗的数目越多，则病人治疗中受到的痛苦越多、支付的治疗费用越高，这会降低其福利水平。因此报告纠错任务完成后剩余的错误条目数和医生所

---

① 被试在输入"结果纠正"一栏的数值时如果落在参考值范围外就被视为无效输入，无效输入不获得收入的设计使得被试每进行纠正时都需要确认有效区间，需要付出最小程度的真实努力。
② 为了避免被试对不同慈善机构本身的偏好，我们在实验结束之后才公布具体的慈善机构名称。"V爱白血病专项基金"现更名为"V爱血液病公益基金"。

修改的条目数都会影响病人福利。另外，一般而言不健康带来的福利损失要大于支付治疗费用带来的福利损失。[①] 我们根据以上原则确定每份完成的报告的捐赠金额，在实验任务完成后立刻在被试面前通过网络页面捐出。

第四，我们还设置了以下实验细节来模拟真实医疗环境。我们把电子版报告分成 A、B、C 三种类型，其中需要纠正的项目条目数依次为 6、9、12 条，这代表着病情的严重程度，从而使得实验任务较好地体现了病人病情的异质性。每一轮实验任务将持续 6 分钟，根据预实验中 108 名被试的实验结果，被试平均能完成 6 份报告。我国当前面临着较为突出的医生数量不足问题，医生往往面临着高负荷工作，我们在实验中也模拟了这种情形，即在正式实验中，我们为被试每轮任务准备了 9 份报告，使得被试在规定时间内很难完成全部报告。另外被试不能改变报告的顺序，模拟我国大多数情况下医生不能自主选择患者的现实情况。

（二）实验局设置

本研究从经济性激励和非经济性激励两个方面设计不同的激励方式。经济性激励方面，支付方式基本只对医疗服务进行数量考核，我们尝试引入质量考核作为补充，这构成了经济激励层面的两个变量：数量考核和质量考核。非经济性激励方面，我们首先检验在医生薪酬制度设计中引入损失厌恶是否比寻求收益（gain-seeking）有更强的激励效果，即框架效应。我们还探究了职业规范的影响，即医生在长期的专业训练后形成的职业操守以及特定的利他偏好，是否对医生的行为有重要影响。由于有四个研究变量，数量考核、质量考核、框架效应和职业规范，全部用被试间设计会导致实验局过多，因此本研究综合运用了被试间和被试内的实验设计方法。[②]

数量考核部分我们采用了被试内设计方法，即在每一个实验局中被试都

[①] 我们令病人完全健康时的福利为 8 元，按照公式 $\sum 8 \times (1 - n/24 - m/144)$ 确定捐赠金额。其中 n 表示一份报告完成后剩余的错误项目数量，m 表示一份报告经修改的项目数量，24 为一份报告中的条目数。

[②] 我们在正式实验之前共招募了 108 人，进行了 3 场预实验。

要完成三种支付方式下的真实努力任务。实验中被试会拿到3本纸质版报告单，对应3种支付方式，每本包含9份报告单，A、B、C三种类型各有3份，每种类型对应需修改的条目数量分别为6条、9条和12条。被试要分别完成三种支付方式下的实验任务，共计三轮。为了控制被试内设计的学习效应与顺序效应，纸质版和电子版报告中的条目顺序随机排列，支付方式的顺序也是打乱的：3种支付方式有6种排列组合，我们每场实验招募24位被试，每种排列均有4人采用。不同支付方式下，纸质报告的类型比例与难度顺序都相同，以保证不同支付方式下实验结果的可比性。实验中的参数根据预实验数据进行过调整，确保不同支付方式产生的激励具有可比性，即每种支付方式下被试得到的期望报酬相等。

我们用被试间设计方法，根据质量考核、框架效应和职业规范三个变量设置了实验局。由于对框架效应的考察是基于质量考核展开的，因而质量考核与框架效应这两个变量形成了3种实验环境设置，由此形成了2×3的设计，共6个实验局，具体参见表11-2。

表11-2 被试间设计的6个实验局设置

	是否有质量考核及考核框架		
被试的专业背景	基准-非医学被试实验局	获得-非医学被试实验局	损失-非医学被试实验局
	基准-医学被试实验局	获得-医学被试实验局	损失-医学被试实验局

质量考核的作用体现在获得实验局和损失实验局中。在基准实验局中，被试根据基本支付方式获得收益，仅面临数量考核。在获得实验局和损失实验局中，数量考核和质量考核各占被试收入的50%，其中数量考核部分根据三种基本支付方式确定收益，质量考核部分取决于治疗的正确率，治疗正确率=正确治疗数量/（正确治疗数量+不足治疗数量+过度治疗数量）。

框架效应体现在质量考核部分的收益计算上，获得框架与损失框架下质量考核部分的收益计算不同。在获得框架下，被试提高治疗正确率将增加其质量工资，直到上限。在损失框架下，被试会得知其100%正确治疗时的质量工资上限，治疗正确率的降低将导致其质量工资减少。质量工资的计算方式如下：在获得实验局中，质量考核工资初始值 $p = 0$，上限为62，按照正确率的提高增加医生收入；而损失实验局中，质量考核部分初始值 $p=62$，下限为 0，按照错误率的提高扣除医生收入。① 当正确率相同时，在两种框架下被试所获得的质量工资相同，获得实验局和损失实验局仅有框架的区别。基准实验局、获得实验局、损失实验局的具体设置见表 11-3。

表 11-3 基准实验局、获得实验局和损失实验局的具体界定

实验局名称	考核内容比例	质量考核规则	数量考核规则
基准实验局	100% 数量考核	无	参见 3 种 基本支付方式 （表 11-1）
获得实验局	50% 数量考核 50% 质量考核	初始值 $p=0$，上限 62，按正确率增加收入	
损失实验局	50% 数量考核 50% 质量考核	初始值 $p=62$，下限 0，按错误率扣除收入	

对职业规范这一变量的影响，我们通过比较不同被试群体的行为进行考察。我们按照 1:1 的比例招募了医学专业学生被试和非医学专业学生被试，形成医学被试实验局与非医学被试实验局。通过比较这两类被试的行为差异，我们探讨了职业规范的影响。② 我们认为，尽管医学专业在校生尚未完全从事医疗工作，但他们仍然比非医学专业学生有更强的医生职业规范，因为他们在日常的专业学习、医学训练以及医院实习中会受到医生职业规范潜移默化的影响。同时，医学专业的学生也更可能因为较强的利他偏好而选择该专业，这与医生择业时的自我选择相似。

（三）研究假设

1. 经济性激励

首先，不同的薪酬支付方式对医生的激励各有侧重，这既会激发医生的

---

① 我们根据令质量考核和数量考核两种方式的激励力度相当的原则确定 p 值。我们先完成了基准实验局，根据基准实验局的实验结果计算其平均正确率与平均薪酬，从而确定 p 值为平均薪酬/平均正确率 $=62$。

② 一个常见的方法论问题是是否要招募真实的医生被试参与我们的实验。真实医生被试的实验研究多用于自然的实地实验（一般是审计实验方法），但是自然的实地实验不适合采用较为复杂的实验设计，无法实现本研究的研究目标。客观来说，招募真实的医生参与实验室实验存在较大的难度，最大的困难是很难做到随机招募真实医生被试，因此无法保证实验局效应。所以我们用医学专业学生被试来替代真实医生被试以加强本研究实验结果的外部有效性。

特定行为，也可能导致相应的问题。根据 Ellis and McGuire（1986）的分析，按人头支付鼓励医生多接诊患者，这可能导致医生重视治疗人数而忽视给予患者的服务质量，引发治疗不足；按服务支付鼓励医生向患者提供足量的服务，但可能会诱导医生为了经济收益而向患者提供不需要的检查与治疗，引发过度治疗；固定工资下医生的收入与其治疗行为没有关联，医生的治疗数量相对较低，但由于没有其他激励诱导，可能会保持较高的质量。近期的实验研究，如 Hennig-Schmidt et al.（2011）、Lagarde and Blaauw（2017），也证实了三种支付方式的效果。基于以上研究，我们做出经济性薪酬激励部分有关支付方式的预期假设，并通过对比基准实验局中不同支付方式下的实验结果对该假设进行检验：

假设1（数量考核）：按服务支付将导致过度治疗，按人头支付将导致治疗不足，固定工资下治疗数量较低，但过度治疗与治疗不足率也相对较低。

其次，提高医疗质量是完善医生薪酬制度的主要目的之一，并且相对健康结果而言，医疗质量更易被控制和测度（Khullar et al.，2015），治疗质量应该在基于价值的医生薪酬中占较大比重（Conrad，2015），因此考察在薪酬制度中加入医疗质量考核将如何影响医生的医疗服务供给，具有重要意义。直觉上，在基本薪酬支付方式的基础上引入质量考核并不会挤出薪酬支付方式对医生的激励。我们通过分别对比基准实验局和获得实验局、基准实验局和损失实验局的结果，检验经济性薪酬激励部分有关质量考核的假设：

假设2（质量考核）：将医疗质量纳入考核标准对医生医疗服务供给行为有着显著影响，并且质量考核部分的激励具有独立性，对质量加以关注不会挤出基本薪酬支付方式对医生的激励。

2. 非经济性激励

首先，Kahneman and Tversky（1979）的经典研究表明惩罚对行为人的激励比相同程度的奖励更强，McNeil et al.（1982）基于医疗背景的实验研究也给出了相关证据支持，不过，尚且没有研究将框架效应引入医生薪酬制度设计。我们有理由相信，Kahneman and Tversky（1979）所揭示的损失厌恶在医生薪酬激励的框架下同样可以发挥作用。本实验通过比较获得实验局和损失实验局，从医生薪酬设计角度对这一框架效应进行检验，探究运用损失框架进行考核能否显著改善医疗服务供给质量。因此提出假设如下：

假设3（框架效应）：使用最高薪酬减损的方法考核医疗服务供给质量，比最低薪酬增加的方法能提供更为强烈的激励。

其次，一系列研究表明医学专业学生与其他专业学生的行为存在差异（Ahlert et al., 2012; Hennig-Schmidt and Wiesen, 2014; Brosig-Koch et al., 2016, 2017），医学生受到薪酬激励的影响幅度较小。Kesternich et al. (2015) 的实验证实医生同时是自利的和利他的，但医生决策时会将患者福利考虑在内，其职业规范会使利他倾向增强，将这一行为差异与利他偏好和职业规范联系了起来。可以认为，职业规范就是医学专业学生与非医学专业学生产生行为差异的原因，因为以希波克拉底誓言为代表的职业规范的核心在于"考虑患者福利"，且上述实验研究表明医学生也确实表现得更加利他。为提高实验结果的外部有效性，同时为进一步研究医疗相关从业者与非从业者的决策差异，本实验分别招募医学专业和其他专业学生参与实验，并进行组间对比，相关的假设如下：

假设4（职业规范）：医学专业学生与其他专业学生在决策时存在差异，前者在医疗服务供给数量和质量两方面均表现出更多对患者的考虑。

（四）实验实施

我们使用 z-Tree 软件（Fischbacher, 2007）编写实验程序。实验于2018年4月在浙江大学完成，共进行12场实验，也就是6个实验局、每个实验局2场。每场被试人数均为24人，共招募288人，其中医学和非医学专业被试各占一半。被试首先在实验员指导下阅读实验说明，同时被明确告知其决策结果会直接影响真实存在的白血病患者福利。我们在正式实验任务前设置了问题测试以确保被试理解实验规则与收益计算。在此期间被试不能翻看纸质版的血常规检查报告，直到正式实验开始方能翻阅。正式实验和问卷调查结束后，实验员当众将本场实验的患者收益作为善款在网上捐出。每场实验持续约80分钟，被试平均得到52元人民币，每场实验的平均捐赠额为754.03元。

四、实验结果

本节从三个层次来分析实验结果,首先我们考察整体治疗效果,从治疗数量与治疗质量两方面比较不同支付方式与质量考核框架下医生的表现。接着我们转入微观视角,分析医生的治疗行为分布,考察医生进行正确治疗、过度治疗与不足治疗的数量和比例,并探究这些治疗行为对患者的影响。最后,我们将比较不同专业背景被试的行为差异,以考察职业规范的影响。

(一)不同支付方式与质量考核框架下的总体治疗效果

我们一般从治疗的数量与质量两方面评价医生的整体治疗效果。根据实验设计,医疗数量和医疗质量可以分别用报告完成数和治疗正确率来衡量。但医疗服务的最终目标是治愈患者,因而患者健康水平也是衡量医疗质量的重要指标。因此我们采用医生治疗正确率和患者健康水平两个指标,以更全面、更准确地刻画医生的医疗质量,其中患者健康水平 = 1 - (治疗后患者剩余问题数/治疗前患者总问题数),表 11 - 4 为医疗数量与医疗质量的描述性统计。

表 11 - 4 医生治疗数量与质量的描述性统计

	报告完成数			医生治疗正确率			患者健康水平		
	基准	获得	损失	基准	获得	损失	基准	获得	损失
CAP	6.396 (2.494)	5.323 (2.296)	5.198 (1.751)	0.547 (0.321)	0.722 (0.278)	0.778 (0.221)	0.566 (0.332)	0.754 (0.280)	0.805 (0.212)
FFS	4.677 (1.827)	4.364 (1.523)	4.469 (1.421)	0.484 (0.388)	0.715 (0.318)	0.824 (0.259)	0.191 (0.979)	0.699 (0.599)	0.807 (0.534)
FIX	4.021 (1.629)	3.583 (1.721)	3.188 (1.572)	0.736 (0.212)	0.787 (0.165)	0.838 (0.113)	0.795 (0.232)	0.859 (0.150)	0.903 (0.082)

注:其中 CAP 是指按人头支付,FFS 是指按服务支付,FIX 是指固定工资。

我们先考察无质量考核的情况下不同支付方式的行为,即表中的"基准"

列。治疗数量方面，固定工资下医生平均每轮仅能完成 4.021 份报告，显著低于其他两种支付方式下的治疗数量。① 按人头支付下医生的平均报告完成数最高，该支付方式对医生的治疗数量有最为强烈的激励。治疗质量方面，固定工资下医生的两个治疗质量指标显著高于按人头支付和按服务支付。该结果可以用利他偏好来解释，即医生在无激励时出于利他偏好而倾向于提供较高质量的治疗。按服务支付下平均患者健康水平仅有 0.191，即医生只解决了患者不到 20% 的问题，远低于其他支付方式。我们将在下文分析医生的微观治疗行为时再探讨这一现象的成因。表 11-4 同时表明当存在质量考核时，医生在各支付方式下的治疗质量均有显著提升，但治疗数量有所下降。在三种支付方式中，除按人头支付外，在损失框架下的医生治疗正确率与患者健康水平均显著高于获得框架下的水平。

为了更直观地表现医生治疗效果，我们利用散点图呈现治疗数量与治疗质量的关系。图 11-3 左半图为医生报告完成数与其患者健康水平的散点图，右半图为医生报告完成数与医生治疗正确率的散点图，图中后缀 _B、_G、_L 分别代表基准实验局、获得框架下的质量考核实验局和损失框架下的质量考核实验局。

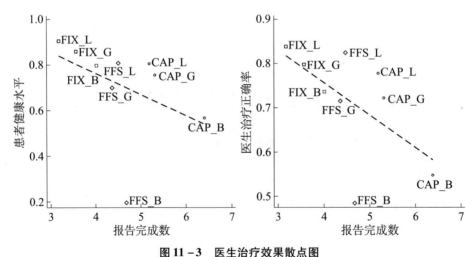

图 11-3　医生治疗效果散点图

---

① 固定工资与按人头支付、按服务支付的报告完成数的 Wilcoxon 符号秩和检验结果分别为：$z = -6.512$, $p = 0.000$；$z = -2.703$, $p = 0.007$。

第十一章 薪酬制度提升医疗服务质量的实验研究

在图 11-3 的两幅散点图中，治疗效果呈现出相近的分布：按人头支付（CAP）强调治疗数量，因此该支付方式下医生的治疗数量始终最高。引入质量考核并没有消除按人头支付在治疗数量上的优势，且大幅提高了医生的治疗质量。按服务支付（FFS）下医生治疗数量仅高于固定工资（FIX）下的水平，且治疗质量波动很大。按服务支付下，基准实验局中患者健康水平与医生治疗正确率均远低于其他实验局，而在引入了质量考核后医生的治疗质量大幅提高，其中损失框架下表现更佳。固定工资下医生的表现居于坐标系左上角，治疗数量低但治疗质量较高。从图 11-3 中可以发现医疗服务供给中的数量-质量两难权衡。我们在图中拟合出了一条向下的斜线以反映出数量与质量的替代关系。这种替代关系是由于被试有限的时间与精力使其作为医生无法兼顾数量与质量，支付方式与质量考核框架仅能调整被试的精力分配，无法同时提高质量与产量。

表 11-5 为医生治疗数量与治疗质量的回归结果，我们分别将报告完成数与患者健康水平作为被解释变量。① 回归（1）—（3）的结果显示，与固定工资相比，按人头支付与按服务支付能显著提高医生的治疗数量。回归（2）表明引入质量考核会显著降低医生的报告完成数，采用损失框架也会进一步降低医生的治疗数量，但并不显著。回归（3）具体呈现了质量考核与损失框架对不同支付方式下治疗数量的影响。回归（4）—（6）刻画了医生的治疗质量，结果显示与固定工资相比，按人头支付与按服务支付下医生的治疗质量显著下降。回归（5）表明引入质量考核能显著提高医生的治疗质量，采用损失框架进行质量激励能进一步提高患者的健康水平。回归（6）具体呈现了质量考核与损失框架对不同支付方式下医生治疗质量的影响。综合前面的分析，我们得出核心结论 1。

表 11-5　治疗数量与治疗质量的回归

	报告完成数			患者健康水平		
	(1)	(2)	(3)	(4)	(5)	(6)
按人头支付	2.042*** (0.137)	2.042*** (0.137)	2.375*** (0.248)	-0.145*** (0.016)	-0.145*** (0.016)	-0.230*** (0.033)

---

① 我们在回归中控制的个人特征为年龄、性别、家庭收入、是否有家人在医院工作、每年平均看病次数、认为当下医生收入是否合理。家庭收入可能改变实验报酬对被试行为的激励水平，其余变量反映了被试对医生这一职业的态度，这些变量都可能会影响被试在实验中的行为。

（续表）

	报告完成数			患者健康水平		
	(1)	(2)	(3)	(4)	(5)	(6)
按服务支付	0.906*** (0.107)	0.906*** (0.107)	0.656*** (0.188)	-0.286*** (0.044)	-0.286*** (0.044)	-0.603*** (0.096)
质量考核	—	-0.515** (0.194)	—	—	0.255*** (0.051)	—
损失框架	—	-0.152 (0.174)	—	—	0.066** (0.034)	—
按人头支付×质量考核	—	—	-0.981*** (0.317)	—	—	0.191*** (0.045)
按服务支付×质量考核	—	—	-0.220 (0.224)	—	—	0.508*** (0.116)
固定工资×质量考核	—	—	-0.345 (0.227)	—	—	0.064** (0.030)
按人头支付×损失框架	—	—	-0.138 (0.276)	—	—	0.048 (0.039)
按服务支付×损失框架	—	—	0.091 (0.195)	—	—	0.105 (0.080)
固定工资×损失框架	—	—	-0.409* (0.238)	—	—	0.044* (0.023)
轮次	0.557*** (0.049)	0.557*** (0.048)	0.557*** (0.048)	-0.019 (0.014)	-0.018 (0.014)	-0.018 (0.014)
个人特征	√	√	√	√	√	√
常数项	1.999*** (0.357)	2.338*** (0.368)	2.310*** (0.383)	1.005*** (0.094)	0.884*** (0.103)	1.017*** (0.098)

注：***、**、*分别表示置信区间为1%、5%和10%；括号内为聚类标准误。

核心结论 1：从整体治疗效果来看，医生必须在提高治疗总数与提升治疗质量之间进行权衡。与固定工资相比，按人头支付与按服务支付均能显著提升治疗数量，但按人头支付与按服务支付下治疗质量显著下降。引入质量考核可以显著提高治疗质量，但可能会降低治疗数量。

(二) 不同支付方式下的医疗服务供给分析

接下来我们从微观视角考察医生医疗服务供给行为的构成,这有助于我们进一步理解不同支付方式下呈现出的宏观治疗效果。表11-6为各类治疗行为的描述性统计。在基准实验局中,固定工资(FIX)下医生的平均正确治疗数量为27.38,但其平均过度治疗数3.67与治疗不足数8.31均处于相对较低水平。按人头支付(CAP)下医生平均正确治疗数和过度治疗数与固定工资下的水平基本相同。按人头支付下医生有严重的治疗不足问题,基准实验局中医生的平均治疗不足数高达30.03,远高于其他两种支付方式。按服务支付(FFS)下医生仅平均提供了21.09次正确治疗数,但有平均高达38.52次过度治疗和20.13次治疗不足,医生的治疗行为分布非常糟糕。表11-6同时还表明引入质量考核后医生的治疗行为有了明显的改善,其中损失框架下提升更大。

表11-6 医生治疗行为的描述性统计

	正确治疗数			过度治疗数			治疗不足数		
	基准	获得	损失	基准	获得	损失	基准	获得	损失
CAP	27.31 (14.60)	32.22 (12.06)	34.98 (10.14)	3.73 (10.89)	4.54 (12.44)	2.50 (7.79)	30.03 (26.95)	15.38 (19.67)	10.86 (13.63)
FFS	21.09 (16.55)	28.99 (13.01)	33.60 (12.20)	38.52 (50.66)	16.55 (36.93)	10.36 (31.21)	20.13 (22.74)	9.54 (15.72)	5.80 (13.13)
FIX	27.38 (11.11)	26.69 (10.36)	26.06 (10.85)	3.67 (4.08)	3.85 (8.59)	2.35 (3.22)	8.31 (13.89)	5.59 (10.78)	2.97 (3.23)

我们接下来从患者的视角审视医生的治疗行为。由于不同支付方式下医生的平均报告完成数不同,因此总体的行为数据不能直接反映治疗行为对单个患者的影响。我们计算了过度治疗率与治疗不足率并制作了柱状图(见图11-4),两个指标的分母与治疗正确率的分母一致,以便于比较。从图11-4中我们依然观察到了按人头支付下显著的治疗不足率,以及按服务支付下显著的过度治疗率。这进一步证实了表11-6的结论:按人头支付导致了突出的治疗不足问题,按服务支付导致了突出的过度治疗问题,引入质量考核能改善以上问题,其中损失框架下的结果更优。

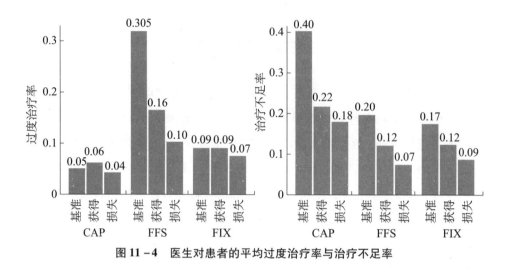

图 11-4 医生对患者的平均过度治疗率与治疗不足率

我们采用一种新的分类方法进一步考察医生治疗行为对患者健康的影响。我们将不改变修改项目性质的行为统称为医生的无效行为，包括将正确项目重新填写、将错误项目修改后依然错误；将原先的正确项目修改错误的行为给患者制造了新的病症，我们将其称为医生的有害行为；正确治疗的行为则是有益行为。我们运用这种新分类绘制了图 11-5，以直观展现医生治疗行为对患者健康的作用。图 11-5 以患者事前的错误项目数为基准，展示了医生的各类治疗行为占患者实际需求的相对比例，横轴上 $x=1$ 处的垂直线表示患者实际需要的治疗量。

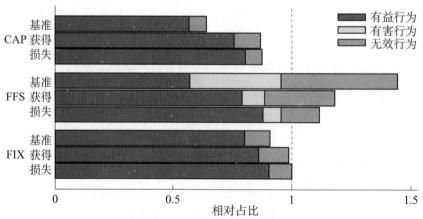

图 11-5 医生治疗行为构成的柱状图

图 11-5 表明按人头支付下对应的累积条块均未达到垂直线，即此时医生提供的服务数量不足，有益治疗行为与治疗总数量均远低于患者需求。按服务支付对应的累积条块超过了垂直线，但此时患者获得的有益治疗数量未必高于按人头支付，且必定低于固定工资时的水平。更为严重的是，按服务支付下患者会得到一定比例的有害治疗，即使在质量考核的情形下这种现象依然存在，而有害行为在其他支付方式下几乎不存在。这意味着，在按服务支付下患者得到了超过其需求的服务，但其健康水平却低于其他支付方式下的水平。① 患者不仅没有得到更多的有益治疗，甚至其健康水平还受到医生有害行为的蚕食，我们因此能够理解为何按服务支付的基准实验局中患者健康水平仅为 0.191（见表 11-4）。固定工资下，患者所得治疗量接近其需求且有益行为占比很高，无效行为相对占比较低，几乎没有有害行为。② 在各支付方式下引入质量考核都能够提高有益行为的相对比例，降低有害行为与无效行为的相对比例，其中损失框架的效果更佳。

按服务支付下医生的治疗行为分布是一个值得讨论的现象。由于按服务支付直接激励医生修改更多的项目，我们对于按服务支付下的大量无效服务并不意外。值得在意的是有害行为，这意味着在按服务支付的环境下医生不再注重患者的健康状况，其利他偏好受到了极大的抑制。而在引入质量考核的情况下，医生有害行为数量的下降幅度高于整体服务数量的下降幅度，即医生在优化其治疗行为时优先减少有害行为，但是有害行为依然存在。图 11-5 的结果表明，按服务支付会将医生置于一个利己与利他相悖的处境，医生需要抵抗"损人利己"的激励，而这种情况在其他支付方式下是不存在的。结合之前的分析，我们发现按服务支付在治疗数量或治疗质量方面均无优势，反而给医生带来了道德压力。综上所述，我们有核心结论 2。

核心结论 2：从医生的具体治疗行为来看，按人头支付会引发严重的治疗

---

① 此处的患者健康水平 = 医生有益行为相对占比 - 医生有害行为相对占比。这一公式与表 11-4 中提出的患者健康水平的计算公式本质上是一致的。
② 我们认为，按人头支付与固定工资下医生的无效行为很可能是因为误诊。首先，这两种支付方式并不关注医生的治疗项目，医生的无效治疗行为缺乏激励；其次，这两种支付方式下医生无效行为的相对占比均较低，占医生整体治疗比重也较低。考虑到实验任务的要求，这些无效行为很有可能是被试的误判造成的。

不足；按服务支付会引发严重的过度治疗，甚至会引发医生的道德冲突；固定工资下过度治疗与治疗不足问题均不严重。引入质量考核可以缓解但不能消除以上问题，其中损失框架下医生的表现更好。

（三）职业规范的影响

我们在前面的研究中发现支付方式使医生面临经济性激励与道德间的剧烈冲突。而按照希波克拉底誓言与《日内瓦宣言》的要求，医生实施治疗行为时应将病人利益置于首位。那么在不同支付方式的经济性激励下医生的职业规范是否发挥了作用？抑或经济性激励是否会挤出职业规范？对这个问题的探究有助于我们更深刻地理解不同支付方式对医生治疗行为的影响。

表11-7是对比医学专业被试与非医学专业被试行为的描述性统计。考虑到医学生对于血液报告的项目更为熟悉，在执行实验任务时可能具有一定优势，我们认为被试的报告完成数与正确治疗数这两个变量可能会受到干扰，无法准确反映职业规范的作用。① 因此我们考察了过度治疗率、治疗不足率和患者健康水平三个指标，比较不同被试的治疗质量及相应治疗行为。表11-7中的数据为同时包含基准实验局、获得实验局与损失实验局数据的均值。

表11-7 不同专业背景被试行为的描述性统计

	过度治疗率		治疗不足率		患者健康水平	
	医学背景	非医背景	医学背景	非医背景	医学背景	非医背景
CAP	0.057 (0.128)	0.046 (0.100)	0.237 (0.232)	0.294 (0.289)	0.735 (0.273)	0.682 (0.316)
FFS	0.161 (0.234)	0.230 (0.275)	0.113 (0.146)	0.146 (0.138)	0.693 (0.630)	0.443 (0.881)
FIX	0.084 (0.095)	0.086 (0.081)	0.134 (0.142)	0.123 (0.136)	0.847 (0.179)	0.858 (0.165)

---

① 不同支付方式下医学专业与非医学专业被试的报告完成数分别为按人头支付：5.472 (2.125)、5.806 (2.384)；按服务支付：4.438 (1.663)、4.569 (1.536)；固定工资：3.674 (1.642)、3.521 (1.701)，括号内为标准差。从报告完成数来看，医学专业和非医学专业被试没有显著差异。

从表 11-7 可见，按人头支付下，医学被试的治疗不足率和患者健康水平指标都好于非医被试，但其差别并不显著（Wilcoxon 秩和检验：$z = 1.116$，$p = 0.265$；$z = -1.035$，$p = 0.301$）。按服务支付下，医学被试与非医被试的三个指标均有显著差距（Wilcoxon 秩和检验：$z = 2.362$，$p = 0.018$；$z = 2.550$，$p = 0.011$；$z = -2.567$，$p = 0.010$），医学被试的表现显著好于非医被试。从医患利益存在冲突的角度出发，我们发现随着薪酬支付方式的激励与职业规范间的冲突逐渐缓解，职业规范的积极作用有所削弱。也就是说，当支付方式的激励与职业规范严重冲突时，如按服务支付下，医学专业被试的表现明显好于非医学专业被试，职业规范发挥了明显的积极作用；当支付方式的激励与职业规范存在一定冲突时，如按人头支付下，职业规范发挥了一定的作用但未必显著；而当支付方式的激励与职业规范不存在冲突时，如按固定工资下，职业规范不发挥作用，两种类型的被试表现并没有显著差异。

图 11-6 为不同专业背景的治疗行为累积柱状图，我们同样可以观察到职业规范作用随着薪酬激励-职业规范冲突的缓解而削弱的现象。在按服务支付的所有三个实验局，以及按人头支付的基准实验局中，医学背景被试的表现明显好于非医学背景被试：按人头支付的基准实验局中医学被试向患者提供的相对治疗数量更多，有益行为的比例也更高；按服务支付的基准实验局中医学被试的过度治疗问题远小于非医学被试，有害行为的比重大幅下降。

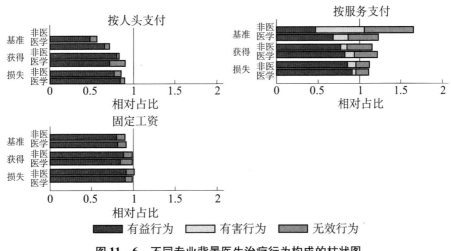

图 11-6 不同专业背景医生治疗行为构成的柱状图

这说明在薪酬激励-职业规范冲突最为激烈的情形下，职业规范明显抑制了激励造成的不当行为，大幅改善了医生的表现。而在引入质量考核后，按人头支付与按服务支付下的薪酬激励-职业规范冲突有所缓解，医学背景被试的行为不再明显优于非医学被试，甚至在部分情形下非医学被试表现更佳。固定工资下薪酬激励-职业规范冲突不强烈，在各种情形下医学背景被试不存在明显优势。

需要强调的是，尽管职业规范在薪酬激励-职业规范冲突激烈的按人头支付与按服务支付中展现出了重要作用，但职业规范没有解决支付方式造成的顽疾：在按人头支付的基准实验局中，尽管医学背景被试的治疗不足问题远小于非医学被试，但医疗服务总量仅占患者实际需求的71.6%，治疗不足问题依然比较严重。而在按服务支付下，医生始终会提供有害治疗，即使在损失框架下医学背景被试采取了最少的有害行为，也占患者实际需求的4.5%，而其他支付方式下有害行为占比均低于1%。我们认为，这个结论在现实的医疗环境中也是成立的，职业规范能够使得医生面临薪酬激励-职业规范冲突时更少地采取损害患者利益的行为，但无法杜绝激励引致的不当行为。

表11-8关于职业规范影响的回归（1）显示，职业规范总体上对医生的过度治疗率没有显著影响。但进一步的回归（2）显示按服务支付下医学被试的过度治疗率显著低于非医学被试，且下降幅度相对较大。回归（3）显示，职业规范显著降低了医生的治疗不足率。回归（4）的进一步分析表明，相比较固定工资下的治疗行为，职业规范显著作用于按人头支付与按服务支付下的医生。回归（5）显示，职业规范显著地提高了患者的健康水平。回归（6）的进一步分析表明，相比较固定工资下患者健康水平的变化，在按人头支付与按服务支付下医生的职业规范能显著提高患者的健康水平。因此，对职业规范的影响，我们可以得到核心结论3。

表11-8 关于职业规范影响的回归结果

	过度治疗率		治疗不足率		患者健康水平	
	(1)	(2)	(3)	(4)	(5)	(6)
按人头支付	-0.033*** (0.006)	-0.040*** (0.008)	0.138*** (0.015)	0.172*** (0.022)	-0.145*** (0.017)	-0.178*** (0.024)

（续表）

	过度治疗率		治疗不足率		患者健康水平	
	(1)	(2)	(3)	(4)	(5)	(6)
按服务支付	0.111*** (0.015)	0.144*** (0.023)	0.002 (0.010)	0.023* (0.014)	-0.286*** (0.044)	-0.416*** (0.071)
专业背景	-0.019 (0.015)	-0.001 (0.013)	-0.044*** (0.018)	-0.007 (0.018)	0.123*** (0.040)	0.013 (0.026)
按人头支付×专业背景	—	0.013 (0.012)	—	-0.069** (0.030)	—	0.066** (0.032)
按服务支付×专业背景	—	-0.067** (0.030)	—	-0.043*** (0.019)	—	0.261*** (0.086)
轮次	-0.003 (0.005)	-0.003 (0.005)	0.011** (0.005)	0.011** (0.005)	-0.019 (0.014)	-0.019 (0.014)
个人特征	√	√	√	√	√	√
常数项	0.053* (0.032)	-0.044 (0.032)	0.106*** (0.035)	0.087*** (0.036)	1.003*** (0.098)	1.058*** (0.097)

注：***、**、* 分别表示置信区间为1%、5%和10%；括号内为聚类标准误。

核心结论3：我们发现职业规范的积极影响随着薪酬激励和职业规范两难冲突的缓解而削弱。当薪酬激励和职业规范产生激烈冲突时，职业规范会使医生更多地采取有利于患者的行为，但职业规范不能完全消除激励造成的问题；而当薪酬激励和职业规范冲突不强烈时，职业规范并不能发挥显著的作用。

五、结论与讨论

薪酬激励对医疗服务供给的影响受到现实中多方面因素的作用，运用现实中的数据进行实证研究存在诸多困难。为最大程度在实验室中还原真实的医疗环境，本研究创造性地设计了一个需要被试付出真实努力的医疗实验，用可控的实验方法对影响医生治疗行为的经济性薪酬激励和非经济性影响因素进行了考察。

我们发现医疗服务供给中质量与数量的权衡是医生在不同支付方式下所

面对的主要问题。核心结论 1 和 2 显示：按服务支付和按人头支付可以增加医疗服务的供给数量，但前者会导致过度治疗，后者会导致治疗不足。我们还发现，当质量与数量之间冲突非常严重时，医生会采取极端行为。这意味着过度强调业绩的薪酬激励是不恰当的，而且这种激励机制的福利效果可能会被高估，它在显著提升业绩的同时可能会加剧医患矛盾。接下来，我们将质量考核和框架效应引入薪酬激励。结果表明质量考核可以显著提升治疗质量，其中损失框架下的效果更佳。最后，我们通过比较医学生和非医学生的行为差异，考察职业规范的影响。核心结论 3 显示职业规范是否发挥作用取决于薪酬激励与职业规范是否存在冲突。当薪酬激励与职业规范存在激烈冲突或一定冲突时，即按服务支付下以及按人头支付的基准实验局下，医学专业学生各方面的表现显著优于非医学专业学生，职业规范明显发挥了积极的作用。当不存在激烈冲突时，即在固定工资下及存在质量考核的按人头支付实验局下，医学专业学生与非医学学生的行为并没有显著区别。但是，职业规范仅能缓解而不能消除支付方式形成的不当激励，按人头支付下医学专业被试的治疗不足问题依然较为明显，按服务支付下医学专业被试依然向患者提供了大量过度治疗并伴随着有害治疗。

  本研究的发现具有重要的现实意义，对推进我国医疗体制改革也具有一定的政策启示。第一，我们发现如何保证质与量的平衡是医生薪酬激励设计需要考虑的主要因素，传统的几种支付方式都只强调了一个方面而忽视了另一方面。此外，对数量过度重视是一种不恰当的激励，例如按服务支付对量的过度激励引发了强烈的道德冲突，医生可能为了追求服务数量而忽视患者的实际需求，甚至采取不利于患者的行为。第二，质量考核是一种有效提升传统支付方式的方法。将治疗质量纳入考核，可以有效改善医疗服务的供给质量，特别是在按人头支付和按服务支付两种方式下效果尤其明显。因此，对于采取传统支付方式的医院，完善质量考核机制是至关重要的，可以通过规范治疗流程、建立治疗后病人质量信息反馈机制等方式加强对质量的控制。第三，基于个体存在损失厌恶的心理，医院可以尝试更改医生薪酬的支付方式，比如在每月初根据一定规则为医生折算出一定金额的最高绩效工资值，在月底根据医生的实际绩效进行相应的扣除。第四，我们发现加强职业规范在一定程度上是有效的,当激励与道德产生冲突时,职业规范能使医生更多地采取利于患者的行为。因此,加强职业规范教育可以缓解医生和病人之间的利益冲突,但它不能完全解决由激励制度所导致的问题,这说明薪酬激励制度的改革仍然是非常有必要的。

参考文献

王延中、侯建林:《我国公立医院薪酬制度存在的问题及改革建议》,《中国卫生经济》,2015 年第 1 期。

郑大喜:《公立医院医生薪酬制度改革的研究进展》,《现代医院管理》,2016 年第 2 期。

Ahlert, M., Felder, S., & Vogt, B. (2012). Which patients do I treat? An experimental study with economists and physicians. *Health Economics Review*, 2, 1–11.

Arrow, K. (1963). Uncertainty and the welfare economics of medical care. *American Economic Review*, 53, 941–969.

Arrow, K. (1971). Political and economic evaluation of social effects and externalities. *The Analysis of Public Output*, New York: Columbia University Press.

Baicker, K., & Goldman, D. (2011). Patient cost-sharing and healthcare spending growth. *Journal of Economic Perspectives*, 25 (2), 47–68.

Brosig-Koch, J., Hennig-Schmidt, H., Kairies, N. and Wiesen, D. (2013). How effective are pay-for-performance incentives for physicians? – A laboratory experiment. *Ruhr Economic Papers*, No. 413.

Brosig-Koch, J., Hennig-Schmidt, H., Kairies-Schwarz, N., & Wiesen, D. (2016). Using artefactual field and lab experiments to investigate how fee-for-service and capitation affect medical service provision. *Journal of Economic Behavior & Organization*, 131, 17–23.

Brosig-Koch, J., Hennig-Schmidt, H., Kairies-Schwarz, N., & Wiesen, D. (2017). The effects of introducing mixed payment systems for physicians: Experimental evidence. *Health Economics*, 26 (2), 243–262.

Conrad, D. A. (2015). The theory of value-based payment incentives and their application to health care. *Health Services Research*, 50, 2057 – 2089.

Ellis, R. P., & McGuire, T. G. (1986). Provider behavior under prospective reimbursement: Cost sharing and supply. *Journal of Health Economics*, 5 (2), 129 – 151.

Ellis, R. P., & McGuire, T. G. (1990). Optimal payment systems for health services. *Journal of Health Economics*, 9 (4), 375 – 396.

Fischbacher, U. (2007). z-Tree: Zurich toolbox for ready-made economic experiments. *Experimental Economics*, 10 (2), 171 – 178.

Gaynor, M., & Gertler, P. (1995). Moral hazard and risk spreading in partnerships. *RAND Journal of Economics*, 26 (4), 591 – 613.

Gaynor, M., & Pauly, M. V. (1990). Compensation and productive efficiency in partnerships: Evidence from medical groups practice. *Journal of Political Economy*, 98 (3), 544 – 573.

Green, E. P. (2014). Payment systems in the healthcare industry: An experimental study of physician incentives. *Journal of Economic Behavior & Organization*, 106, 367 – 378.

Hennig-Schmidt, H., Selten, R., & Wiesen, D. (2011). How payment systems affect physicians' provision behaviour—An experimental investigation. *Journal of Health Economics*, 30 (4), 637 – 646.

Hennig-Schmidt, H., & Wiesen, D. (2014). Other-regarding behavior and motivation in health care provision: An experiment with medical and non-medical students. *Social Science & Medicine*, 108, 156 – 165.

Kahneman, D., & Tversky, A. (1979). Prospect theory: An analysis of decision under risk. *Econometrica*, 47, 263 – 292.

Keser, C., Peterle, E., & Schnitzler, C. (2014). Money talks—Paying physicians for performance. *Cege Discussion Paper*, 173.

Kesternich, I., Schumacher, H., & Winter, J. (2015). Professional norms and physician behavior: Homo oeconomicus or homo hippocraticus?. *Journal of*

Public Economics, 131, 1 – 11.

Khullar, D. , Chokshi, D. A. , Kocher, R. , Reddy, A. , Basu, K. , Conway, P. H. , & Rajkumar, R. (2015). Behavioral economics and physician compensation—Promise and challenges. *New England Journal of Medicine*, 372 (24), 2281 – 2283.

Lagarde, M. , & Blaauw, D. (2014). Carrot, stick or competition? The relative effect of pay for performance schemes in health care. *London School of Hygiene & Tropical Medicine, Working paper*.

Lagarde, M. , & Blaauw, D. (2017). Physicians' responses to financial and social incentives: A medically framed real effort experiment. *Social Science & Medicine*, 179, 147 – 159.

McGuire, T. G. (2000). Physician agency. *Handbook of Health Economics*, 1, 461 – 536.

McNeil, B. J. , Pauker, S. G. , Sox Jr, H. C. , & Tversky, A. (1982). On the elicitation of preferences for alternative therapies. *New England Journal of Medicine*, 306 (21), 1259 – 1262.

Robinson, J. C. (2001). Theory and practice in the design of physician payment incentives. *The Milbank Quarterly*, 79 (2), 149 – 177.

Roland, M. , & Dudley, R. A. (2015). How financial and reputational incentives can be used to improve medical care. *Health Services Research*, 50, 2090 – 2115.

Rudmik, L. , Wranik, D. , & Rudisill-Michaelsen, C. (2014). Physician payment methods: A focus on quality and cost control. *Journal of Otolaryngology-Head & Neck Surgery*, 43 (1), 34 – 38.

Selden, T. M. (1990). A model of capitation. *Journal of Health Economics*, 9 (4), 397 – 409.

Werner, R. M. , Alexander, G. C. , Fagerlin, A. , & Ubel, P. A. (2002). The Hassle factor: What motivates physicians to manipulate reimbursement rules?. *Archives of Internal Medicine*, 162 (10), 1134 – 1139.

第十二章
医药分离制度改善医疗市场效率的实验研究

本章导读：深化医药卫生体制改革以来，医疗卫生系统聚焦医保、医疗、医药协同发展和治理，推动了卫生健康事业高质量发展，而医药分离是解决我国医疗市场上"看病贵""看病难"等现实问题的重要医改举措。医药分离改革在中国已推行二十余年，国内相关研究主要聚焦于理论层面，近些年才出现少许经验研究，但大多侧重于医药分离制度的内涵、本土化特色和改革前后的效果对比研究，而缺少从医药分离制度运行的机制设计角度的分析。

因此，我们利用实验室实验方法，在信任品博弈模型基础上模拟了医生诊断定价、提供诊疗以及病人是否接受治疗的互动决策，以评估医药分离制度的改革效果。我们还在实验中设计了医药未分离基准实验局和医药分离实验局来对比分析医药分离对市场效率的影响，并在此基础上加入了有竞争的实验局，以进一步分析竞争能否扩大医药分离对市场效率的正面影响。

实验结果表明，首先，医药分离制度对市场效率的提高作用有限，主要原因在于较高的价格使得病人接受诊断服务的意愿减弱，由此导致的效率损失部分抵消了过度治疗率下降带来的效率增加。其次，竞争机制的引入对医生的过度治疗行为有明显的抑制作用，但对医疗市场效率的影响存在差异：仅医生或药店一方的竞争会在减少过度治疗行为的同时带来新的市场效率损失，而当医生和药店双方均竞争时，市场效率损失最小，病人福利水平也得到显著提升，因为此时病人更愿意进入市场接受诊断，医生的过度治疗行为也明显减少。

我们的研究结论对进一步推动我国医药分离制度改革、改善医疗市场效率具有一定的政策启示：第一，应破除公立医院的垄断地位，鼓励民营医院等医疗机构的发展。医药分离虽然将药品销售从医院的垄断势力中分离出来，但是公立医院垄断诊断、检查等其他医疗服务的市场结构并未被改变，因此尽管药费下降，但过度使用医药设备所导致的费用上升仍将使总医疗费用支出不断增加。第二，在彻底切断医院与药店之间利益链的同时放开药品的零售权，应允许药店销售处方药等药品，规范药品零售商发展，注意药品采购来源的多样性，以形成医疗市场良性竞争环境。

一、引言

20世纪50年代开始的医院药品加成政策造成了医疗费用支出高昂、过度治疗盛行的"以药养医"局面，①"看病难""看病贵"问题日益突出（朱恒鹏，2007；寇宗来，2010；谭清立等，2019，Currie et al.，2014）。针对这一情况，我国早在2002年就启动了以切断医药利益关联为核心的"医药分离"改革，各地在改革中摸索建立了不同的改革模式，比如"药房托管"和"药品管理中心"模式（刘小鲁，2011）。② 但是对政策效果的检验发现，这一改革在降低药费支出的同时会导致检查费、护理费等其他医疗费用的上升，最终医药费用支出反而增加（封国生等，2014；陈醉等，2018；Zhang et al.，2017）。不少学者对改革效果有限的原因进行了探究，其中医药市场上的垄断

---

① "以药养医"是指医院（医生）倾向于通过药品销售的高利润来补贴医疗服务，提高医院的经济绩效。

② "药房托管"模式下原公立医院的药房经营权将转移给托管企业，所有权仍归医院，托管企业将部分药品收入或利润返还给医院，这一模式的典型代表为江苏省南京市。"药品管理中心"模式下由财政全额拨款建立药品管理中心，收回医院药房经营权和管理权，由中心统一制定基本药品目录并确定药品供应和配送企业，医院从中心收入中获得一定比例的返还，这一模式的代表为安徽省芜湖市。

势力被认为是影响医药分离改革效果的主要因素（陈新中，2008；李大平，2011；刘小鲁，2011）。医药行业进入壁垒、医院区域性垄断地位、竞争性药品市场的缺乏等是垄断势力的具体体现（刘小鲁，2011）。在医药市场存在强大的垄断势力的情况下，医药分离改革并未能提高患者福利。引入竞争被认为是可能的进一步改革方向之一，本研究对引入竞争后医药分离改革的效果进行了先行检验。

医疗市场牵涉甚广，试点成本高昂且结果具有不可逆性，而实验研究可以被当作是在政策具体实施之前的"风洞"（Hennig-Schmidt et al.，2011），用来检验和评估某项政策制度的效果，从而最小化政策试错的潜在成本，因此本研究运用实验方法探究在医药分离制度基础之上引入竞争对医疗市场效率的影响。为此，我们首先设计了医药未分离基准实验局和医药分离实验局以对比分析医药分离对市场效率的影响，并在此基础上设计了有竞争的实验局，以进一步分析竞争能否扩大医药分离对市场效率的正面影响。我们的实验结果表明了医药分离和竞争机制这两种制度对医疗市场效率的作用。首先，医药分离制度在降低过度治疗率的同时也使得拒绝接受诊断的病人增多，对市场效率的提高作用有限。其次，引入竞争可进一步降低过度治疗率，但是医生间的竞争在降低过度治疗率的同时会使得不足治疗率提高，造成新的效率损失；药店间的竞争则使得医生具有更强的垄断势力来提高价格，导致病人进入市场意愿减弱，市场效率提高有限；而医生和药店同时竞争时，医疗市场效率损失最低，患者福利最大。

本研究的贡献主要体现在以下三个方面：第一，我们运用实验室实验的方法在医药分离制度的基础上首次引入竞争因素来探讨其对医疗市场效率的影响。第二，我们在已有的信任品理论模型（Dulleck and Kerschbamer，2006；Fong et al.，2014）和医药分离实验（Greiner et al.，2017）的理论框架基础之上引入了竞争因素，实现了理论模型的边际改进，并进一步丰富了医药分离领域的研究。第三，以往对竞争的研究主要集中在有无声誉等信息条件下的竞争，而本研究在医药分离的制度背景下研究竞争，拓展了对竞争作用的研究，也符合我国目前促进医疗市场竞争的大环境。

二、文献综述

医药分离改革在中国已推行长达二十余年，国内相关研究主要聚焦于理论层面，近些年才出现少许经验研究，但大多侧重于医药分离制度的内涵、本土化特色和改革前后的效果对比研究，而缺少从医药分离制度运行的机制设计角度的分析。此外，也有一些国外学者基于医疗服务作为典型的"信任品"（credence good）（Darby and Karni, 1973）这一共识，通过实验方法对医药分离制度进行了探究。因此，我们接下来主要围绕医药分离的理论与经验研究以及实验研究进行文献回顾，最后是对相关文献的总结。

针对国内医药分离改革的理论研究中，刘小鲁（2011）考虑到公立医院垄断和医疗价格管制的大背景，指出公立医院垄断地位未受影响，医药分离虽然将药品销售从医院的垄断势力中分离出来，但并未改变诊断、检查和治疗服务供给的市场结构，从而导致"以械养医"[①]。寇宗来（2010）和刘婵（2015）则分别探究了医药分离下诊疗价格高低和不同药品销售环境下药品专利许可对社会福利的影响。在经验实证上，封国生等（2014）使用北京12家医院提供的城镇职工医保参保患者的汇总数据对医药分离改革前后的效果进行了对比研究，发现医药分离确实降低了患者的次均药费，但这一数据可能存在操纵或测量误差，也缺少个体特征数据。Zhang et al.（2017）和陈醉等（2018）分别使用湖北省两县农村的新农合医疗报销数据和某省会城市的城镇职工医疗保险报销数据检验医药分离改革的效果，均发现医药分离改革在降低患者药费支出的同时会导致检查费、护理费、治疗费等其他费用的显著增长，进而使得最终医疗费用支出不降反增。两者分别针对农村层面与城镇层面的改革，但是这两个研究仅聚焦于对政策实施效果的检验。

医疗市场的实证研究常受限于数据可获得性、内生性、自选择等问题，

[①] "以械养医"是指医院（医生）借助于医疗器械使用的各种检查费、化验费和治疗费来实现医疗器械的创收价值，以维持医院的正常运转。

因果识别困难，在此基础上提出的政策建议可能缺乏有力的证据支撑。因此近些年来，能提供"干净"的因果识别和先行的制度效果检验的实验方法越来越被广泛用于医疗市场的研究中。Greiner et al.（2017）专门针对医药分离制度进行了实验研究，这一研究基于 Dulleck and Kerschbamer（2006）和 Fong et al.（2014）的理论框架进行①，在实验中分别设置了处方医生和治疗医生，并考虑了两者之间不同的定价顺序带来的不同议价能力。实验结果显示，医药分离制度并没有表现出与理论预期一样的积极作用，诊断价格受规制的医药分离制度可以有效地减少过度治疗，但是这个效应部分地被增加的不足治疗抵消了；对议价能力的研究中，允许处方医生和治疗医生分别为自己的服务设定价格将降低效率，因为总的治疗成本经常高于病人的期望收益，导致病人进入市场的意愿减弱，并且这一结果对不同的议价能力强弱条件均成立。这一有关医药分离制度的实验研究对本研究具有重要的参考意义。另外，在中国的医疗市场中，病人在获得医生处方后一般会默认在医院药房买药，基于这一客观现实，Currie et al.（2014）和 Lu（2014）在实地实验中引入了去除医生经济性激励的实验条件。在进行实验时，实验员会向医生表示将在其他渠道买药，这样医生将明白自己无法从医院药品销售中获得收入，这可以看作一种非正式的医药分离。结果显示，去除经济性激励确实对降低药费支出有显著的影响，但同样也存在一定的消极作用，比如医生的服务态度变差、处方内容不够详细等。

综上可以看出，相关理论研究已经指出医药分离制度可能导致一定的市场效率损失；部分经验研究也发现，医药分离制度在降低药费支出的同时会导致其他医疗费用的上升，最后使得患者的总医疗支出上升。而现有的实验室实验研究框架较为单一，医药分离制度并未与其他机制相结合研究，实地实验的干预只是非正式的制度，均未能给出进一步的改革启示。因此，在更丰富的框架下对医药分离制度进行研究并为进一步改革提供启示很有必要。

---

① Dulleck and Kerschbamer（2006）的理论研究为信任品实验研究提供了一个理论框架，提出了承诺、同质、责任和认证假设。研究发现在承诺和同质假设成立的条件下，只需责任或认证假设其中之一成立，即可无成本解决信任品市场的欺骗问题。后续有不少研究通过放松其中的假设进行拓展，Fong et al.（2014）放松了 Dulleck and Kerschbamer（2006）的承诺假设，发现在一定情况下，存在责任制的市场环境比存在认证制的市场环境更有效率。

第十二章 医药分离制度改善医疗市场效率的实验研究

基于此,本研究旨在围绕医药分离对医疗市场效率的影响问题,借鉴信任品的理论和实验研究范式,探究在医药分离制度基础之上引入竞争对市场效率的影响,试图为我国医疗分离制度改革提供相应的政策启示或建议。

三、实验设计与实施

(一)博弈流程和实验局设置

本实验借鉴了 Dulleck and Kerschbamer(2006)和 Fong et al.(2014)的信任品博弈模型,在医药分离制度的基础上,进一步研究加入竞争因素的影响,一共设置了五个实验局,分别为基准实验局(B)、分离无竞争实验局(S)、分离医生竞争实验局(SPC)、分离药店竞争实验局(STC)、分离双重竞争实验局(SBC)。

在基准实验局中,医生与病人的博弈按图 12-1 中的顺序进行:①医生给出两种治疗方式定价并公布;②病人获得定价信息并决定是否接受医生的诊断服务;③如果病人接受诊断,则医生准确得知患病类型并给出治疗处方;④病人获得处方信息并决定是否接受医生的治疗服务;⑤如果病人接受治疗,则医生根据处方提供治疗。

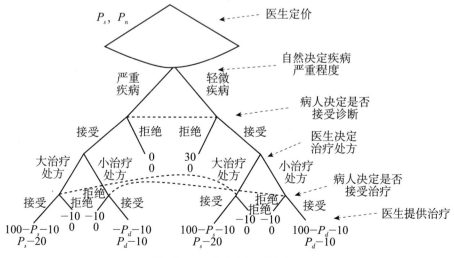

图 12-1 基准实验局博弈树

在引入医药分离条件的实验局中,诊断和治疗分别由医生和药店提供,医生和药店将分别设定价格,病人则需要依次决定是否接受医生和药店的服务。进一步引入竞争的实验局中,病人将会遇到两个医生或药店,可以从中选择一个接受服务。

(二)理论框架与基本假设

在基准的信任品博弈模型中,存在病人与医生两种参与人。病人分别以 θ 和 $1-\theta$ 的概率患严重疾病和轻微疾病,且病人只知道自己患有某一类型的疾病,但是不知道具体类型。医生可以通过诊断获取病人的患病信息,并给出两种治疗方法。其中,小治疗 n 只能治愈轻微疾病,大治疗 s 可以治愈两种疾病。在两种疾病被治愈后,病人的效用水平分别为 U_s 和 U_n,而如果未被治愈,则忍受未治愈疾病时的效用分别为 U_s^0 和 U_n^0,并且满足 $U_s > U_s^0$,$U_n > U_n^0$。医生提供诊断服务需要付出正诊断成本 C_d[①],诊断价格为 P_d,大治疗与小治疗对应的治疗成本分别为 C_s 和 C_n,满足 $C_s > C_n$,对应的治疗价格分别为 P_s 和 P_n。

在我们的模型中,存在认证(verifiability)假设,即医生只能收取实际提供的治疗服务相对应的价格,排除了医生的过度收费(overcharging)欺骗行为。另外,本研究无承诺(commitment)假设,即病人选择接受诊断服务获得治疗处方后,并不一定接受治疗服务。另外给出如下4个假设。

假设1:病人的疾病得到治愈后,病人效用的增加大于总医疗成本,即有 $U_s - U_s^0 > C_s + C_d$ 和 $U_n - U_n^0 > C_n + C_d$,使用合适的治疗方法治愈病人的相应疾病是有效率的。

假设2:未治愈严重疾病损失的效用大于未治愈轻微疾病损失的效用,即满足 $U_s - U_s^0 > U_n - U_n^0$,其中 $U_s = U_n$ 说明被治愈的病人效用水平相等而不能进一步确定治疗方法是否合适,$U_s^0 < U_n^0$ 说明忍受未治愈的严重疾病的效用水

[①] 参考 Greiner et al. (2017) 的实验,在预实验中设置诊断成本为0,但预实验中部分被试反映无法理解诊断成本为0这一设置,因此正式实验中采用了正的诊断成本。

平更低。

假设 3：使用大治疗治愈严重疾病得到的社会福利大于使用小治疗治愈轻微疾病得到的社会福利，即有 $(U_s - U_s^0) - C_s > (U_n - U_n^0) - C_n$。

假设 4：在提供两种治疗方法的收益无差异时，医生将诚实地提供治疗。

根据以上的模型假设，我们设置外生参数如下：病人患严重疾病的概率为 $\theta = 0.5$，治愈疾病恢复健康后的效用水平为 $U_s = U_n = 100$，严重疾病和轻微疾病未治愈时的效用水平分别为 $U_s^0 = 0$ 和 $U_n^0 = 30$，即需要承受的未治愈损失是 100 和 70，提供诊断服务的成本是 $C_d = 10$，提供大治疗和小治疗的成本分别是 $C_s = 20$，$C_n = 10$。

（三）理论预测

1. 基准实验局

基准实验局不存在医药分离制度与竞争市场环境。我们规定医生的诊断服务价格固定为 $P_d = 10$，即医生不能通过提供诊断服务获得收益。这样的设置主要是考虑到在不实行医药分离时，对依赖医生技能的诊疗服务缺少完整合理的劳务成本核算，诊疗价格管制较严，使得诊疗服务的价格偏低。基准条件的理论预测主要参考 Fong et al. (2014)。在参数设置满足本研究假设 3 的前提下，病人患严重疾病的概率 θ 满足 $\theta \in ((C_s - C_n)((U_s - U_s^0) - (U_n - U_n^0)), 1]$ 时，基准条件的理论均衡中医生将只提供大治疗进行完全的过度服务，大治疗的价格为 $P_s = \theta(U_s - U_s^0) + (1-\theta)(U_n - U_n^0) - C_d$，而小治疗的价格 P_n 满足 $P_n \in [C_n, U_n - U_n^0 - C_d]$。在本研究的参数取值下，理论预期的医生出价满足 $P_s = 75 P_n \in [10, 60]$。此时病人的预期收益为 $\theta(U_s - P_s - P_d) + (1-\theta)(U_n - P_n - P_d) = 15$，医生的预期收益为 $P_s - C_s = 55$。完全过度治疗时预期的效率损失为使用成本更高的大治疗治愈患轻微疾病的病人时的相对成本，计算可得：$((1-\theta)(C_s - C_n))(\theta(U_s - C_s - C_d) + (1-\theta)(U_n - C_n - C_d)) = 7\%$。对基准模型相关重要变量的理论预测整理如表 12-1 中的第（1）列所示。

2. 分离无竞争实验局

分离无竞争实验局相比基准实验局引入了医药分离，医生与药店两种角色代替了基准实验局中的一体化医生,其中医生负责诊断病人,药店则负责根据处方相应提供治疗服务。医生和药店可以给服务定价,这样的设置一方面考虑了现实中推行医药分离改革试点的医院对医护人员的劳务成本进行了核算和调整,提高了挂号费、检查费等医疗服务的价格(陈醉等,2018);另一方面医生只能得到诊断服务收益,模拟了切断医药利益关联的改革核心。对这一条件的理论预测主要参考 Greiner et al. (2017) 的相关结论。医生与药店将同时为自己的服务制定价格,考虑三个参与方的参与约束:

$$P_d \geq C_d \tag{12-1}$$

$$\theta P_s + (1-\theta) P_n \geq \theta C_s + (1-\theta) C_n \tag{12-2}$$

$$\theta (U_s - U_s^0) + (1-\theta)(U_n - U_n^0) \geq P_d + \theta P_s + (1-\theta) P_n \tag{12-3}$$

满足参与约束的情况下,医生与药店将进行纳什讨价还价博弈。在这个条件下,病人进入医疗市场预期的效用增量为:$S = \theta(U_s - U_s^0 - C_s) + (1-\theta)(U_n - U_n^0 - C_n) - C_d$,纳什讨价还价解中双方平分这一效用增量。因此医生设定的诊断价格 P_d 满足:

$$P_d - C_d = 0.5S \tag{12-4}$$

药店设定的治疗价格 P_s 和 P_n 满足:

$$\theta(P_s - C_s) + (1-\theta)(P_n - C_n) = 0.5S \tag{12-5}$$

在满足式(12-5)的同时,考虑药店是风险厌恶的,那么药店将调整对两种治疗服务的定价,使得自己从两种治疗中获得的收益是一样的,即满足:

$$\theta(P_s - C_s) = (1-\theta)(P_n - C_n) \tag{12-6}$$

由式(12-4)至式(12-6)可以解得医生的诊断价格为 $P_d = 40$,药店的定价分别为 $P_s = 50$,$P_n = 40$。在增加医药分离条件后,理论预测医生诚实治疗。此时病人将进入市场,并得到正确的治疗,整个市场不存在效率损失。这一条件重要变量的理论预测结果如表12-1中的第(2)列所示。

3. 分离竞争实验局

本研究在医药分离的基础上进一步引入竞争因素,分别设置了医生竞争、药店竞争、双重竞争三个竞争实验局。在这三个竞争实验局中,病人可以选择接受一名医生或一个药店的服务。另外，由于仍然存在医药分离制度，医生的收益与给出的处方无关，因此理论预测医生都将诚实给出正确的处方，过度治疗的问题得到解决。

在有竞争的实验局中，假设竞争性市场中的医生和药店是各自同质的，那么医生之间和药店之间分别进行伯特兰德价格竞争。医生竞争实验局中，医生在诊断成本处定价 $P_d = 10$，由于无承诺假设，药店治疗在保证总价格不超过疾病治愈后的效用的条件下最大程度获取病人剩余，有 $P_s = U_s - U_s^0 - P_d = 90$，$P_n = U_n - U_n^0 - P_d = 60$。药店竞争实验局中，药店的成本定价有 $\theta P_s + (1-\theta) P_n = \theta C_s + (1-\theta) C_n$，同时风险厌恶有 $\theta(P_s - C_s) = (1-\theta)(P_n - C_n)$，则最终定价为 $P_s = 20$，$P_n = 10$。给定药店定价，医生诊断定价需要满足 $P_d \leqslant \theta(U_s - U_s^0 - P_s) + (1-\theta)(U_n - U_n^0 - P_n)$，在满足病人参与约束的条件下最大程度获取剩余，则最高可以设定 $P_d = 70$。在分离双重竞争实验局中，结合上述分析，最终双方在成本处定价得到诊断价格为 $P_d = 10$，治疗价格分别为 $P_s = 20$，$P_n = 10$。分离竞争条件下病人都进入市场，疾病得到治疗，无效率损失。上述三个条件相关变量的预测见表12-1中的第（3）—（5）列。

表12-1 理论预测结果

变量	(1) 基准条件 (B)	(2) 分离无 竞争条件 (S)	(3) 分离医生 竞争条件 (SPC)	(4) 分离药店 竞争条件 (STC)	(5) 分离双重 竞争条件 (SBC)
诊断价格	10（固定）	40	10	70	10
小治疗价格	[10, 60]	40	60	10	10
大治疗价格	75	50	90	20	20
诊断接受率	100%	100%	100%	100%	100%
过度处方率	100%	0%	0%	0%	0%
不足处方率	0%	0%	0%	0%	0%
过度治疗率	100%	0%	0%	0%	0%
不足治疗率	0%	0%	0%	0%	0%
治疗接受率	100%	100%	100%	100%	100%
病人收益	15	15	15	15	75

(续表)

变量	(1) 基准条件 (B)	(2) 分离无 竞争条件 (S)	(3) 分离医生 竞争条件 (SPC)	(4) 分离药店 竞争条件 (STC)	(5) 分离双重 竞争条件 (SBC)
医生收益	55	30	0	60	0
药店收益	—	30	60	0	0
效率损失	7%	0%	0%	0%	0%

（四）实验过程

本实验于 2019 年 4 月 12 日至 13 日在浙江大学紫金港校区经济学院实验教学中心进行。一共招募了 112 名被试，基准实验局有 16 名被试参加，其他 4 个实验局均有 24 名被试参加，每名被试只参加其中的 1 个实验局。在所有实验局中，每名被试只会扮演 1 种角色，在整个实验 20 轮中被试角色保持不变。其中，基准实验局有 8 名病人角色和 8 名医生角色，而在其余 4 个实验局中，除了病人和医生角色，另有 8 名被试扮演药店角色。实验程序使用 z-Tree 编写（Fischbacher，2007）。实验开始前，实验员统一讲解实验说明，所有被试都通过测试性问题确保理解实验规则。每场实验平均持续 74 分钟，被试平均收益为 41.7 元。

四、实验结果

本研究的核心目标是探究医药分离制度以及在医药分离基础上引入竞争对医疗市场效率的影响。市场效率主要由医生和患者的决策决定，因此本节的实验结果分析主要围绕过度治疗率、不足治疗率、诊断接受率和治疗接受率四个变量展开。我们首先对引入医药分离及竞争对医生和患者的决策变量与市场效率损失的整体情况进行了描述性统计；其次对各实验局市场效率损失的来源进行分解；最后分别从医疗服务价格与患者收益、医生和病人决策进一步分析医药分离及竞争对医疗市场效率的具体影响。

（一）描述性统计

在对本研究的核心变量进行描述性分析之前，我们先给出相关变量的明确定义。为了更清楚地展示变量之间的差异，我们将各变量的定义整理如表12-2所示：

表12-2 核心变量定义

核心变量	定义
诊断接受率	接受诊断的病人数 / 总病人数
治疗接受率	接受诊断且最终接受治疗的病人数 / 接受诊断的病人数
过度（不足）处方率	接受诊断且患轻微（严重）疾病但得到大（小）处方的病人数 / 接受诊断的病人数
大（小）治疗接受率	接受大（小）治疗的病人数 / 得到大（小）治疗处方的病人数
过度（不足）治疗率	患轻微（严重）疾病但得到大（小）治疗处方且接受大（小）治疗的病人数 / 最终接受治疗的病人数
市场效率损失	（理论总收益 - 实际总收益）/ 理论总收益

表12-3中给出了上述变量的实际结果，从表中可以看出基准实验局中仅有82.50%的病人选择进入市场接受诊断，而医生的过度处方率和过度治疗率达到最高，并且也出现了一定的不足处方率和不足治疗率，这使基准条件下的市场效率损失达到26.50%。在引入医药分离后，市场效率损失下降到26.14%，但两者的效率损失没有显著差异（Mann-Whitney双边检验结果：$z=0.257$，$p=0.797$），表明医药分离对市场效率的提高作用比较有限。但在医药分离基础之上引入竞争对市场效率的影响存在很大差异，当药店存在竞

争或医生与药店都存在竞争时,市场效率损失相比医药分离无竞争时均有较大幅度的下降（Mann-Whitney 双边检验结果：$z = 4.411$, $p = 0.000$; $z = 4.463$, $p = 0.000$）,但仅医生存在竞争时出现了最高的不足治疗率,进而使得市场效率损失增加（Mann-Whitney 双边检验结果：$z = -0.352$, $p = 0.725$）。

表12-3 患者与医生决策及市场效率的描述性统计

变量	(1) 基准条件 (B)	(2) 分离无竞争 条件（S）	(3) 分离医生竞争 条件（SPC）	(4) 分离药店竞争 条件（STC）	(5) 分离双重竞争 条件（SBC）
诊断接受率	82.50%	78.13%	95.00%	87.50%	100.00%
过度处方率	22.73%	14.40%	9.87%	6.43%	5.00%
不足处方率	4.55%	3.20%	16.45%	0.00%	5.00%
治疗接受率	90.91%	95.20%	94.74%	100.00%	100.00%
小治疗接受率	70.97%	96.30%	93.02%	100.00%	100.00%
大治疗接受率	97.03%	94.37%	96.97%	100.00%	100.00%
过度治疗率	24.17%	14.29%	10.42%	6.43%	5.00%
不足治疗率	2.50%	3.36%	15.97%	0.00%	5.00%
效率损失	26.50%	26.14%	27.36%	9.70%	6.65%

（二）市场效率的变化

在本研究的信任品市场模型中,若病人未能获得诚实有效率的治疗,将会造成效率损失,损失主要来源为医生的过度治疗、不足治疗决策以及病人的拒绝接受诊断和治疗决策。根据前文的参数设置,经计算可得,有效率地治愈轻微疾病与严重疾病的社会总收益分别为 80 和 70。[①] 但当医生未诚实治愈患者时,将带来包括医生、药店、患者三者福利加总的社会福利损失。具体每种情况下的社会总损失如表 12-4 所示：相比过度治疗造成的医疗资源浪费,不足治疗让患者承担了治疗成本但没有被治愈,造成的福利损失远超

---

① 这里有效率治愈轻微疾病的社会总收益包括患者、医生和药店的总收益,计算公式为：$(U_n - P_n - P_d) + (P_n - C_n) + (P_d - C_d) = U_n - C_n - C_d$；有效率治愈严重疾病的社会总收益为：$(U_s - P_s - P_d) + (P_s - C_s) + (P_d - C_d) = U_s - C_s - C_d$；表 12-4 的社会总损失计算以此类推。

过度治疗；此外，患者拒绝治疗所带来的损失要高于拒绝诊断带来的损失，因为在我们的模型设定中，患者接受诊断服务同样需要付出一定成本，所以患者接受诊断却拒绝接受治疗将会导致更大的损失，并且给患严重疾病的患者带来的损失更高。

表 12-4　市场效率损失来源统计

疾病类型	医生决策		病人决策	
	过度治疗	不足治疗	拒绝诊断	拒绝治疗
轻微疾病	10	—	50	60
严重疾病	—	90	70	80

依据定义，我们计算了上述四种情况导致的市场效率损失：过度治疗造成的效率损失为12.5%；不足治疗造成的效率损失为128.6%；患轻微疾病的患者不接受诊断造成的效率损失为62.5%，接受诊断但不接受治疗的效率损失为75%；患严重疾病的患者不接受诊断的效率损失为100%，接受诊断但不接受治疗的效率损失为114.3%。图12-2将每个实验局中的效率损失进行了分解。

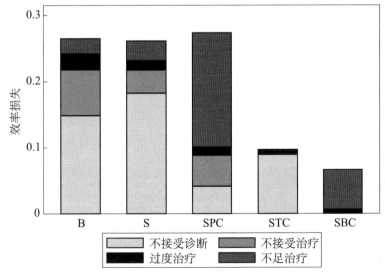

图 12-2　效率损失分解图

根据图12-2，基准局（B）中主要的效率损失来自不接受诊断与接受诊断后不接受治疗；而在引入医药分离（S）后，过度治疗与不接受治疗造成的效率损失减少，但是总市场效率并没有提高，原因在于不接受诊断与不足治疗造成的效率损失提高，从而抵消了过度治疗减少带来的效率提升。但引入竞争后的影响存在差异：仅医生竞争（SPC）时，整体市场效率损失反而增加。尽管病人更愿意进入市场接受诊断与治疗，但是不足治疗率的大幅度提高使得市场效率损失更大。如表12-4所示，不足治疗造成的效率损失最大，而病人付出了成本却没有获得任何效用的提高，这样也会导致病人对医生的不信任从而使得患者接受治疗的意愿较弱。因此，无论对患者个人还是市场整体来说，不足治疗所造成的不利影响与福利损失都更为严重。与仅医药分离（S）和仅医生竞争（SPC）相比，药店竞争（STC）使得市场效率提升非常明显，市场效率损失主要来自病人较弱的接受诊断意愿。在药店与医生均存在竞争（SBC）时，病人进入市场的意愿最强，且此时过度治疗率最低，市场效率损失主要来自较高的不足治疗率。据此，我们得到结论1：

结论1：医药分离后市场效率损失仍然比较大，主要原因在于病人的接受诊断意愿较弱；引入竞争后，除了医生竞争实验局，另外两个实验局的市场效率损失明显得以减少。

（三）对医生医疗服务价格和病人收益的影响

医药分离及竞争对市场效率的影响可更进一步从医疗服务（诊断和治疗）价格和病人收益角度来分析，表12-5列出了各实验条件所对应的价格和收益的基本情况，其中每种角色的收益均为单轮收益（以实验点数计算）。

表12-5 价格与收益的描述性统计

变量	(1) 基准条件（B）	(2) 分离无竞争条件（S）	(3) 分离医生竞争条件（SPC）	(4) 分离药店竞争条件（STC）	(5) 分离双重竞争条件（SBC）
诊断价格	10（固定）	36.781 (5.126)	16.231 (4.240)	38.869 (7.423)	21.744 (8.141)

(续表)

变量	(1) 基准条件 (B)	(2) 分离无竞争条件 (S)	(3) 分离医生竞争条件 (SPC)	(4) 分离药店竞争条件 (STC)	(5) 分离双重竞争条件 (SBC)
小治疗价格	49.875 (12.835)	35.225 (5.485)	40.025 (5.893)	23.400 (9.791)	19.638 (6.122)
大治疗价格	65.625 (9.799)	47.144 (6.140)	54.600 (7.468)	34.131 (10.584)	30.556 (8.154)
病人收益	21.144 (17.385)	16.475 (19.604)	21.875 (35.241)	34.763 (10.336)	52.369 (21.830)
医生收益	33.294 (20.223)	20.063 (11.241)	4.569 (4.782)	24.425 (11.405)	9.850 (9.637)
药店收益	—	18.900 (12.100)	27.994 (11.478)	8.875 (10.777)	7.969 (9.543)

注：表中给出了平均值，括号内为标准差。

首先是诊断价格，由表 12-5 可以看出，医生的诊断价格在其具有垄断势力的实验局中明显高于竞争条件下的实验局，对比仅医药分离和仅药店竞争可看出，仅药店竞争时医生给出的诊断价格略高，说明药店之间的竞争进一步提高了垄断医生设定高价的能力。其次是治疗价格，基准局中两种治疗价格最高；其他四个实验局中，药店具有垄断势力的实验局（仅医药分离与仅医生竞争时）中治疗价格要更高。对比医药分离和药店竞争实验局可以发现，医生之间的竞争强化了药店的垄断地位，使得药店大幅度提高大治疗的价格，但这种影响在双重竞争实验局中并没有出现，这表明只有当一方垄断、另一方竞争加剧垄断一方的垄断势力下，垄断方才会大幅度提高服务价格。最后是病人的平均单轮收益，相比基准局，医药分离使得病人的单轮收益反而下降，这也说明医药分离并不能有效提高病人福利。得益于双重的竞争环境，病人收益在双重竞争实验局中最高，仅药店竞争时次之。

下面将进一步通过数据分析来探讨医药分离及竞争对病人收益与医疗服务价格的影响。首先分析医药分离的效果，表 12-6 列出了医药分离局与基准局中医疗价格与病人单轮收益的秩和检验结果，发现引入医药分离后，无论大治疗还是小治疗价格都有较为显著的下降，但病人的单轮收益反而显著降低。对总治疗价格（诊断加治疗价格）进行检验发现，医药分离后无论小治疗还是大治疗的总价格都显著更高。这也印证了现实中医药分离改革所反映出来的患者药费下降而其他医疗费用上升导致的最终总医疗费用上涨的现状。

表 12-6　基准条件与医药分离条件秩和检验结果

实验局对比	小治疗价格	大治疗价格	病人单轮收益	小治疗总价格	大治疗总价格
B vs. S	11.778***	14.048***	2.493**	-9.690***	-8.803***

注：表中报告了 z 值，正值表示第一个条件下该变量大于第二个条件下的该变量，负值则相反，*** 表示 $p<0.01$，** 表示 $p<0.05$，* p 表示 <0.1。

更进一步，我们运用回归分析确定医药分离与竞争因素的影响。表12-7给出了四种实验条件对病人单轮收益、治疗价格、诊断价格的影响的估计结果。其中，实验条件虚拟变量按如下方法定义：基准局作为基准，在存在医药分离制度的四个实验局中，虚拟变量 S 均为 1，即虚拟变量 S 刻画了医药分离与基准条件的差异，虚拟变量 SPC、STC、SBC 分别刻画了医药分离基础上仅医生竞争、仅药店竞争、双重竞争与医药分离无竞争的差异。控制变量包括性别、年龄以及是否主修经济类专业。在进行估计后，分别对每一个回归模型进行了三次 Wald 检验以确定三种竞争条件对医药服务价格与病人收益的影响差异。

回归估计符合理论预期。存在医药分离时，病人单轮收益、小治疗价格、大治疗价格的变化与表 12-5 结果一致；引入竞争后，诊断与治疗价格下降，病人的收益得到明显提高，尤其在医生与药店均竞争时，病人收益的提高幅度最大；而仅医生竞争时，虽然诊断价格显著降低但是治疗价格的上涨幅度却较大，同时表 12-3 说明此时不足治疗率最高，因此病人收益的提高幅度最小。相比之下，药店存在竞争与医生药店均竞争都使得病人的单轮收益得到明显提高，Wald 检验结果显示这三种实验条件的影响也有所差异。治疗价格方面，回归结果发现仅医生竞争对治疗价格尤其大治疗有显著的提高作用，即医生竞争进一步强化了药店的垄断势力而导致药店提高治疗价格以牟取更高利益；而药店竞争与医生药店均竞争都显著降低了治疗价格，医药双方均存在竞争时治疗价格的下降幅度最大。诊断价格方面，与仅医药分离相比，

药店竞争使得医生能收取更高的诊断价格。据此,我们得到结论2:

结论2:医药分离虽然降低了治疗价格,但并未提高患者收益;引入竞争后,医疗服务价格显著降低(医生竞争局除外),患者收益得到显著提高。

表12-7 实验条件对病人收益、治疗价格、诊断价格的影响

变量	(1) OLS 病人单轮收益	(2) OLS 小治疗价格	(3) OLS 大治疗价格	(4) OLS 诊断价格
S	-4.234*	-13.900***	-18.021***	—
	(1.993)	(1.333)	(0.971)	—
SPC	5.404	4.421***	7.720***	-19.879***
	(5.135)	(0.553)	(0.842)	(0.512)
STC	17.318***	-11.326***	-12.163***	3.026***
	(1.582)	(0.288)	(0.927)	(0.586)
SBC	35.677***	-16.331***	-16.710***	-14.790***
	(2.592)	(0.969)	(0.652)	(0.962)
常数项	23.384***	44.645***	63.833***	35.469***
	(1.978)	(1.850)	(1.220)	(0.955)
控制变量	是	是	是	是
样本量	800	800	800	640
R^2	0.257	0.650	0.704	0.699
Wald 检验 p 值				
SPC = STC	0.030	0.000	0.000	0.000
SPC = SBC	0.000	0.000	0.000	0.000
STC = SBC	0.000	0.0008	0.001	0.000

注:括号内为聚类在配对组水平的稳健标准误,*** 表示 $p<0.01$,** 表示 $p<0.05$,* 表示 $p<0.1$。

(四)对病人与医生决策的影响

医药分离及竞争对市场效率的影响同样可更进一步从病人和医生决策的角度来分析,具体包括医生的过度治疗与不足治疗决策、病人的接受诊断与

接受治疗决策。下面我们将分别对病人接受诊断与治疗、医生开出处方与提供治疗的决策情况进行分析。

首先分析病人的决策。如图12-3所示，如果按照理论预期，病人会百分之百接受诊断和治疗，则每个实验局下接受诊断和治疗的次数将达到图中所示的虚线处。但是实验发现：基准局、医药分离局中病人接受诊断和治疗的意愿均比较弱。尤其医药分离后，医生和药店均因拥有了自主定价权而提高了诊断和治疗价格，导致病人更不愿进入市场。但引入竞争后，除了药店竞争，医生竞争、医药双重竞争均使得病人接受诊断和治疗的意愿明显增强。主要原因在于药店竞争加强了医生的垄断地位，医生据此提高诊断价格使得病人接受诊断的意愿较弱；尽管如此，该条件下接受诊断的病人无一人拒绝治疗，治疗意愿很强，因此市场效率损失也相对较低。而在医生药店双重竞争下，病人的决策完全符合理论预期，每位病人均进入市场接受治疗，此时市场效率损失达到最低。

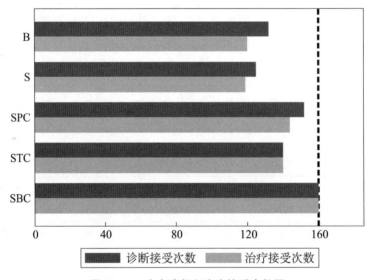

图12-3　病人诊断和治疗接受次数图

接下来分析医生的决策，包括处方医生的处方决策和治疗医生（即药店）的治疗决策。处方决策方面，如表12-8所示，医药分离及竞争明显抑制了医生的过度处方行为，但是仅医生竞争时除外，并且医生竞争条件下的不足处方行为最为严重。而由于此时医生的收益仅取决于其诊断定价，与所开出的处方无关，所以我们据此推断医生之间可能产生恶性竞争，引发恶意处方行为。当医生和药店双重竞争时，医生的过度处方行为降到最低，但出现了一定程度的不足处方行为。

表12-8 医生处方决策统计

实验局	诚实处方		过度处方	不足处方
	严重病给大处方	轻微病给小处方	轻微病给大处方	严重病给小处方
B	71	25	30	6
S	53	50	18	4
SPC	51	61	15	25
STC	70	61	9	0
SBC	69	75	8	8

治疗决策方面，在本研究的设置中，药店只能根据医生的处方提供相对应的治疗方案，因此每种处方的人次与其相对应的治疗人次之间的差值即为接受诊断但拒绝接受治疗的病人数，如表12-9所示，括号里的数字正是与表12-8的处方决策相比拒绝接受治疗的人数（用负号表示拒绝）。不难看出，医药分离与竞争明显抑制了医生的过度治疗行为；与处方决策的情况类似，仅医生竞争时除外。另外，从病人拒绝治疗的人次来看，基准局中病人对小治疗的拒绝明显较多，这在一定程度上反映了病人对医生不足治疗的担忧，即宁愿被过度治疗治愈也不愿忍受因不足治疗而未被治愈的疼痛，这也在一定程度上给予医生过度治疗的"底气"。而医药分离以后，小治疗的拒绝人次明显减少，表明医药分离显著提高了治疗接受率。此外，除了仅医生竞争，另外两种竞争条件下病人全部接受治疗，可见竞争对提高治疗接受率有明显的作用，而这也在一定程度上降低了市场效率损失。

表12-9 医生治疗决策统计

实验局	诚实治疗		过度治疗	不足治疗
	严重病大处方给大治疗	轻微病小处方给小治疗	轻微病大处方给大治疗	严重病小处方给小治疗
B	69（-2）	19（-6）	29（-1）	3（-3）

(续表)

实验局	诚实治疗		过度治疗	不足治疗
	严重病大处方给大治疗	轻微病小处方给小治疗	轻微病大处方给大治疗	严重病小处方给小治疗
S	50（-3）	48（-2）	17（-1）	4（0）
SPC	49（-2）	57（-4）	15（0）	23（-2）
STC	70（0）	61（0）	9（0）	0（0）
SBC	69（0）	75（0）	8（0）	8（0）

下面进一步通过回归分析来确定医药分离制度和竞争因素对医生与病人决策及市场效率损失的影响。表12-10给出了对病人与医生决策的Probit回归结果。由表12-10可知，医药分离制度对病人接受诊断的可能性存在不显著的负向影响，但可以显著提高接受诊断的病人进一步接受治疗的可能性。这在一定程度上说明医药分离削弱了病人接受诊断的意愿，由此可以认为病人诊断接受率的下降（从82.50%下降至78.13%）是导致医药分离作用有限的原因之一。由表12-10中的（3）—（5）列也可看出，医药分离不能有效提升市场效率的主要原因在于总医疗费用的提高使得病人不愿意进入市场。而在医药分离基础之上引入竞争使得病人的诊断与治疗服务的接受意愿明显增强，仅医生竞争时除外。过度治疗的可能性方面，引入竞争后均能显著降低过度治疗。从表12-10中的（4）列可以发现，在存在医生竞争的两个实验局中（SPC与SBC），不足治疗率反而上升，并且在仅医生竞争时不足治疗率的上升非常显著。这与前面对效率损失分解的结果一致。也正如表12-10中的（5）列所示，除医生竞争实验局外，另外两种竞争形式均使得市场效率损失显著降低，其中医生药店均竞争时效率损失降低最多。

表12-10 实验条件对病人、医生决策及效率损失的影响

变量	(1) Probit 接受诊断	(2) Probit 接受治疗	(3) Probit 过度治疗	(4) Probit 不足治疗	(5) OLS 效率损失
S	-0.027	0.022*	-0.051	-0.021	-0.002
	(0.023)	(0.012)	(0.033)	(0.035)	(0.039)

(续表)

变量	(1) Probit 接受诊断	(2) Probit 接受治疗	(3) Probit 过度治疗	(4) Probit 不足治疗	(5) OLS 效率损失
SPC	0.164***	−0.004	−0.041***	0.094*	0.014
	(0.032)	(0.012)	(0.012)	(0.052)	(0.039)
STC	0.093**	0.280***	−0.076***	−0.378***	−0.166***
	(0.037)	(0.037)	(0.018)	(0.077)	(0.039)
SBC	0.842***	0.291***	−0.093***	0.022	−0.195***
	(0.048)	(0.044)	(0.028)	(0.041)	(0.039)
控制变量	是	是	是	是	是
样本量	800	709	709	709	100
Pseudo R^2	0.146	0.190	0.058	0.132	0.380
Wald 检验 p 值					
SPC = STC	0.129	0.000	0.119	0.000	0.000
SPC = SBC	0.000	0.000	0.067	0.000	0.000
STC = SBC	0.000	0.299	0.694	0.000	0.453

注：括号内为聚类在配对组水平的稳健标准误，*** 表示 $p<0.01$，** 表示 $p<0.05$，* 表示 $p<0.1$。

总之，医药分离能有效地降低过度治疗率和增强病人接受服务的意愿，降低市场效率损失，但是其他方面引起的效率损失增加可能会抵消这些正面作用，特别是仅医生竞争时不足治疗的显著上升造成的效率损失增加甚至可能超过过度治疗降低带来的市场效率提高。只有在医药分离的基础上实现医生药店的双重竞争才可以实现增强病人接受诊断的意愿并且降低过度治疗，从而使得市场效率损失最小化。据此，我们得到结论3。

结论3：医药分离能够降低过度治疗率，但病人的诊断接受率较低，致使市场效率提高有限；在此基础上引入竞争可以显著提高患者的诊断和治疗接受率，同时降低过度治疗率，并且在医药双方均竞争的情况下市场效率损失最小。

五、总结与政策建议

本研究通过设计实验室实验研究了医药分离制度对医疗市场效率的影响,并在此基础上进一步探究了引入竞争因素对扩大医药分离制度正面影响的作用。实验结果表明,医药分离能够降低过度治疗率,但是医生与药店都有定价能力使得总的医疗服务价格提高,这削弱了病人接受诊断的意愿,不接受诊断导致的市场效率损失抵消了过度治疗率下降带来的市场效率提高,因此医药分离制度的正面影响有限。但是在医药分离制度的基础上引入竞争因素则会带来不一样的影响:仅医生竞争时,虽然病人更愿意进入市场接受诊断与治疗,但是却更可能遭遇不足治疗,因此仅医生竞争情况下的市场效率损失达到最大;仅药店竞争时,过度治疗等欺骗行为显著减少,但是由于药店竞争强化了医生的垄断势力,诊断价格提高,因而削弱了病人接受诊断的意愿,无法进一步减少市场效率损失;在医生与药店双方都存在竞争时,竞争性的市场环境同时降低了诊断价格与治疗价格,病人也更愿意进入市场接受医疗服务,过度治疗明显减少,病人福利提高,市场效率损失最小。

"看病难""看病贵"作为我国医疗领域的老大难问题一直困扰着老百姓的生活,"以药养医"体制是导致"看病贵"的重要因素,广为诟病。医药分离改革历经二十余年,仍在不断推进完善。基于前文的相关分析结果,我们对进一步推动医药分离改革提出如下政策建议:第一,破除公立医院的垄断地位,鼓励民营医院等医疗机构的发展。医药分离虽然将药品销售从医院的垄断势力中分离出来,但是公立医院垄断诊断、检查等其他医疗服务的市场结构并未被改变。因此尽管药费下降,但过度使用医药设备所导致的费用上升仍将使总医疗费用支出不断增加,并不能减轻病人负担。因此进一步的改革应当考虑彻底消除公立医院的垄断地位。第二,在彻底切断医院与药店之间利益链的同时放开药品的零售权,允许药店销售处方药等药品,规范药品零售商发展,注意药品采购来源的多样性,形成良性竞争环境。另外,需要指出的是,本研究的实验设置中医生仅有价格决策而无医疗服务数量上的决策,而现实中除医疗服务的价格外,医生的医疗服务数量决策也会影响医药分离改革的效果(刘小鲁,2011)。因此,数量决策将成为我们后续的研究要点,从而进一步检验医药分离制度对医疗市场效率影响的稳健性。

参考文献

陈新中:《关于"以药补医"问题的商榷》,《中国卫生经济》,2008年第9期。

陈醉、宋泽、张川川:《医药分开改革的政策效果——基于医疗保险报销数据的经验分析》,《金融研究》,2018年第10期。

封国生、朱恒鹏、付明卫:《北京医药分开改革效果的实证分析》,《中华医院管理杂志》,2014年第12期。

寇宗来:《"以药养医"与"看病贵、看病难"》,《世界经济》,2010年第1期。

李大平:《药价虚高的成因分析与治理对策——质疑医药分开》,《卫生经济研究》,2011年第4期。

刘婵:《Stakelberg竞争条件下的药品专利许可问题研究——"医药分离"与"以药养医"两种医疗体制的微观福利比较》,《财经论丛》,2015年第6期。

刘小鲁:《管制、市场结构与中国医药分离的改革绩效》,《世界经济》,2011年第12期。

谭清立、潘悦、廖楚雯:《我国医药分开政策的发展历程与形式及改革建议》,《中国卫生经济》,2019年第8期。

朱恒鹏:《医疗体制弊端与药品定价扭曲》,《中国社会科学》,2007年第4期。

Currie, J., Lin, W., & Meng, J. (2014). Addressing antibiotic abuse in China: An experimental audit study. *Journal of Development Economics*, 110, 39–51.

Darby, M. R., & Karni, E. (1973). Free competition and the optimal amount of fraud. *Journal of Law and Economics*, 16 (1), 67–88.

Dulleck, U., & Kerschbamer, R. (2006). On doctors, mechanics, and computer specialists: The economics of credence goods. *Journal of Economic Literature*, 44 (1), 5 –42.

Fischbacher, U. (2007). z-Tree: Zurich toolbox for ready-made economic experiments. *Experimental Economics*, 10 (2), 171 –178.

Fong, Y. F., Liu, T., & Wright, D. J. (2014). On the role of verifiability and commitment in credence goods markets. *International Journal of Industrial Organization*, 37, 118 –129.

Greiner, B., Zhang, L., & Tang, C. (2017). Separation of prescription and treatment in health care markets: A laboratory experiment. *Health Economics*, 26, 21 –35.

Hennig-Schmidt, H., Selten, R., & Wiesen, D. (2011). How payment systems affect physicians' provision behaviour—An experimental investigation. *Journal of Health Economics*, 30 (4), 637 –646.

Lu, F. (2014). Insurance coverage and agency problems in doctor prescriptions: Evidence from a field experiment in China. *Journal of Development Economics*, 106, 156 –167.

Zhang, Y., Ma, Q., Chen, Y., & Gao, H. (2017). Effects of public hospital reform on inpatient expenditures in rural China. *Health Economics*, 26 (4), 421 –430.

结 语
讲好中国故事，开展面向中国现实问题的实验经济学研究

一、现状

近十年来，已经有越来越多面向中国现实问题的实验经济学研究问世，并产生了较大影响，受到了国内外学术界的广泛关注。然而，实验经济学在中国的应用研究，离我们所期待的"立足中国、解释中国、走向世界"的目标还有一定距离。我们还未能真正意义上做到"以中国为观照、以时代为观照，立足中国实际，解决中国问题"，我们也未能完全展示出实验经济学研究的吸引力、感染力、影响力、生命力，未能在事关国家全局性、根本性、关键性的重大问题上取得好成果、产生好效应。这样的不足具体体现在以下三个方面：

第一，与中国的经济学研究历程一样，中国的实验经济学研究在很长一段时间以来，也是在西方经济学前沿领域"亦步亦趋"，以至于国内实验经济学家在掌握了实验科学方法后，仍然更多聚焦于经济学理论问题，产出的高

水平检验理论的实验研究多（陈叶烽，2009；陈叶烽等，2010；陈叶烽等，2011；何韵文和郑捷，2021；姚澜和朱迅，2020；周业安等，2013；Cadsby et al.，2016；He and Wu，2020；Yang et al.，2017；Yang et al.，2018；Ye et al.，2020；Zhang et al.，2014；等等），将实验方法应用于中国问题的研究较少，尤其是直接和国家重大现实问题及发展战略相联系的实验研究少。

第二，由于国内期刊对实验经济学这样新兴领域的文章的广泛接受尚需要一定的时间，且"海归"实验经济学家对于国际期刊仍然存在路径依赖与发表偏好，国内学者完成的实验经济学研究成果往往发表在国外高水平期刊上，包括在经济学五大国际顶级期刊上发表的实验经济学论文（Attema et al.，2016；Baillon et al.，2018；Bartling et al.，2015；Chew et al.，2017；Chew et al.，2020；Crawford and Meng，2011；等等）。与之形成鲜明对比的是，每年在国内权威期刊上发表的实验经济学论文数量却屈指可数。

第三，与国外开展实验经济学研究过程中政府、机构、企业组织的广泛参与不同，国内学术研究机构与这些组织机构之间还缺乏日常的合作机制，这些组织机构也不习惯以学术研究的数据与结论为决策依据。这就导致国内实验经济学者独自开展的研究多，与企业特别是政府部门合作开展的研究少。反映在研究内容上，中国的实验经济学研究中描述问题本身、检验现有机制的有效性、评估制度收益与成本的实验研究多，但伴随中国"渐进式"改革历程、对于能起到"摸着石头过河"作用的先行先试的低成本实验研究少。

二、前景

中国的实验经济学研究距离"讲好中国故事、传播好中国声音、将论文写在祖国大地上"的目标还有一些距离，还没有达到外界对实验经济学家在推动中国制度改革和政策出台过程中所起到重要作用的期望。基于此，国内实验经济学家在努力开展学术研究的同时还有如下使命：

一方面，让国内学术界和社会各界能更多认识实验经济学并认识到其在中国现实问题上的应用价值。我们可以通过对实验经济学方法论的积极讨论，来向外界更多展示实验经济学的科学属性（洪永淼等，2016；周业安和孙玙凡，2021）、对真实世界的有效解释（罗俊等，2015；杜宁华，2017；陆方文，2018），以及在中国的应用前景（汪丁丁，1994；周业安，2019；包特等，2020）。我们要积极推动国内实验经济学学术共同体的建立和影响力的扩大①，我们也要更主动地与政府、企业、组织机构对接，向他们解释实验经济学能做什么，以及经济学实验方法在国家治理的政策试点与评估中的作用（王思琦，2022；李文钊和徐文，2022；陈叶烽等，2023）。

另一方面，也促使更多实验经济学家做出更优秀的面向中国现实问题的实验经济学研究。我们要瞄准中国重大现实问题，心怀"国之大者"，扎根中国大地，讲好中国故事。不仅关注理论研究上的重大创新，还应把更多注意力转向现实需要，从而得以在教育精准扶贫（史耀疆等，2020）、数字平台发展（Li et al.，2020）、医疗体制改革（陈叶烽等，2020）、老年健康照料（宗庆庆等，2020）、税收征缴助推（代志新等，2023）、贫困地区教养方式（陈叶烽等，2024）等领域利用实验方法的中国实践与经验。我们还需要在国内发表更多实验经济学的最新研究成果，编著有关实验经济学的中国经济学教材，让更多优秀的面向中国现实的实验经济学研究得到关注，让更多想要开展面向中国现实实验经济学研究的学者得到启发。

参考文献

包特、王国成、戴芸：《面向未来的实验经济学：文献述评与前景展望》，《管理世界》，2020年第7期。

陈叶烽：《亲社会性行为及其社会偏好的分解》，《经济研究》，2009年第12期。

陈叶烽、丁预立、潘意文等：《薪酬激励和医疗服务供给：一个真实努力实验》，《经济研究》，2020年第1期。

---

① 由国内实验经济学领域的相关研究机构与高校及《经济研究》编辑部共同发起的中国行为与实验经济学论坛（China BEEF），旨在加强行为与实验经济学各领域的交流和合作，推动中国行为与实验经济学的发展，到2024年7月已举办六届，是国内行为与实验经济学领域最具影响力的学术论坛之一。

陈叶烽、刘莹、杨雯渊：《公共政策评估与随机控制实验——基于"规模化"视角的经验启示与中国实践》，《管理世界》，2023年第3期。

陈叶烽、杨雯渊、罗干松等：《相对贫困地区的教养方式与儿童行为偏好：来自实地实验的证据》，《管理世界》，2024年第12期。

陈叶烽、叶航、汪丁丁：《信任水平的测度及其对合作的影响——来自一组实验微观数据的证据》，《管理世界》，2010年第4期。

陈叶烽、周业安、宋紫峰：《人们关注的是分配动机还是分配结果？——最后通牒实验视角下两种公平观的考察》，《经济研究》，2011年第6期。

代志新、高宏宇、程鹏：《行为助推对纳税遵从的促进效应研究》，《管理世界》，2023年第6期。

杜宁华：《经济学实验的内部有效性和外部有效性——与朱富强先生商榷》，《学术月刊》，2017年第8期。

何韵文、郑捷：《拍卖机制与竞价行为：基于付费竞价式拍卖的理论与实验》，《经济研究》，2021年第11期。

洪永淼、方颖、陈海强等：《计量经济学与实验经济学的若干新近发展及展望》，《中国经济问题》，2016年第2期。

李文钊、徐文：《基于因果推理的政策评估：一个实验与准实验设计的统一框架》，《管理世界》，2022年第12期。

陆方文：《随机实地实验：理论、方法和在中国的运用》，北京：科学出版社，2018年。

罗俊、汪丁丁、叶航等：《走向真实世界的实验经济学——田野实验研究综述》，《经济学（季刊）》，2015年第3期。

史耀疆、张林秀、常芳等：《教育精准扶贫中随机干预实验的中国实践与经验》，《华东师范大学学报（教育科学版）》，2020年第8期。

汪丁丁：《实验经济学与中国经济学建设》，《经济学动态》，1994年第7期。

王思琦：《中国政策试点中的随机实验：一种方法论的探讨》，《公共行政评论》，2022年第1期。

姚澜、朱迅：《通过额外兑付改善协调困境：一项实验研究》，《经济研究》，2020 年 3 期。

周业安：《改革开放以来实验经济学的本土化历程》，《南方经济》，2019 年第 1 期。

周业安、连洪泉、陈叶烽等：《社会角色、个体异质性和公共品自愿供给》，《经济研究》，2013 年第 1 期。

周业安、孙玙凡：《实验发展经济学：理论、方法和困局》，《中国人民大学学报》，2021 年第 2 期。

宗庆庆、张熠、陈玉宇：《老年健康与照料需求：理论和来自随机实验的证据》，《经济研究》，2020 年第 2 期。

Attema, A. E., Bleichrodt, H., Gao, Y., Huang, Z., & Wakker, P. P. (2016). Measuring discounting without measuring utility. *American Economic Review*, 106 (6), 1476–1494.

Baillon, A., Huang, Z., Selim, A., & Wakker, P. P. (2018). Measuring ambiguity attitudes for all (natural) events. *Econometrica*, 86 (5), 1839–1858.

Bartling, B., Weber, R. A., & Yao, L. (2015). Do markets erode social responsibility?. *Quarterly Journal of Economics*, 130 (1), 219–266.

Cadsby, C. B., Du, N., & Song, F. (2016). In-group favoritism and moral decision-making. *Journal of Economic Behavior & Organization*, 128, 59–71.

Chew, S. H., Huang, W., & Zhao, X. (2020). Motivated false memory. *Journal of Political Economy*, 128 (10), 3913–3939.

Chew, S. H., Miao, B., & Zhong, S. (2017). Partial ambiguity. *Econometrica*, 85 (4), 1239–1260.

Crawford, V. P., & Meng, J. (2011). New York City cab drivers' labor supply revisited: Reference-dependent preferences with rational-expectations targets for hours and income. *American Economic Review*, 101 (5), 1912–1932.

He, S., & Wu, J. (2020). Compromise and coordination: An experimental study. *Games and Economic Behavior*, 119, 216–233.

Li, L., Tadelis, S., & Zhou, X. (2020). Buying reputation as a signal of quality: Evidence from an online marketplace. *The RAND Journal of Economics*, 51

(4), 965–988.

Yang, C. L., Xu, M. L., Meng, J., & Tang, F. F. (2017). Efficient large-size coordination via voluntary group formation: An experiment. *International Economic Review*, 58 (2), 651–668.

Yang, C. L., Zhang, B., Charness, G., Li, C., & Lien, J. W. (2018). Endogenous rewards promote cooperation. *Proceedings of the National Academy of Sciences*, 115 (40), 9968–9973.

Ye, M., Zheng, J., Nikolov, P., & Asher, S. (2020). One step at a time: Does gradualism build coordination?. *Management Science*, 66 (1), 113–129.

Zhang, B., Li, C., De Silva, H., Bednarik, P., & Sigmund, K. (2014). The evolution of sanctioning institutions: An experimental approach to the social contract. *Experimental Economics*, 17, 285–303.